Volker Harry Altwasser
<u>Letzte Fischer</u>

Volker Harry Altwasser

Letzte Fischer   Roman

 Matthes & Seitz Berlin

»Am nächsten Tag stachen wir in See.«
Joseph Conrad, *Jugend*

Teil 1

Als würde die Haut der Kurznasenseefledermaus atmen, als hätte er sich einen lebenden Handschuh übergestreift, so umhüllte dieses kostbare Gut seine Hand. Robert Rösch trug sie vor der Brust, vorsichtig, durch die Verarbeitungshallen, durch die Längs- und Niedergänge und vorbei an den Kammern, Lasten und Tanks des portugiesischen Fang- und Verarbeitungsschiffes *Saudade*.

Er ging, bis er vor dem Schott stand, durch das er aufs Außendeck gelangte. Mit einem kräftigen Ruck der rechten Hand zog er den schweren Hebel nach oben, die zwölf Riegel sprangen zurück, Robert Rösch trat ins eisige Blau von Labrador und verschloss das Außenschott sofort wieder, damit der Innendruck der Luftversorgung nicht abfiel.

Wie lange hatte er die Sonne nicht gesehen? Drei Tage? Vier? Seine letzte Kurznasenseefledermaus hatte er an einem Sonntag gehäutet, das wusste er noch, aber in welchem Monat? Es hatte eine Flaute geherrscht. Es waren die Wochen einer dieser gefährlichen Flauten gewesen, in denen es nichts zu arbeiten gab, nichts zu lachen, nichts zu denken.

Und nun war es auch noch Mai! Dieser für ihn so gefährliche Monat. Robert Rösch ging, die Haut vor sich hertragend, vorsichtig zur Reling und sah einen Moment lang übers Meer. Er durfte gar nicht daran denken.

Der siebenunddreißigjährige Rösch spuckte in die See, ging mit seiner Ausbeute zur Außentreppe, die zur Nock führte, und setzte sich auf die unterste Stufe. Vorsichtig zog er sich die Haut von der Hand, stülpte sie um, so dass das nach Amber duftende Purpur innen war, und legte sich die nun unscheinbar wirkende Fischhaut auf die flache rechte Hand. Robert Rösch hielt diesen gräulichen Lappen hoch, legte den Unterarm auf den Schenkel und nahm sich mit der Linken den ersten der Auswüchse vor, in denen sich Stacheln mit Giftdrüsen befunden hatten, die er unter Deck provisorisch abgekniffen hatte.

Er massierte den harten Knubbel, bis er sich verflachte und von selbst den Rest des Stachels freigab, den er schnell auf die Metallplanken pustete, ehe er sich den nächsten vornahm. Liebte er Mathilde nun oder hatte er sie aus Mitleid geheiratet? Aus Selbstmitleid?

Verbrachte er darum die Hälfte des Jahres auf der *Saudade*? Immer die Hälfte, in der sich auch der Mai befand? Erholte er sich nur auf dieser ›letzten Insel der alten Männerwelt‹ vom Eheleben und von dem ewigen Gerede? Aber nein, er liebte sie doch während der Abwesenheit viel inniger! Hier, mitten auf See, war er ihr doch so unsagbar nahe, hier hatte er doch so viel Angst um sie.

Konnte ein Mann nicht sowieso viel besser aus der Ferne lieben?

Robert Rösch sah auf seine Hände.

Achtundzwanzig Zentimeter wurden diese Kurznasenseefledermäuse lang. Sie lebten auf flachem, sandigem Grund, auf Korallensand, aber auch auf Schlamm und Tang.

Langsam schoben sie sich mit Hilfe von Brustflossen und Schwanz über den Boden, ernährten sich von Weichtieren, kleinen Fischen, Krustentieren und Würmern, und nur wenn er ihnen mit eben dieser Langsamkeit auf den Leib rücke, hatte Robert Rösch begriffen, könne er ihnen die harte, stachlige Haut abziehen, die in der Umgebung von Bordeaux mit Gold aufgewogen wurde.

Hier habe er eine Aufgabe, eine echte und einzigartige Arbeit, sei er an Bord doch der Mann mit den schmalsten

Händen. Musikerhände. Robert Rösch habe die Kurznasenseefledermaus verstanden und häute sie wie kein anderer. Er sei ein echter Facharbeiter geworden. In der ganzen Fischereiflotte finde sich kein zweiter Mann, der die Fledermaus so sauber häuten könne, hatte der Kommandant einmal während eines Bordappells gesagt. Ihm, diesem schmalen Rösch da, sei es zu verdanken, dass die Heuer der einhundertsechsundsiebzig Besatzungsmitglieder mit einem Bonus von tausendsechshundert US-Dollar aufgestockt werde könne. Der Kommandant sei stolz auf ihn, auf seinen *Filigranen*!

Robert Rösch lächelte, während er einen weiteren Stachelrest wegpustete. Seit jenem Appell wurde er von den Männern beinahe auf Händen getragen. Keiner der *Seebären*, die mit den unterschiedlichsten Religionen aus den verschiedensten Regionen der Welt aufs Schiff gekommen waren, machte sich seitdem mehr über ihn lustig. Er war nicht länger der *Halbstudent*. Robert Rösch war der *Filigrane*.

Und der mächtigste Mann an Bord war also stolz auf ihn. Ausgerechnet auf ihn. Er sah kurz hoch, musterte den Horizont und sagte leise: »Aus dem Schwachen erwächst der Starke, denn Stärke ist die Fähigkeit zum Verzicht.«

Er sah auf das Gold in seinen Händen, mit dem er nun seine Familie ernährte, begutachtete die geschmeidige Seefledermaushaut ausgiebig, ehe er sie zum Kommandanten brachte, damit der sie in seiner Kajüte trocknen lassen konnte, um sie später in den Tresor einzuschließen.

»Und sonst?«, fragte der Kommandant und war erstaunt, als sein Spezialist sich mit einem Stöhnen in einen der rotbraunen Ledersessel fallen ließ und den Kopf schüttelte.

»Was gibt's?«, fragte der Kommandant. Er sah unwirsch auf die Wanduhr, dann wieder zu seinem Arbeiter, der immer noch schwieg. Hatte er es doch gewusst! Lobe man den falschen Mann, fasse dieser ein blindes Vertrauen und rücke einem nicht mehr von der Pelle.

»Es ist Mai!«, sagte *Filigraner*.

»Erst in zwei Tagen, aber wir machen hier keinen ›Tag der Arbeit‹, falls es das ist, was du willst.«

Filigraner schüttelte den Kopf und sah zum Bullauge.

Rösch solle einfach mit dem Reden anfangen, viele Möglichkeiten habe er nicht, ermunterte ihn der Kommandant. Er wisse doch, dass er an Land erst recht nicht reden könne, er sei ein Seemann, ob er das nun gewollt habe oder nicht. Er sei ein Mann der See, das stehe fest, ein Seesüchtiger, der nur hier frei sei. Er sei ein Süchtiger unter Süchtigen, meinte der Kommandant und befahl: »Rede!«

Filigraner nickte, sah seinem Vorgesetzten fest in die Augen, der seinem Blick standhielt, und sagte nach einem Räuspern: »Meine Frau. Mathilde versucht, sich umzubringen.«

»Versuche zählen nicht«, sagte der Kommandant sofort und sah zum Bullauge.

»Schon drei Mal.«

»Drei Mal? Das ist viel.«

»Immer im Mai.«

Wieder sah der Kommandant zur Wanduhr, ging zum Schreibtisch, drückte einen Knopf und gab den Befehl, ihn in den nächsten zwanzig Minuten nicht zu stören. Er setzte sich zu seinem Arbeiter, goss zwei *Single Malt*, fünfzehn Jahre, ein und sagte: »Pack aus, Junge, erzähl schon!«

Robert Rösch nippte am Whisky und nickte: »Das erste Mal in den Bergen. Vor acht Jahren waren wir dort.«

»Ein Seemann gehört nicht in die Berge. Ganz gewiss nicht. Ein Seemann hat sich von den Bergen fernzuhalten. Erst recht, wenn er ein Fischer ist. Ein Hochseefischer.«

»Das weiß ich jetzt auch, aber Mathilde lag mir seit Monaten in den Ohren, sie wolle in die Berge!«

»Und dann hast du nachgegeben, weil du deine Ruhe haben wolltest. Keine gute Ausgangslage. Ein Mann, der nur nickt, um seine Ruhe zu haben, wird die nächsten Stürme nicht überleben.«

»Ja, Kapitän, Sie verstehen mich gut.«

Der Kommandant nickte und goss nach: »Und nach der Ruhe kam der Orkan?«

»Wegen dieser verdammten Fernsehberichte. Ich meine, da wird man doch verrückt im Kopf, wenn man immer diese Berichte aus der ganzen Welt sehen muss! Weiß doch jeder, dass es nie so ist, wie es gezeigt wird. Weiß doch jeder! – All die schönen Berge. Sonnenaufgang mit Frühnebel im Tal. Grelles Strahlen auf den Bergspitzen. Sah ja gut aus! Aber war doch nur Fernsehen! Heutzutage glauben die Leute dem Fernseher mehr als dem Nachbarn.«

»Erzähl endlich, halte mich nicht hin! Zehn Minuten habe ich noch für dich, dann muss ich wieder zum Kartentisch.«

»Bergkämme mit Schnee, der nie taut! Der noch nie getaut ist. Niemals, ich meine, was weiß so ein Schnee schon vom Schmelzen? Was weiß so ein Berg schon vom Tal? Kindischer Angeber! Der kennt doch gar nichts, keine Gefahr, keine Tücken, nichts, und wir aber hin da! Mit dem Auto.«

»Ausgerechnet mit dem Auto von der Ostsee in die Berge, sag mal, seid ihr bekloppt? Da gibt's schöne Nachtzüge und alles.«

»Aber mit dem Auto hast du den Vorteil, jederzeit umkehren zu können. Jederzeit, das war ja mein Plan. Drei Mal verfahren und mit großem *Tamtam*: Jetzt reicht es mir aber! Jetzt kehren wir um! – Blöder Süden, macht einen ganz verrückt! – Und ich hatte vergessen, meine Frau stammt ja aus Bayern! Und Mathilde kannte sich da noch gut aus, sehr gut sogar, obwohl sie mit achtzehn Jahren in den Norden gekommen war. Meine Frau hatte wohl einfach Sehnsucht, als wäre die Erinnerung an die Kindheit die Kindheit selbst. – In München habe ich sieben verdammte Sackgassen ausprobiert, aber Mathilde hat uns durch die Stadt gelotst, als wäre sie da tatsächlich zu Hause. – Als wir aus München raus waren, immer noch Richtung Süden, da saß ich dann plötzlich auf dem Beifahrersitz! Damit hatte ich nicht gerechnet. Ab diesem Moment war die Sache gelaufen. Mathilde fuhr unsere alte Kutsche, diesen uralten Mercedes, und der war ja viel zu breit für die schmalen Bergwege da. Ich saß auf dem rechten Sitz und musste bald mit einer verdammten Seekrankheit kämpfen. Die schmalsten Wege hoch und runter, wieder hoch und wieder runter, Sechzig-Grad-Kurven, Neunzig-Grad-Kurven, steuerbord der Abgrund, backbord die Felshänge und alle zweihundert Meter entgegenkommende Fahrzeuge, ich meine, es ist doch Todessehnsucht, die einen in die Berge lockt. Ich meine, auf den Bergkämmen sitzen all die Tode zusammen und spielen Skat, und wenn es einem von ihnen mal langweilig wird, dann lockt er seinen Menschen hoch, um ihn dann im Gelächter hinunter zu stoßen. Ich hab es selbst gehört, Kapitän, dieses Grollen, kurz bevor die Lawinen sich losmachen. Steinlawinen! Laut wie tauende Eisberge! – Himmelangst wird einem da bei den Wegen, die man Straßen gar nicht nennen kann, gar nicht. Viele hatten nicht einmal Teer auf dem Buckel, einfach Schotter, der die Tausende von Metern hinunterrieselte, sobald wir auf ihm fuhren. Kapitän, ich hab's doch gesehen! – Zum Glück kamen uns nur Einheimische entgegen, die die Wege zu nehmen wussten. Was die da oben herumkurvten! Und vom Bremspedal hatten sie auch noch nie etwas gehört. Zuerst ging ja alles gut, kam uns einer entgegen, Mathilde rechts ran, Warnblinker raus und abgewartet, bis die Einheimischen das Umschiffen schon irgendwie gemeistert hatten. Ich meine, nicht wenige, die anhielten und fragten, ob unsere alte Kutsche defekt wäre. – Und als die Frager dann immer durch das Fahrerfenster sahen – Mathilde beruhigte sie mit einem Lächeln –, da wurden sie immer ganz mitleidig. Sie brauchten bloß meine blasse Fresse sehen, schon war ihnen alles klar. Richtiggehend fürsorglich wurden sie dann, aber ich hatte immer nur abgewunken, war still geblieben, schweigsam, wie es sich in der Fremde für einen Hochseefischer gehört. – Nicht vorzustellen, wenn uns ein Kennzeichen HH oder HWI entgegengekommen wäre, nicht vorzustellen. – Wir fuhren in die Nacht rein, ich sagte, wir sollten lieber in einer Pension einkehren und uns am nächsten Tag den Gipfel vornehmen, aber Mathilde wollte unbedingt zur *Großen Klammspitz*, unbedingt! Sie meinte, da befände sich eine Berghütte, da könnte man übernachten. Sie wollte am Morgen die Sonne am Gipfelkreuz begrüßen, das selbst wie eine Sonne gebaut wäre. – Ich meine, was soll man dagegen schon sagen? – Schließlich sind wir in Oberammergau. Fahren durch den Ort, und jetzt war da wirklich eine Sackgasse vor uns, aus der auch Mathilde nicht mehr herauskommt. Diese Sackgasse ist aber unser Ziel. Sie mündet in einen Parkplatz, wir ziehen den Parkschein, und dann gehen wir den Weg an, er führt steil hoch. Zuerst noch stabile Steinstufen, dann Holzstufen, dann nur noch Lehm, Steinchen und Sand. Mathilde mit der Taschenlampe in der Hand voran, immer dem Weg hinterher, der sich hochschlängelt, der einfach nicht aufgeben will. Genau wie Mathilde, auf einmal ist sie ganz und gar Einheimische. Ich keuche hinter ihr her. Sie wartet an manchen Kurven und grinst mich in der Dunkelheit an, aus der eine Kälte steigt, die einen fast lähmt. Mathildes Atem vor ihrem Lächeln, und das Einzige, was sie sagt: ›Zurück geht nicht, wir müssen zur

Berghütte, die haben die ganze Nacht auf.‹ – ›Na, wenn du meinst‹, sage ich, und dann sage ich nichts mehr. Jedes Wort zieht ja doch nur ein anderes nach sich, und was am Ende bei rumkommt, das ist ein handfester Streit, mitten in den Bergen, über den die Tode sich dann köstlich amüsieren. Ruckzuck ist da dann eine Steinlawine im Anmarsch; nein, nein, da heißt es, besonnen bleiben und die Schnauze halten, wenn man überleben will. Überleben in fast zweitausend Metern Höhe, Kapitän, das ist nicht leicht. Oberammergau liegt auf achthundert Metern, nach drei Stunden bist du über die *Sonnenspitze* drüber und bei den *Pürschlinghäusern*, die sich auf tausendsechshundert Metern am *Pürschlingkopf* befinden. Wir haben achthundert Meter Höhenunterschied überwunden, aber Mathilde will unbedingt noch über den *Hennenkopf* zur *Brunnenkopfhütte*, die sich auf tausendsiebenhundert Metern beim *Brunnenkopf* befindet. Nicht mehr so steil, aber du weißt ja, Kapitän, die Länge trägt die Last. Noch mal sechs Kilometer, die wir kurz vor Mitternacht auch geschafft haben. Zum Glück leuchten uns der Vollmond und die Sterne, es ist zum Glück nicht so dunkel. Ich falle sofort ins Bett, Mathilde trinkt noch ein Selbstgebrautes mit den Wirtsleuten, ich schnarche schon im Rhythmus der anderen Wanderer. Am Morgen holt mich Mathilde aus dem Bett, wir waschen uns draußen unter der Brunnenpumpe. Das kalte Wasser tut uns gut. Obwohl es immer noch dunkel ist, sind wir mit einem halben Dutzend Lunchpaketen schon auf dem Weg zur *Großen Klammspitz*, die Mathilde unbedingt bezwingen will. Weiß der Teufel, wieso, der weiß es! Obwohl, es gibt ja gar keinen Teufel, es gibt ja nur Gott, wenn er betrunken ist. – Und an diesem Morgen war Gott betrunken! – Kaum haben wir die Hütte hinter uns, sind gerade in einem Tal angekommen, da stehen wir auch schon vor einer Felswand! Ich frage: ›Spinnst du?‹ Mathilde schüttelt den Kopf und fängt an zu klettern! Wir sollen klettern! Eine Wand, so steil wie die Außenhaut unseres Schiffes! Von Einkerbung zu Einkerbung und mit jedem Schritt an diesem Kalkfelsen werden die Grasbüschel und das Gestrüpp weniger. Schließlich nur noch Stein und Fels. Noch etwa zehn Meter, da bleiben wir plötzlich auf den Steinchen stehen, die schnell ins Rutschen kommen. Ich schiebe mich an Mathilde vorbei, weil mir die Sache zu gefährlich wird. Ich will mich auf diesen verdammten Kamm setzen und meinem Tod sagen, er solle sich ein anderes Hobby suchen, wenn ihm die Skatspiele zu langweilig werden. – Doch Mathilde ist immer noch an der gleichen Stelle und reagiert nicht mehr auf meine Rufe. Ich bin oben, lege mich auf den Bauch, strecke den Arm aus, sie braucht nur zuzufassen, so dicht ist sie, aber sie tut es nicht. Sie dreht sich um, in diesem Augenblick steigt die Sonne über einen anderen Kamm, noch ganz rot vom gestrigen Saufen mit Gott, und Mathilde nimmt die Hände vom Berg! Mit den Sohlen rutscht sie, erst ein paar Zentimeter, dann Meter! Sie hält sich nicht fest, ihr Körper kommt ins Rollen, sie überschlägt sich, ihre ganzen schönen Lunchpakete gehen über Bord! Mathilde rollt runter, das begreife ich jetzt erst. Ich sehe ihrem Rollen zu, keine Anstalten, sich festzuhalten, ich schwöre es, keine Anstalten! – Schließlich knallt sie nach fünfzig Metern auf einen Felsvorsprung, zum Glück, macht noch ein paar Umdrehungen, bleibt aber auf dem Vorsprung liegen, zum Glück! Auf dem Rücken, Arme ausgebreitet, Gesicht in den Himmel, aufgeplatzte Tomaten um sie herum, und ich höre ihren Tod feixen! Lawinenlachen, Kapitän, du weißt, was ich meine. – Mir wird sowas von schwindlig! Ich kann mich nicht mehr bewegen, da auf diesem Grat. Ich starre nach unten, und alles dreht sich mir vor Augen. Keine Bewegung, keine von mir, keine von Mathilde. Ich rufe, Mathilde macht gar nichts. Ich brülle sie an, ich mache sie richtig fertig mit Worten, ohne dass sie sich bewegt, als von der anderen Bergseite einheimische Kletterer kommen und fragen, was los sei. Ich deute nach unten. Der eine kümmert sich um mich, meint, ich habe Bergkoller, Höhenangst. Er hilft mir, Schritt für Schritt runter von dieser verdammten *Klammspitz*, auf der ein Seemann nichts zu suchen hat, und die anderen beiden Männer kümmern sich um Mathilde. Sie bringen sie dazu, sich hinzusetzen. Sie legen die aufgeplatzten Tomaten ordentlich auf einen Haufen und setzen sich neben meine Frau. Sie sehen mir und meinem Helfer zu, und als wir endlich auch auf dem Felsvorsprung stehen, da hänge ich in den Armen dieses Fremden und frage Mathilde wieder: ›Spinnst du?‹ Ich frage sie, ob das geplant gewesen sei, ob das von Anfang an so geplant gewesen sei, aber zum Glück antwortet Mathilde mir nicht. Sie sieht mich mit großen Augen an und sagt: ›Es ist doch Mai.‹ – Es sei doch Mai, und diesen Monat habe sie immer geliebt, immer, bis zu jenem Mai, in dem sie von hier weg auf die Insel Rügen gekommen sei, und da weiß ich, was los ist mit ihr. Und ich nicke, höre mit dem blöden Gemecker auf, ich setze mich neben sie, nehme sie in den Arm, und leise wippen wir hin und her. – Ich verstand sie, und ich begriff, dass ich vor diesem verfluchten Mai nie wieder Ruhe haben werde. Nie wieder, egal, wo ich gerade sein werde. – Eintausendneunhundertvierundzwanzig Meter über dem Meeresspiegel, da ist die *Große Klammspitz*, Kapitän«, endete Robert Rösch und sah den Kommandanten an, der nicht zu fragen wagte, was Roberts Frau auf Rügen passiert sei. Er goss erneut nach und sah auf die Wanduhr. Eine ganze Stunde war vergangen! Eine ganze Stunde! Der Kommandant schüttelte den Kopf, stand auf und fragte: »Und die anderen beiden Male?«

14

»Die waren nicht mehr so schlimm, weil ich vorbereitet war«, antwortete Robert Rösch und erhob sich ebenfalls: »Bitte entschuldigen Sie, dass ich Sie mit meinem Kram so belästigt habe. Entschuldigen Sie bitte, Herr Kapitän. – Ich weiß, man bringt die persönliche Scheiße nicht mit an Bord.«

»Kein Thema«, sagte der Kommandant, und als Robert Rösch schon am Schott war, da fragte er doch: »Und warum? Was war auf Rügen?«

Robert drehte sich halb um, hielt die Metalltür auf und winkte ab.

Und der Kommandant der *Saudade* nickte, war es ihm doch auch lieber so.

Er zog sich die Jacke über, während *Filigraner* den Niedergang hochstieg, um vor der Schicht noch eine Mütze Frischluft zu nehmen.

Als schnitten der unerbittliche Sturm und das mit Eissplittern gespickte Salzwasser, das in Böen übers Oberdeck fegte, die Gesichtshaut in Fetzen. Die Kordel des Fischerhuts würgte Robert Rösch, so dass er sie vom Kehlkopf weg auf die beiden Knochen ziehen musste, die aufeinander zuliefen. Der Orkan raubte ihm den Speichel, er musste aber den Mund offen halten, um überhaupt noch atmen zu können. Doch trotz allem mochte er die *Georgebank*, auf der sie sich befanden, schmolzen hier die mächtigen Eisberge des Nordens doch geradezu majestätisch vor sich hin. Robert Rösch meinte, hier, wo der Golfstrom den Labradorstrom schneide, sei der größte Eisbergfriedhof der Welt, und sich auf einem solchen zu befinden, das Wrack der *Titanic* unter sich zu wissen, das sei schlicht das Erhabenste. Geduckt stand er. Breitbeinig. Mit beiden Händen hielt er sich am stählernen Vierkant des Schanzkleides der Nock fest. Ließ die See sich über ihn ergießen, ließ das Salz die Haut ausbrennen, ließ die Sturmwellen sich an ihn brechen. Er trotzte dem Orkan und dachte: ›Lern schwimmen und verarsch die Haie.‹

Ein paar Seemeilen weiter westlich waren Boston und New York, ganz in der Nähe befand sich Nuntucket Island, die Heimat des legendären Walfängers *Ahab*, doch was kümmerte ihn das alles? Nicht viel. Robert Rösch grinste und genoss den Schauder, der ihn durchfuhr, als die Stimme des Kommandanten durch die Bordlautsprecher den neuen Kurs befahl und mit den Worten endete: »Hiev ab in vier Minuten. Deck besetzen. Deckbesatzung: Netze aufklaren!«

Sturmstärke neun, Tendenz steigend, doch Robert Rösch wollte auf dem Außenbalkon der Trawlbrücke bleiben und dem Hieven zusehen, ehe er wieder nach unten zu den Fließbändern musste. Er schlug einen *Gordingstek* an einen Schekel. Auch wenn dieser *Never-open-again-Knoten* sich bei Last stark bekniff und dann nur noch mit einem Marlspieker wieder gelöst werden konnte, Robert Rösch schlug ihn, war doch ein sicherer Knoten der dritte Arm des Seemanns. Er wusste, der *Gordingstek* sei treuer als jede Katze und diese Treue würde ihn an Bord halten, auch wenn der *Kaventsmann* noch so riesenhaft daherkäme.

Nirgends fand sich auch nur der Schimmer eines Sterns. Gischt und Schaumkronen waren das einzige Hell in der Weite, und nur die vierzehn Starkstromlampen auf dem Fangdeck unter ihm waren eine wirkliche Lichtquelle, wenn die roten und grünen Lämpchen der Trawlbrücke nicht galten, die sich neben Robert Rösch befanden und die er nicht gelten ließ. Und auch nicht den grünlich bläulichen Schimmer der Hauptbrücke über sich. Gischt, von überall her Gischtkronen, zwar nur für Sekunden auftauchend, kamen sie ihm aber doch schaurig schön wie weiße Schatten des Todes vor.

Der Trawler machte langsame Fahrt, den Orkan so gut wie möglich abwetternd, aber gut ging es nicht. Auch Rösch spürte das Ankämpfen des Schiffes gegen die See. Wellenberg um Wellenberg erklomm es, um sich sofort in die Tiefe zu stürzen, und obwohl der Orkan sich verstärkte, plättete er die See. Der Seegang ließ nach, doch immer mehr Wasser wurde wie Staub durch die Luft geschleudert. Schließlich lagen die weißen Schatten des Todes selbst bei Robert Rösch auf der Nock. Er hörte den Sturm kreischen und grinste abfällig. Er dachte an die These des *uralten Richards*, der sich schon seit weit über fünfzig Jahren an Bord des Trawlers befand. Die Möwe kreische nur deshalb, weil sie die Fische in Panik versetzen wolle, denn ihr Kreischen erinnere den Fisch an die Geräusche der Stürme. So komme der verstörte Fisch der Oberfläche zu nahe und sei eine leichte Beute für die Möwe, die noch ganz andere Sachen könne, ganz andere!

Vom Kreischen der See umgeben und vom nassen Schwarz überrannt, fiel die alte *Saudade* ins Tal und hob Robert Rösch aus dem Stand, der sich an den Handlauf des Schanzkleides klammern musste und in die Knie ging, als das Schiff aufs Wasser aufschlug, ehe es sich in der Längsachse nach steuerbord drehte und den nächsten Berg hochgescheucht wurde. Was waren das doch für Gebirge! Wie lebendig! Wie tot waren dagegen die Berge der Alpen; Robert Rösch trat gegen einen zappelnden Rotbarsch, der sich auf der Nock verklemmt hatte.

Zwölf Meter über dem Fangdeck stand Rösch, aber der Barsch hatte trotzdem zu ihm gefunden.

Ein Knall schoss ihm durch den Kopf, Rösch hing an der verknoteten Leine, blickte neben sich, sah das zertrümmerte Fenster, schaute dem sich aufrappelnden Windenfahrer und dem Bootsmann zu, bemerkte die tief in der Holzvertäfelung steckenden Glassplitter.

Rösch warf einen Blick auf den Krängungsmesser, der bei siebenundfünfzig Grad stehen geblieben war, als sich das Schiff langsam wieder aufrichtete. Wie knapp sich der Zeiger doch vor dem dicken, dem roten, dem Unheil verkündenden Strich befand, auch Robert Rösch wusste, dass bei sechzig Grad alles aus war. Alles vorbei. ›Das ist keine Übung: Klarmachen der Rettungsinseln‹, wäre dann der nächste Befehl gewesen, so aber hörte er nur die Stimme des Kommandanten über die Lautsprecher sagen: »Achtung, sofortige Schadensmeldung über Funk aus allen Bereichen!«

»Brücke! Hier Fangdeck, das Netz schleppen wir noch, aber es wird langsam brenzlig.«

»Brücke! Hier Trawlbrücke, Sicherheitsglas Totalschaden, Wassereinbruch, aber wir kriegen es abgedichtet.«

»Brücke! Maschinenraum, keine besonderen Vorkommnisse.«

»Brücke! Verarbeitungsabteilungen, keine besonderen Vorkommnisse.«

»Brücke! Hier ist die Kombüse, es gibt heute keine Suppe als Vorspeise.«

»Brücke! Funkraum dicht und trocken.«

»Trawlbrücke! Hier Fangdeck, wir sollten den Hol jetzt retten, lange macht die *Monroe* das nicht mehr.«

Monroe hatten die Deckarbeiter also ihr Netz diesmal getauft, Robert Rösch grinste und sah unter sich alle zwanzig Deckmänner der Steuerbordwache am Heck stehen. Sie waren bereits mit den Laufseilen vertäut, an die sie sich immer wieder heranzogen, wenn die See sie nach steuerbord geschleudert hatte.

»Hier Trawlbrücke, Aufkommen in zwei Minuten!«

Da standen sie wieder, die zwanzig Männer wie einer, dieses Gemisch aus allen Religionen und Regionen der Welt, Robert Rösch wusste, dass nur ein einziger Gedanke sie jetzt durchströmte: Man überstand das Abschlagen des Eises von den Decksaufbauten bei vierzig Grad unter Null, man überstand das Abdichten von Lecks unter Wasser, das wochenlange Lenzen, und man überstand das tagelange Ausnehmen des Rotbarsches, weil die Gewissheit blieb, dass es zu Hause eine Frau gebe, eine treue Ehefrau, für die zu arbeiten und zu sterben sich lohne. Die Frau bleibe dem Seemann treu, und diese Treue sei ihm der feste Boden unter den Füßen, da könne die See noch so sehr wanken und wackeln. Die Frau bleibe treu, sie stehe zu ihrem Mann, der all das Leiden aushalte. Darauf könne die Frau zu Hause bauen, dass der Seemann auch die nächsten Stunden überstehe, mit einem abfälligen Lächeln. Dass er auch die kommende Zeit überlebe, mit einem frechen Grinsen. Dass er verlässlich bleibe, schweigsam und gelassen.

Erst recht, wenn er ein Deckarbeiter war! Robert Rösch nickte ihnen zu, die sich da unten Zentimeter um Zentimeter am Tau zurück auf ihre Positionen zogen, die im Eiswasser lagen und verächtlich lachten, diese Männer vom alten Schrot und Korn, deren Art allmählich ausstarb und die nur mit den Händen redeten, Robert Rösch wusste zwar, auch diese ›letzte Insel der alten Männerwelt‹ würde bald verschrottet sein, aber noch sah er sie auf ihrer Stahlinsel kämpfen: gegen die See und um jeden Fisch!

Alle vierzehn Starkstromscheinwerfer des Fangdecks flackerten, und Robert Rösch brüllte mitten in den Sturm hinein: »Wozu Licht, wenn unsere Frauen uns leuchten!«

»Ein Sturm verebbt, Treue niemals«, brüllte der neuseeländische Windenfahrer zurück, und Rösch nickte ihm grinsend zu, auch wenn seine eigene Frau sich da anders verhielt, solange es diesen verfluchten Monat Mai gab. Doch was soll's? Der Kommandant hatte gesagt, erst in zwei Tagen sei es Mai! Heute war sie ihm treu! Ganz bestimmt. Heute Nacht war kein Selbstmordversuch zu befürchten, keine plötzliche Durchsage, Fischverarbeiter Robert Rösch solle sofort in den Funkraum kommen. Heute nicht. Heute werde Fisch gefangen und verarbeitet, meinte er. Heute werde mit den Händen geantwortet. Und gleich könne auch er loslegen.

Der Bootsmann nahm das Funkgerät in die Hand und sagte: »Bestmann, hörst du mich?«

»Klar und deutlich«, kam es vom Vorarbeiter der Deckmannschaft zurück, der auf dem Fangdeck die Bewegungen der zwanzig Männer koordinierte.

»Gebete beendet, fluchet und ziehet!«, sprach der Bootsmann die uralte Formel der Hochseefischer, die nun schon seit Jahrhunderten das Hieven einläutete.

Robert Rösch sah den *blonden Iraner*, der sich zum Heckende kämpfte, um die Heckklappen auszuhaken. Er sah ihn für Sekunden im einströmenden Eiswasser verschwinden, als er das Eis von den Heckklappenquerstangen abschlug. Er sah ihn ausrutschen und mit dem Hinterkopf auf die Eisenplanken schlagen, aber schon sah Robert Rösch ihn wieder stehen als der Teil des einen Mannes, zu dem sie da unten geworden waren. Wie prachtvoll sich der *blonde Iraner* am Tau wieder auf die Beine zog, ein Lächeln im Gesicht, war er doch gerade Vater von Drillingen geworden. Da stand der *blonde Iraner* wieder, und Robert Rösch sah ihm nickend zu, wie er die Handschuhe auszog und mit bloßen Händen ins Meerwasser griff, um die Bolzen der Fangleinenverankerung herauszuziehen. Nichts sei groß genug, um einen Mann, dem die treue Ehefrau gerade Kinder geboren habe, in die Knie zu zwingen, Robert Rösch brüllte einen Gruß, der aber vom Sturm weggerissen wurde, so dass er ihn selbst nicht verstand.

Wenn nur dieser vermaledeite Monat Mai nicht wäre!

»Aufkommen in einer Minute!«, sagte der Windenfahrer zum Bootsmann, der neben ihm stand. Robert Rösch sah zu ihnen, keine fünf Meter von ihm entfernt, und da der Sturm von backbord kam, brachte er ihm jedes Wort mit. Er sah den Bootsmann nicken und ins Funkgerät sprechen: »Bestmann, hiev up in einer Minute!«

»Verstanden, eins null. – Arschlöcher, legt an!«

Die Deckmänner nahmen die beiden Netzseile auf, Robert Rösch sah ihnen weiter vom Balkon der Trawlbrücke zu, und obwohl der Orkan ihn von einer Ecke in die andere warf – um nichts in der Welt wäre er jetzt gewichen.

Für einen Moment herrschte im ganzen Schiff Regungslosigkeit. In den Maschinenräumen, in den Verarbeitungshallen, in der Navigation, auf der Hauptbrücke, auch in der Kantine und im Büro des Wachtmeisters, und selbst der Funker schaltete für diesen Moment die Verbindung zu den anderen Trawlern ab, um sich auf die Bordlautsprecher zu konzentrieren. Alle einhundertsechsundsiebzig Männer hielten den Atem an, der Kommandant stand still im Orkan, die Füße fest auf den Planken. Allein Daumen und Zeigefinger des Windenführers bewegten sich jetzt auf dem einhunderteinundvierzig Meter langen Schiff. Jetzt galt alle Elektronik nichts. Jetzt galt einzig das Tasten des Windenführers.

Rösch harrte mit seinen Kollegen in stummem Bangen aus.

Noch dreißig Sekunden. Er hielt den Atem an, als könne in diesem Sturm ein einziger, unbeherrschter Atemzug das Netz von den Leinen reißen. Die Hände des Windenführers hielten still. Endlich, langsam atmete Robert Rösch aus.

»Kapitän, das Heck drückt!«, erklang die Stimme des Bootsmanns durch die Lautsprecher. Mürrisch klang sie, der Mann jedoch grinste, und auch Rösch lächelte.

»Hier Brücke, Maschinenraum! Alle Maschinen stopp! Vorschiffluken eins bis fünf fluten. Sechs bis acht halb fluten! Ende«, sagte der Kommandant.

Und aus brach der Jubel auf dem gesamten Hochseeschiff!

Wild schrien sich die Männer an, endlich, endlich sei die fanglose Zeit zu Ende. Endlich gebe es wieder Arbeit für die Hände, Robert Rösch wusste sie alle im Taumel vereint und jaulte vor Freude mit.

Unterhalb der Trawlbrücke versammelte sich nun die halbe Mannschaft, um den Hol mit eigenen Augen zu sehen. Alle Freigänger der Backbordwache drängelten sich unter Robert Rösch, um dem Hieven beizuwohnen, doch er, Robert Rösch, hatte als erster den Riecher gehabt und sich den besten Platz gesichert.

Er grinste und sah zum Windenfahrer und zum Bootsmann, die sich weiter auf der Trawlbrücke befanden, ehe er sich auf die Deckbesatzung konzentrierte, die nun gelbe Gummijacken trug. Sie stand in Formation auf dem Fangdeck, die Leinen in der Hand. Vermummt und mit großen, schwarzen Zahlen auf den Rücken, deren Ränder reflektierten, so hielten sie im eisigen Spritzwasser der Wellenberge aus. Ganz hinten, an der Slip, stand der Bestmann zwischen den beiden sich aufwickelnden Kurrleinen.

Neben Rösch wartete der Windenfahrer auf den entscheidenden Befehl, die Netzwinde wieder in Gang zu setzen, nachdem die Luken geflutet waren, und prompt kam die Meldung auch aus den Lautsprechern: »Maschinenraum an Brücke, Fluten gelukt; sorry, Luken geflutet!«

»Brücke an Trawlbrücke: Hiev up!«

»Aye, aye, Käpt'n«, sagte der Bootsmann und nickte dem Windenfahrer zu, der die Winsch sofort los brachte.

Die Schwimmkörper des Netzes tauchten auf, die Deckleute hielten die Kurrleinen straff.

Schwärme von Möwen kamen aus dem Nichts über das Schiff, aus allen Richtungen fielen sie ein. Schreiend und lachend stürzten sie sich auf die dicht unter der Oberfläche zappelnden Rotbarsche.

Ein gigantischer roter Teppich, der mit jeder Faser das Meer aufzupeitschen schien. Der Fisch kämpfe, aber er hatte bereits verloren, Robert Rösch schätzte den Teppich auf anderthalb Kilometer. Er jubelte in eine Böe hinein und schlug mit der Faust aufs Schanzkleid.

Die Netzbeschwerer krachten bereits die Slip hinauf, der Teppich wurde zusammengezogen, und Rösch sah den Bestmann wild gestikulieren. Die Deckmänner verstanden und begannen, das schwere Vornetz an Bord zu hieven.

Sie waren der eine Mann mit den zwei Armen, die die beiden Kurrleinen Stück um Stück an Bord zogen. Auf vereisten Planken. Zwischen aufkommenden Böen der Windstärken neun und zehn. Vom Seegang von einer Seite auf die andere geschleudert. Von Orkanwellen umgeworfen. Kniend, liegend, kriechend, doch niemals die Leinen loslassend, niemals! Und niemals den Takt verändernd, in dem sie zogen, niemals! Vor sich die Bilder der Heimat, zogen und schrien sie im Rhythmus gegen den Rhythmus der See.

Und auch Robert Rösch schrie den Takt lauthals mit, die Hände fest um den Vierkant der Reling. Er ließ sich die Worte von den Lippen reißen, ließ den Sturm sie zerfetzen, schrie ununterbrochen Sätze heraus, von denen er plötzlich im Überfluss hatte, Sätze, die zum Dialog wurden, in dem alles ausgesprochen wurde, was einem Hochseefischer wichtig war; Sätze, die in zwei Worte passten:
»Hiev? – Up!«

»Hiev!«

»Up?«

»HIEV?«

»UP!!!«

Die Stahlplatten, die das Schleppnetz am Meeresgrund offen hielten, schleiften übers Fangdeck, der Dialog der Männer setzte sich ohne Unterbrechung fort: »Hiev? – Up!«

Das Vornetz lag auf dem Heck, das Hauptnetz dehnte sich mehr und mehr. Das Nylon zog sich in die Länge, aber reißen werde es nicht, oder?: »Hiev? – Up!«

Der eine Teil des Netzes war schon an Deck, der andere befand sich noch immer im Wasser und wurde schwerer, schwerer und schwer. Erneut schlug ein *Kaventsmann* die Deckleute nach steuerbord gegen die Reling, aber den Rhythmus der Fänger konnte auch er nicht verändern: »Hiev? – Up!«

Die gequälte See schien zu ächzen, glaubte Robert Rösch, als wolle sie ihren Reichtum nicht opfern, aber ein Fischer heiße nun mal Fischer, weil er fischt: »Hiev? – Up!«

Und nicht, weil er sich den Raub wieder rauben lasse: »Hiev? – Up!«

Noch war die Größe des Fangs das Geheimnis der gepeinigten See, doch hatten die vorderen Kammern geflutet werden müssen, damit das ganze Schiff beim Hieven nicht nach hinten überschlug. So mächtig also war der Hol! So gewaltig der Schwarm, den sie sich da geholt hatten: »Hiev? – Up!«

Sie hievten eisern, der Windenfahrer ließ die Kurrleinen weiter über die Slip aufrollen, immer weiter gehe das Schiff trotz allem mit dem Heck nach unten, bemerkte Robert Rösch und sah *lahmen Michel* ausrutschen. Sich am Seil festhalten. Noch im Rutschen den Takt halten. Jeden Moment musste der Fang auftauchen. *Lahmer Michel* lag auf dem Rücken, das abfließende Wasser über sich, doch er zog weiter im Takt der Hochseefischer.

Robert sah *lahmen Michel* wieder auf die Knie kommen,

schwerfällig, langsam, aber dann war er doch wieder Teil einer Größe, Faser eines Muskels. Robert Rösch atmete durch.

»Winde stopp!«, sagte der Bestmann durch die Funke, und sofort nahm der Windenfahrer die Hände von den kurzen, schwarzen Hebeln mit den Kugelenden.

Das Vornetz wurde zusammengezogen und an den Rand gebracht, der Bestmann hielt die Steertleine straff in der Hand, mit der durch einen Knoten die Netzöffnung zusammengehalten wurde, und Robert Rösch beugte sich über das Schanzkleid und wusste, der Moment war da.

Alle zweihundert Finger des einen Mannes schlugen in die Maschen der *Monroe* und hievten das Hauptnetz mit vibrierenden Armen aufs Heck.

»Winsch auf!«, schrie der Bestmann durch die Funke, und wieder gehorchte der Windenfahrer sofort.

Dem Wasser entstieg der bereits zur Hälfte aufs Eisen gezogene Fisch nun zur Gänze.

Taumelnd hing er in der Luft, umkreist von den leuchtenden Vögeln der See.

Lotrecht hing der Fisch über dem Schiff, das schwankte und pendelte und dem Fang fast unterlegen war.

Und auf jubelten die Männer des Fang- und Verarbeitungsschiffes *Saudade*!

Da hingen zweitausend Zentner Rotbarsch.

Vierzigtausend zappelnde Fische zusammengepfercht zu einem einzigen Ungetüm.

Da hing er! Der *rote Wal*! Gefangen im Nylonnetz.

Der rote Bruder des sagenumwobenen *Moby-Dick*, er war aus dem Wasser gezogen, er war gestellt.

Und als plötzlich ein grässlicher Urschrei zu hören war, der aus den Untiefen der schwarzen See kam, ein Quietschen, da schien es Robert Rösch einen Moment lang, als habe der Teufel *Ahab* aufgelacht, ehe er sich eingestand, auch er könne in so einem Augenblick selbst den eigenen Ohren nicht trauen.

›Du fetter *roter Wal*‹, dachte er, doch mehr fiel Robert Rösch nicht ein, war ihm dieser Anblick doch zu erhaben, zu groß, übermächtig.

Sie hatten mitten auf einer Rotbarschwiese zugeschlagen, auch Rösch konnte sein Glück kaum fassen, denn war es nicht so, dass sich auf so einer Wiese noch mehr Fisch fand? Noch viel mehr? Jawohl! Um darauf ein klares Ja geben zu können, war Rösch schon lange genug an Bord des Trawlers.

Zufrieden verfolgte er, wie auf dem Fangdeck die Luke des Frischwasserbunkers siebzehn geöffnet und wie der *rote Wal* dorthin dirigiert wurde.

Er spürte, dass das Schiff sich in der Längsachse stabilisierte, und fand auf den Gesichtern der schwer arbeitenden Männer das Glück eingefroren. Das Glück als tiefe Abwesenheit.

Und verdammt ja! Auch Robert hätte jetzt gerne Mathilde an der Seite gehabt! Wie der Rotbarsch so zusammengepfercht über der Luke baumelte, wie die Scheerbretter auf den Planken klapperten, wie die Kurrleinen von den erschöpften Männern fallengelassen wurden, wie der Bestmann unter das Netz trat und den Steertknoten mit einem einzigen Ruck löste; diesen Augenblick, in dem der gigantische Fang in den Tank prasselte, diesen Moment des *Fischregens* hätte er gern mit seiner Frau geteilt. Nur ein einziges Mal!

Moby-Dicks roter Bruder sei gefangen, er könne verarbeitet werden, Robert Rösch drückte die Mundwinkel nach oben und strich sich mit der Zunge das Salz von den aufgesprungenen Lippen. Er blickte weiter starr geradeaus.

»Vorschiff leerpumpen!«, kam es aus den Lautsprechern.

»Vorschiff leerpumpen, verstanden!«

»Winsch fest!«

»Winsch ist fest!«

»Halbe Fahrt voraus!«

»Halbe Fahrt voraus!«

Die Seemannsrollen wurden abgespult, und Robert Rösch ging mit den anderen Freiwachen ins Innere des Schiffes zurück, nachdem er den *Gordingstek* nur mit Mühen und mittels Marlspieker hatte aufbrechen können, während er an *langer Finger* dachte, der ihm vom Lachs erzählt hatte.

Der Lachs könne sich wie alle Fische erinnern. Der Lachs könne sich exakt an den Geruch des Wassers erinnern, in dem er geboren wurde. Er finde genau die Stelle wieder, um selbst dort zu laichen. Das sei ein göttliches Vermögen, hatte *langer Finger* gemeint: »Wir suchten Gott immer im Himmel, aber was soll sein in der Kälte zwischen den Sternen, die nur eine Spiegelung des Weltmeeres ist? Im Fisch zeigen sich uns die Gottheiten, und ohne Fisch sterben wir aus.«

Uralter Richard hatte genickt und geantwortet: »Und der Rotbarsch wird bis zu siebzig Jahre alt! Da kommt schon was an Erinnerung zusammen, meine ich. Wenn wir sie lassen würden, hätten die Rotbarsche bald so viel Erinnerung zusammen, dass sie uns damit jagen könnten! Aber wir lassen sie ja nicht. An Land ist der Wolf der Hai, und wir machten ihn zum Hund, aber auf See brauchen wir keine Hunde!«

Robert Rösch grinste beim Schließen des Außenschotts. Und *langer Finger*, was für ein guter Kerl der doch gewesen war! So gut, dass seine eigenen Götter ihn verspeist hatten!

In der Messe nahm sich Robert Rösch einen der tiefen Teller, ließ ihn sich vom Smutje mit Eintopf füllen, in dem Fettaugen und Putenfleisch fast die einzigen Zutaten waren, ging an seine Back, setzte sich auf seinen Stammplatz zwischen *uralter Richard* und Christian, *Opernsänger* genannt, und bevor Robert Rösch einen Bissen zu sich nahm, erhob er sein Glas und sagte: »Auf *langer Finger*!«

Opernsänger goss Richard und sich Wasser aus der Karaffe ein, die auf der Back stand, und zu dritt stießen sie auf den toten Deckmann an, ehe sie beim Schlürfen und Kauen an den gestrigen Tag dachten. Auch gestern hatte Robert Rösch während der Freiwache wieder auf der Trawlbrücke gestanden. Quälende Stunden. Ein Leerfang jagte den anderen, bis sich das Nylonnetz dann doch noch in die Länge zog.

Rösch sah wenig später den Bestmann auf dem Fangdeck unters Netz treten. Sein großer Augenblick! Der Moment seines geheiligten Handgriffes! Jenes Handgriffes, der ihn über alle anderen Menschen erhob.

Nur der Bestmann war in der Lage, den Steertknoten zu lösen, der ein hochkompliziertes Gebilde darstellte und das gesamte Netz zusammenhielt. Er hatte diesen Knoten erfunden, wie jeder Bestmann auf jedem Trawler seinen eigenen Knoten erfand, war dies doch seit jeher Tradition auf den Trawlern. Nur der Bestmann durfte den Steertknoten schlagen, der das gewaltige Netz zusammenhielt, und der doch mit einem einzigen Handgriff zu lösen sein musste. Einen Handgriff, den nur der Bestmann kannte.

Die beiden Trupps der Deckmänner standen sich gegenüber und hielten die Leinen straff, an die der Bestmann gebunden war, so dass er nach seinem geheiligten Handgriff zur einen Seite gezogen und von der anderen Seite gleichzeitig gebremst werden konnte. Der Mann stellte sich breitbeinig hin, sah nach oben, wo ein schmaler *roter Wal* im Netz baumelte, ging leicht in die Knie. Er hob beide Arme in die Höhe, tastete einen Moment den Knoten mit geschlossenen Augen ab und hielt inne.

Auch der Bestmann stellte sich in seinem schwierigsten Moment seine Ehefrau vor. Robert Rösch wusste es von ihm selbst. Er stelle sich vor, er übergebe ihr endlich die Schlüssel zu ihrem Altenteil in der Toskana. Der Schlüssel selbst sei wie ein Knoten geschmiedet, der beste Steertknoten, den die Welt je gesehen habe.

Robert Rösch sah ihn die Augen öffnen und seinen Leuten ein Zeichen geben. Sie ließen die Seile locker, er sprang hoch, klammerte sich an einen bestimmten Teil des Knotens, nahm die Beine in die Hocke und zog den Knoten beim Herunterfallen mit dem eigenen Körpergewicht auf.

Und noch ehe er auf dem Hosenboden landete, wurde er abbremsend zur Seite gezogen, während Tausende von Rotbarschen dicht an ihm vorbei in den Frischwassertank prasselten. Hinter sich den *Fischregen*, erhob sich der Bestmann und nickte sich selbst zu.

Der Bootsmann atmete neben Robert Rösch zufrieden auf und gab mittels Funk den Befehl, die vorbeigefallenen Fische mit den Wasserspritzen in die Luke zu fegen und diese dann gut zu verschließen.

Auch die Stimme des Kommandanten klang zufrieden, als sie wenig später durch die Lautsprecher drang: »Geschirr aufklaren und erneut aussetzen!«

Über das schon wieder vereiste Fangdeck wurde das Fangnetz ausgelegt, die Leinen wurde aufgerollt und an die Seite gelegt, die Kurrleinen wurden locker zu Schlaufen verholt und die Scheerbretter ausgerichtet, während der Bestmann allein am Deckende stand, die Hacke eines Fußes über der Heckkante, und, abgeschirmt vom Kettenkasten des Steuerbordankers, erneut einen Steertknoten schlug.

»Jetzt dreht er«, sagte der Bootsmann: »Wird wohl was Riesiges auf dem Fischradar haben.«

Und nun bemerkte auch Rösch, dass das Schiff einen Bogen gefahren war und genau an die Stelle zurückkam, an der sie kurz zuvor den Fisch gestellt hatten.

»Das geht noch ein paar Stunden so«, sagte der Windenfahrer: »Endlich!«

Der Bootsmann nickte und sprach ins Funkgerät: »Kombüse! Zwei Pott Kaffee auf die Trawlbrücke! – Herr Kapitän, wir glauben, Sie haben mal wieder einen Riecher!«

»Na ja«, schnarrte es aus den Lautsprechern: »Ein Kaffee wird wohl erst einmal reichen!«

»Das ist doch ein Wort«, gab der Bootsmann zurück, ehe er den Zuschauer Rösch bemerkte und sagte: »An die Kombüse! Drei verdammte Pötte, wir haben eine *Blindschleiche* hier!«

»Drei Pötte ohne *Kötte*!«, kam es aus dem Funkgerät, und obwohl die einhundertsechsundsiebzig Männer nun schon über fünf Monate zusammen zur See fuhren, vierundzwanzig Stunden am Tag beieinander, hatte doch noch niemand von ihnen herausbekommen, was der Smutje immer mit *Kötte* meinte. Wieder schüttelte Robert Rösch den Kopf, während der Bootsmann abwinkte und der Windenfahrer die Schultern hob.

»Netz klar«, sagte der Bestmann durch die Funke.

»Auswurfposition in zwei Minuten erreicht«, kam es vom Steuerhaus: »Bereithalten zum Auswurf.«

»Deckbesatzung bereit!«

»Trawlbrücke bereit!«

»Achtung, Trawlbrücke! Tiefe dreihundertacht Meter, vierundsiebzig Zentimeter!«

»Trawlbrücke verstanden! Tiefe drei null acht Strich sieben vier.«

»Achtung an alle! Auswurfposition in einer Minute erreicht!«

Während Rösch zum Niedergang ging, um dem Hilfssmutje das Tablett mit den Tassen abzunehmen und sie zu verteilen, zählte der Kommandant mit ruhiger Stimme:

»Dreißig Sekunden. Zwanzig Sekunden. Zehn Sekunden. Fünf. Vier. Drei. Zwei. Eins. WURF!«

Der Windenfahrer riss die Sperre mit dem linken Zeigefinger los, die Deckarbeiter zogen über Winden das Netz ins Wasser, die Kurrleinen strafften sich, die Schlaufen wurden rasend abgerollt, die Winden quietschten, und der Windenfahrer behielt auf der Trawlbrücke die Anzeige der Abwärtsbewegung im Blick, zweihundert Meter, zweihundertfünfzig Meter, doch Robert Rösch ließ leichenblass die Kaffeepötte fallen.

»HALT!«, schrie der Bootsmann und schlug mit der Faust auf den großen roten Notknopf.

»Was?«, schrie der Windenfahrer und sah auf.

»AUF! Du Arschloch!«, schrie der Bootsmann, während es Robert Rösch schlecht wurde. Er ging auf die Knie und würgte.

Die Kurrleinen des leeren Netzes wurden erneut auf die Winden gerollt, schnell kamen die Scheerbretter des Vornetzes auf, das Vornetz selbst.

»Oh Gott!«, stöhnte der Windenfahrer: »Das habe ich nicht gesehen!«

Robert Rösch übergab sich laut röchelnd.

»Bring ihn aufs Deck«, flüsterte der Bootsmann, und der Windenfahrer ließ das Vornetz hinunter, in dem sich *langer Finger* mit einem Fuß verfangen hatte.

»Abbrechen des Fanges! Schiffsarzt sofort aufs Fangdeck«, befahl der Kommandant durch die Lautsprecher: »Schiffsarzt aufs Fangdeck!«

»Ich hab ihn nicht gesehen? Wo stand er denn?«

»Wie auch, bei der miesen Deckbeleuchtung immer!«, sagte der Bootsmann, ehe er sich umdrehte, zu Robert sah, der immer noch bleich war, und ihm befahl, die Sauerei wegzumachen.

Eine Sauerei, an die Rösch auch jetzt beim Schlürfen des

Eintopfs wieder denken musste. Er schloss kurz die Augen und trank einen großen Schluck Wasser, als die Stimme des Kommandanten durch die Lautsprecher drang: »Achtung, hier spricht der Kapitän! Back- und Steuerbordwache zur Beerdigungszeremonie aufgestanden! Klar zur Trauer!«

In allen Kammern und Decks erhoben sich die Männer der Besatzung des Fang- und Verarbeitungsschiffes *Saudade*, nahmen die Kopfbedeckungen ab und legten sich die Hände auf die eigenen Schultern.

Vor Robert Rösch stand das Bild des aufgerissenen Mundes und der herausgetretenen Augen. Er sah *langer Fingers* leblosen Leib im Netz baumeln, die Beine verdreht, ein Arm abgerissen. *Langer Finger*, der nun unten war, unten bei seinen Göttern!

»Besatzung des Hochseefischereitrawlers *Saudade*, habt Acht! Gestern Nacht, zwei Uhr siebzehn Bordzeit, haben wir unseren Kollegen Matthi Haukermäki, Bordname *langer Finger*, auf tragische Art und Weise verloren. Matthi Haukermäki war bei allen an Bord beliebt, und er wird uns allen unsterblich bleiben! Er war ein so guter Mann, dass die See nicht anders konnte, als ihn zu sich in die Tiefe zu holen. Er soll uns aber auch Mahnung sein, dass wir, dass die Hochseefischer den gefährlichsten Job der Welt machen! Seid also immer auf der Hut! Männer der *Saudade*, steht aufrecht, steht still, ehrt Matthi Haukermäki mit einem tiefen Schweigen. Männer der *Saudade*! Betet und bittet um Frieden für die Seele eures geliebten Kameraden! Denn die See ist die Seele und die Seele ist die See!«

»Denn die See ist die Seele und die Seele ist die See«, sprachen die Fischer und Verarbeiter nach, ehe sie für eine Minute schwiegen, um danach zu beten.

»Männer!«, sagte der Kommandant: »Abschließend mahne ich euch noch einmal! Unser Job ist so gefährlich, dass jährlich von zehn Hochseefischern vier sterben, weltweit. Haltet stets die Augen offen! Nachlässigkeit ist euer Todfeind! Physische Schwäche, Übermüdung, Unterschätzung, Überheblichkeit und Alkohol, das sind die Waffen, mit denen euer Todfeind umzugehen weiß! Wehrt euch in jeder Sekunden eures Lebens, wenn euch euer Leben lieb ist! Ende der Trauer! Wachtmeister, Einlagerung der Leiche in die Delikatessenlast. Funker, verständigen Sie die Reederei. Fordern Sie einen Deckarbeiter an. Deckbesatzung, klar zum Auswurf in zehn Minuten.«

Ein Knacken beendete die Ansprache des Kommandanten, doch Robert Rösch blieb noch, wie alle anderen Männer in der Messe auch, einen Augenblick lang stehen, ehe er schweigend die drei Terrinen nahm und sie von der Back zum Geschirrspüler brachte. Wenig später stand er mit *uralter Richard* und *Opernsänger* in der Rauchernische des Längsganges.

Uralter Richard sagte: »Der Tod klopft niemals an!«

Opernsänger nickte: »Warum auch?«

Robert Rösch sagte: »Vielleicht auch besser so.«

Sie warteten auf den Anfang ihrer Schicht und schlenderten zu den Verarbeitungshallen.

»Wenigstens wieder Arbeit!«, sagte *Opernsänger*.

»Besser mehr als leer!«, sagte *uralter Richard*, ehe Robert Rösch für alle sprach und dabei ein wenig zu laut wurde: »*Langer Finger* war ein verdammt feiner Kerl!«

Wenn Mathilde etwas nicht mochte, dann waren es Pflanzen in Töpfen. Das war doch gerade das Große und Erhabene an Blumen und Bäumen, dass sie in der Heimaterde blieben! Bäume wie Porzellan mit sich herumzutragen, das sei schlecht, war Mathilde sich sicher.

Und wieder sah sie diesen dicklichen Jungen, der sich an den Zaun klammerte und zu ihr herübersah. Pause für

Pause stand er dort, während die anderen Kinder hinter ihm spielten, schrien und lachten. Niemals beteiligte sich der Junge. Er sah immer nur zu ihrem Haus herüber; unheimlich! Mathilde hatte sogar schon von ihm geträumt, von seinen großen, schwarzen Augen, mit denen er sie ernst angestarrt hatte.

Noch zehn Minuten, dann war Mittagszeit für die Mädchen und Jungen des benachbarten Kindergartens, Mathilde drehte sich von der geschlossenen Terrassentür weg, und bevor sie selbst zur Arbeit ging, setzte sie sich noch einmal auf das weiße Ledersofa, das mitten im Raum stand und auf sie verloren wirkte. Zwischen den gerahmten Postern aller Viermaster der Welt befanden sich auch Fotos von *Stagg*, dem ältesten Baum der Erde.

Dieser Mammutbaum war so gewaltig, dass sein Abbild aus sechs aneinander gehefteten Fotos bestand. *Sequoiadendron giganteum*, Mathilde hatte *Staggs* lateinischen Namen auswendig gelernt, so viel bedeutete er ihr. Sein Entdecker allerdings hatte ihn *Stagg* genannt – nach einem Footballtrainer! Auf solche Ideen konnten doch auch nur Männer kommen! Mathilde sah zum Wipfel des Baumes, in dem sich als winziger roter Punkt ein Mensch befand.

Zweiundsiebzig Meter war *Stagg* groß. Seine Heimat war das Cap Nelson in Kalifornien, wo es noch mehr Riesenmammutbäume gab, doch war keiner älter als *Stagg*: dreitausend Jahre.

Und somit hatte es ihn schon gegeben, als ein gewisser Noah in Afrika Holz für seine Arche zusammengesucht hatte.

Stagg kannte die ganze und die wahre Geschichte. Er wusste, wie das damals mit dem fliegenden Menschen gewesen war, den sie Jesus nannten.

Für Mathilde war *Stagg* der Anfang, der Anfang von allem. Er war der letzte der ersten Bäume.

Sie stand auf und ging zu dem einen Meter siebzig großen Bild. Sie bemerkte Fingerabdrücke auf der Glasscheibe und wischte sie mit einem Papiertaschentuch weg, wobei sie sorgsam und langsam Kreise zog, bis die Abdrücke verschwunden waren. Mathilde hauchte aufs Glas und konzentrierte sich wieder aufs fotografierte Grün. Im Laufe der vielen Jahrhunderte hatten Stürme dicke Äste an den Enden *Staggs* abgeknickt, und später waren aus diesen Enden ganz neue Bäume entstanden. Aus dem uralten lebenden *Stagg* waren neue Bäume gewachsen, und jeder jüngere Baum hatte seinen eigenen Charakter entwickelt, aber keiner war wie der des alten *Staggs*.

Stagg, einsamer Gigant. Letzter seiner Art. Und unwillkürlich dachte sie an ihre Tochter Luise, die als ausgebildete Kampfschwimmerin eine der Ersten ihrer Art war. Mathilde lächelte, als sie wieder zum alten *Stagg* sah. Jedes Jahr ließ er elftausend Zapfen, gefüllt mit Millionen von Samen, auf den Waldboden fallen – und wann würde Luise wohl schwanger werden?

Staggs Stamm hatte einen Umfang von dreiunddreißig Metern – und wann würde Luise wohl heimisch werden und sich einrichten?

Ein Nadelbaum. Ein immergrüner Mammutbaum. Sechzig Zentimeter Wachstum im Jahr, dank eines raffinierten Hydrauliksystems, mit dem das Wasser aus den Wurzeln bis in die Zweige gepumpt werde, wozu der Baum allerdings vier Wochen brauche. Vier Wochen, ehe das Wasser oben ankomme, aber Zeit habe für *Stagg* ja keine Bedeutung, der es dank seines unbändigen Lebenswillens geschafft habe, dass sich kein einziger Pilz je an sein rötliches Holz herangemacht habe. Die ganzen dreitausend Jahre nicht. Ein Lebenswille, der alles ausgehalten habe und alles aushalten werde, an dem man sich halten könne, von dem man sich stärken lassen könne.

Unbesiegbar, wusste Mathilde, heute habe die Rinde dreißig Zentimeter Durchmesser, eine Dicke, die ihn selbst vor Waldbränden schütze, wusste Mathilde: Ganze Wälder brannten um ihn herum nieder, *Stagg* aber blieb, wo er immer gewesen war, und ließ neue Samen fallen.

Immer wieder wurde ihm die Krone von Orkanen zerfetzt, immer wieder verlor er sie, doch nur, um an diesen Stellen neue Bäume wachsen zu lassen.

Schließlich war aus seinem Überlebenswillen ein solch komplexes Gebilde von riesigen Bäumen entstanden, dass die Spezialisten sagten, so ein Mammutbaum sei ein ganzer Wald für sich. Unmengen von Wipfeln, die aus einem einzigen Wipfel kamen und in denen sich Moos, Orchideen, Heidelbeerbüsche, bonsaiartige Fichten, Schierling und andere Aufsitzpflanzen fanden, die auf *Staggs* starken Ästen alle zusammen zu Waldböden wurden. Farn wuchs dort oben so dicht, dass sich Erde ansammelte, in der Würmer lebten, Käfer, Salamander und eines Tages sicher auch Rehe. Mathilde lächelte versonnen, wusste sie doch um die wahre Entstehungsgeschichte der Erde. Sie wusste, es waren *Stagg* und seine Brüder gewesen, die alles anhäuften, bis es zu leben begann. Von ihm hatten die Menschen die Idee vom Turmbau. Doch hätten sie ihm nur zugehört! Sie hätten bemerkt, dass er schwieg, dass er beim Wachsen und Bauen keine Sprache benutzte, dachte Mathilde, erhob sich mit Schwung und ging zielstrebig zur Haustür, die wenig später hinter ihr ins Schloss fiel.

Sie blieb unterm Südbalkon des Hauses stehen, das nach skandinavischer Bauart ganz aus Holz hergestellt worden war. Nicht weit von Rostock gab es ein riesiges Lager, in dem diese Fertighäuser in kilometerlangen Regalen standen. Drei Häuser übereinander, Mathilde war fassungslos gewesen, als sie diese Ordnung damals gesehen hatte.

Diese Häuser, die man wie Bierkästen kaufen konnte, ließen sich überall aufstellen. Sie besaßen keinen Keller, dafür große Balkone an zwei Seiten. Unter dem Südbalkon ihres Hauses befand sich die Eingangstür, links daneben der Wirtschaftseingang, und unter dem Nordbalkon war der Wintergarten, an den sich die große Terrasse anschloss, die mit einer Markise schattig gehalten werden konnte, reichte der Hausschatten doch nicht bis zur Terrassenbrüstung, hinter der sich ein Stück Rasen befand, das sich bis zur Hecke erstreckte, hinter der sich der Küstenpfad vorbeischlängelte, über den sommers wie winters Unmengen Touristen von Warnemünde nach Heiligendamm wanderten oder Fahrrad fuhren. Abends kamen sie dann von Heiligendamm nach Warnemünde zurück, laut und von der Ostseeluft euphorisiert.

Die einundvierzigjährige Mathilde hatte sich daran gewöhnt, von den Urlaubern gemustert und beneidet zu werden. Sie saß meist auf dem Balkon über dem Wintergarten, von dem aus sie einen uneingeschränkten Blick über die Ostsee hatte, fiel doch die Steilküste keine fünfzig Meter hinter der Hecke ab. Vom Sandstrand mit seinen Urlaubern hörte sie auch im Sommer nie etwas, und meistens ging sie früh morgens hinunter, um sich zwischen den Wellenbrechern für ein paar Runden in die Fluten zu stürzen. Bis weit in den Oktober konnte sie das tun, weil die Ostsee sich nur langsam abkühlte. Die Ostsee, die gemeinhin auch *die Milde* genannt wurde. Hier gab es keine Gezeiten, und nur vor dem Ostwind musste man sich im Winter in Acht nehmen, der direkt aus Sibirien kam.

Oft wurde ihr Haus bewundert, dabei war es doch lediglich ein Fertigteilhaus mit siebzig Jahren Garantie. Siebzig Jahre, das war für Robert und für sie vor fünf Jahren lange genug gewesen. Wozu sollte man heute noch Häuser Stein auf Stein bauen? Es gab doch kaum noch Familien, die sich erlauben konnten, über Generationen hinweg an einem Fleck zu bleiben. Heimat war doch schon längst zu einem Luxusartikel geworden. Und somit auch die Freiheit. Befanden sich in Westeuropa nicht schon alle Menschen in der Sklaverei des Hin und Her und der Heimatlosigkeit? Mathilde meinte, heute wisse doch niemand mehr, wo er in fünf oder sechs Jahren arbeiten werde, geschweige denn, in welchem Beruf. Mobile Telefone, das Spektakel des Internets und transportierbare Häuser, daraus bestehe die Heimat von morgen. Eroberungskriege fänden heute ganz im Privaten statt.

Sie schloss die Haustür zu, ging zur Garage, hinter der sich der Kindergarten befand, in dem früher einmal einer der Kapitäne der Fischereiflotte der DDR gelebt hatte.

Dieses Haus war noch Stein auf Stein gebaut worden. Seit hundert Jahren hielt es hier auf der Steilküste den Stürmen stand. Lange Zeit war es das nördlichste Haus des Ortes gewesen, ehe weiter westlich das Hotel gebaut worden war. Das Haus war noch da, aber wo waren seine Bewohner geblieben? Mathilde warf einen Blick zum Dach, auf den krummen First, ehe sie zum Spielplatz des Kindergartens sah, der jetzt leer und verlassen war. Was mochte nur mit diesem dicklichen Jungen los sein, der sie ständig vom Zaun aus anstarrte? Was sah er in ihr? Eine Verbündete? Gegen wen?

Mathilde ging in die Garage, fuhr mit dem Peugeot rückwärts heraus und setzte auf die Straße, ohne das Tor zum Grundstück zu schließen. Sie hielt dicht neben dem Briefkasten, zog die Klappe auf, fand aber nur Gratiszeitungen, die sie im Kasten ließ.

Wenig später fuhr sie durch das neue Viertel des alten Fischerdorfes, das *das Weiße* genannt wurde, weil sich hier überall Holzhäuser in Fertigteilbauweise fanden, allesamt geweißt mit derselben weißen Farbe.

Viele Ferienhäuser standen hier, deren Besitzer aus Berlin und Hamburg kamen, zum Teil recht prominente Schauspieler und Professoren, die hier niemand vermutete. Mathilde lächelte, als sie sich erinnerte, wie eines Tages ein sehr berühmter Schauspieler bei ihr geklingelt und sie gefragt hatte, ob ihr Haus zu verkaufen sei.

Sie hatte nicht sofort verneint. Sie hatte mit diesem schönen und erfolgreichen Frauenschwarm erst einmal gemütlich eine Tasse Tee getrunken. Als Sky du Mont dann merkte, dass sie ihn nur hinhielt, war er verärgert abgezogen.

Gleich war sie wieder gefordert. Viermal in der Woche gab sie für Schüler der Altersklassen neun bis siebzehn Nachhilfeunterricht in Deutsch, Englisch und Mathematik – die Direktorin schien froh, mit Mathilde eine Frau gewonnen zu haben, die diese Fächer einmal studiert habe und der es heute finanziell so gut gehe, kein Honorar verlangen zu müssen. Das sei selten in dieser Gegend, in der zwar überall teure Häuser gebaut aber wohl noch nicht abbezahlt worden seien, die Schulleitung baue auf sie, denn sie habe Erfolge vorzuweisen.

Seit sie abends und nachmittags Nachhilfestunden gab, kamen viel mehr Schüler besser durch den Unterricht. Bestimmt lag das auch daran, dass sie keine Unterschiede machte. Da saßen die Jungs der arbeitslosen Eltern aus dem Neubauviertel neben den Mädchen der Beamten und Angestellten. Sie hatte gleich in der ersten Stunde zu den Kindern gesagt, kein Kind der Welt könne etwas für seine Eltern. Ein Kind habe selten Schuld, es sei ja ein Kind.

Pädagogisch nicht besonders wertvoll, Mathilde wusste es selbst, aber seitdem mochten die Kinder sie und hielten sie für eine Freundin. Sie glaubten ihr, und das war für den Unterricht selbst eine gute Voraussetzung.

Sie ging in den Klassenraum und holte die Stühle wieder von den Tischen, die das Reinigungspersonal kurz zuvor hochgestellt hatte. Der Boden war noch feucht, Mathilde öffnete das Fenster und wischte die Tafel noch einmal ab, obwohl sie sauber war. Sie reinigte sie langsam, zog sorgsam einen dicken, nassen Strich neben den anderen und freute sich wenig später, als nach dem Trocknen nicht ein einziger Striemen zu sehen war.

Die ersten Kinder kamen herein, grüßten sie stumm, behielten die Ohrstöpsel an, lauschten der Musik, während sie die Schulsachen auspackten und sich Saft eingossen. Die Kinder wirkten müde, fand Mathilde, besonders die Jungs erschienen ihr wieder einmal völlig erschöpft.

Auch sie hatte langsam ihre Zweifel. War dieses Schulsystem nicht falsch für Jungs? Lernten die nicht viel besser, während sie in Bewegung waren? Ging dieses ganze Gerede von der Förderung der Mädchen nicht auf Kosten gerade der Söhne?

Mädchen lernten besser durch Erkenntnis, Jungen aber durch Erfahrung. Warum das niemand begriff?

Wem fremdes Wissen aufbereitet wurde, der kam zum Erkennen, indem er das Fremde durchs Wiederholen zum Eigenen machte, Erfahrungen aber konnten nur durch Probieren und Anwenden des Wissens gemacht werden, doch wo war das noch möglich? Die Jungs schalteten ab, versuchten sich im Wiederholen, was ihnen aber als Nachplappern ausgelegt wurde. Stupide lernten sie auswendig und sprachen im Unterricht bald nur noch nach deutlichen Aufforderungen. Mathilde ließ den Blick auf einem der Jungen ruhen, der einfach seinen Schulrucksack auskippte, den Berg auf dem Tisch liegen ließ und sich auf den Platz daneben setzte. Sie sagte nichts. Jungs mussten ausprobieren, sie mussten selbst Lösungen finden, sie mussten im Wettstreit stehen, aber all das war in der geglätteten Welt nicht mehr möglich. Mathilde verstand sie, wenn sie sich zurückzogen und sich in Computerspielen eine zweite Existenz aufbauten. Jungs durften in der realen Welt nicht mehr Jungs sein, wurden sie hier doch in neue Rollen gezwängt, um den Anforderungen anderer zu genügen. Da sie aber doch Jungs blieben, suchten sie sich andere Wege, die sie hoffentlich auch fanden.

»Guten Tag«, sagte sie: »Dann macht mal eure Musik aus.«

»Ich komme gleich«, sagte Luise und verschwand im unteren Badezimmer, während Mathilde die Rundtreppe hochstieg, das Tablett auf den Wohnzimmertisch stellte und die Tür des Nordbalkons öffnete. Sie rückte die beiden Liegestühle in die Sonnenecken des großen Balkons, zog die Rückenlehnen hoch und schob einen der beiden Beistelltische dazwischen. Die Stühle waren zum Meer hin ausgerichtet, über das der Ostwind die Gischtkronen aus dem Wasser peitschte. Windstärke sechs bis sieben, meinte sie und fragte sich, wie es Robert jetzt ergehe. War sein Schiff in einem Sturm? Langweilten sie sich, weil es keinen Fang gab? Oder arbeitete er bis über die Grenzen der Erschöpfung hinaus? Dachte er an sie?

Wieder schreckte Luise sie aus den Gedanken, als sie sich neben sie setzte und sagte: »Das Meer! Wird doch nie langweilig. – Sind die verkrüppelten Küstenkiefern schon wieder gewachsen?«

Auch Mathilde sah zu den krummen Bäumen, die sich am Rand der Steilküste hielten: »Das haben Bäume so an sich, dass sie wachsen. Wenn man sie lässt.«

Luise nickte und goss die Tassen mit Kaffee voll. Wieder verschwand die Sonne hinter einer dicken Wolke, die anders als die anderen grau war und sogar einen kleinen schwarzen Fleck hatte. Das erste Anzeichen, Mathilde kannte es: »Bald kommt ein Schauer!«

»Ja«, sagte ihre Tochter: »Schauer kommen immer bald.«

Mathilde sah zur Seite und sagte: »Nun erzähl mal, wie es dir wirklich geht.«

Luise trank einen Schluck, ehe sie sagte: »Ich bin gekommen, um mich zu verabschieden.«

»Schon wieder?«

»Ja.«

»Wohin geht es diesmal?«

»Nach Spitzbergen, da wartet ein Walfänger auf uns.«

»Ein Walfänger? Was soll das denn? Ich denke, ihr begleitet nur Frachtschiffe.«

»Ja, gegen Pirateneinsätze ja, aber ich glaube, den Walfänger sollen wir vor *Greenpeace* beschützen, die haben von den Piraten gelernt«, sagte Luise: »Viel mehr darf ich dir gar nicht sagen. Unsere Mission ist geheim.«

»Ach, ganz was Neues! – Wärst du doch bloß bei der Marine geblieben, die haben dich so gut ausgebildet. Du wärst ein paar Jahre bei den Marinetauchern geblieben, dann hättest du dich nach Hamburg oder Eckernförde versetzen lassen können, schön im Büro.«

»Oder nach Rostock, ja, ja«, sagte Luise, die nach ihrer Ausbildung zur Kampfschwimmerin den Armeedienst quittiert und bei einer privaten Sicherheitsfirma angeheuert hatte, die sich darauf spezialisiert hatte, Sicherungskommandos an zahlungskräftige Reedereien zu vermieten. Seitdem befand sie sich mehr an Bord von Hubschraubern, die sie von einem Tanker zum nächsten brachten, als auf den Schiffen selbst. Mathilde wusste, dass Luise die Fliegerei mittlerweile nicht mehr mochte, und sagte: »Es ist kalt bei Spitzbergen.«

»Aber es klingt romantisch. Ein Walfänger! Davon gibt es doch nur noch zwanzig oder dreißig. Ich bin gespannt, wie die dort arbeiten. Ob die die Wale wirklich an Bord ziehen und die riesigen Tiere dann mit der Hand zerhacken?«

»Frag deinen Vater, ich will das gar nicht wissen. – Na, mit dem hast du dann ja endlich mal ein Thema, was? Ich sehe euch beide schon nächtelang über den Fischfang streiten.«

»Walfang ist doch kein Fischfang!«

»Wieso?«

»Weil Wale keine Fische sind«, sagte Luise: »Das sind Säugetiere. So wie ich und du.«

»Ach so?«

»Aber ja«, sagte Luise und lächelte ihre Mutter an: »Geht's dir gut?«

»Warum fragst du?«

»Du weißt schon, es ist Mai! Ich meine nur.«

»Ein kalter Monat, der diesjährige Mai, findest du nicht auch?«

»Kann ich dich wirklich alleine lassen, Mutter? Ich kann auch absagen und erst im Juni wieder arbeiten. Ich habe noch so viele Überstunden, das reicht dicke.«

»Nein, nein, flieg du mal zu diesem Walfänger, ich finde das besser. Zum einen freust du dich drauf und zum zweiten gibt's dann nicht so viel Schweigen, wenn Robert wieder da ist. Ich freu mich drauf, wenn ihr beide zusammen fachsimpelt und Seemannsgarn spinnt.«

»Wirklich?«

Mathilde nickte und sah zum Horizont. Ihr Blick blieb an einer Schaumkrone hängen, die der Wind immer dichter zu ihr trieb, bis sie plötzlich wieder auf die Brüstung des Balkons sah und wenig später auf ihre Oberschenkel. Erschrocken lockerte sie den Griff, sah sie doch, wie sich ihre Hände verkrampft hatten. Die Haut der einen Hand trug Spuren der Nägel der anderen. Angstsymptome? Ihre berüchtigten Maiängste, mit denen sie Robert auf dem Berggipfel so aus der Fassung gebracht hatte?

Mathilde schielte zu Luise, die zum Horizont sah. Ernster Blick, herunterhängende Mundwinkel, Mathilde schüttelte den Kopf und sagte: »Wirklich, du kannst fliegen! Ich hab doch mit den Kindern in der Schule genug zu tun! Pfingstferien sind doch diesmal erst im Juni.«

Luise schreckte auf und sagte: »Na gut, auf deine Verantwortung! Und wie geht's *Stagg*?«

»Dem geht's gut.«

»Guck dir das schöne Haus an, Manfred«, rief eine Touristin auf einem Fahrrad ihrem Gatten zu, der sofort erwiderte: »Macht nur Arbeit!«

Luise und Mathilde verließen die Terrasse und gingen durch den Garten zum kleinen Tor, das sich in der Hecke befand, und standen mitten auf dem Weg, über den sich im Sommer der Touristenstrom schob. Jetzt waren nur wenige Spontanurlauber unterwegs. Hauptsächlich Frührentner auf Hotelfahrrädern, die langsam und eiernd die Breite des Pfads ausfüllten. Mathilde und Luise mussten einem Pärchen ausweichen, ehe sie an der Strandgaststätte vorbei die Richtung zur Promenade einschlagen konnten, deren Mittelpunkt noch immer der Turm mit den in alle Himmelsrichtungen zeigenden Uhren war, der in der DDR den Urlaubsrhythmus bestimmt hatte: Essen, Sonnen, Essen, Sonnen, Essen, Abendgestaltung; Mathilde konnte sich das heute kaum noch vorstellen.

Sie gingen die Steinstufen zum Strand hinunter und zogen sich Schuhe und Strümpfe aus, obwohl der Nordostwind heftig drückte.

Mathilde band ihre Schuhe an den Senkeln zusammen, ließ sie am Finger baumeln und ging zum feuchten Sand, ehe sie sich nach Westen wandte. Neben ihr schlenderte Luise. Beide Frauen hatten die Kapuzen der wetterfesten Jacken hochgeschlagen, so dass der schiebende Wind sie kaum störte. Sie liefen an den Wellenbrechern vorbei, die das Steilufer des Dorfes schützten, bis auch diese aufhörten. Die Wellen schlugen, ungehindert von den langen Reihen der Baumstämme, ans Land, doch dem Land scheine es wieder einmal nichts auszumachen, meinte Luise. Sie sah nach links, hoch zum Buchenwald, der *Gespensterwald* genannt wurde, weil die vom ewigen Wind verbogenen Bäume in der Dämmerung tatsächlich wie Gespenster wirken konnten. Als sie mit ihren Eltern von Greifswald hierher gezogen war, hatte sie sich in den ersten Wochen oft erschreckt, wenn sie durch den Wald lief, der ans Dorf grenzte. Aber als Vierzehnjährige erschrecke man sich ja ständig, meinte sie, und es sei ja auch stets ein wohliges Erschrecken gewesen, nach dem sie sich immer noch lebendiger vorgekommen sei. Stundenlang hatte sie die Einritzungen an den vielen Stämmen studiert, die sich hier überall fanden. Schon vor den Kriegen war dieses Dorf zum Urlaubsort für Berliner geworden und später waren hier Soldaten stationiert gewesen und noch später befand sich hier ein großes Kinderferienlager. Und irgendwann war hier auch ein Kinderheim gewesen. Sie alle hinterließen in der Rinde ihre Grüße an die Nachwelt. Die Soldaten hatten die immer kürzer werdenden Zeitspannen akribisch notiert, lange Tabellen, und die Jugendlichen hatten ihre Initialen in Herzen geschnitzt, all das fand Luise damals rührend, und für sie wurde der Ort bald zu einem Märchenwald, voll von Liebesgeschichten.

Noch heute glaubte sie, wenn sie alte Ehepaare beim Spaziergang überholte, die versonnen in den Wald blickten, dass sie sich hier als Jugendliche kennengelernt, sich im Buchenwald am Meer verliebt hatten und dass sie sich noch heute liebten. Luise sah wieder zum Strand, durchbrach die Trennung zu ihrer Mutter, umarmte sie kurz und fest, woraufhin das Pärchen einige wacklige Schritte vollführte.

›Wie ein Mann‹, dachte Mathilde: ›Wie die Umarmung eines Manns.‹

Sie blieb stehen, Luise nahm ihren Arm vom Rücken der Mutter, und beide blickten über die Ostsee. Die Sonne befand sich hinter ihnen, so dass sich der Schatten des Waldes und der Steilküste über den ganzen Strand ausbreitete. Erst einige Meter weiter glitzerten die Wellen und spiegelten das Azur.

»Und wie lange wird dein Einsatz dauern?«

»Wenn wir Glück haben, drei Wochen. Wenn wir Pech haben und *Greenpeace* uns auf das Radar bekommt, drei Monate. Der Walfänger darf hundert Tiere erlegen. Das soll etwa drei Monate dauern.«

»Und du meinst, die Tierschützer sind wirklich so militant, dass sie euch angreifen würden?«

»Vor Australien haben sie einen *Japaner* nicht nur angegriffen, sie kamen an Bord und nahmen allen Besatzungsmitgliedern die persönlichen Wertgegenstände weg. Die Walfänger mussten sich auch nackt ausziehen. Überhaupt wurde ihnen alles Persönliche weggenommen. Dann gingen die Eindringlinge wieder von Bord. – Ja, das fanden die Japaner gar nicht lustig. Die fühlten sich in ihrer Ehre tief gekränkt. Das war erst letzten Monat.«

»Das ist doch Diebstahl.«

»Die Sachen wurden in Südafrika der japanischen Botschaft zugeschickt. Es soll nichts gefehlt haben.«

»Na, dann! Hat es geholfen?«

»Der Walfänger hat seine Quote nicht erfüllt. Es sind also ein paar Tiere verschont worden. Nackt tötet es sich anscheinend nicht so gut.«

»Also! Auf Ideen kommen diese Leute! Und du als Frau auf diesem Walfänger! Wenn sie nun dir deine Sachen wegnehmen, was machst du denn dann da nackt unter all den fremden Männern?«

»Ach, Mutter! Sie werden mir meine Sachen nicht wegnehmen, dafür werde ich sorgen. Ich meine, deswegen fliege ich doch nach Spitzbergen. Ich bin Bodyguard.«

»Ja, Bodyguard für Männer. Irgendwie verändert die Welt sich zu schnell, findest du nicht auch, Luise? Ich meine, erst warst du die erste ausgebildete Kampfschwimmerin in der Marine, dann hast du als Frau in Afghanistan Männer festgenommen, was die ja als persönliche Beleidigung aufgefasst haben, und nun beschützt du Kollegen deines Stiefvaters.«

»Freu dich doch, dass ich machen kann, was ich machen will«, sagte Luise, und Mathilde winkte ab und meinte, das tue sie ja auch. Sie freue sich für ihre Tochter, natürlich, aber komisch sei es trotzdem.

Sie setzten sich wieder in Bewegung. Nach zwanzig Minuten lichtete sich auf der Steilküste der Wald, und Sonnenstrahlen wärmten sofort die Gesichter. Die weißen Gebäude von Heiligendamm waren zu sehen und am Ende der weiten Bucht auch gerade noch die Umrisse von Kühlungsborn. Heiligendamm lag mitten in der Bucht, die Seebrücke stach weit ins Meer hinein, vier Kilometer trennten die Frauen vom ehemaligen Kaiserbad. Sie stiegen den engen Pfad hoch, rutschten ein paar Mal auf dem feuchten Sand aus und pausierten oben auf der Steilküste. Hinter sich hatten sie den Wald, vor sich das riesige Feld des letzten Bauern des Dorfes, und dahinter wussten sie das Camp der Wohnwagenfreunde. Mathilde und Luise setzten sich auf die Holzbank, die hier schon immer gestanden hatte, und Mathilde holte aus dem Rucksack die Thermoskanne, in der sich der selbstgemachte Glühwein befand. Sie goss die beiden Plastikbecher halbvoll. Schweigend stießen sie an, schlürften, spürten die wohlige Wärme aufsteigen und fanden sich augenblicklich von einem tiefen Zusammengehörigkeitsgefühl durchströmt.

Mathilde winkte ihrer Tochter nach, die im Bus Richtung Rostock saß, und schlenderte quer über die neue Festwiese, neben der sich die Abwasseranlage befand. Sie kam direkt an den Kreisverkehr und spazierte zum Ende der Straße, in der sie wohnte. Das Haus hob sich in der ersten Dämmerung dunkel vom Himmel ab, der Seewind fegte über die Büsche und Gräser, und als Mathilde auf das Grundstück trat, blendeten bereits die Außenlampen auf, die von den Bewegungsmeldern aktiviert worden waren.

Sie setzte sich auf einen der Liegestühle, die auf der Terrasse standen. Das Polster war feucht, doch Mathilde blieb sitzen und verschmolz mit der Umgebung. Regungslos saß sie da, und als sich die Außenlampen wieder ausgeschaltet hatten, hielt sie sich für unsichtbar.

Im benachbarten Kindergarten brannte nur noch im großen Saal Licht.

›Erzieherin? Putzfrau? Hausmeister?‹, überlegte Mathilde. als sie heftig zusammenfuhr, weil vom Zaun her eine Stimme flüsterte: »Bist du auch unsichtbar?«

»Wer ist da?«, flüsterte Mathilde zurück, räusperte sich und wiederholte die Frage noch einmal mit lauterer Stimme.

Sie hörte ein Rascheln, sah eine Bewegung auf dem Boden hinter dem Zaun, und erkannte dann erst den dicklichen Jungen.

»Ich bin's«, sagte der etwa Sechsjährige.

»Du hast mich noch nie angesprochen«, sagte Mathilde: »Ich dachte, du kannst gar nicht sprechen.«

»Ich kann alles, was ich will.«

»Ach so? Das ist ja schön. – Wirst du gar nicht abgeholt?«

»Nein.«

»Warum das nicht?«

»Ich soll alleine nach Hause finden. Gestern und vorgestern hab ich es geschafft, aber heute habe ich keine Lust.«

»Keine Lust?«

»Nein.«

»Und die Erzieherin, Frau Rennsing?«

»Die ist auch schon nach Hause. Die hab ich verarscht. Die glaubt, ich bin schon losgegangen. Bin ich aber nicht.«

»Wie man sieht«, sagte Mathilde und überlegte einen Moment, ehe sie sagte, der Junge solle herüberkommen. Er könne hinten durchs Gartentor gehen.

Sie war überrascht, als der Junge seine Brottasche über den Zaun warf und mit zwei, drei Bewegungen flink über den Zaun kletterte.

Langsam kam er näher und setzte sich auf den vordersten Rand des Stuhles, der ihr gegenüberstand.

Er sah sie mit großen Augen an, schwarze Pupillen, die im Dunkeln schimmerten.

»Warum spielst du nie mit den anderen Kindern?«, fragte sie.

»Keine Lust, die wollen immer nur bestimmen.«

»Und du?«

»Ich will auch bestimmen. Alle wollen doch bestimmen. Deswegen ist doch immer Krieg.«

»Gott, tu doch nicht so altklug!«

»Neuklug gibt's doch nicht.«

»Stimmt auch wieder. – Was spielst du denn am liebsten?«

»Computer. Ich hab eins vom Dritten Weltkrieg. Da bin ich der Anführer, und alle stürzen sich immer in den sicheren Tod, wenn ich das befehle.«

»Und das gefällt dir?«

»Ja, ist total echt, wenn die Arme und Köpfe abgerissen werden und wenn die Gedärme durch die Gegend fliegen, das gefällt mir«, sagte der Junge mit ernstem Gesicht, ohne sie aus den Augen zu lassen.

»Was stellst du dir vor, wenn du mich immer anschaust?«

»Dass meine Soldaten dich gefangen nehmen und dich verhören. Du willst aber nichts verraten, also gibt's Schläge!«

Mathilde atmete hörbar durch: »Das also ist es. – Und du?«

»Ich?«

»Wer schlägt dich, wenn du dir vorstellst, dass andere geschlagen werden?«

»Keiner.«

»Deine Mutter?«

Zwar verneinte der Junge, aber für Mathilde klang es alles andere als glaubwürdig.

»Gibt es niemanden, der dich beschützt? Dein Vater?«

»Der ist Soldat, der muss alle bewachen, nicht nur mich.«

»Ich verstehe. Und du hast keine Geschwister?«

»Nein, kommt vielleicht noch.«

»Wäre das gut?«

»Klar wäre das gut. Dann kann ich wirklich mal Verhöre durchführen.«

Aus einem Impuls heraus erhob Mathilde sich und wusste einen Moment lang nicht, was sie mit dem Jungen tun sollte. Sie sah ihn an, er aber saß weiter völlig entspannt auf dem vorderen Rand des Stuhls und schaukelte mit den Beinen. Die Hände hatte er unter den Oberschenkeln.

»Willst du was trinken? Vermisst deine Mutter dich nicht langsam?«

»Die kommt erst, wenn es richtig dunkel ist. Die ist Chefin.«

»Ach so ... und? Trinken?«

Der Junge nickte, und Mathilde ging zur Küchentür, die sich neben dem Eingang zum Wintergarten befand, und öffnete sie von außen. Wenig später hatte sie das Licht eingeschaltet und rief dem Junge zu, er könne hereinkommen, ehe sie fragte, wie er heiße.

»Theodor Maximilian.«

»Ach, scheiße«, entfuhr es Mathilde, und zum ersten Mal sah sie ihn lächeln.

Mit zwei bauchigen Tassen kalter Milch, in die sie ein wenig Kakao gerührt hatte, führte sie den Jungen ins Wohnzimmer, wo er sich ihr wieder gegenübersetzte und den Blick nicht vom riesigen Plakat lösen konnte, das den alten *Stagg* zeigte. Sie beobachtete den Jungen, der erst spät den winzigen roten Fleck im Wipfel bemerkte, und sah ihm zu, wie er aufstand, näher trat und staunte: »Das ist ja ein Mann. So klein!«

Mathilde nickte, trank einen Schluck und erzählte ihm die Geschichte von *Stagg*, dem ältesten Baum der Welt.

»Und nun«, endete sie, »werde ich die Umrisse von ihm mit Licht abpausen, jeden Zweig werde ich nachzeichnen, und aus diesem Muster werde ich dann einen Scherenschnitt anfertigen.«

»Einen was?«

»Einen Scherenschnitt. Das ist eine Kunstform, bei der du alles wegschneiden kannst, was dich stört. Dann bleibt nur das übrig, was du auch wirklich dahaben willst.«

»Das klingt gut! Wie beim Computerspiel. Da ballere ich auch weg, was stört.«

»Aber das Ausschneiden ist viel besser. Weil du da selbst etwas tust. Du kannst deinen eigenen Schnitt machen! Theodor Maximilian, du kannst selbst etwas hinbekommen, anstatt nur einen Plan zu erfüllen. Du schneidest den Schatten aus.«

Sie sah, wie der Junge überlegte, ehe er sich setzte und nachdenklich den Kakao austrank.

»Weißt du was?«, fragte sie aus einer Laune heraus: »Wir

machen das zusammen! Ich bringe es dir bei! Du kannst ja erst einmal was Kleineres versuchen.«

»Ich bin doch kein Mädchen!«

»Ich auch nicht. Nicht mehr«, sagte Mathilde, die plötzlich bemerkte, dass es schon auf zwanzig Uhr zuging: »Wir müssen dich nach Hause bringen.«

»Ich gehe alleine.«

Sie nickte, stand auf und brachte ihn zum Hoftor: »Also, bist du dabei?«

»Mal sehen«, sagte der Junge, der sie nun nicht mehr so durchdringend ansah. Er blickte zu ihr hoch und reichte ihr die Hand. Mathilde schlug ein und sah diesem seltsamen Jungen nach, wie er von Laternenlichtkegel zu Laternenlichtkegel ging. Sie rieb sich die Oberarme, ging ins Haus zurück und dachte daran, wie natürlich sie geantwortet hatte, sie sei kein Mädchen mehr. Als sie diese Worte zum ersten Mal gesagt hatte, da war sie kaum achtzehn Jahre alt gewesen. Es war im Mai gewesen, ihr erster Mai auf der Insel Rügen, als ihr frisch angetrauter Ehemann über sie hergefallen war, fernab aller Dörfer und Städte. In seinem Haus hatte sie keinen Schutz gefunden, sie war ihm ausgeliefert gewesen, und er hatte sie benutzt, so selbstverständlich, als würde er sein Vieh füttern, so brutal, als würde er einer Taube den Hals umdrehen. Es war im Mai gewesen; Eisheilige, und immer hatte er gefordert, dass sie lächeln solle: ›Lächle, meine Mailiebe, lächle!‹

Zehn vor drei, und ihre Mutter stand schon vor der Haustür. Luise gähnte, ehe sie vom Fenster wegging und im Stehen den letzten Schluck Kaffee trank.

Sie stellte die Tasse ins Spülbecken, nahm den Seesack auf und warf ihn sich über die Schulter. Die Wohnungstür zog sie zu, verschloss sie doppelt und stand wenig später in der kalten Mainacht. *Eisheilige*, waren nicht bald *Eisheilige*?

Wie immer war die Kofferraumklappe des Peugeots offen, Luise warf sie mit Schwung zu, nachdem sie den Seesack verstaut hatte, und saß wenig später neben der Mutter, die den Motor startete und schweigend losfuhr.

Auch Luise hatte zum Reden wenig Lust und drückte auf die automatische Sendersuche des Autoradios. Sie legte ihren Wohnungsschlüssel in das Handschuhfach und sagte leise, der Briefkasten müsse nur einmal die Woche geleert werden, das dürfe reichen, und fügte hinzu: »Wenn ich dich und die großen Kartoffeln nicht hätte ...«

»... dann müsstest du immer kleine essen!«, beendete Mathilde die Bauernweisheit und gab ein wenig mehr Gas.

Auf der Autobahn Richtung Süden war kaum Verkehr. Sie fuhren zum kleinen Flugplatz, der sich zwischen Güstrow und Rostock befand und eigentlich nur während der Saison frequentiert wurde. Wie oft hatte Luise in den Zeitungen gelesen, er solle geschlossen werden, weil er sich nicht rentiere. Immer hatte ihr der Atem beim Lesen gestockt, weil es den nächsten Flughafen erst wieder in Berlin gab. Oder in Hamburg. Luise mochte diese großen Flughäfen nicht, schon gleich gar nicht mitten in der Nacht. Nachts lieber einen kleinen, verträumt wirkenden, leeren Provinzflugplatz.

»Du warst kaum zwei Wochen hier!«, sagte Mathilde, als sie die Ausfahrt ›Flughafen Laage‹ nahm.

»Ja, das ist wohl wahr«, sagte Luise, willens, sich auf keine Diskussion einzulassen.

»Na ja, vielleicht bleibst du nächstes Mal ja länger«, hoffte Mathilde: »Aber das sag ich deinem Vater ja auch immer zum Abschied.«

Sie wusste es ja besser, und sie lächelte, als sie feststellte, dass sie nur noch in Wünschen sprach. Sie parkte das Auto vor dem Eingang und hielt Luise schweigend die Kofferraumklappe auf.

»Halb vier, ich checke schnell ein, und ein Kaffee wird uns dann gut tun«, sagte Luise, ohne nervös zu werden, war ein weiterer großer Vorteil von Provinzflugplätzen doch, dass man schon mal zehn Minuten vor Abflug kommen konnte und trotzdem noch abgefertigt wurde. Sie schlenderte zu den Schaltern, von denen nur einer geöffnet hatte, und grüßte schon von weitem.

Das Servicepersonal kannte sie bereits seit langem; sie und ihren unverwüstlichen Seesack. Schnell waren auch die Formalitäten erledigt, und als Luise sich zu ihrer Mutter an die Theke setzte, standen dort die Kaffeetassen bereit. Luise trank einen Schluck und goss sich dann erst Milch ein. Noch vierzehn Minuten Zeit! Sie lehnte sich zurück.

»Ich habe vielleicht eine Möglichkeit gefunden, wie ich Robert vom Schiff wegbekommen könnte.«

»Nicht jetzt, Mutter.«

»Wann dann?«

»Bitte!«

»Nein, es ist eine gute Idee!«

»Wie immer.«

»Ja, wie immer! Aber nicht für ewig.«

»Also? Welche Idee?«

»Jetzt gibt es nämlich Aquakultur, das ist, wenn Fische wie Schweine gezüchtet werden. Künstliche Seen, daneben die Verarbeitungsfabriken, dahinter die Lastkraftwagen. Überall entstehen solche Anlagen jetzt, auch hier bei uns. Sogar hier in Laage. Stell dir vor, Robert könnte keine zwanzig Kilometer von unserem Haus entfernt arbeiten. Er könnte sich zum Fischwirt umschulen lassen. Ach, er bräuchte gar nicht umschulen. Er könnte direkt einsteigen.«

»Fischwirt? Das macht er nie. Wie das schon klingt.«

»Aber …«

»Robert Rösch, seit Jahren Hochseefischer zur Aushilfe und seit drei Jahren festangestellt, soll künstlich künstlichen Fisch fangen? Das ist unter seiner Würde, glaub mir!«

»Nicht fangen, sondern züchten.«

»Noch schlimmer! Das macht er nie, nie im Leben«, sagte Luise und versuchte, sich wieder zu beruhigen. Warum hatte sie diese Idee nur so aufgebracht? Sie war sich sicher, ihr Stiefvater habe auf einem Trawler angeheuert, um eben nicht nur Fisch zu fangen.

»Vielleicht doch, vielleicht macht er es mir zuliebe«, sagte Mathilde und fügte an, es sei ihr ja lediglich ein Wunsch. Einer unter vielen.

Doch warum log sie? Warum gab sie nicht zu, dass es sich hierbei um ihre große Hoffnung handele? Um ihre Lebenshoffnung? Mathilde befürchtete, Luise könnte etwas finden, um ihre Hoffnung zunichte zu machen. Sei es da nicht viel besser, erst gar nicht zu zeigen, wie wichtig ihr dieses Thema sei? Und so fügte sie schnell hinzu: »Nur eine Idee, habe neulich nur einen Bericht im Fernseher gesehen, deswegen.«

Luise nickte, ehe sie sagte: »Keine Chance. Da halte ich jede Wette. Setz einen Seemann an einen Schreibtisch und er geht ein wie eine Primel im November.«

»Primeln gehen nicht ein, das sind Ganzjahresblumen.«

Luise erhob sich, und kurz vor der Absperrung umarmte sie ihre Mutter. Sie winkte noch einmal, ehe sich die automatische Schiebetür schloss.

Als sie in die kleine Cessna stieg, saßen die wenigen Geschäftsreisenden schon auf ihren Plätzen. Auch Luise ließ sich leise auf den Sitz fallen und schloss, wie alle anderen Passagiere auch, die Augen. Es war zu früh, eindeutig zu früh.

Dass ihre Firmenleitung mal wieder unfähig gewesen war, eine gute Route zu planen! Von Rostock nach Frankfurt, von Frankfurt nach Kopenhagen, von Kopenhagen nach Oslo, von Oslo nach Spitzbergen, dumm war das! »Alles Idioten, bloß ich nicht«, fluchte sie leise. Es war doch immer dasselbe! Nur weil die Firma ihren Sitz in Rio de Janeiro hatte und die Leute dort meinten, in Deutschland müsse man immer erst nach Frankfurt, bevor es ins Ausland gehen könne. Idioten! Arme Idioten! Sie stellte sich eine Sachbearbeiterin vor, die noch nie aus ihrem Stadtteil Ipanema herausgekommen war und siebenundzwanzig Kinder ernähren musste. Die Selbstschuld!

Doch dann war Luise auch für ihren Ärger zu müde und nahm ihr Schicksal an. Sie nickte ein und schrak auf, als das Flugpersonal die Reisenden im besten Mecklenburgisch begrüßte.

Luise rekelte sich, verschloss wie befohlen den Gurt und orderte eine Flasche Wasser. Zu schlafen lohnte sich zwar nicht, sie wusste es ja, aber ihr Körper war da anderer Meinung. Immer wieder nickte sie auf dem vierzigminütigen Flug ein und kam sich verkatert vor, als sie auf dem riesigen Flughafen ›Frankfurt am Main‹ die zwei Stunden Wartezeit totschlug.

Zehn Stunden und fünfundvierzig Minuten war sie unterwegs, ehe sie bei zwei Grad minus in Longyearbyen auf Spitzbergen aus dem Flugzeug stieg. Sie war in Norwegen, im nordischsten Norwegen überhaupt. Noch nie war sie so weit im Norden gewesen, Luise blieb kurz vor der Eingangstür stehen, rauchte eine Zigarette und wunderte sich, dass es nur zwei Grad unter Null waren. Sollte es hier nicht viel kälter sein? Viel kälter! Sie warf die Kippe weg und ging wieder in die Flughafenhalle.

Von ihren drei Kameraden war noch nichts zu sehen. Weder vor noch in der Halle. Luise studierte die Ankunftszeiten und seufzte auf. Noch eine Stunde, ehe der Flieger aus Kanada ankam! Eine lange, lange, verfluchte Stunde!

»Solche Idioten überall!«, fluchte Luise, und erschrocken sahen die anderen Fluggäste sie an.

Sie schloss die Augen, zählte bis drei und entschuldigte sich dann mit einem Kopfnicken bei den schweigsamen Reisenden, was diese aber nur noch mehr irritierte.

Also wieder in die sterile Bar eines Flughafens! Also erneut viel zu dünnen Kaffee! Als hätte sie davon in den letzten Stunden nicht schon genug gehabt!

Luise schulterte den Seesack, ließ ihn an der Theke fallen und bestellte einen Kaffee mit Whisky; auch schon egal! Wenn schon, die Nerven müssen beruhigt werden, meinte sie.

Und während sie wartete, dachte sie an Mathilde und an das, was die Mutter gesagt hatte. Fischwirt, Robert solle Fischwirt werden. Sicher, sie hatte von diesem künstlichen Fischen auch schon gehört, aber dass die Technik schon so weit vorangeschritten war, so weit, dass sie sogar schon in Mecklenburg Einzug hielt!

Doch eines musste sie Mathilde ja lassen, sie war auf der Höhe der Zeit, immer wusste sie Bescheid und nicht nur oberflächlich. Schade, dass sie in früher Jugend so viel Pech mit dem Kerl von der Insel gehabt hatte. Wenn der nicht so ein Schwein gewesen wäre; Luise steckte sich eine Zigarette an. Was muss ihr leiblicher Vater nur für ein Drecks-kerl gewesen sein! Ihre Mutter war mit achtzehn Jahren aus einem katholischen Dorf in Bayern zu ihm aufs Land an die Ostsee gezogen. Mit der Landwirtschaft kannte sie sich aus, das dürfte kein Problem für ihre Mutter gewesen sein. Aber dieser Kerl!

Viel wusste sie nicht von der Vergangenheit ihrer Mutter, sie hatte zwar recherchiert, sie hatte während ihrer Armeezeit die Kollegen vom Dänholm bei Stralsund beauftragt, nach diesem Kerl zu forschen, der ihr leiblicher Vater war, doch gefunden hatten die Kameraden ihn nicht. Oder hatten sie nur behauptet, ihn nicht gefunden zu haben? Hatten sie etwas gefunden, das sie ihr nicht mitteilen wollten? Luise war sich darüber nie sicher. Nun war sie dreiundzwanzig Jahre alt, und war es da nicht sowieso schon zu spät, sich noch groß um den Erzeuger zu kümmern? Wozu eigentlich? Am Ende würde sie ihm noch mit einem Handkantenschlag das Genick brechen. Nein, Luise schüttelte den Kopf und beschloss hier oben, im Flughafencafé der Hauptstadt von Spitzbergen, sich nicht mehr groß um die Vergangenheit zu kümmern. Die Gegenwart zählte für sie. Sollte doch die Mutter in der Zukunft und der Stiefvater in der Vergangenheit leben, für sie sollte nur noch die Gegenwart zählen!

Die eigene Vergangenheit war ja dank der Mutter gar nicht mal so schlecht verlaufen. Und natürlich auch dank Robert, diesem so nachsichtigen Stiefvater, der sie nicht selten auch überfordert hatte, weil er vergessen hatte, dass sie kein Junge war. Doch waren ihr das nicht die schönsten Momente der Kindheit gewesen? Die lebendigsten?

Als er mit ihr loszog, als er ihr die Welt zeigte, wie er sie verstand, als sie die Umgebung entdeckte und natürlich auch sich selbst, war das nicht herrlich gewesen?

Mathilde war oft zu Hause geblieben, hatte damals viel in verdunkelten Zimmern gesessen, doch Robert und Luise, sie beide, ja, sie waren eine Zeitlang ein richtig gutes Team gewesen.

Doch dann studierte Robert immer weniger und begann irgendwann damit, während der Semesterferien auf Fischtrawlern zu jobben. Und nach ein paar Jahren blieb er dann ganz auf See und wurde Hochseefischer. Ein halbes Jahr gehörte er der See, doch ein halbes Jahr gehörte er ihr und Mathilde, und so lernte auch Luise das Leben einer Seemannsbraut kennen, einer Frau also, die ihren Mann klaglos zu teilen hatte. Zu teilen mit der See, diesem gefräßigen Untier, das mehr nahm als es gab. Wer sollte es besser als sie selbst wissen? Sie war ja auch dem Meer versprochen und ihm bald darauf verfallen. Luise drehte sich zur Halle, doch noch immer war keiner ihrer Kameraden zu sehen. Der nächste Flieger kam aus Murmansk, in einer halben Stunde. Dann erst war das Flugzeug aus Kanada an der Reihe.

Sie blickte von der Tafel zu den wenigen Passagieren, die auf den Gittern aushielten, die zu Stühlen gebogen worden waren. Luise drehte sich wieder zur Theke um und bestellte noch eine Mischung Kaffee-Whisky. Der Jetlag lag ihr immer noch hinter der Stirn, doch das Herz begann schon wieder ganz ordentlich zu pochen. Das Herz sei wieder fit, und auch der Kopf werde es bald sein, wusste Luise.

Wie oft war sie schon geflogen! Zu unzähligen Frachtern und Tankern, die zu bewachen ihre Aufgabe geworden war. Früher hatte sie das Fliegen geliebt. Sie hatte Hubschrauber geliebt, und die Libellen, die wie Helikopter sogar rückwärts fliegen konnten, die hatte sie verehrt. Libellen lebten nur ein halbes Jahr, aber in diesem halben Jahr brachten sie mehr zustande als alle Vögel zusammen. Luise grinste, sie war vernarrt gewesen in Libellen, sie kannte alle Arten und deren Gewohnheiten, und vielleicht verstand sie darum auch ihre Mutter so gut, die sich an den alten *Stagg* klammerte, den sie noch niemals in ihrem Leben gesehen hatte und den sie wohl auch nie sehen würde. Nie hatte Luise nachgefragt, was Mathilde an *Stagg* fand, auch Robert hatte nie gefragt. *Stagg* war eben *Stagg*, schon immer gewesen. Schon immer da; doch in letzter

Zeit hasste Luise das Fliegen, und vielleicht würde auch Mathilde die Mammutbäume eines Tages hassen, vielleicht gerade, weil sie so beständig waren? Luise schürzte die Lippen beim Nachdenken.

Sie verbrannte sich die Zungenspitze und goss Milch ins Mixgetränk. Sie meinte, Robert habe als Stiefvater nicht viel falsch gemacht und auch Mathilde habe eine gute Mutter-Tochter-Beziehung aufbauen können. Offenheit und Vertrauen seien die wichtigsten Punkte in der kleinen Familie gewesen. Und wenn Luise bedachte, was die beiden hinter sich gebracht hatten, ehe sie sich gefunden hatten, dann war sie voll von Respekt gegenüber den Eltern. Sie meinte, Eltern müssen sich Respekt erschaffen, Eltern können ihn nicht erwarten, als wäre er ein Naturgesetz. Er war keines. Luise suchte ihr Feuerzeug und wurde unruhig. Schon wie sie sich kennengelernt hatten! Luise mochte Roberts Version lieber als Mathildes. Sie seien einfach übrig geblieben, nach einer Diskonacht in der Mensa der Universität. Er habe da noch gar nicht studiert und in den Büros des Theaters gearbeitet, doch sie habe sich gerade, von Rügen gekommen, als Studierende eingeschrieben. Die Musik sei schließlich verstummt, die Leute seien in Grüppchen und Gruppen aus dem Mensakeller gegangen oder gewankt, die Stühle seien schon hochgestellt gewesen, als er sie bemerkt habe. Sie und er seien die Übriggebliebenen, die Letzten, gewesen. Zwischen ihnen Unmengen von umgedrehten Stühlen auf den Tischen. Der Betonfußboden habe schon vor Feuchtigkeit geglänzt, als Mathilde sich zur Theke aufgemacht habe und um ein letztes Bier gekämpft habe. Er habe sich das Spektakel nur einen Moment lang angesehen, dann sei er ihr zu Hilfe geeilt. Gemeinsam hatten sie mit dem übermüdeten Barkeeper um ein letztes Bier gerungen, und sie haben gewonnen! Luise lächelte, weil sie sich an Roberts

Worte erinnerte. An dieser Stelle hob er immer irgendein Glas hoch und sagte: ›Ja, und da stand sie dann da, die große, riesige Liebe, der sich auch der Barkeeper nicht erwehren konnte. Er sah uns an und wusste Bescheid, noch bevor uns die große, die riesige Liebe am Schlafittchen packte und hinausbeförderte. Mitten hinein in eine wilde, hemmungslose Nacht, die sieben Tage anhielt. L gleich R plus M!‹

Sicher, Mathildes Fassung war anders, das Ende war anders, aber in Luises erster Erinnerung an Robert lag er doch im Bett. Sie war ins Schlafzimmer gestürmt, er hielt ihre Mutter im Arm und sie selbst erschrak sehr über diesen fremden Mann, der ihre Mutter festhielt. Er klopfte auf die Bettdecke, forderte sie auf, auch ins Bett zu kommen, und nachdem sie als Sechsjährige kurz gezögert hatte, landete sie nach einem mächtigen Anlauf mitten auf dem Bett. Und hatten da nicht alle drei herzlich gelacht? Doch! Luise war sich sicher. Sie trank den Kaffee aus, zahlte und schulterte den Seesack, bevor sie zur Eingangshalle ging. Draußen rauchte sie eine letzte Zigarette, obwohl der Flieger aus Kanada schon gelandet war.

Dabei habe doch auch Robert eine so harte Kindheit hinter sich gehabt. Wie er da überhaupt noch freundlich habe sein können? Ohne Vater und ohne männliche Bezugspersonen bei einer verrückten Großmutter und einer gefühlstauben Mutter aufzuwachsen, die sich aller Annäherung entzogen habe, für Luise klang dies grausam. Eine Mutter zu haben, die ihren Sohn als Pflicht ansehe und die von der eigenen Mutter wie eine Sklavin gehalten werde; Luise schüttelte sich.

Robert habe als Kind kaum geredet, er habe viel gelesen, und er habe die Gefühle, gebraucht zu werden, Wärme zu empfangen und unterstützt zu werden, damals nicht kennengelernt. Er kenne keinen Schutz. Er kenne nur jede

Menge Abneigung. Versteckte Aggression. Verbittertes Verstummen. Leicht dahingesagtes letztes Schweigen.

Wenn man Kinder nicht zum Reden anhalte, meinte Luise, dann werde aus ihnen nie Teil eines Ganzen. Aber habe Robert sie da nicht vom Gegenteil überzeugen können? Sei er nicht Teil einer Familie geworden? Trotz allem? Habe er Mathilde und Luise nicht genauso gebraucht wie sie ihn? Tja, aber was für ein Teil? Ein Teil, der die eine Jahreshälfte in der Fremde verbrachte, um die anderen Monate im Heim aushalten zu können. Robert und Mathilde, was für ein Gespann!

Sicherlich – Luise ließ die Kippe fallen und drückte sie mit dem Hacken aus – seien auch Mathildes Erlebnisse traumatisch gewesen, aber habe ihre Mutter sich nicht schnell von ihnen befreien können? Immerhin sei sie schon erwachsen gewesen und habe sich wehren können.

Und Mathilde habe sich gewehrt. Sie habe sich nicht endlos lange schlagen, demütigen und vergewaltigen lassen, wusste Luise, die trotz der stoischen Verneinungen der Mutter weiter glaubte, das Produkt einer dieser Vergewaltigungen zu sein.

Luise ging in die Halle zurück und sah den Dreiertrupp schon auf sich zukommen. Sie hob erleichtert die Hand, und nach einer stummen Begrüßung gingen die vier Sicherheitsleute hinaus und nahmen sich ein Großraumtaxi.

Aufs Meer zu blicken, heiße immer, etwas zu erwarten. Von irgendeiner Ankunft werde dauernd getuschelt. Schiffe, Treibgut, Kadaver, Nymphen, Seeungeheuer oder Wale, das Meer bringe es an den Tag. Es sei das Element, das gar nicht zuhören könne.

Und wenn es zum Schwafeln nicht komme, weil der Frost es ihm zu schwer mache, dann staple es Eisschollen auf, um nur ja nicht zuhören zu müssen. Das Meer sei das Sprechende allein.

Das Weibliche habe von der See gelernt, während es auf die Rückkehr der Fischer gewartet habe.

Prügelnde Hände der Frauen wären die Lippen. Im Schwall würden Männer wie Inseln im schwafelnden Meer versinken.

»Genug«, sagte Luise im Großraumtaxi, sah zu ihrem Kameraden, der das Buch nickend zuklappte und sagte: »Genug ist genug. So sind sie, unsere Dichter.«

»Ich hoffe, du hast noch andere Bücher mit«, sagte sein Sitznachbar: »Sonst wird es öde werden. Im ›schwafelnden Meer‹.«

Luises drei Kameraden waren Tschechen, ausgebildete Gebirgsjäger. Sie unterstanden ihr, weil sie eine ausgebildete Kampfschwimmerin war. Die Männer waren ein wenig älter und absolut verlässlich. Sie hatte mit ihnen schon Dutzende Einsätze hinter sich gebracht.

Thomas, der Prager, der immer mit einem Arm voll Bücher ankam, über die sie dann in langweiligen Gefechtspausen hin und her diskutierten, hatte ihr das Leben gerettet. Er war ihr Stellvertreter geworden, zwangsläufig, wogegen die Zwillinge Oleg und Bolek sich nicht gewehrt hatten.

Luise drehte sich auf dem Beifahrersitz um und sah ihre Kameraden an: »Wie war Kanada?«

»Kalt«, sagte Thomas: »Kalt. Der Öltanker wäre fast im Eis eingefroren. Vor Alaska, aber die Amerikaner, die haben es echt zu viel.«

»Was?«, fragte Luise.

»Öl. Die haben einen Gummischlauch ums riesige Schiff gelegt, vierzig Zentimeter Sicherheitsabstand, und den haben sie dann mit Öl übergossen und angezündet.«

»Ist doch eine gute Idee«, sagte Luise.

»Mein Porsche wäre mit der Ladung drei Monate lang gefahren«, sagte Bolek, der blonde der Zwillinge.

»Stimmt«, sagte Oleg: »Oder auch vier Jahre, weil du eh nie zu Hause bist, um ihn endlich mal richtig einzufahren.«

Die drei Männer lachten auf; ein hämisches, ehrliches, aufbrausendes Gelächter junger Männer, das Luise immer beruhigte. Siegesgewissheit, Selbstbewusstsein, Eroberungswille strahle es aus. Und Vertrauen in die eigenen Fähigkeiten. Mit Männern, die vor der Schlacht zu solchem Gelächter fähig seien, ziehe Luise gern in jeden Kampfeinsatz. Es sei ein verbrüderndes Gelächter, meinte sie, das zeigen solle, man werde für den Anderen einstehen, egal, was komme und was ausbleibe. Eigentlich sei der Sieg ja schon auf ihrer Seite, solle dieses Gelächter beruhigen. Lachend und ulkend in die Schlacht zu ziehen, war Luise überzeugt, sei überlebenswichtig. Sie stimmte mit ein, obwohl ihre Stimme kaum zu hören war. Und auch, als sich ein Witz über Boleks Ehefrau anschloss, die den Porsche schon einmal in einen Graben gesetzt habe, lachte Luise mit. Sie drehte sich wieder nach vorne und fragte den Fahrer, wie lange die Fahrt noch dauern werde.

Der Nordmann hob die rechte Hand, zeigte drei Finger. Was aber sollte das heißen? Drei Minuten? Drei Stunden? Drei Tage? Luise wusste, im Norden war alles möglich. Sie hatte von einem Kollegen gehört, der einmal eine ganze Woche unterwegs gewesen sei. In einem Taxi. Allerdings sei das auf Grönland gewesen.

»Was steht denn noch in deinem schlauen Buch?«, fragte Luise, ohne sich umzudrehen.

»Was über Trauer.«

Nach einer Weile sagte sie nachdenklich: »Lies vor.«

Das Leben gehe weiter, mit diesen Worten wolle man jemanden trösten, der untätig am Rande sitze und noch ein wenig trauern möchte.

Ein starker Arm lege sich um dessen Schulter und führe ihn zurück an seinen Arbeitsplatz. Die Arbeit werde ablenken, so laute der zweite Titel jener Trostkur, die Heilung durch Verdrängung verspreche.

Aber gerade diese Versprechung habe für den Trauernden keinen Wert. Gerade verdrängen wolle der Alleingelassene seinen Schmerz nicht. Er wolle ihn nicht verschieben. Er wolle ihn nicht unterdrücken. Er wolle ihn nicht preisgeben.

»Sehr richtig!«, sagte Oleg, und sein Bruder nickte.

Gewiss habe die Verschwundene dem Trauernden niemals näher gestanden als jetzt, da er sie so lebhaft entbehre. Er brauche Stillstand. Nicht Beschäftigung. Er brauche Urlaub zum Erinnern. Er brauche Flitterwochen, die Schattenseite der Flitterwochen brauche er.

»Ein kluger Mann spricht da!«, sagte wieder Oleg und erneut nickte sein Bruder, ehe er leise flüsterte: »Botho Strauß. Klingt nach nichts.«

Thomas legte das Buch leise weg und sah in sein Gesicht, das von der Fensterscheibe gespiegelt wurde.

Vielleicht sei es eine dumme Idee gewesen, jetzt und hier schon wieder von Leonard anzufangen, grübelte Thomas, aber dieser Dichter, habe er nicht etwas berührt, das er selbst so gut verstanden habe und unbedingt habe weitergeben wollen?

Verstohlen sah er zu seinen Kameraden, die mit ernsten Gesichtern dasaßen. Und auch Luises Blick war heruntergefallen, konnte Thomas durch den Rückspiegel sehen.

Leonard war das Küken ihrer Einheit gewesen, und auch Thomas hatte gemerkt, dass er Luise viel bedeutet hatte. Na und? Leo war eben ein echter Löwe gewesen. Er war der Punkt gewesen, um den sie sich geschart hatten.

Und nun fehlte ihnen dieser Mittelpunkt. Schmerzlich war die Leere immer noch, obwohl nun schon fast ein Jahr vergangen war. Sie waren in einen Hinterhalt geraten.

Leonard war Franzose gewesen. Er hatte ein paar Jahre Fremdenlegion hinter sich gebracht, hatte diese dann aber verlassen, weil er einmal zu oft gedemütigt worden war.

Leonard war geflüchtet, auch raus aus Frankreich, und hatte sich in Brasilien bei der Sicherheitsfirma gemeldet. Natürlich war er sofort genommen worden. Vor vierzehn Monaten war er in ihre Einheit gekommen, und klar, Thomas grinste, erst hatte es ihn angestunken, von einer Frau befehligt zu werden. Er war eben kein gutmütiger Tscheche, Leo stammte aus dem felsigen Norden Frankreichs, wo es noch richtige Hitzköpfe gab. Luise hatte ihm trotzdem den Kopf zurecht gerückt, und das war eine große Leistung gewesen! In nur zwei Monaten. Thomas nickte seinem Spiegelbild zu und richtete sich auf.

»Entschuldigt, Leute«, sagte er: »Dass ich mit diesem Zeug angefangen habe. Entschuldigt, ich hätte das blöde Buch zu Hause lassen sollen.«

Luise nickte: »Hättest du, wenn du es gekonnt hättest. Hast du aber nicht, weil du es nicht gekonnt hast.«

»Thomas kann alles, was er will«, sagte Oleg, und wieder nickte der Bruder, ehe Oleg hinzufügte: »Nur alleine trauern, das kann er nicht.«

Und gerade wollte Luise erwidern, dies könne niemand, als der Taxifahrer leise zu singen begann: »»Schießest du auf Väinämöinen, töte nicht den Sohn Kalevas! Schießest du auf Väinämöinen, tötest du den Sohn Kalevas, schwindet Freude von der Erde, schwindet der Gesang von hinnen. Besser ist die Freud auf Erden, schöner der Gesang hier oben, als in Unterweltgefilden, in des Totenreiches Räumen!‹ – Und alle!: ›Schießest du auf Väinämöinen, töte nicht den Sohn Kalevas! Schießest du auf Väinämöinen, tötest du den Sohn Kalevas!«

Verblüfft sahen die Fahrgäste den Fahrer an, der erklärte, er habe lange Zeit in Deutschland gelebt.

Was er da singe?

Den Refrain des finnischen Nationalepos. Er sei Finne. Es sei der beste Trauergesang, den die Welt je gehört habe. Wenn die Finnen eines können, dann sei es das einsame Trauern in ehrlicher Melancholie.

Erneut forderte er die Kämpfer auf zu singen, und diesmal stimmten sie mit ein. Auch wenn sie alle den einen Namen falsch aussprachen, so fanden sie doch schnell wieder in den gemeinsamen Rhythmus, der sie durch die kalte Nacht brachte. Sie sangen den Refrain bis zum Ende der Fahrt. Und auch als sie ausgestiegen waren, winkten sie dem Fahrer nach und sangen ein letztes Mal laut und schreiend wie Trunkene: »›Schießest du auf Väinämöinen, töte nicht den Sohn Kalevas! Schießest du auf Väinämöinen, tötest du den Sohn Kalevas, schwindet Freude von der Erde, schwindet der Gesang von hinnen. Besser ist die Freud auf Erden, schöner der Gesang hier oben, als in Unterweltgefilden, in des Totenreiches Räumen!‹ – Und alle!: ›Schießest du auf Väinämöinen, töte nicht den Sohn Kalevas! Schießest du auf Väinämöinen, tötest du den Sohn Kalevas!‹«

»Diesen Sohn Kalevas«, sagte Thomas erhaben, »werde ich niemals vergessen!«

Sie schulterten die Seesäcke und ging zur Pier, an der sich der Walfänger vom Morgengrau leicht abhob. Die Gangway war heruntergelassen worden und wurde von einem müden Fischer bewacht, der sie nickend begrüßte: »Na endlich, wir warten hier schon drei verfluchte Tage auf euch! Drei Tage!«

»Jetzt sind wir ja da!«, sagte Luise.

»Ja, jetzt! Drei Tage, in denen wir keine Heuer verdient haben! Uns bezahlt niemand fürs Rumliegen, euch vielleicht, uns nicht! Jetzt rauf mit euch!«

»Dann zeig uns lieber die Kojen und quatsch nicht blöde rum«, sagte Oleg, woraufhin der Walfänger ihn erstaunt ansah. Oleg habe den richtigen Ton getroffen, verstand Luise sofort und mischte sich nicht ein. Der alte Fischer machte sich brabbelnd auf, ihnen die Kabine zu zeigen.

Es war eine Viererkabine, die sich im Vorschiff befand. So viel wusste Luise schon von der christlichen Schifffahrt, dass die Vorschiffkabinen am wenigsten beliebt waren, weil jedes Schiff mit dem Bug am meisten schaukelte. Schon bei wenig Seegang konnte man hier vorne aus der Koje geschleudert werden. Ein erholsamer Schlaf war im Vorschiff also nur möglich, wenn der Walfänger vor Anker lag, doch dafür waren Schiffe ja nicht gemacht worden. Luise ließ den Fischer vorbei, der das Schott von außen schloss und dachte: ›Egal, die Fischer werden den Schlaf mehr brauchen als wir. Und wir sind sowieso dran gewöhnt, immer ein Auge offen zu halten.‹

Sie knobelten aus, wer wo schlief, und hauten sich wenig später aufs Ohr. Als erster schnarchte Thomas, die Zwillinge folgten fast zeitgleich, Luise jedoch brauchte eine Weile, in der sie sich von einer Seite auf die andere warf, ehe auch sie geräuschvoll schlief. Es war eine lange Reise gewesen, und oftmals war es doch auch so, dass das Nichtstun anstrengender als jede Arbeit war. Luise hatte das oft erlebt. Von der Fliegerei erschöpft, war sie an die vielen Brennpunkte der Welt gekommen und hatte erst einmal große Mühe gehabt, die Umgebung wahrzunehmen und sich in ihr zurechtzufinden. Warten mache bekloppt, hatte sie einmal gemeint, und so war sie auch heute erleichtert in die Koje gefallen und froh gewesen, nicht gleich in ein Gefecht verwickelt zu werden. Wie ihre Kameraden war sie im Tiefschlaf und bemerkte nichts von den Bewegungen des Walfängers *Rimbaud*, den sie in den nächsten Wochen bewachen sollte. Ihn und die ganze Besatzung, die wie der alte Fischer das Anheuern des Kommandos herbeigesehnt hatte. Was war ein Walfänger schon groß, wenn er keine Wale fangen konnte? Was war ein Schiff schon groß, das sich im Hafen befand? Nicht viel, wusste auch der alte Fischer, der die Gangway bewacht hatte.

Er war gleich nach dem Eintreffen des Sicherungskommandos zur Kapitänskajüte gegangen, hatte einmal geklopft und war sofort eingetreten. Der Kapitän hatte sich in seiner Koje halb aufgerichtet und unwirsch gefragt, was los sei.

»Alles, was nicht fest ist«, hatte der Fischer gesagt: »Endlich sind die Aufpasser da.«

»Endlich! Schiff klarmachen zum Auslaufen. Auslaufen in zehn Minuten, ich bin gleich auf der Brücke.«

»Aye, aye!«, hatte der alte Fischer gesagt. Er war direkt ins Deck der Aushilfsmatrosen gegangen, er hatte das Licht angeknipst und ein Kopfkissen abgefangen, es zurückgeworfen, ehe er mit fester Stimme gesagt hatte, das Schiff laufe in zehn Minuten aus. Alle Eingeteilten aufs Oberdeck.

Ein Fluchen der drei Männer war zu hören gewesen, sie hatten sich mühsam erhoben, waren auf dem Kojenrand sitzen geblieben, hatten einen Moment lang gewartet. Der Schwindel hatte aufgehört. Sie waren in ihre Seekleidung geschlüpft und aufs Oberdeck gekommen, wo die Beleuchtung schon eingeschaltet worden war.

Noch ein herzlicher und unbestimmter Fluch, dann waren sie vollkommen munter.

Sie verteilten sich auf dem Oberdeck, während der alte Fischer an Land die Taue von den Pollern losschlug und die Enden ins Wasser fallen ließ. Er kam wieder an Bord, band die Bändsel ab, die die Gangway am Schanzkleid hielten, und holte den Austritt ganz allein ein. Das Metall schleifte quietschend über die eisernen Planken, dann war die Verbindung zum Land unterbrochen. Der alte Fischer schloss das Schanzkleid, verband die Laufseile der Reling und machte sich daran, die Gangway auseinanderzunehmen und Teil um Teil in der Decklast zu verstauen.

Während einer der drei Aushilfen die Haltetaue einholte und ebenfalls in der Last verstaute, stand ein anderer von ihnen gähnend im Steuerhaus und hielt das Rad locker in der Hand. Der Dritte zog die Fender an Bord und legte sie ebenfalls in die Last, die sich hinten auf der Backbordseite befand.

Der Kapitän kam auf die Brücke, der Steuernde grüßte ihn und schloss: »Alles klar zum Auslaufen.«

»Sehr gut! Dann los!«

Es war ein windgeschütztes Hafenbecken und zusätzlich sperrte die lange Pier den Wellengang, an deren Ende sie das Schiff schon verlegt hatten, um nach der Ankunft der Sicherheitsleute so schnell wie möglich in die offene See zu kommen. Ein helles Blau mit milchigen Schleiern, in dem die Sterne noch klar funkelten, begann, sich von der Umgebung abzuzeichnen. Es werde noch eine gute Stunde dauern, war sich der Steuernde sicher, ehe die Sonne aufgehe.

Er schaltete die Zündung ein, der Kapitän steckte sich seine erste Zigarre an, und die drei Deckleute versammelten sich am hinteren Ende auf der Backbordseite, um lange Metallstangen zur Hand zu nehmen. Sie setzten die Enden gegen die Kaimauer und drückten mit aller Kraft das Schiff von der Pier weg. Der Motor sprang an, der Steuernde drehte den Bug von der Kaikante weg, die Männer gingen zum Heck, setzten wieder die Stangen an den Beton und drückten das Schiff nun, mit Hilfe des Motors, ganz von der Pier weg. Der Steuernde gab Vollgas, die Deckleute husteten und fluchten im Qualm, ehe sie die Stangen wieder verstauten und mit einer Zigarette zwischen den Lippen dem Verschwinden des schnell kleiner werdenden Hafens zusahen.

»Also, Leute! Nun geht's wieder los!«, sagte der alte Fischer, und die anderen beiden Männer nickten.

Die *Rimbaud* war kein großes Schiff. Als sie wenig später aus der Bucht kam, setzte ihr der Wellengang sofort zu. Noch war sie leicht, hatte sie doch nichts an Ladung gebunkert, und wurde zum Spielball des Atlantiks. Ein paar Seemeilen hielt der Kapitän das Schiff noch im Windschatten der zerklüfteten Küste von Spitzbergen, doch dann befahl er die Kursänderung, so dass sich die *Rimbaud* nun dem Seegang stellen musste. Die Berge, die dem Land einst den Namen gegeben hatten, waren zwar noch lange zu sehen, doch kein Walfänger wandte sich mehr um. Ihr aller Blick war nach vorne gerichtet, wo in einiger Entfernung eine Wolkenwand stand, auf die sie zuhielten. Schon waren Blitze erkennbar, während hinter ihnen die Sonne aufging. Wenig später erklang das Grollen des Gewitters.

»Es gibt schwere See im Westen«, sagte der alte Fischer: »Da müssen wir rein!«

Als Antwort erhielt er ein Schweigen. Es war ein wissendes Schweigen, das keiner der Deckleute unterbrechen wollte. Sie gingen von Oberdeck und ließen sich in der Messe eine reichhaltiges Frühstück auftischen.

Die letzte Mahlzeit für die nächsten zehn Stunden wurde pro Kopf auf vier große, tiefe Teller verteilt. Rühreier mit langen, schmalen Speckstreifen, die angebraten waren. Ein Dutzend Würstchen mit Weißbrot. Dicker Eintopf mit roten und grünen Bohnen, und auf dem letzten Teller türmte sich Schokoladenpudding.

Schwitzend und schmatzend verschlangen sie das Essen, und jeder bekam zum Abschluss noch eine Thermoskanne mit Kaffee und ein Brett mit Streuselkuchenstreifen, die eingepackt und in die Taschen der Wattejacken verstaut wurden, über die die Männer ein paar Minuten später das Ölzeug zogen.

Plötzlich richtete sich die *Rimbaud* auf und fiel fast sofort wieder herunter. Erneut sprang der Walfänger hoch und wurde wenig später in ein neues Wellental gestoßen. Das Unwetter sei erreicht, die Wolkenwand durchbrochen, wussten die Männer. Sie stellten schnell die Teller übereinander, der Smutje räumte sie ab und murrte, ihm hätte man auch sagen können, dass schweres Wetter im Anmarsch sei, aber er wäre ja bloß der dumme Koch.

Die Deckleute nickten, als habe der Mann ein wahres Wort gesprochen, erhoben sich träge und stellten sich auf ihre Seebeine, während im Vorschiff Luise aus der Koje geschleudert wurde.

Noch im Fallen drehte sie sich schlaftrunken zur Seite, so dass sie auf der Schulter landete.

Fluchend stand sie im Deck und sah zu den Kameraden, die gegen die Sicherheitsbretter der Kojen geschleudert wurden. Sie selbst hatte vergessen, das Brett ihrer Koje einzuhaken, so müde war sie gewesen. Luise schalt sich in Gedanken eine Idiotin, weckte dann aber ihre Kameraden, weil sie neidisch auf deren Schlaf geworden war.

Ihre Männer murrten, aber Luise war unerbittlich. Sie scheuchte die Männer hoch und befahl das Aufklaren des Decks, standen die Seesäcke doch noch immer unausgepackt mitten in der Kabine herum.

»Sauerei hier! Saubermachen!«, legte sie nach, und die Tschechen wussten, diskutieren wäre jetzt unsinnig. Die Männer drehten sich aus den Kojen, setzten sich um den festgeschraubten Tisch und zogen sich die Seesäcke heran, um sie zu öffnen.

Auch Luise verteilte ihre Sachen im ihr zustehenden Spind. Sie hatte kein Platzproblem, da war sie wie ihre männlichen Kollegen. Sie hatte nie ein *Spindproblem*, auf keinem der vielen Schiffe, die sie schon bewacht hatte. Luise räumte schnell und routiniert ein: Alles Schwere nach unten, alles Leichte nach oben und alles Persönliche nach hinten.

Der Seesack selbst wurde lang und flach unter die Matratze gelegt, wobei das offene Ende mit den Metallösen ans Fußende kam; jetzt seien sie wirklich an Bord. Jetzt gebe es kein Zurück mehr, meinten die Sicherungsleute, jetzt seien sie eingerichtet und Teil der Mannschaft. Irgendwie jedenfalls. Luise streckte sich im Stehen und gähnte, ehe sie meinte, man könne sich ja jetzt mal den Walfänger anschauen. Schwachstellen in der Verteidigung finden und beheben.

Zu viert gingen sie aufs Oberdeck, und obwohl das Schiff in einen handfesten Sturm geraten war, inspizierten sie jeden Winkel. Oftmals hängten sie sich über die Reling, um auf die Außenhaut zu schauen, wobei sie sich gegenseitig sicherten. Das imponierte dem Kapitän, der befürchtet hatte, Landratten an Bord genommen zu haben.

Er sah ihnen von der Brücke aus zu, wie sie das Deck selbständig unter die Lupe nahmen, und wusste nicht recht, was er von der Sache halten solle.

Bewachungspersonal wegen ein paar Dutzend Wale! Er schüttelte den Kopf.

Habe die Reederei da nicht übertrieben? Er nickte.

Hasse er nicht unnützes Personal? Er nickte.

Was solle er nur anfangen mit denen da unten? Er zuckte mit den Schultern.

Was solle er hier mit Aufpassern? Ein Kapitän habe niemals Aufpasser, schon gleich gar nicht an Bord! Er sei der Aufpasser, er allein! Und mit Greenpeaceaktivisten kenne er sich auch gut genug aus. Die müsse man nur ignorieren, das sei die Antwort auf die Angst der Reederei. Man hätte ihn nur fragen müssen!

Er sagte zum Steuernden: »Na ja, jedenfalls ist wenigstens eine Frau dabei. Die kann ja mal die Küchenlast aufklaren. – Ist die überhaupt schon mal aufgeklart worden?«

»In diesem Leben nicht«, sagte der Steuernde und sah Luise zu, wie sie sich über das Laufseil der Reling beugte. Die Aushilfe stieß einen Pfiff aus.

»He, Spanner, Kurs halten!«

»Aye, aye, Käp'ten! – Kurs liegt an.«

Zwei Wochen vor Luise war Tommy an Bord der *Rimbaud* gekommen. Er war der einzige Auszubildende auf dem Walfänger. Der Achtzehnjährige wollte Hochseefischer werden, am liebsten Flenser, und als er das Schiff betrat, erinnerte er sich tatsächlich an die Abschiedsworte seines Vaters. Sie hatten auf dem Flughafen seiner Heimatstadt München gewartet, als der Vater gemeint hatte, er solle es nicht vergessen: »Die Tränen eines Seemanns haben noch jeden Kahn zum Kentern gebracht!«

»Vater! Ich werde doch nicht heulen!«, war seine Antwort gewesen, aber als er das Schiff inmitten dieser unwirklichen Gegend von Spitzbergen sah, wurde ihm dann doch mulmig. Er kniff ganz schön mit den Augen, als er die Gangway hochstieg und sich sofort auf der Brücke meldete, wie er es in der theoretischen Ausbildung gelernt hatte. Er trat auf die Nock, öffnete das Schott zur Brücke und sagte zum erstbesten Mann: »Rahr, Tommy. Azubi im dritten Ausbildungsjahr. Melde mich wie befohlen an Bord.«

Verblüfft fuhr der Aushilfsmatrose herum, der gerade den Brückenboden wischte: »Wat?«

»Rahr, Tommy. Auszubildender im dritten Ausbildungsjahr, Fachrichtung Hochseefischerei, Spezialisierung Walfang. Melde mich an Bord. Wie befohlen.«

Immer noch verwirrt erhob die Aushilfe sich, wischte sich die Hände an der Arbeitshose ab und sagte: »Aha.

Spezialisierung Walfang, schätze, dann bist du richtig hier.«

»Davon ist auszugehen! Ich bin elf Stunden geflogen, drei Stunden Taxi gefahren. Das ist doch die *Rimbaud*, oder?«

»Schätze ja! Weißt du was, Kleiner, ich schick dich mal zum Kapitän! Kläre das mal lieber mit dem Kapitän, Kleiner!«

Doch so klein war er ja gar nicht! Er blickte ja auf den Mann runter! Zwei Köpfe war der kleiner, und hätte nicht eigentlich er zu dem Mann ›Kleiner‹ sagen sollen? Tommy wollte ihn schon darauf hinweisen, als er sich doch auf die Lippe biss. Sei bloß nicht vorlaut, hatte sein Vater ihm auch mit auf den Weg gegeben, Seemänner können so ziemlich alles aushalten, bloß keine vorlauten Bengel!

Tommy schwieg und konzentrierte sich auf das, was der Mann ihm erklärt hatte. Treppe runter, Gang bis ganz nach hinten, steuerbord an die letzte Tür klopfen und warten, was geschieht.

Kein Problem!

Mit gefalteter Stirnhaut sah der Matrose ihm nach, als er mit eingezogenem Kopf den Niedergang hinunterstieg, während der Mann dachte: ›Es gibt doch nichts, was es nicht gibt.‹

Flachsblondes und kurz geschnittenes Haar hatte dieser Tommy Rahr, bis auf den Pony, der so lang war, dass der Junge sich einen Seitenscheitel kämmen konnte. Hatte ihn das durcheinandergebracht? Der Mann räusperte sich.

›Allein schon diese langen Haare‹, dachte er, während er dem Jungen nachsah: ›Von denen kann er sich ja gleich mal verabschieden. Aber gute Augen hat der Bursche, hellwach und neugierig. Und ausgewichen ist er auch nicht. Macht hier also eine richtige Ausbildung! Und ich schlag mich hier mit Aufwischen herum!‹

Erst später, Tommy war da schon längst beim Kapitän,

fiel dem Aushilfsmatrosen ein, warum er so verwirrt gewesen war. Die grünen Pupillen, die kleine Nase, der Mund mit den weichen, dicken Lippen, nirgends eine Spur von Bartwuchs, schmale Hände mit langen Fingern; im allerersten Moment hatte er doch noch gedacht: ›Wat für ein hübsches Mädel.‹ Der Mann lachte auf, drehte sich um und fuhr fort, den Brückenboden trockenzuwischen, während auch der Kapitän einen Moment brauchte, um sich in diesem jungen und neugierigen Gesicht zurechtzufinden, ehe er sagte: »Du bist das also. Setz dich da hin.«

Er deutete auf einen Stuhl, der neben dem Schott seiner Kabine stand, und setzte sich an den Schreibtisch. Er steckte sich eine Zigarre an, hielt die Kiste dem Jungen hin, der nur mit dem Kopf schüttelte. Der Kapitän nickte und sah in die Papiere.

»Aus München also. Dein Vater war auch Seemann?«

»Ja, aber nur Handelsflotte.«

»Warum fährt er nicht mehr? Ein Seemann gehört doch eigentlich nicht in die Berge. Und München, das liegt doch in den Bergen, oder nicht?«

»Ja, liegt es, so ungefähr. Mein Vater hat abgemustert, um sich um mich zu kümmern. Meine Mutter und meine beiden Schwestern sind bei einem Autounfall ums Leben gekommen, aber darüber will ich eigentlich nicht weiter reden!«

Tommy sah den Kapitän ernst und mit festem Blick an.

»Verstehe, dann behalte ich das für mich«, sagte der Mann, und Tommy lächelte, ehe er sich bedankte.

»Du scheinst ein offener Mensch zu sein. Für einen Fischer ist es eine der wichtigsten Eigenschaften, geradeaus zu sein! So ein Schiff kann verdammt eng werden, wenn man verwinkelt denkt und zu viel grübelt.«

»›Lieber ein halbes Wort am Tisch, als einen ganzen Satz in der Koje‹, sagt mein Vater dazu immer.«

»Und dein Vater scheint ein weiser Mann zu sein. Vielleicht ist er für die christliche Seefahrt ja noch nicht verloren, jetzt, wo du selbst zur See fährst. Aber egal, privat heißt privat, weil es privat ist!«

»Ich verstehe.«

»Was mir aber Sorgen macht: Du bist so verdammt dünn! Ich sehe gar keine Muskeln an dir, das macht mir schon Sorgen.«

»Ich bin aber zäh, glauben Sie mir, ich schaffe alles, was ich mir vornehme, alles!«

»Soso?«

»Jawohl, Herr Kapitän, verlassen Sie sich darauf. ›Muskeln kann man trainieren, einen Willen aber nicht‹.«

»Lass mich raten, sagt dein Herr Papa immer.«

»Jawohl.«

Schweigend nickte der Kapitän, von seinem Bordjungen beeindruckt, was ihn nur noch mehr durcheinander brachte. Er erhob sich und sagte: »Du nimmst Logis beim *Basken*. Der ist unser Harpunier. Der wichtigste Mann an Bord. Nach meiner Wenigkeit natürlich. Stell dich also gut mit ihm!«

Auch Tommy stand auf, hob seinen Seesack auf und schloss wenig später das Schott von außen. Verdammt! Er hatte vergessen zu fragen, wo die Kabine des Harpuniers war, aber zurückgehen wollte er nun auch wieder nicht. Wie sähe das denn aus, wenn er zurückkäme und fragen würde, wo er hinmusste? Wie ein Muttersöhnchen, nein, nein, nichts da! Tommy ging den Längsgang bis zur Mitte und öffnete backbord das Schott.

Er stand in der Messe, und wieder traf er auf den Aushilfsmatrosen, der diesmal den Aufenthaltsraum feudelte.

Tommy blieb am Eingang stehen und sagte zu dem in einer Ecke knienden Mann: »Wie heißt du eigentlich? Habe ich vorhin vergessen zu fragen.«

»Ach so, ja, stimmt«, sagte der aufblickende Mann: »Ich bin hier der Mann für alles. Wo ein Mann fehlt, da stehe ich. *Güni*, so rufen sie mich hier.«

»*Güni*?«, fragte Tommy und grinste.

»Warte nur ab, du bekommst auch einen Spitznamen, und wenn du Pech hast, dann wird er dir gar nicht gefallen. Das Bordleben ist anders als das Leben an Land, und darum hat man hier auch einen anderen Namen, einen Bordnamen. Weißt du, wir lassen den privaten Scheiß nämlich einfach an Land und kümmern uns hier nur um die Arbeit und ums Fressen.«

»Das gefällt mir! Das will ich auch. Sag mal, *Güni*, wo ist der Harpunier, ich soll zu ihm auf Koje.«

»Wat sollst du?«

»Zum Harpunier auf Koje«, begann Tommy, ohne zu Ende sprechen zu können, weil *Güni* aus vollem Halse lachte.

Er schlug sich auf die Schenkel. Der Smutje steckte seinen Kopf durch die Durchreiche: »Was gibt es? Einen guten Witz? Immer her damit!«

»Der Bordjunge will zum Harpunier auf Koje«, brachte der lachende *Güni* hervor, woraufhin der Koch mit dem Kopf schüttelte und sagte: »Das heißt nicht ›auf Koje‹! ›Auf Koje‹ heißt ›ins Bett‹! Was du meinst, heißt ›ins Deck‹! ›Ins Deck‹ heißt ›aufs Zimmer‹! Willkommen an Bord, da hast du ja einen guten Einstand hier.« Der Smutje grinste und verschwand wieder in der Kombüse.

Tommy war knallrot geworden. Ohne eine Antwort abzuwarten, ging er aus der Messe und suchte das Deck des Harpuniers selbst.

Er fand es genau gegenüber der Messe. Nachdem er den Längsgang einmal nach vorn und einmal nach hinten gegangen war, fiel ihm die kleine, silberne Harpune auf, die an den Rahmen des Schotts geklebt war.

Er klopfte und trat ein.

»Raus hier!«, kam sofort ein tiefer Bass aus der unteren Koje. Tommy sah im selben Moment, dass die obere Koje mit Sachen vollgestellt war. Kartons, Plastikbecher, Ölzeug.

»Geht nicht«, sagte Tommy: »Ich bin der Neue. Ich bin dein neuer Mitbewohner. Ich bin Azubi, drittes Lehrjahr.«

»Mir egal! Raus hier! Komm in einer Stunde wieder! Ab jetzt!«

»Aber ...«

»Verschwinde! Lass deinen verdammten Seesack da stehen. Geh in die Messe, ich muss erst wach werden.«

»Verkatert?«

»Geht dich einen Scheiß an; ja.«

Tommy nickte, warf den Seesack auf den Boden, und als er wieder hinausging, warf er das Schott mit aller Kraft zu.

»Scheiße!«, hörte er den *Basken* von drinnen fluchen und grinste. Er sah auf die Uhr seines Handys und stieg den Niedergang langsam wieder hoch. An der frischen Luft drehte er eine Runde, immer an der Reling entlang, und blieb am Heck stehen. Die Klappe war hochgefahren, so dass die Luke geschlossen war, durch die auf See die Wale mit einer Winde hochgezogen wurden. Tommy hatte alle Arbeitsschritte im Kopf, er wusste, was zu tun war, theoretisch wusste er alles, aber praktisch? Würde er die erste Fahrt bestehen? Überstehen? Oder würde er versagen und den Männern hier nur eine Last sein? Sicherlich, er hatte wenig Muskeln, aber er war ja auch erst achtzehn Jahre alt! Was wollten die denn von ihm? Tommy schüttelte den Kopf und zog das Handy aus der Hosentasche.

Er suchte auf dem ganzen Schiff, aber nirgends hatte er Empfang. Tommy steckte das Telefon wieder weg, er hätte ja sowieso nur seinen Vater anrufen können. Die Freunde wussten ja noch gar nicht, dass er weg war. Er hatte sich nicht getraut, es ihnen zu sagen. Lieber wollte er nach den beiden Monaten wieder in den Club kommen und lässig sein Handy mit den gespeicherten Fotos herumreichen. Sarah wollte er die Bilder zuletzt zeigen. Damit sie mit ihm mitkommen konnte, wenn er sie lässig und kühl fragte, ob sie ein paar Geschichten hören wolle. Von der harten und schönen See. So habe sein Vater seine Mutter herumbekommen. Und was einmal klappe, das klappe auch zweimal. Tommy freute sich jetzt schon auf die Rückkehr und dachte an sein neues Zimmer.

Was wusste er über die Harpuniere? Sie seien die heimlichen Chefs an Bord eines Walfängers. Während des Fangs werde allein der Harpunier das Sagen haben. Der Kapitän werde sich ihm beim Fang unterordnen, die nautischen Gegebenheiten werden sich seinem Willen zu beugen haben. Nichts werde es geben, was sich ihm entgegenstellen könne. Auf der Jagd nach dem Blubber und den Barten, nach dem Fleisch und den Knochen, würden allein die Fähigkeiten des Harpuniers über Erfolg und Misserfolg entscheiden. Seine Vorahnungen, seine Erfahrungen, seine Vorausdeutungen, seine Erinnerungen, das alles werde das Jetzt dominieren. Die reine Gegenwart. Die Mannschaft werde ihm gehorchen. Er werde während des Fangs die ganze Verantwortung tragen. Seine Abschüsse würden über Sieg und Niederlage entscheiden. Jeder Mann werde kommentarlos unter Einsatz all seiner Kräfte dem Wissen des Harpuniers dienen, und genau das werde auch er tun, meinte der Junge, genau das werde auch Rahr tun, Tommy Rahr, Auszubildender im dritten Lehrjahr. Tommy grinste und spuckte abfällig ins Hafenbecken. Er war als erster seiner Lehrlingsklasse volljährig geworden. Während die anderen ein Praktikum an Land machen mussten, konnte er schon zur See fahren. Erneut spuckte er ins Wasser. Es habe also auch Vorteile, einmal sitzengeblieben zu sein, der Letzte könne doch der Erste sein, begriff Tommy, ehe er wieder an seinen neuen Zimmernachbarn denken musste.

Was der *Baske* ein guter oder ein schlechter Harpunier? Sicherlich, die Basken hatten einst den Walfang erfunden. Über Jahrhunderte hatten sie den Walfang dominiert, weil nur sie auf den Walfängern die Harpuniere stellten; auf den eigenen, auf den englischen und auf den holländischen Schiffen. Sicherlich, das Volk der kleinwüchsigen Basken kannte das Volk der Wale wie kein anderes, aber hatten sie mit diesem Mann einen guten Fang gemacht? Das war doch die Frage aller Fragen. Würde er die Quote schnell erfüllen können? Würden sie sogar ein paar Tage vor der Frist nach Hause kommen? Würde er auch mal den einen oder anderen geschützten Wal harpunieren? Oder war er ein Angsthase, der vor den Aufpassern der IWC zitterte? Pflegte dieser Baske seine Bugkanone? Fragen über Fragen, doch die einzige Antwort, die Tommy kannte, behagte ihm gar nicht: Das Bergvolk der Basken pflegte keine Freundschaften mit anderen Völkern. Wie sollte er den Mann da nur auf seine Seite ziehen? Einzelgänger, alles Einzelgänger, das war im Fach Sozialkunde eine Tatsache gewesen. Und hier?

Tommy schlug aufs Schanzkleid und dachte: ›Am besten vergessen. An Land soll man die See vergessen, auf See soll man das Land vergessen!‹

Er sah wieder auf die Handyuhr und ging zurück zum Deck, das er nun zu entern gedachte. Diesmal klopfte er nicht an, sondern trat einfach ein und fragte sofort: »Na, besser jetzt?«

Der *Baske* lag noch immer auf seiner Koje. Tommy setzte sich an den Tisch und sah zum kleinen Bullauge, das sich links von den Kojen und rechts von den Spinden an der Stirnseite des Decks befand.

»Ist das verschmiert!«, sagte Tommy: »Das werde ich erstmal putzen.«

»Was?«, kam es sehr leise aus der Koje: »Junge, tu mir den Gefallen und hol mir aus der Kombüse einen Liter kalte Cola!«

»Aber ich bin nicht dein Laufbursche.«

»Nein, bist du nicht. Ich hatte gestern nur Geburtstag.«

»Dann ist ja gut«, sagte Tommy: »Also bist du kein regelmäßiger Trinker.«

»Ganz bestimmt nicht. Geh, bitte.«

Tommy nickte, stand auf und befand sich wenig später vor der Durchreiche zur Kombüse: »Chefkoch, der Harpunier braucht einen Liter kalte Cola.«

»Das glaub ich gern.«

»Hast du was da?«

»Klar, ich hab alles. Dafür bin ich hier berühmt. Ich habe alles und kann alles auftreiben.«

»Wenn du alles hast, dann brauchst du doch nichts auftreiben.«

»Oh, ein ganz Schlauer, was? Solche Schlaumeier brauchen wir hier an Bord aber nicht.«

»Entschuldigung!«, sagte Tommy sofort: »Das ist mir nur so herausgerutscht.«

»Na, macht nichts, hier, die Cola, und bestell dem *Basken*, er soll sich nicht wie ein Mädchen anstellen.«

»Mach ich«, sagte Tommy und verschwand wieder aus der Messe. Als er ins Deck kam, saß der Harpunier auf der Kojenkante und grinste ihn an. Die fettigen Haare standen ihm zu Berge, der Vollbart war zerzaust, und deutlich sah Tommy, wie ihm die Haut brannte. Er gab dem Mann die Cola, die der *Baske* direkt aus der Karaffe trank.

Er rülpste, ehe er fragte, was Tommy wischen wolle.

»Die Scheibe von dem Bullauge da, das ist ja eine Dreck-schicht wie bei einem U-Boot.«

»Was weißt du schon über U-Boote? Egal, viel Glück beim Wischen! Bin gespannt, wie du das anstellen willst.«

»Wieso?«

»Das Scheißding bekomme nicht einmal ich auf, und ich bekomme so ziemlich alles auf.«

»Mir wird schon was einfallen«, sagte Tommy und mus-terte das Bullauge erneut. Sicherlich, die Feststellschrau-ben sahen ziemlich verrostet aus, das Dichtungsgummi kam an der Seite heraus und war schimmlig, aber da musste es doch eine Möglichkeit geben. Tommy meinte im Stillen, der Harpunier habe es nur nicht richtig probiert. Sonst hätte er es ja geschafft!

»Nun räum deinen Seesack aus, ich mach gleich deine Koje frei. Du schläfst oben, keine Widerrede.«

Tommy nickte und öffnete den rechten Spind, weil an ihm kein Schloss hing. Das Schloss am anderen Metall-schrank war zwar offen, aber er wollte kein Risiko einge-hen. Bestimmt war das offene Schloss eine Besitzanzeige. Er wusste, an Bord sei ein Zeichen immer ein Anzeichen. Nicht alles werde auf einem Schiff abgegrenzt, aber alle Zeichen seien Abgrenzungen und somit einzuhalten.

»Nicht viel Platz«, sagte er und stapelte seine Sachen in den schmalen Schrank.

»Deine Wertsachen kommen da in den Tresor«, sagte der *Baske* leise: »Und rede bitte nicht so viel.«

Tommy sah zwei Metallfächer über der Schreibtischplat-te, die sich zwischen den Spinden befand. Das obere Fach war verschlossen, das untere offen. Die Fächer waren so breit wie Schulhefter und so hoch wie sein Lieblingsbuch, das erste deutsche Hochseeepos. Tommy nickte zufrieden, reichte dieser Platz doch für seine Tagebücher.

Nachdem er den Spind vollgepackt hatte, nahm er die

drei Notizbücher und schob sie in seinen Tresor. Obenauf legte er die Geldbörse, den Pass und die Bescheinigungen.

»Und wie gehen die zu? Gar keine Ösen für ein Sicherheitsschloss da«, sagte Tommy.

»Zahlenschloss.«

»Und die Zahlen?«

»Innenseite.«

»Na, das nenne ich ja mal sicher. Da hat bestimmt noch keiner nachgeschaut, was?«

»An Bord gibt's keine Diebe. Ist nur wegen Überfällen oder Wassereinbruch oder Feuer. – Willst du hier etwa jemandem unterstellen, er würde klauen?«, fragte der *Baske* und war schon halb aufgestanden. Die Fäuste des Mannes waren geballt, und Tommy schüttelte schnell den Kopf: »Natürlich nicht, das war bloß ein blöder Scherz!«

»Das meine ich auch!«

Der *Baske* setzte sich wieder, und Tommy untersuchte die Innenseite der Tresortür. Ganz unten standen vier Zahlen. Es waren vier Einsen, Tommy grinste: »Na, wenigstens leicht zu merken. Hast du auch vier Einsen?«

Der *Baske* nickte, hielt aber mitten in der Bewegung inne, drückte mit den Daumen gegen die Schläfen und stöhnte.

Er sagte: »Erste Regel: An Bord ist ein Mann einem anderen Mann niemals Rechenschaft schuldig. Zweite Regel: Das Privatleben eines Mannes geht einen anderen Mann überhaupt nichts an. Dritte Regel: Erklärungen sind an Bord schädlich fürs Klima. Sie ziehen immer andere Erklärungen nach sich, und am Ende kommt niemand mehr dazu, seinen Job ordentlich zu machen. Vierte Regel: Den Job ordentlich zu machen, das ist das absolut Wichtigste an Bord! Fünfte Regel: Nur wenn jeder seinen Job gut und zuverlässig macht, können alle überleben. Sechste Regel: Niemand wird nach seinem Innenleben befragt. Siebente Regel: Jede freie Minute wird fürs Schlafen verwendet.

Zwanzig Minuten Schlaf sind mehr wert als siebenundsiebzig Jungfrauen.«

»Okay, ich schreibe es mir nachher noch einmal auf, nur zur Sicherheit.«

»Meinetwegen«, sagte der Harpunier, plötzlich stolz, dass es da einen gab, der sich seine Worte notieren wollte: »Vergiss nicht, hier liegst du zur Probe. Das hier ist ein Knast. Ein Schiff ist ein Gefängnis ohne Besuchsrecht.«

»Verstanden.«

»Genauso wird hier geantwortet!«

»Danke sehr«, sagte Tommy: »Jetzt kenne ich schon mal die ersten sieben Regeln und weiß schon mal Bescheid. – Aber wenn wir im Hafen sind, dann muss man doch nicht jede freie Minute pennen, oder? Gilt doch nur auf See?«

»Das gilt alles nur für die Seezeit. Wenn du an Land Freiwache hast, kannst du machen, was du willst. Hauptsache, du weißt, wann deine Schiffswache anfängt. – So, die Cola hilft! Meinem Kopf geht's besser, das kann ich dir sagen.«

»Okay, könntest du denn jetzt meine Koje freimachen? Das wäre cool, dann könnte ich da oben ein bisschen schreiben.«

»Was willst du?«, fragte der *Baske* misstrauisch und erhob sich. Er räumte seine Sachen langsam von der oberen Koje ab, während Tommy ihm erklärte, der erste Erzähler sei ein Fischer gewesen, sein Name sei verlorengegangen, aber nicht seine Schrift. Sein Werk! Es sei zu Beginn des zweiten Jahrtausends vor Christus entstanden. Jahrtausends! Es sei eine mehrfach verschachtelte Erzählung, in der von einem Seefahrer die Rede sei, der sich als einziger einer schiffbrüchigen Mannschaft von hundertzwanzig Leuten auf eine Insel habe retten können. Die *Insel des ka*: »Weißt du, die Fischer haben nämlich das Erzählen erfunden. Stell dir vor, du fährst mit deiner Nussschale aufs offene Meer hinaus. Es ist Winter, es stürmt. Du bleibst vier Tage auf dem Wasser, du hast aber nichts gesehen, du hast gar nichts gefangen. So kommst du nach Hause, hungrig, durstig und mit leeren Händen. Du siehst die ausgehungerten Gesichter deiner Frau und deiner Kinder, da ist doch guter Rat teuer, oder? Alle sind ausgemergelt, Augenringe groß und schwarz wie Autoreifen. Die See hat dir nicht einen Fisch gegeben, also erzählst du von Fischen! Groß wie Häuser, schwimmende Fleischberge, du erzählst so gut von leckeren Fischen und von liebenswerten Nixen, dass der Hunger aus den Augen deiner Familie verschwindet. Das ist nämlich die zweite gute Eigenschaft eines Fischers: Er muss gut erzählen können. Er darf nie mit leeren Händen ankommen, und wenn es auch nur ein paar neue Geschichten vom Meer sind. Nixen haben dich beschenkt. Versunkene Städte hast du gesehen. Fliegende Holländer sind dir begegnet. Sprechende Fische. All diese Geschichten sind zwar schön, aber sie enden immer traurig oder gruselig. Sie alle handeln vom Sterben, denn das Handwerk des Fischers ist das Töten. Doch wenn die Zuhörer die Geschichten vom Sterben hören, dann erinnern sie sich daran, dass sie leben. Und das freut sie! Das gibt ihnen wieder Mut, Lebensmut, obwohl sie hungern. Ja, so fing das damals an. Du fügst beim Erzählen ein, dass ein Sturm dir all die schönen Fische, die du schon gefangen hattest, wieder geraubt hat. Aber das nächste Mal, sagst du, wirst du der Sieger sein! Dann wirst du den Sturm und die See besiegen. Mit deinem kleinen Boot wirst du das nächste Mal einen riesigen Fisch nach Hause bringen, der so groß sein wird, dass er nicht aufs Boot passt, so gewaltig, dass du ihn hinter dem Kahn herziehen musst. Doch diesmal bist du einfach froh, überlebt zu haben. Und am Ende ist deine Familie auch froh, dass du überlebt hast, dass du noch einmal mit dem Schrecken davongekommen bist. Ja, und so hast du deine

Familie satt erzählt. Darum muss ein Fischer auch immer ein guter Erzähler sein«, schloss Tommy und merkte jetzt erst, dass der Harpunier sich an den Tisch gesetzt und ihm mit großen Augen zugehört hatte.

»Da könnte etwas dran sein«, sagte der *Baske* nachdenklich: »Ich kann mich an viele Geschichten erinnern, die meine Großeltern und Eltern erzählt haben. Alle waren sie Fischer, und Hunger kenne ich auch. Kenne ich zur Genüge.«

Tommy nickte stolz und fügte an, es könne ja sein, dass die Hirten die Gedichte erfunden haben, mit ihren Flöten und ihrer Langeweile beim Hüten, aber die Fischer haben das Erzählen aus purer Not heraus erfunden: »Mit nichts hat ein Fischer oft seine halbverhungerte Familie ernährt, weil er sie in den Schlaf erzählt hat. Ein Schlafender hat keinen Hunger. Ein Schlafender träumt von riesigen Fischen, und so ein Traum macht auch satt. Man erzählt immer aus einer Not heraus.«

Wieder dachte der *Baske* eine ganze Weile nach, ehe er sagte: »Und lesen tut man diese Geschichten auch aus einer Not heraus. Man liest, weil man weg will, weil man etwas Anderes will, weil man eine andere Umgebung will, weil man andere Menschen um sich haben will, oder weil man hören will, wie schlecht es anderen geht, damit man weiß, für einen selbst gibt es noch Hoffnung, auch in der allergrößten Not.«

»Schiffbrüchige, die sich gefunden haben?«, fragte Tommy überrascht: »Der Erzähler und sein Leser? Das Rettungsfloß heißt Sehnsucht?«

Der *Baske* nickte und meinte, vielleicht sei Tommy ja gar kein Blödmann: »Vielleicht!«

Der Junge biss sich auf die Unterlippe und kletterte auf seine Koje. Er schaltete das kleine Licht über seinem Kopf ein und schlug eines der drei Notizbücher auf, die alle

noch leer waren. Während er sich die Regeln notierte, erhob sich der *Baske* und verließ leise das Deck.

Die *Rimbaud* lag im Nordwesten von Spitzbergen, und
während die Mannschaft auf die Ankunft der Sicherheitsleute wartete, vertrieben sich die Männer die Zeit mit dem
Aufklaren und Erneuern des Fanggeschirrs. Das Oberdeck
wurde geschrubbt, Roststellen an der Außenhaut wurden
übertüncht, und Tommy lernte nach und nach alle zwanzig Walfänger kennen.

Sie wussten, er sei der neue Mitbewohner des Harpuniers und der *Baske* habe sich noch immer nicht negativ
über den Jungen geäußert. Also sei der Azubi in Ordnung.
Sie nickten ihm zu und erklärten ihm bereitwillig alles,
was er wissen wollte.

Zuerst waren sie darüber ja erstaunt gewesen. Der Junge fragte und fragte, aber dann war ihnen klar geworden,
es sei gut, wenn der Bootsjunge früh genug über alles informiert sei. Hatten sie in ihren Anfangszeiten doch alles
selbst herausbekommen müssen, so stellten sie nun überrascht fest, wie einfach alles werde, wenn man frage. Was
hatten sie nicht alles durch Fehler anstatt durch Fragen
lernen müssen! Die Männer wurden beim Antworten immer aufgeschlossener, begriffen sie doch, wisse der Bootsjunge so früh wie möglich über alles Bescheid, so könnten
dann beim Fang ein paar Katastrophen verhindert werden.

Sie waren geduldig mit Tommy, auch wenn sie ihn seiner
Körperschwäche wegen nicht recht ernstnehmen konnten.
Was sollten sie mit ihm nur auf See anfangen? Was konnte
der denn groß tragen, ziehen oder drücken?

Die Männer behielten ihre Skepsis, doch Tommy bemerkte sie nicht. Unbekümmert ließ er sich mehr und
mehr vom Bordleben erklären und übertrug das neue Wis-

sen sorgsam in seine Notizbücher. Das blaue war für die allgemeinen Verhaltensregeln, das rote für den Walfang und das braune für die Verarbeitung der Tiere gedacht.

An diesem Teil der Küste gab es keine menschlichen Siedlungen, hin und wieder durchschoss ein Knall die Stille. Tommy beteiligte sich nicht an der Jagd nach Eisbären. Abends sah er die Männer der Freiwache mit Eisbärenfellen an Bord kommen, aber er fragte nicht groß nach ihren Jagden. Es war ja mehr als ein Zeitvertreib. Diese Felle brachten gutes Geld, brachten eine zusätzliche Prämie. Aber sie brachten auch zusätzliche Wärme. Tommy hatte zwei Felle geschenkt bekommen, eines für die Koje und eines für die Arbeit an Oberdeck.

Diese weißgrauen Felle speicherten die Körperwärme und wiesen gleichzeitig das Wasser ab. Unter Deck trockneten sie schnell. Tommys kleiner Kopf fügte sich gut in den Oberkiefer des Bärenschädels ein. Der Unterkiefer war abgerissen worden, um im Nacken eine optimale Schutzschicht zu erhalten, und um die Hüfte hielt ein Gürtel das Fell, der aus dem Bärendarm gefertigt worden war. Tommy hatte das Ganze schon einmal anprobiert, aber ob er diese eigenartige Kleidung irgendwann tatsächlich mal benutzen würde, das wusste der Junge noch nicht. Vielleicht, wenn die Männer es auch trugen? Vielleicht war es ja witzig, wenn sie alle als Eisbären durchs Schiff liefen? Er grinste und stellte einen Fuß auf die untere Stange der Reling, während er weiter zum Land sah.

Er hatte sich für das Geschenk bedankt, denn einem geschenkten Gaul schaue man nun mal nicht ins Maul, wusste er. Gerade war er von einem kurzen Spaziergang zurückgekommen, begann es doch bereits zu dämmern. Aus der Kantine hatte er sich einen Becher Tee geholt und wartete auf die Rückkehr der Männer, die auch keine Bordwache hatten.

Fast zwei Wochen waren schon vergangen, und ihm kam es so vor, als würde er nun alles Wichtige wissen. Sehnsüchtig erwartete er das Auslaufen des Schiffes. Seine erste große Fahrt, wann endlich begann sie?

Er schlürfte von seinem Tee und sah zum majestätischen Panorama der norwegischen Inselwelt. Schroffe und spitze Felsen und Berge lagen wie eine weiße Diamantenkette vor ihm. Eine Kette für eine Riesin allerdings, Tommy lächelte. Unbearbeitete, blinde und kalte Diamanten. Er umfasste mit beiden Händen den Metallbecher, als der *Baske* sich an seine Seite stellte.

Schweigend blickten sie eine Weile hinüber, sahen dem Wind zu, der den Schnee erst nach backbord wehte und dann nach steuerbord. Dann ließ er ihn kreisen und wirbeln, doch niemals ließ er ihn auf der vereisten Oberfläche des Landes ruhen.

»Irgendwo hier«, sagte der *Baske*, »irgendwo hier hat sich die legendäre Stadt der Walfänger befunden. *Blubberstadt.*«

»*Blubberstadt*? Verarsch mich nicht. Ich glaube ja vieles, aber alles glaube ich auch nicht.«

»Doch, *Blubberstadt* hat es gegeben, eigentlich Smeerenburg. Über Jahrzehnte hinweg. Auf der kleinen Insel Amsterdam Eiland, die Spitzbergen nordwestlich vorgelagert ist. Die Holländer haben sie gebaut.«

»Wirklich? In dieser Einöde? In dieser Kälte? Hier haben Menschen gewohnt?«

»Ja, Männer. Das mit dem Walfang fing damals gerade so richtig an. Korsette für die Damenwelt, Lampenöl für die Straßenbeleuchtung, das weißt du ja alles. Die Stadt war von der Außenwelt versteckt worden. Sogar in vielen Teilen Europas gab es *Blubberstadt* nur als Gerücht. Man glaubte damals an ihre Existenz genauso wenig wie du heute. Aber es stimmt!«

»Wirklich?«

»Sechzehnhundertneunzehn wurden hier irgendwo Transiedereien, Lagerschuppen, Unterkünfte und Böttchereien gebaut. Und eine Kirche. Und ein Fort. Drei Jahre später waren hier schon über tausend Männer. Wegen des Wals. Es gab Bordelle und sogar eine Pelzschneiderei. Wegen der Eisbären.«

»Wegen der Eisbären, alles klar.«

»War einer der Wale ausgemacht, die sich hier in den Sommermonaten zu Tausenden paarten oder die hier einfach kalbten, ließ man von den Walfangmutterschiffen Schaluppen zu Wasser, verfolgte das Tier, schleuderte eine Harpune, die das Tier fixierte, und trieb, sobald es erschöpft war, so lange Lanzen hinein, bis es endlich tot war. Ziemlich bestialisch damals. Heute geht das ja fast automatisch und fast reibungslos. Der Wal kriegt heute gar nicht so richtig mit, dass er getötet wird«, sagte der Harpunier und sah den Bootsjungen aufmerksam an.

Tommy nickte und trank schweigend den Tee.

»Bis zu achtzehntausend Männer hatten hier schließlich gearbeitet, und für alle war genug Wal da. Über dreihundert Mutterschiffe. Und heute? Nichts übrig geblieben, rein gar nichts! Stell dir alleine die Skelettberge vor, wenn man die Knochen nicht auch verarbeitet hätte.«

»Aber warum hat das aufgehört? Die Wale kommen doch immer noch.«

»Nein, sie kommen wieder, sie waren eine Zeit weggeblieben. Gerettet hat sie die Klimaveränderung. Sechzehnhundertfünfunddreißig setzte hier eine Wärmeperiode ein, die erst acht Jahre später wieder abklang. Die Wärme trieb die Wale weiter nach Norden, und das war das Aus für *Blubberstadt. Blubberstadt* versank im Meer.«

»Aber die Jäger folgten den Walen«, sagte Tommy.

Der *Baske* lächelte und nickte: »Ja, sie folgten den Walen, aber mit dem bequemen Leben an Land war es vorbei. Sie mussten wieder ganzjährig zur See fahren und den Wal auf dem offenen Meer stellen. Da half nichts.«

»Also kommen die Wale seit Millionen von Jahren hierher, um sich zu paaren oder um zu kalben«, sagte Tommy: »Sie wurden Jahrhunderte lang im seichten Wasser harpuniert und erlegt, aber sie verschwanden nicht. Sie suchten sich keinen neuen Flecken, erst als die Wärme kam, aber als die Wärme wieder weg war, kamen sie wieder zurück, um sich erneut töten zu lassen.«

»So ist der Wal. Er weiß, dass wir Menschen ihn brauchen«, meinte der *Baske*.

»Als es *Blubberstadt* gab, da haben Hunderte von Fangschiffen Millionen von Walen abgeschlachtet. Ein Wahnsinn!«

»Die Buchten waren rot vom Walblut. Die Fleischberge wurden mit Winden an Land gezogen, um lediglich die Barten und den Blubber zu nutzen. Das ganze viele Fleisch haben sie allzu oft vergammeln lassen. Kannst du dir diesen Gestank vorstellen? Stinkende Fleischberge, die fast bis zum Himmel reichten? Davon träumen die Eisbären heute noch!«

»Glaub ich gern.«

»Und da die Winden nicht in entgegensetzter Richtung funktionierten, konnte das faulende Fleisch auch nicht zurück ins Wasser gebracht werden.«

»Hätte man doch erfinden und bauen können.«

»Ja, wenn man gewollt hätte, dann bestimmt«, sagte der *Baske* nachdenklich. »Aber, kennst ja die Menschen!«

Zwar nickte Tommy, doch so genau kannte er die Menschen nun auch wieder nicht. Er schwieg und richtete sich auf, weil er die ganze Zeit mit den Unterarmen auf der Reling gelehnt hatte.

»Vielleicht sind diese spitzen Berge ja gar nicht aus Stein

und Eis? Vielleicht sind sie aus Knochen? Vielleicht sind unter der Eisschicht da die ganzen Knochen«, sagte Tommy und sah zu Spitzbergen hinüber. »Vielleicht wurde das Walbein nicht ganz verarbeitet. So viele Korsette wurden doch damals bestimmt auch nicht gebraucht.«

»Wer weiß«, sagte der *Baske* und ging schweigend unter Deck, während Tommy übers Oberdeck schlenderte und sich unter den Niedergang zur Nock hockte, wo er von niemandem gesehen werden konnte. Er wollte ein wenig für sich sein, doch das war ja an Bord nicht so einfach. Lange hatte er suchen müssen, um einen Platz auf dem Schiff zu finden, an dem er allein sein konnte. Intimsphäre, so etwas gebe es an Bord nicht, hatte ihn der Vater einst gewarnt, und nun verstand Tommy, wie anstrengend es werden könne, wenn man keine Rückzugsgelegenheiten habe.

Er sehnte sich ein wenig nach seinem alten Zimmer. Und nach der schweigsamen, vertrauenden Art seines Vaters. Was würde sein Vater meinen? Würde er dem *Basken* vertrauen? Konnte Tommy dem Mann glauben, dass es dieses *Blubberstadt* wirklich gegeben hatte, oder war das nur Seemannsgarn? Ein Garn, das die Langeweile der Abenddämmerung vertreiben sollte?

Tommy zückte das Handy und versuchte es im Internet bei Wikipedia, doch leider erfolglos. Mal wieder kein Empfang! Tommy hatte schon herausgefunden, dass es hier unregelmäßig Empfang gab, meistens für eine oder zwei Stunden. Der Funker hatte ihm erklärt, dies würde mit dem Wind zusammenhängen. Wenn der Wind dunkle Wolken auf eine bestimmte Art und Weise auftürmen würde, dann würden sie die Strahlen vom fernen Funkturm leiten, aber später hatte Tommy herausgefunden, dass dies gelogen war.

Er hatte immer dann Handyempfang, wenn der Funker sich in seiner Bude einen Porno herunterlud. Tommy grinste, so dumm war er nun auch wieder nicht. Das war ja leicht zu durchschauen gewesen, aber das mit der Stadt der Walfänger, das klang doch viel zu echt. Tommy beschloss, es zu glauben.

Plötzlich war es völlig dunkel geworden. Die ganze Zeit hatte der nordische Vollmond gestrahlt, die Sterne, die hier so dicht zu sein schienen, hatten die Nacht aufgehellt, aber von einem Moment zum anderen war es stockfinster geworden. Fast sah Tommy die Hände vor Augen nicht.

Eine dicke Wolkenwand hatte sich vor den Nachthimmel geschoben, und es dauerte Minuten, ehe sich die zwei Laternen der Pier einschalteten. Aber sie gaben nur wenig Licht, es reichte kaum bis zum Walfänger. Von der Brücke aus schimmerten das grüne und das graue Licht der Armaturen, aber auch da waren ja die meisten Lampen ausgeschaltet. Selbst die Positionslichter waren aus, befand sich das Schiff doch im Hafen. Entspannt lehnte der Bootsjunge sich zurück und schloss die Augen. Nun war er Seemann!

Nicht so ein einfacher Frachtarbeiter wie sein Vater. Tommy Rahr war Hochseefischer. Er war Walfänger. Sein Gesicht verzog sich zu einem Lächeln, wusste er doch, dass er überhaupt einer der letzten Walfänger war. Immer weniger Hochseefischer wurden ausgebildet, und Walfänger gleich gar nicht. Er war einer von fünf in der ganzen Europäischen Union!

›Einer von fünf‹, dachte er: ›Tommy, du bist der letzte deutsche Walfänger!‹

Er öffnete die Augen und sah gelassen den Regentropfen zu, die von den Metallstufen des Niedergangs tropften, und dachte: ›Du wirst eines Tages als letzter deines Volkes einen Wal jagen und erlegen, wer weiß, vielleicht wirst du überhaupt mal der letzte Harpunier sein? Die anderen sind ja alt, viel älter als du! Die gehen ja alle bald in Rente. Tommy Rahr, du wirst der letzte Mann sein, der Geschichten vom Walfang erzählen kann, merke dir also alles, was du hörst und siehst. Was du erlebst, das musst du alles notieren, und wenn es dieses *Blubberstadt* wirklich gegeben hat, dann wirst du einst von einem alten Harpunier erzählen, der dir an der Reling eines Schiffes wie diesem hier von der sagenhaften Hauptstadt der Walfänger berichtete.‹

Tommy sah den alten *Schmelzer* auftauchen und sich an der Gangway postieren, um Wache zu halten. Er rührte sich nicht, sah einfach zu, wie der alte Fischer in seiner regenfesten Kleidung die Backbordseite hoch und runtermarschierte. Immer wieder und mit dicken Gummisohlen unter den Arbeitsstiefeln, damit er die Männer, die unter Deck schlafen wollten, nicht störte. War das nicht das Große dieser männlichen Welt? Vertrauen? Zuverlässigkeit? Sich zurücknehmen, sich einfach nicht so in den Vordergrund spielen, sich einfach einfügen und den angewiesenen Platz so gut wie möglich ausfüllen? Jedenfalls habe sein Sozialkundelehrer das so erklärt, erinnerte der Junge sich. Das Leben an Bord sei ein anderes als das an Land, das müsse der Lehrling verinnerlichen. Er müsse danach handeln. Es sei lebenswichtig, überlebenswichtig für die Kameraden und Kollegen an Bord, nicht so sehr für einen selbst. Tommy meinte, es durchaus verstanden zu haben; jetzt. In diesem Augenblick, da er den alten Fischer übers Oberdeck schleichen sah, um den Kameraden ja nicht den Schlaf zu rauben, damit sie während der Arbeit nicht so schnell müde wurden und keine Fehler machten, die ihnen allen das Leben kosten könnten. So fing sie an, die Rücksichtnahme aus Eigennutz. Tommy biss sich auf die Unterlippe und sah zum alten *Schmelzer*.

Der setzte sich nicht einfach ans Heck, der legte die Beine nicht einfach hoch und behielt die Pier mit einem Auge im Blick. Der alte Fischer bewachte das Leben seiner

Kollegen, auch wenn keine Gefahr im Verzug war. Tommy überkam eine Gänsehaut. Zeigte das nicht seine Größe? Wenn er Dinge tat, nützliche Dinge, ohne einen Zuschauer zu haben? Oder wusste der Mann, dass er hier hockte und ihn beobachtete? Wie sollte er überhaupt wieder aus dieser Lage herauskommen? Würde der Alte ihn nicht missbilligend anstarren und wütend fragen, ob er ihn etwa überwacht habe? Das wäre der größte Vertrauensbruch, wurde es Tommy auf einmal klar. Er durfte keine Bewegung tun. Er musste unbeweglich aufs Ende der Wache warten und sich dann wegschleichen. Dummerweise kribbelte es ihm in den Zehen. Die Füße begannen einzuschlafen. Auch gut! Solle nur alles einschlafen an ihm, sein Hirn würde er schon wach halten, damit es aufpasse, dass der Körper keine Bewegungen mache, keine unbeherrschten.

›Hoffentlich geht dem Funker jetzt nur nicht durch den Kopf, einen Porno herunterladen zu wollen, und hoffentlich geht meinem Vater dann nicht auch noch durch den Kopf, mich anrufen zu wollen‹, dachte Tommy. An sein Handy kam er nicht heran. Es lag tief in der Tasche, auf der er saß.

Er döste vor sich hin, als er von fernen Geräuschen aufgeschreckt wurde. Noch konnte er nichts sehen, aber deutlich hörte er ein Auto näher kommen. Es fuhr langsam und hielt schließlich vor der Gangway. Durch die Reling konnte Tommy die Umrisse des Taxis sehen. Vier Leute stiegen aus. Drei hinten, einer vorne. Sie sangen einen Refrain.

Der alte *Schmelzer* war an die Gangway gekommen und rief den Fremden etwas zu, die das Taxi bezahlten und an Bord kamen. Für einen Moment waren die vier verschwunden, dann aber sah Tommy die Gestalten wieder. Sie blieben vor dem Alten stehen, der schließlich nickte und ihnen vorausging. Das war seine Gelegenheit! Die Männer gingen an ihm vorbei, ohne ihn zu bemerken, und jetzt sah er, dass die letzte Gestalt eine weibliche war.

Eine junge Frau. Hübsch. Fast noch ein Mädchen, jedenfalls aber mit mädchenhaftem Gesicht, mehr konnte Tommy so schnell nicht erkennen.

Auch sie trug ihren Seesack auf dem Rücken. Ob das die Leute vom Sicherungskommando waren, auf die sie seit zwei Wochen warteten? Vermutlich ja. Jeden anderen Menschen hätte der Alte doch nicht an Bord gelassen.

Aber eine Frau als Beschützer, was würden da die alten Seefahrer nur sagen? Tommy konnte sich deren Reaktionen jetzt schon gut vorstellen. Er grinste milde und erhob sich, als die fünf im Schiff verschwanden.

Tommy ging ebenfalls ins Innere und öffnete wenig später das Schott seines neuen Zuhauses.

»Wo warst du so lange?«, fragte der *Baske*.

»Gewöhn dich erst gar nicht daran«, sagte Tommy müde.

»Woran?«

»So zu tun, als wärst du mein Vater.«

»Ich? Spinnst du?«

»Dann frag bitte auch nicht alle naselang, wo ich gerade war.«

»Verstehe. Das lässt sich einrichten, Kollege Rahr.«

»Das freut mich. – Übrigens, sie sind da.«

»Dann sollten wir noch eine Mütze voll Schlaf nehmen, oder hast du Wache?«

»Nein.«

»Dann ab auf Koje und Licht aus. Wir müssen vorschlafen.«

»Werden die uns beim Ablegmanöver denn nicht brauchen?«

»Das machen die, die gerade Wache haben.«

Tommy nickte, zog sich bis auf die Unterhose aus und kletterte ins Bett. Während der *Baske* kurz darauf sein Kojenlicht ausschaltete, holte Tommy das blaue Notizbuch unter dem Kopfkissen hervor und machte sich Stichpunkte unter der neuen Überschrift ›Blubberstadt‹.

Er merkte beim Schreiben, wie das Schiff sich in Bewegung setzte. Ein Kreisen und Stoßen, die Motoren ratterten, leise war ein kurzes Hupen zu hören, doch bald setzte das Wiegen der See ein. Der Walfänger marschierte durch die Bucht. Tommy grinste.

Er schob das Buch unters Kopfkissen zurück, löschte das Licht und gab sich dem fordernden Rhythmus des Meeres hin. Es war soweit! Sie stachen in See. Der Bootsjunge zog sich die Zudecke über, spürte er doch den Luftzug der Lüftung, verschränkte die Arme unter dem Kopf und lächelte mit geschlossenen Augen. Was für eine schöne Frau doch an Bord war, allerdings fast noch ein Mädchen.

Er dachte an seinen Kumpel, der über seine erste Freundin, die ein wenig älter war, gesagt hatte: ›Ich mag eben Frauen, die ihr eigenes Geld verdienen.‹

Tommy lächelte und flüsterte: »Und ich erst.«

Doch dann wurde er Teil des Schiffes, das sich seinen Weg durch die Wellenberge bahnte. Das Stampfen verschwand immer mehr in seinem Unterbewusstsein, er schlief im Rhythmus der Fahrt; an diesem Tag stachen sie in See.

Teil 2

Europa sei die größte Halbinsel Asiens, so richtig wurde
Robert Rösch das vor der Ostküste Nordamerikas klar. Er
war an Oberdeck und fluchte wie die anderen Besatzungsmitglieder auch über die Kälte.

Eisschollen polterten unentwegt gegen die Außenhaut
des Schiffes. Rösch klang es wie ein Drohen aus tiefster
Tiefe.

Starke Westwinde wehten vom kanadischen Festland
aus über die Hudsonbay und Labrador. Die Temperaturen
waren in den Minusbereich gesunken, das überkommende
Spritzwasser fror und umschloss die *Saudade* mit einem
dicken Eispanzer. Die Funkantenne war unter der Last
zusammengebrochen, die Gischt gefror bereits in der Luft
und hagelte aufs Deck. Dieses ständige Prasseln verstärkte das Dröhnen der Eisschollen, und Robert Rösch hätte
gerne Christians Meinung gehört, der vor seiner Zeit als
Hochseefischer Dirigent hatte werden wollen. Zwar stand
Opersänger nicht weit von Robert Rösch weg, doch Rösch
hörte ja nicht einmal das eigene Rufen. Er schlug mit einem großen Hammer auf das vierzig Zentimeter dicke Eis,
um den Trawler zu befreien.

Oberhalb der Wasserlinie war das Schiff von einem tonnenschweren Eispanzer umgeben, der den Schwerpunkt
des Trawlers immer mehr verlagerte, so dass ein Kentern
unumgänglich wäre. Doch dagegen kämpften sie wie ein
Mann an. Dick vermummt standen sie auf dem Deck und
an den Aufbauten, sie hängten sich über die Reling und
klopften Eis vom Metall. Das Schiff fuhr mit fünf Knoten,
gerade schnell genug, um nicht im Eisschollenfeld festzu-

frieren. Unter minus zehn Grad zeigten die Thermometer zwar an, aber es gab niemanden an Bord, der ihnen einen Blick gönnte. *Growler*, die Trümmer von Eisbergen, zogen in Größen von Mehrfamilienhäusern vorbei, doch einzig der Steuermann behielt sie im Blick. Die Männer hämmerten, sie kämpften um ihr Leben, und sie fluchten auf alles, was sich nicht bewegte.

Einen Vorteil hatte das Treibeis, in das der Trawler immer weiter hinein fuhr: Es verhinderte das Schaukeln des Schiffes und somit das Überkommen von Spritzwasser, so dass kein weiteres Vereisen mehr stattfand. Doch vorerst mussten die Männer das Eis abklopfen; diesen weißen Todesatem des Atlantiks, mit dem sie in die Tiefe gezogen werden sollten, Robert Rösch spürte ihn. Er fluchte und spuckte verächtlich aus. Er lehnte sich über die Brüstung der Nock, schwang den zwanzig Kilogramm schweren Hammer nach oben, weit über den Kopf, und ließ ihn dann gegen das Metall unter sich knallen. Eine Eisscholle, groß wie ein Gästezimmer, sprang ab und fiel polternd aufs Fangdeck, wo ein Kamerad stand und die Scholle schnell über Bord bugsierte.

Rösch zog den Hammer am Tau, das er ums Handgelenk geknotet hatte, wieder nach oben und setzte den nächsten Schlag, um das Schiff zu befreien. Es war mitten in der Nacht, so dass Rösch auf alles einschlug, was weiß war. Weiß und kalt und tödlich. ›Heute ist kein guter Tag zum Sterben‹, dachte er Mal um Mal: ›Heute nicht!‹

Drei Stunden hielten die Männer schon durch, als sie bemerkten, dass das Schaukeln und Spritzen ganz aufhörte. Endlich! Sie hatten die Eisfelder von Labrador erreicht. Erschöpft hielten sie einen Moment inne, um dann die letzten Schläge zu setzen. Unter sich wussten sie in tausend Metern Tiefe den Rotbarsch, den so begehrten, der das salzreiche und schwere Atlantikwasser bei einer Temperatur um die sechs Grad so liebte. Einige nannten diese Gegenden *Rotbarschwiesen*, die meisten aber nannten sie *Barschberge*, weil dieser Fisch sich in dichten, hügelartigen Schwärmen sammelte, die nur wenige Meter breit waren. Schwer auszumachen waren diese hohen und schmalen Schwärme, und Robert Rösch hatte *uralten Richard* nachdenken gehört, ob der Rotbarsch dieses Verhalten gelernt habe, um nicht gefangen zu werden?

»Das war's, Jungs«, erlöste die Stimme des Kommandanten die Männer: »Aufklaren des Oberdecks und fertig zum Auswerfen der Netze. Verarbeiter, vorbereiten auf die Schicht!«

Die vielen Lautsprecher knackten, und die Männer banden sich die Hämmer von den Handgelenken. Sie hätten sich am liebsten die Wattejacken, die Eisbärenmützen und Robbenhandschuhe vom Leib gerissen, so heißrot und schweißnass waren ihre Häute, aber sie beherrschten sich. Die Besatzung sammelte sich auf dem Vordeck vor der dritten Steuerbordluke, um die Hämmer zu verstauen. Sie sahen sich nicht an, atmeten nur durch den Mund, um den Gestank des Anderen nicht riechen zu müssen, und verschwanden schweigend und mit steifen Gliedmaßen innenbords.

Die *Saudade* war gute einhundertvierzig Meter lang, zwanzig Meter breit und hatte einen Tiefgang von knapp acht Metern. Sie war neunzehnhundertsiebenundsechzig auf der Werft in Wismar gebaut und wenig später als *Junge Garde* in Dienst gestellt worden. Damals war sie das modernste Fang- und Verarbeitungsschiff der Welt gewesen, und seit der Jungfernfahrt befand sich *uralter Richard* an Bord von ›ROS 317‹. Nach der Wende war es an Portugiesen verkauft worden, doch das war dem Alten egal gewesen. Er war geblieben. Ihm doch Jacke wie Hose, in welcher Sprache der Reeder redete! Der alte Mann quälte sich die Stufen des Niedergangs runter, ging den Längsgang entlang und warf wenig später das Schott hinter sich zu. Mit einem Ächzen ließ er sich auf die Koje fallen, ohne sich irgendetwas auszuziehen. Es schaukelte nicht mehr! Das war die Hauptsache. Jetzt mussten sie im Steuerhaus nur noch darauf achten, dass die *Saudade* nicht festfror. Der Alte schloss die Augen und streifte sich langsam die Handschuhe ab. Er knöpfte die Wattejacke auf, zog den Reißverschluss nach unten und wälzte sich aus der Jacke, ehe er sich die Mütze, aus dem Fell eines Eisbären gefertigt, abzog und auf den Boden fallen ließ. Er hörte nicht mehr, wie Robert Rösch und *Opernsänger* ins Deck kamen und nach halbstündigem Duschen in die Kojen kletterten, während der Dritte Offizier mit dem Steuermann auf der Brücke stand und den grünlichen Bildschirm des Sonars nicht aus den Augen ließ. Unzählige Punkte im Umkreis. Die weißen zeigten Unterseeriffe, Korallenbänke und Untiefen an, die blauen andere Trawler sowie Frachter und Tanker, und die kleineren blauen Punkte gehörten zu Barkassen, Fischkuttern und Yachten. Doch nirgends fand sich ein längliches, rotes Gebilde, das die Wärme eines Fischschwarms verriet.

Alle anderen Lichter der Brücke waren ausgeschaltet. Es war so still, dass keiner der beiden Männer es wagte, einen Laut von sich zu geben. Was hätten sie auch sagen sollen? In den letzten sechs Monaten hatten alle Witze schon Dutzende Male die Runde gemacht. Am besten war der des Funkers angekommen. Vielleicht, weil er so kurz war? Vielleicht, weil er so blöd war? Der Dritte Offizier wusste es nicht. Er war knapp über zwanzig Jahre alt und direkt von der Offiziersschule auf die *Saudade* gekommen. Er stammte aus Marokko und war mit zehn Jahren allein nach Frankreich gekommen, wo er in den ersten Jahren als Stricher gearbeitet hatte, doch nun lebte er seinen Traum.

Es hieß, er werde der jüngste Trawlerkapitän aller Zeiten werden, davon hatte er gehört. Und warum auch nicht? Der *Dritte* grinste den grünen Radarbildschirm an und dachte: ›Zwei Kannibalen essen einen Clown. Meint der eine: Der schmeckt aber komisch!‹

Nur zwei Stunden später zogen die Verarbeiter über die langen Unterhosen und Hemden schlaftrunken das rosafarbene Ölzeug, das an Haken über der Ablaufrinne hing. Die *Barschberge* waren in Sicht gekommen und einige befanden sich schon in den Frischwassertanks, um sofort verarbeitet zu werden. Der Große Rotbarsch, der auch Gold-Rotbarsch oder Bergilt genannt wurde, bewohnte den nördlichen Atlantik. Von Schweden und Norwegen über Schottland, Irland, Island und Grönland bis zur Ostküste Kanadas und den USA. Obwohl er einen Meter lang und fünfzehn Kilogramm schwer wurde, hatte *uralter Richard* auch schon Barsche verarbeitet, die zwei Meter lang gewesen waren und dreißig Kilogramm gewogen hatten. Gold-Barsche gebaren lebend und wurden bis zu sechzig Jahre alt. In der Tiefsee wurden sie bei tausend Metern gefangen. Beim Hieven platzte ihnen die Schwimmblase, so dass sie ertranken und deshalb sofort nach dem Fang verarbeitet werden mussten. Ihnen quollen die Augen und Eingeweide heraus, weil sie zu schnell hochgeholt wurden. In der Barentssee kam der Bergilt in riesigen Schwärmen zusammen, um sich zu paaren. Die Weibchen wanderten weiter, bis zu den Lofoten, um dort die Larven abzuwerfen, die fünf bis sieben Millimeter groß waren. Sobald diese Larven stark genug waren, um nicht ständig an der Oberfläche bleiben zu müssen, schwammen sie in der Richtung davon, aus der einst die Mütter gekommen waren. Woher wussten die Kleinen das? Oft hatte sich der alte Mann das schon gefragt. Was steckte hinter diesem Geheimnis? Er wusste es nicht, er wusste nur, dass der Gold-Rotbarsch an den Flossen und Kiemendeckeln verdammte Stacheln mit Giftdrüsen hatte, an denen er sich schon oftmals gestochen hatte. Die Finger quollen dann auf und eiterten, was eine Woche Krankenzimmer brachte. Arbeitsausfall, Aussetzen der Heuer, eine verdammte Sauerei war das! *Uralter Richard* wollte gar nicht wissen, wie viel Geld ihm wegen dieser Stacheln in den letzten sechzig Jahren schon verloren gegangen war. Er wusste, nur ein gesunder Verarbeiter sei ein guter Arbeiter, und wo die Krankheit beginne, das entscheide ein Verarbeiter selbst.

Robert Rösch hatte an alle Fließbänder der Verarbeitungshallen Plastikeimer mit kaltem Wasser gestellt. Sollte eine Kurznasenseefledermaus als Beifang auftauchen, so wanderte sie sofort in einen der Eimer. Doch solange dies nicht geschah, musste Rösch am Fließband mit anpacken. Er zog die dicke Unterhose hoch und stopfte wenig später das Unterhemd unter den Saum.

Die drei Männer mussten sich beim Umziehen in der engen Umkleidekabine von ›Verarbeitungshalle III‹ gegenseitig Platz machen und im Rhythmus der plötzlich von einem Nordwest gepeinigten See die halbwegs ruhigen Momente abwarten. Die Hosen waren mit den Stiefeln verbunden, die Jacken mit den Kapuzen, die soweit zugezogen werden konnten, dass nur noch ein Sichtspalt übrig blieb. *Opernsänger* sah *uralten Richard* an, von dem er wusste, dass er die Kapuze in all den sechzig Jahren, die er schon auf der *Saudade* war, immer zugezogen hatte. Er ersticke lieber im eigenen Schweiß als im Todesgestank des Fisches.

Sie schlossen die Jacken bis zum Hals, zogen die Gürtel fest, behielten die Handschuhe in den Händen und setzten sich auf die Metallbank der Umkleidekabine, um auf das Kommando zum Eintritt in die Fertigungshalle zu warten, womit ihre Schicht begann.

Robert rutschte unruhig auf der schmalen Bank hin und her, wobei er die Stiefel fest auf dem Boden hielt. Er sah Christian an und nickte ihm zu, bevor er das Nicken von Richard erwiderte. Er gehöre zu ihnen, auch wenn er am Fließband nur Aushilfe sei. Er werde das Verarbeitungstempo halten, koste es, was es wolle! Noch einmal nickte er, doch diesmal nur für sich, ehe die Lautsprecher knackten.

»Achtung! Backbordschicht! Schichtwechsel der Verarbeiter in einhundertzwanzig Sekunden!«, schnarrte es in die Kabine. »Fertigmachen zum Eintritt!«

Die Männer hievten sich mit den Händen auf den Oberschenkel hoch, stellten sich breitbeinig in den schmalen Gang und kämpften gegen die Schaukelbewegung des Schiffes an, ehe Richard die Hände auf das Türrad des Schotts legte.

»Schichtwechsel in neunzig Sekunden. Eintritt in zehn. In sieben. In drei. Ab!«

Richard drehte das Rad mit einem kräftigen Ruck nach backbord, zog das doppelwandige Schott auf, trat, gefolgt von Robert, ein, ehe Christian das Schott hinter sich wieder zuzog und es verriegelte.

Während sie zum ›Fließband 6‹ gingen, setzte Richard die Kapuze auf, zurrte sie fest, und alle drei Männer zogen sich die Handschuhe bis zu den Ellenbogen hoch.

Ratterndes Tuckern der Fließbandmotoren.

Schrilles Pfeifen der Kühlaggregate.

Dumpfes Brummen der Belüftungsmaschinen.

Grelles Neonlicht, das von verblechten, blanken Wänden reflektiert wurde. Vervielfältigt von den Ecken und Kanten der unzähligen Metallgegenstände.

Schmierölgestank der holpernden Fließbandräder.

Mief der fettigen Kühlungsmilch der Motoren.

Frischer Blutgeruch der zu Hunderttausenden geköpften, geschlitzten, ausgeweideten und zappelnden Fische.

Kälte, die in dünnen Nebelschwaden in der Halle stand.

Die Männer setzten die knallgelben Ohrenschützer auf, auf deren eiförmige Hälften sie dicke, schwarze Christuskreuze samt Beerdigungshügel gemalt hatten.

Sie kniffen die Augen zusammen, öffneten sie langsam wieder, um sich ans künstliche Licht zu gewöhnen, und spuckten auf die Handschuhe. Auch an den Lärm gewöhnten sie sich, der nur schwach gedämpft wurde, auch an den Kadavergestank gewöhnten sie sich, der ihnen vertraut geworden war, auch an das Schweigen über vierzehn Stunden hinweg gewöhnten sie sich, das ihnen nun bevorstand.

»Achtung! Schichtwechsel in dreißig Sekunden!«, kam es aus den Lautsprechern, die sich überall an Bord befanden, doch Richard schlug seinem Vordermann, den er ablösen sollte, bereits auf die Schulter. Der Italiener ließ sogleich das Schlitzmesser fallen, nickte und verschwand. Richard nahm das kurzschneidige Messer, trat ans Fließband, nahm einen zappelnden kopf- und schwanzlosen Fisch auf, schlitzte ihm den Bauch auf, ließ ihn aufs schwarze, rotierende Fließband fallen und nahm sich den nächsten Fisch vor, um seine Arbeit zu tun.

»Abgelöst: Jetzt!«

Auch Christian und Robert traten ans Band, nahmen den vorbereiteten Fisch, wobei Christian ihm zwei Finger in die geschlitzte Wunde drückte, die Finger krümmte und dem zappelnden Tier mit einem einzigen Ruck sämtliche Innereien herausriss. Er nutzte den Schwung der Bewegung und warf den Abfall über das Band, während er das weiter zuckende Filet aufs Gummi zurückfallen ließ.

Robert, der erste in der Reihe, schnitt dem von der *Guillotine* geköpften und entgräteten Fisch den Schwanz ab, wobei er darauf achten musste, nur lebende Tiere zu nehmen. Die toten Fische sortierte er aus und warf sie zum Abfall.

Während die Fischfilets nach der Verarbeitung sofort tiefgekühlt wurden, fielen die Köpfe und Innereien durch einen Trichter, der sich in der Mitte der Verarbeitungshalle befand, in die ›Vermehlungsstation 7‹, in der sie zu Fischmehl für die landwirtschaftliche Tierproduktion verarbeitet wurden. Immer mehr Fischmehl diente in den Aufzuchtanlagen als Fischfutter, die als treibende Käfige mittlerweile in fast allen Ozeanen zu finden waren. Auch an Land gebe es viele Fischfarmen, die immer wichtiger würden, da der freie Fisch der Ozeane bald restlos abgefischt worden sei, *uralter Richard* wusste es ja, aber glauben wollte er es nicht. Die Zahl der Menschen explodiere, der Fisch aber werde immer weniger. Allzu oft hatte der alte Mann darüber schon am Fließband nachgedacht. Er meinte, er gehöre zur letzten Generation der Hochseefischer. Sei er erst einmal verschwunden, gebe es nur noch Fischwirte an Land, die künstlich Eiweiß produzierten. Des alten Mannes Meer werde bald nur noch aus wuchernden Blaualgen und giftigen Quallen bestehen. Traurig grinste Richard und konzentrierte sich wieder auf die Schnitte, die er im Sekundentakt ausführte, während Robert beim Zerschneiden gerade einen Fuß nach dem anderen hob, spritzte doch automatisch alle zwanzig Minuten Wasser aus den verschiedenen Düsen, die sich in Höhe der Knie an den Wänden befanden, auf den Metallboden, um die Abfälle zum Trichter zu fegen, der die Hallenmitte markierte.

Zwölf Fließbänder gab es in jeder der zwanzig Verarbeitungshallen, an denen jeweils drei Männer ihre Arbeit machten. Am Ende der Bänder waren Container aufgestellt, die die zappelnden Filets zusammen mit Eisstückchen auffingen, die direkt aus einem Hahn oberhalb des Fließbandes kamen. Wegen dieses Eises, das in dünnem Strahl floss, betrug die konstante Raumtemperatur drei

Grad unter null, doch die Verarbeiter hatten sich an die Kälte schon vor langer Zeit gewöhnt. Sie hatten sich Speck angefressen, genau wie die Wale, und nur unter der heißen Dusche nach der Schicht verfielen sie in einen Trancezustand, aus dem sie sich gegenseitig wecken mussten. Im heißen Wasser klapperten ihnen die Zähne, während sie dem *Wärmeweh* nicht Herr wurden.

Christian wurde mitten in seiner Wegwerfbewegung von den Ausläufern eines *Kaventsmannes* so sehr gegen die Laufstange des Fließbandes gedrückt, dass er mit dem Oberkörper nach vorne fiel und sich mit beiden Händen auf dem langsam fahrenden Gummi abstützen musste.

Er zog einen Schwall Rotze durch die Nase, holte ihn in die Mundhöhle und spuckte ihn in hohem Bogen über das Band zum Abfall.

Meistens standen die Männer leicht gebeugt und hievten die anderthalb Meter langen und bis zu fünfzehn Kilogramm schweren Kadaver lediglich mit den Muskeln der Unterarme in die jeweiligen Verarbeitungspositionen. Nur die Entleerer nutzten zusätzlich die Oberarmmuskulatur. Hochseefischer waren fette und kräftige Männer mit schnellen Händen, nur Robert wich von diesen Körpermaßen ab. Noch! Er fragte sich oft, wann er wohl wie seine Kollegen aussehen würde? Wie viel Zeit werde wohl vergehen? Wie viel Fisch werde von seinen Händen zerlegt werden, ehe er sich nicht mehr von den Fischverarbeitern unterscheide? Er sah an Richard vorbei zu Christian und grinste, weil sich *Opernsängers* Lippen schon wieder bewegten. Hören konnte Robert nichts, aber er wusste, *Opernsänger* schmettere schon wieder eine Arie. Er sei gar nicht mehr an Bord des Trawlers.

Christian vertrug sich gut mit dem Lärm. Er nahm ihn als Gesangspartner wahr, doch viel öfter noch als sein persönliches Orchester. Er sang mit dem Lärm, nicht gegen ihn. Er erfand mit ihm zusammen Lieder. Er hörte sich die Lieder des Lärms an und änderte sie nach Lust und Laune. Christian dirigierte sein Orchester wild oder zärtlich, fordernd oder gebend, ermutigend, bisweilen übermütig, und in den ganz großen Momenten gelang ihm alles zusammen. Er geriet schnell in den Rausch des Dirigierens, während er die vier Meter langen Dickdärme, an denen Magen, Galle, Herz und Milz hingen, mit erhabenem Gefühl durch die Halle warf.

Christian baute die Geräusche der Wasserspritzen ein, und manchmal sang und dirigierte er sogar zeitgleich, während er in einem fort die Kadaver leer riss.

Wie jeder professionelle Sänger sah auch er sein Publikum bewusst nicht an. Ihm wurde das grelle Neonlicht zu Bühnenscheinwerfern, in die er konzentriert und selbstbewusst blickte. Er stand im Opernlicht, in dem er immer hatte stehen wollen, und sein schwimmendes Orchester war das größte der Welt. Dafür bewunderte Robert ihn. So konsequent aus dem Alltag verschwinden zu können, das flößte Robert Rösch Respekt ein. Er warf gleich drei Fische hintereinander übers Band und dachte über eine Pause nach. Er müsste nur den Unterarm schräg aufs Fließband legen, so dass der Fisch übers Band fallen würde. Er dürfte sich nur nicht erwischen lassen.

Gleichmäßig schnitt er weiter. Er nutzte den Schwung, um nach dem Schnitt die Schwänze mit den gestreckten Fingern vom Fließband zu schubsen, und nach einem weiteren Moment drückte er auf den schwarzen Knopf der *Guillotine*, um das Verarbeitungstempo zu erhöhen. Er sah zu seinen beiden Kollegen, die gelassen nickten, ohne aufzusehen, und unerwartet hing ihm nach einer Weile die Leiche von *langer Finger* wieder vor den Augen.

Er musste die Lider kurz schließen und heftig gegen ein Würgegefühl ankämpfen, ehe er sich fragte, warum der

Mann nur seinen Stiefel nicht abgestreift habe. So hätte er sich doch aus dem Netz befreien können! Robert Rösch schluckte, spürte die Speckwürfel des Eintopfes hochkommen und hielt mit aller Kraft dagegen. Er gewann, der Speck wanderte wieder in den Magen, Rösch beruhigte sich damit, dass der Tod im kalten Wasser ein sehr milder sein solle. Er hatte gehört, man merke nicht einmal, wie alle Funktionen eingestellt werden, weil das Hirn sich beim Abtauchen in einem schützenden Schockzustand befinde.

›Gefrierschock‹, dachte Rösch und grinste. ›Die Seele zur See, die See zur Seele, so war es, so ist es, so wird es immer sein. – Und was werde ich vollbracht haben? Wenn sie mich holt? Die See? Ich bin doch der große Feigling an Bord, der nichts zu Ende kriegt. Der vielleicht gar nichts zu Ende bekommen will! – Wer weiß, der weiß!‹

Elf Semester hatte er studiert, nur um vor der Prüfungskommission grandios zu versagen, Robert Rösch erinnerte sich an die verstörten Gesichter der Professoren, als er erklärte, er habe sein Thema kurzfristig geändert.

Er werde über das Peter-Pan-Syndrom referieren.

»Herr Rösch, das PPS ist kein wissenschaftlich fundiertes Phänomen.«

Werde es aber. Er selbst habe dementsprechende Ansätze formuliert, die sich auf das Buch des Psychologen Doktor Dan Kiley beziehen, dessen Fundament wiederum die Bücher von George Bach, Jean Baer, Herbert Benson, David Burns, Alex Comfort, Colette Dowling, David Elkind, Albert Ellis, Marc Fasteau, Herbert Fensterheim, Viktor Frankl, Nancy Friday, Erich Fromm, Eugene T. Gendlin, William Glasser, Sam Janus, Sidney Jourard, Sheldon Kopp, Christopher Lasch, Marilyn Machlowitz, Burton Marks, William H. Masters, Peter Mayle, Donald Meichenbaum, John Money, Betsy Morscher, Norman V.

Peale, Debora Phillips, David Reuben, Penelope Russianoff, George Serban und Paul Tillich seien. Dazu komme die eigene Erfahrung als Hochseefischer, als der er während der Semesterferien gearbeitet habe, um das Leben an Bord eines Trawlers erforschen zu können. Das Leben unter Peter-Pan-Männern.

»Herr Rösch, die Kommission muss sich für einige Minuten zur Beratung zurückziehen«, hatte der Vorsitzende geantwortet und ihn gebeten, draußen zu warten. Robert Rösch erinnerte sich an die Gefühle, die ihn auf dem dunklen Flur überkommen hatten. Er war fanatisch gewesen! Wollte er damals scheitern? Wie ein PPM?

Sie hatten ihn gewähren lassen, man sei neugierig, man werde ihm erlauben, jenseits der wissenschaftlichen Strukturen Neuland zu betreten.

»Vielen Dank, meine Herren, ich danke Ihnen sehr. – Den Schlüssel der ewigen Jugend in sich geborgen zu haben, das macht den erwachsenen Peter Pan aus. Dieser Schlüssel heißt: ›Verantwortungslosigkeit‹! – Meine Herren, Peter Pans können der Verantwortungslosigkeit einfach nicht entkommen. Was wie eine kindliche Rebellion begonnen hat, ist beim Erwachsenen zum Lebensstil geworden. Es ist die Unfähigkeit, für sich selbst zu sorgen! Auf den Fischtrawlern gibt es dafür genügend Beweise. Wetterfeste Männer, die im Inneren froh sind, dass für ihre Rente vorgesorgt wird, dass der Reeder – der Kapitän – der *Trawler* schon alle wichtigen Dinge für sie regeln wird, wenn sie im Gegenzug nur hart genug arbeiten und zuverlässig im Kreis der Männer bleiben. Es sind überholte Männer, die sich da auf stählerne Inseln der Verantwortungslosigkeit geflüchtet haben. Niemand ist da, der ihnen sagt: ›Für diesen Unsinn bist du zu alt.‹ – Es sind Peter Pans, denen Sterben als große Nachmittagsbeschäftigung erscheint, die aber vom Verlust des eigenen Schattens außerordentlich beunruhigt sind. Peter Pans sind stets darauf bedacht, sich von niemandem wirklich berühren zu lassen. Die literarische Titelfigur ›Peter Pan‹ wusste nicht, wie sie sich als Sohn verhalten solle. Peter Pan hatte keinen Vater. Wie soll so jemand später wissen, wie sich ein Vater verhält, wie er Verantwortung übernimmt? Peter Pan hatte keine Menschen um sich, denen er vertrauen konnte, an die er sich wenden konnte. Das Verhalten der Mutter schockierte ihn, das Verhalten des Vaters entfremdete ihn, überall in der Welt der Erwachsenen stieß er auf Ablehnung, so dass er sich nur an seinesgleichen wenden konnte, an unreife Jungs, um die ungeheuere Angst vor der Einsamkeit abschütteln zu können, die mit den Jahren verschwindet und nur die Einsamkeit selbst übrig lässt. – ›Es tut mir leid‹, diesen Satz, der in der Welt der Erwachsenen eine der wichtigsten Formeln des Zusammenlebens ist, kann ein Peter Pan nicht aussprechen, ohne sich verlogen und wertlos zu fühlen. Ein Kamerad aus der Legion der verlorenen Jungs sagt im Buch an einer Stelle: ›Da ich ja niemand Wichtiges sein kann, darf ich euch vielleicht ein Kunststück vorführen?‹ Was für eine Lieblosigkeit müssen diese Peter Pans doch erfahren haben, dass sie sich ein ganzes Niemandsland erfanden! Sie haben den Mangel überstanden, den Schlag ausgehalten, den Schock überwunden. Sie haben die Qual der Einsamkeit ertragen und sind eines Morgens im Niemandsland aufgewacht, fern der Erwachsenen, fern der Realität! Sie sind nicht in Panik verfallen. Sie haben Leidensgefährten gefunden, andere Jungs mit ähnlichen Schicksalen, und sie haben das Beste aus der Situation gemacht, meine Herren: Sie sind auf Piratenjagd gegangen! Heute spielen diese Jungs stumm am Computer. Die Legion der verlorenen Jungs, sie haben keine Liebe erfahren und sind unbesiegbar, weil sie aus dem Gefühl der Ablehnung ganz einfach einen Daseinszweck gemacht haben. Den Daseinszweck der Piratenjäger! Heute jagen diese unerwachsenen Männer auf See den Fisch. Sie rauben die See aus, um den Menschen an Land das Eiweiß zu bringen, das diese so dringend benötigen. Die Peter Pans opfern sich in der Gestalt des Hochseefischers für die ganze Menschheit auf! Sie helfen, den Hunger einzudämmen, sie helfen als unbändige Abenteurer mit. Sie opfern sich auf, solange sie in der Gruppe Gleichgesinnter bleiben können. Selbstlos verschenken sie die erbeuteten Reichtümer der See, solange sie nur die härteste Arbeit in der unwirklichsten Umgebung leisten dürfen und nicht eine einzige Entscheidung fällen müssen. Entscheidungen zeugen von Verantwortungsbewusstsein, ein Bewusstsein, das sie nicht haben. – Als Jugendlicher steht der Peter Pan unsichtbar inmitten einer Gruppe von Jungen und Mädchen. Er ist da, hört zu, aber niemand sieht ihn, also bleibt ihm nichts anderes übrig, als die Persönlichkeit aufzuteilen. In der realen Welt treffen die Peter Pans auf Ablehnung und erleben Verzweiflung, in der idealen Welt bleiben sie sorglose Kinder. Sie sind immer beides: optimistisch und depressiv, voller Hingabe und voller Verachtung, gesellig und einsam, gefühlskalt und sensibel, zärtlich und grausam, Retter und Opfer, loyal und untreu. Dies ist ihnen möglich, weil sie einen großen Narzissmus entwickelt haben, der sie schützt. Ein Raum voller Spiegel – was passiert, wenn man über Jahre hinweg in so einem Raum eingeschlossen ist, meine Herren? Erst versucht man, die Spiegelbilder zu leugnen und zu ignorieren, wenn dies aber nicht gelingt, was dann? Die Rettung besteht darin, die Augen offen zu halten, den Blicken standzuhalten und die Erinnerung zu aktivieren, um Phantasien zu entwickeln, so dass die realen Spiegel unwirklich werden und das Ideal wirklich wird. Tut man dies aber, so ist man zum Verbleib in diesem Raum auf

Lebenszeit verurteilt. Narzissmus ist zum Schutzschild vor Einsamkeit und Angst geworden, ein Schild, das in der realen Welt zu Staub zerfallen würde. Außerhalb der Spiegel würde man von richtigen Menschen angesehen werden, die eigene Blicke hätten, eigene Wörter und Erfahrungen. Ihnen gegenüber wäre man schutzlos ausgeliefert, da Phantasie in der Gefühlswelt des wirklichen Lebens nicht hilft. So hat die ideale, die innere Welt es verhindert, dass Peter Pan wirkliche Freunde gefunden hat, mit denen er vertraut ist. Diese Pans setzen die ganze Intelligenz dafür ein, ein System von Ansichten und Gedanken aufzubauen, das für jegliche Kritik unzugänglich ist. Mit einem Narzissten kann man nicht wirklich diskutieren, operiert er doch auf der Grundlage von Vorurteilen, die nur er versteht. Aus diesem Narzissmus entwickelt sich ein Chauvinismus, gibt dieser doch dem Mann, dessen Leben aus Verstellung und Verleugnung besteht, Halt. Er wird nicht von ihm ablassen, er würde an dessen Verlust zugrunde gehen. Chauvinismus erlaubt dem Mann, der noch immer ein Junge ist, den Schmerz, den er erlitten hat, zu rationalisieren und auf Frauen abzuwälzen. Das ist der Beginn des Männlichkeitswahns, und das ist die bittere Pille für die Ehefrau eines solchen Jungen, der Erwachsener spielt: Sie wird ihn niemals ändern können. – Peter Pan hat im Buch geglaubt, die Realität werde ihn zerfleischen. Als er merkte, es komme nicht so, verfiel er in Euphorie. Zwar haben ihn die Eltern durch väterliche Ferne und mütterliche Nähe emotional gestaucht, zwar wird er seine Sozialkompetenz niemals voll entwickeln können, aber er wird erkennen können, dass er damit leben kann, auch in der realen Welt. Meine Damen und Herren, auch Krüppel können lachen! – Er wird erkennen, dass andere Menschen sich auf ihn einstellen, auf seine Fehler und seine Mängel. Er hatte Zeit seines Lebens als Peter Pan gefürchtet, die anderen Menschen würden ihn vernichten. Wenn er erkennt, dass dies der große Irrtum seines Lebens ist, dann ist die Rettung nahe und er wird das Nimmerland verlassen können. Wenn diese Selbstlüge wegfällt, dann fallen auch die Phantasiewelten weg, die Enge der Spiegel, und er erkennt, er könne einfach nur er selbst sein. Rettung für einen Peter Pan heißt, der ganzen Welt das Ich zu zeigen, zusammen mit der ganzen Welt das Ich zu entdecken. Vergiss einfach die Abwesenheit des Vaters, vergiss einfach die Gefühlskälte der Mutter, suche dir einfach gute Menschen, die dich mögen, denn es gibt sie! – Soweit, meine Herren, die Beschreibung dieses gesellschaftlich hoch aktuellen Phänomens, das am besten dort studiert werden kann, wo es ausschließlich vorherrscht. An Bord der Fischtrawler existiert es in der Urform, gestatten Sie mir deshalb einige persönliche Erkenntnisse, die ich durch meine Erfahrung als Fischer gewinnen konnte, ehe ich abschließend zu den drei Arten komme, in die das Peter-Pan-Syndrom aufgeteilt werten kann. – An Bord der Trawler würden sich die Jungs, die Männer spielen, zerfleischen, würden sie die Gedanken und Phantasien des Anderen kennen. Peter Pans sind nämlich nicht nur einfach Piratenjäger, sie sind selbst Piraten! Peter Pan ist ein verkleideter Kapitän Hook! Auch Peter Pans haben einen eisernen Haken, den sie jungenhaft frisch und lachend ins Fleisch derer schlagen, die ihnen zu nahe kommen. Seeräuberisch sind sie, lebenslustige Gesellen sind sie, unbekümmerte Kameraden mit Vorlieben für dröhnendes Gelächter und harte Drohungen. Skrupellos sind sie, denn diese Hooks können beim Töten sogar lachen und singen. Daher besiegen sie auch immer die alten Hooks, die unverkleidet sind. Die Peter Pans können alle Schätze stehlen, die andere angesammelt haben, aber sie können mit diesen Schätzen nichts anfangen. Sie haben sich darauf spezialisiert, mit jugendlicher Unbekümmertheit das Vertrauen Fremder zu erobern. Diese Eroberungen sind ihnen die besten Trophäen, die sie aber sofort wegwerfen, sobald sie sie in den Händen halten. Sie sind angewidert von den Hüllen, aus denen sie das Vertrauen gerissen haben. Sie verlassen diese missbrauchten Menschen, erinnern sie sie doch an die eigene Vergangenheit, als ihnen das Urvertrauen von den Eltern geraubt wurde. Konflikte werden niemals ausgetragen, die Degen werden gezückt. Es werden nie viele Worte gemacht, gezielte Versprechen und Lügen durchbohren treffsicher die Herzen der Eroberten. Mit der Eroberung selbst können sie nichts anfangen, sie verschenken die Schätze, fehlt ihnen doch Selbstliebe und Verantwortungsbewusstsein. Peter Pans machen keine Kompromisse. Sobald das Vertrauen herausgerissen ist, gehen sie leise und ohne sich ein einziges Mal umzudrehen. Piraten sind heimatlos. Sie bleiben nie lange an einem Ort, sie bleiben nie lange in einem anderen Leben. Sie selbst vertrauen nicht, fressen aber das Vertrauen ihnen freundlich gesinnter Menschen. Sie sind ständig dabei, sich zu verabschieden und zu versprechen, wiederzukommen. Ihr Weg ist gesäumt von Abschieden, und um alles, wo Ankunft lauert, schlagen sie einen Bogen. Sehnsucht nach einem Zuhause darf nicht erfüllt werden, da man sich zu Hause offenbaren müsste und Vertrauen geben müsste, das man nicht hat. Rastlosigkeit ist unstillbar, die Suche nach Seelenfrieden ist Lebensmotor, der ständig geölt werden muss. Sie sind alle *Fliegende Holländer*, die an Land kläglich versagen. Groß sind sie nur in der Bedrohung, da sie als Kinder mit der Drohung verflucht wurden, einsam und allein zu bleiben. Sie sühnen die Sünden der Eltern, sie hoffen, je mehr Vertrauen sie missbrauchen, umso eher wird ihnen vergeben. Unruhe inmitten der Unbeständigkeit der See zu verbreiten, der See alles Leben zu rauben, das ist ihre Berufung. Sie sind Räuber in der Arbeitskleidung der Fischer, der Handlungsreisenden, der Soldaten. Raub ist ihr Daseinszweck. Sie wirken unschuldig, sie wirken sympathisch, sie spielen mit Charme und Anstand, um anderen Menschen das zu entreißen, was sie nicht kennen und womit sie nichts anfangen können: Vertrauen, meine Herren! Unter sich sind sie die großen Schweiger, an Bord gehen sie sich aus dem Weg und jeder lässt dem Anderen sein Spiegelzimmer. Sie zerfleddern die Fische, um sie zu verschenken, aber wenn sie alle sieben Jahre einmal von Bord dürfen, um die Liebe einer Frau zu finden, dann wüten sie in der Welt der Frauen, um so schnell wie möglich so viel Vertrauen wie möglich zerstören zu können. Mit letzter Kraft erreichen sie wieder die Planken des Schiffes, um weiter als *Fliegende Holländer* übers Meer zu eilen, und zurück von ihnen bleiben nur der Spuk und tausend gedemütigte Seelen. Sie haben einen eisernen Haken als Herz, mit dem sie alles herausreißen können, was sie wollen. Sie sind gegenüber den alten Kapitänen Hooks im Vorteil, weil diese nur einen eisernen Haken als Hand haben. Ein Peter Pan kennt weder Mitleid noch Mitgefühl. Diese Peter-Pan-Männer, die sich im Schatten der alleinerziehenden Mütter entwickeln, sind grausame Jungs, die nur das Mannsein spielen und Konsequenzen nicht kennen. Es sind die Amokläufer von morgen, meine Herren!«

»Moment, Herr Rösch! Sie geben den Müttern so rundum alle Schuld?«

»Ach was, es geht nicht um die Mütter! Es ging nie um die Mütter! Die können auch nicht aus ihrer Haut heraus. Es geht um die vaterlosen, vorbildlosen, mentorlosen Söhne, um die wir uns kümmern müssen, wenn wir nicht von ihnen vernichtet werden wollen. Es geht nicht um Schuld, es geht um das Ergebnis einer Vernachlässigung. Es geht um die Peter Pans, die so grausam zerfleischen. – Sie unterscheiden sich in Weiberhelden, Wettkämpfer und Herrschernaturen. – Weiberhelden, Männer also, die Frauen verführen, sie mundtot machen, die Frauen schlagen oder gar ermorden, tun das ja nicht aus einem sadistischen Vergnügen am weiblichen Schmerz heraus, sondern aus einem Gefühl der Schwäche. Sie sind gepeinigt von der Empfindung männlicher Unzulänglichkeit und von der vernichtenden Wut weiblicher Unzufriedenheit. Das Märchen *Vom Fischer und seiner Frau* ist das klassische Beispiel. Kann die eigene Frau nicht mehr befriedigt werden, weil ihre Wünsche ins Uferlose gewachsen sind, dann hilft nur noch der kühne Sprung aufs nächstbeste Schiff oder das Fremdgehen. Wer war denn der sprechende Fisch, der dem armen Mann die Wünsche seiner Frau erfüllt hat? Vielleicht die Ehefrau eines reichen Patriziers? Wir wissen es nicht. In dieser Situation ist das Fremdgehen des Mannes nötig, damit er sich überhaupt noch männlich fühlen kann. Um die Ehe zu retten, aus Liebe zu seiner Frau, sucht der Ehemann flüchtige Affären, um sein Selbstbewusstsein zu stärken, das nötig ist, damit die Ehe weiter funktioniert. Die männliche Treue geht in der Ehe immer einher mit Bordellbesuchen, die immer noch besser als eine feste Freundin sind. Weiberhelden übertreiben diese Sache natürlich. Sie sind nicht an den Mädchen und Frauen interessiert, die sie verführen, sie sind nur an körperlicher Befriedigung interessiert. So reizend sie auf der Wildbahn sind, so schrecklich sind sie zu Hause, da hier die Gefahr am größten ist, unter weibliche Kontrolle zu geraten. Zu Hause kann man diese Gefahr nicht einfach mit einem charmanten Lächeln wegwischen. Sie blenden die weibliche Welt, um das Vertrauen sooft wie möglich zu missbrauchen. Dabei überschätzen sie sich. – Auch die Wettkämpfertypen missbrauchen das Vertrauen Anderer, auch sie haben unrealistische Vorstellungen von sich selbst. Sie treten ihr Leben lang in den Wettstreit mit anderen Jungs, die Männer spielen. Es gibt sie als Wettstreiter, als Neidhammel, als Nacheiferer, als Abenteurer und als Arbeitstiere. Alles kann dabei zum Gegenstand der Ausscheidungskämpfe werden: Einkommen, Handicap beim Golf, Alkoholmenge, selbst die Karriere der Ehefrau und die Schulnoten der Kinder! Ohne Wettstreit fühlen sie sich tot. Sie müssen gewinnen, damit ihr Selbstwertgefühl nicht in die Binsen geht. Ein Leben lang boxen sie im Schatten eines fernen Vaters, den sie nicht besiegen können, weil sie nur dessen Schatten vor sich haben. Es gibt den realen Vater nicht, der aber wäre für sie als Reibungsfläche und Entwicklungsunterstützung so wichtig, um selbst zu Männern werden zu können und nicht Jungs bleiben zu müssen, die das Mannsein nur spielen. Bei ihren Wettkämpfen stellen sie sich den Vater als Publikum vor, natürlich als Schattenpublikum. Sie haben einen großen Stress im Leben, weil sie ständig Zensuren verteilen. Diese Wettstreiter stehen ständig unter Strom und sind oft Nervensägen, die Neidhammel sind dagegen notorisch unglücklich und meist bösartig. Wer nicht mehr kämpft, sondern nur noch neidisch auf die Kämpfenden ist, versucht, sich Anerkennung zu verschaffen, indem er den Gewinnern Knüppel zwischen die Beine wirft. Wer als Person an seiner eigenen Männlichkeit zweifelt und daran geht, die Männlichkeit jener, die er als Gegner empfindet, scheibchenweise abzutragen, wer vom entehrenden und herabsetzenden Neid zerfressen wird, wer hofft, dass sich der Schmerz des Siegers wie Balsam auf die Wunden des Verlierers legt; wer nicht mehr kämpft, sollte man den nicht abschreiben? – Und doch, es bedarf eines starken Charakters, um die Siegesfeier des Freundes lächelnd zu ertragen. Da haben die Nacheiferer noch die besten Chancen. Sie sind in punkto Strebsamkeit nicht zu bremsen.

Das Nachahmen von Männern, die man bewundert, ist noch der nützlichste Ausgleich für die Abwesenheit der Väter. Nachahmung ist das beste Mittel, um den Neid zu bekämpfen, aber sie hindert einen auch daran, ein starkes und eigenes Ich im Chor der Männer herauszubilden. Das Selbstwertgefühl ist auch bei ihnen fremdbestimmt, jedoch schaden sie der Gesellschaft am wenigsten, wenn sie sich ein gutes Vorbild gewählt haben. Die Nacheiferer kriegen noch am ehesten eine gesunde männliche Identität hin – wenn sie dem richtigen Mentor oder Vorbild nacheifern. Auch die Arbeitstiere sind nicht bedrohlich für die Gesellschaft. Die Arbeitstiere schuften sich zwar zu Tode, es fällt ihnen schwer, zu Hause stillzusitzen und sich dabei wohl zu fühlen, aber sie schaden der Umgebung nicht. – Männer können nicht in die eigene Jugend zurück, um dort die Punkte zu machen, die sie damals vergeigt haben, daran leiden die Peter Pans besonders. Es ist bedauerlich, aber nicht zu ändern. – Abenteurer meiden den Wettbewerb mit anderen Männern. Sie suchen ihn in der Natur, in der Gesellschaft, in der Kunst oder in der Politik. Der Mann, der als erster den Everest bezwungen hat, hat diesen Berg ja nicht bezwungen, weil der Berg da war, sondern weil er selbst da war. Das Abenteuer muss einzigartig sein, ist aber ein einsames Geschäft. Eine unsoziale Tagestätigkeit, weil sie oft dazu führt, dass man zu spät bei Tisch erscheint. – Als letzte Gruppe der vaterlosen Männer seien die Herrschernaturen genannt. Das Handeln im göttlichen Auftrag. Zumeist gegen die Bedrohung durch die weibliche Sexualität. Sie wollen Frauen an die Kandare nehmen, sie wollen gnadenlos die Welt verbessern, sie wollen stets eine heroische Haltung bewahren, emotional wollen sie ein Eisschrank bleiben, und das Pedantische wollen sie als Waffe einsetzen. Sie sind immer bereit, Gewalt auszuüben. – Söhne wollen, dass ihre Väter sie davor bewahren, unter die Fuchtel der Mutter zu geraten. Sie fürchten, dass das Weibliche ansteckend ist. Sie wollen nicht, dass es abfärbt, die Natur will es nicht. Die Söhne wünschen sich, mit den Vätern abzuhängen, mit ihnen gesehen zu werden, mit Mannsbildern zu tun, was Männer so tun. Doch wenn die Väter abwesend sind, dann bleibt den Jungs alsbald nur, das Mannsein zu spielen – und die ganze Welt zu täuschen. – Meine Herren, das ist der Teufelskreis des Peter Pan, der in Wirklichkeit Kapitän Hook hoch zwei ist.«

Mit hochrotem Kopf hatte er geendet, Robert Rösch erinnerte sich genau, und auch die Sätze der Professoren stiegen wieder in ihm hoch, die ihn in weniger als einem Monat vernichtet hatten.

»Die Kommission zieht sich zur Beratung zurück.«

»Die Kommission hat entschieden, dass Sie auch in der Nachprüfung durchgefallen sind.«

»Die Kommission spricht eine Empfehlung aus: Gehen Sie zu einem Psychologen.«

»Die Kommission meint, als Lehrer für Sozialkunde sind Sie ungeeignet.«

»Die Kommission betont: Ein interessanter aber absolut unwissenschaftlicher Vortrag, junger Mann!«

»Die Kommission wünscht Ihnen für den weiteren Lebensweg alles erdenklich Gute!«

Robert Rösch klangen diese Sätze heute noch nach. Hatten sie einen Schock ausgelöst oder waren sie eine Befreiung gewesen? Kraftvoll zerschnitt der Verarbeiter die Fische in immer höherem Tempo. Er hörte weder Richard noch Christian, die fluchend die Geschwindigkeit zu halten versuchten.

Wer mit offenem Blatt spiele, brauche sich nicht zu wundern, wenn er verliere, hatte sich Robert Rösch in den letzten Jahren oft gesagt. Er hatte sich gefragt, ob er sich mit Absicht selbst geschadet habe? Ob er die Niederlage provoziert habe? Ob er von anderer Stelle neue Bestätigung gewollt habe? Sei bei der Prüfung schon der Lebensweg als Hochseefischer gelegt worden? Habe er zwanghaft reagiert? Robert *Peter Pan* Rösch? Hier sei er doch ein Spezialist geworden!

Hier bekam er Anerkennung über Anerkennung, weil er die Kurznasenseefledermaus wie kein anderer häuten konnte. Weil er den Kameraden einen guten Nebenverdienst besorgte, indem er die kostbare Haut der Seefledermaus für den Verkauf vorbereitete. Die Häute, die er gegerbt und verarbeitet hatte, waren auf der ganzen Welt gefragt. Der Kommandant hatte doch schon angeregt, dass er, dass Robert Rösch, sich einen Stempel anfertigen solle. Er solle seine Arbeiten kennzeichnen, um noch höhere Gewinne zu erzielen. Der Robert-Rösch-Stempel! Die ›Rösch-Qualität‹.

War dies das Leben, das er gesucht hatte, nachdem er von der Demenz seiner Mutter erfahren hatte? Wenn er ein Peter Pan war, unfähig zur Verantwortung und Selbstliebe, dann konnte er doch als Lehrer sowieso kein gutes Vorbild sein. Fiel diese Erkenntnis mit der Erkrankung der Mutter zusammen? Hatte sie ihm damit wieder einmal einen Weg verbaut, wie sie es schon sooft getan hatte, oder hatte sie ihn vor einer Sackgasse bewahrt? Wie hätte der Robert Rösch Stempel ausgesehen, mit dem er als Lehrer gearbeitet hätte? Hatte sie ihn vor einer Enttäuschung bewahrt? Diese Krankheit der Mutter, die ihn so aus der Bahn geworfen hatte? Robert Rösch verschwammen die Fakten, er konnte sich kaum noch konzentrieren. Wenn er als Lehrer gescheitert wäre, wäre das nicht einem Selbstmord gleichgekommen? Er wollte nicht, dass seine Mutter ihn am Ende noch vor sich selbst beschützt hatte, unbewusst und wie immer unpersönlich, aber vielleicht war es trotzdem so? Rösch schnitt wild ins Fleisch des Rotbarsches. Er achtete nicht mehr darauf, ob die Tiere lebten oder tot waren. Sie wurden alle geschnitten, wie auch er einst geschnitten worden war. Rösch erinnerte sich kaum noch an das Aussehen der Mutter. Hatten sie nicht immer nur weggeschaut? In die Augen jedenfalls hatten sie sich nie gesehen, Rösch war sich sicher.

Und jetzt sei sie eine Frau mit *Löwengesicht*, die in der eigenen Kindheit verschwinde, soviel wusste er.

Als er bereit war, sie zur Rede zu stellen, zu fragen, woher er komme, von wem er abstamme, als er bereit war, die Wortlosigkeit zu durchbrechen, da zog sie sich in die eigene Kindheit zurück. Eine Verabschiedung ohne Gruß.

Nie werde er nun erfahren, wer er sei, woher er stamme. Wie solle er da an eine Zukunft glauben, selbstbestimmt und schön?

Sie habe sich in die Demenz geflüchtet, sie habe ihren Sohn als dummen Jungen zurückgelassen, nachdem er schon vor langer Zeit vom Vater zurückgelassen worden sei. Der ersten Verabschiedung ohne Gruß sei die zweite und letzte gefolgt.

Die Leere der Demenz sei bodenlos, erkannte Robert Rösch. Ein Kind wisse nichts von der Kindheit der Eltern.

Ihm sei von der eigenen Mutter die große Angst vor dem Dasein eingeimpft worden. Sie habe ihm die Welt vorenthalten, sie habe ihn ständig mit Lügen und geheuchelten Gefühlen abgespeist. Über sein blindes Vertrauen habe sie oft nur gelacht; und nun sei sie selbst ein sabberndes Mädchen, um das sich zu kümmern er keine Kraft habe.

›Man muss das Schweigen unter Blutsverwandten verbieten‹, dachte er, während er weiter die Fische zerstückelte. ›Notfalls sollen sie sich weiter anbrüllen, anheulen und anflüstern, doch niemals sollen sie auf die Sprache verzichten. Sprache ist der Weg allein. Hass und Wut machen stumm. Wie kann einer die Zukunft wollen, wenn er die Vergangenheit nicht kennt? Wie kann einer sich als Sohn begreifen, der keine Erinnerungen an einen Vater und keine Erfahrungen mit einer Mutter hat? Wie kann so einer dem Gestern entfliehen? Wie kann so einer ein Sohn sein, und was soll so einer anfangen mit einer Mutter, die zum Mädchen geworden ist?‹

Dachte er an seine Mutter, so kamen Robert Rösch trotz ihrer vielen Dummheiten, die sie ihm zugemutet hatte, immer erst die gleichen drei oder vier Sätze in den Sinn, die sie zu ihm gesagt hatte. ›Seit deiner Geburt trinke ich, und zwar jeden Tag, da habe ich angefangen.‹ – ›Ich will auf einer Wiese begraben liegen, ohne Stein, ohne Kreuz, ohne Baum, nichts soll an mich erinnern.‹ – ›Verstehen kann ich deine Reaktion, aber verzeihen werde ich dir niemals.‹ – ›Ach, hätte ich dich doch bloß nicht angerufen.‹ – ›Ich weiß gar nicht, was du überhaupt von mir willst.‹

Robert Rösch warf einen Fisch, den er während seines Gedankengangs gnadenlos zerhackt hatte, übers Band und hörte auf einmal, wie Christian lauthals eine Arie schmetterte: »»Es grünt so grün, wenn Spaniens Blüten blühen! Mein Gott, jetzt hat er's, und gleich noch mal, wann erblüht das Grün? Wenn die Blüten erblühen!««

Robert Rösch sah erleichtert zur Rechten und hielt inne, damit *uralter Richard* den Berg Fische abarbeiten konnte, der sich angehäuft hatte, wobei er dachte: ›Die Wirklichkeit wird anderswo zur Wahrheit!‹

Er sah Richard zu und lächelte schließlich. Der alte Mann pflüge schon seit Jahrzehnten das Meer, und immer stehe er am Ende mit leeren Händen da. Es störe ihn nicht, Rösch sah es dem Alten an. Er sah dessen steinerne Zufriedenheit und beruhigte sich.

Mathilde blieb auf dem Flugplatz in Laage, nachdem Luise durch die Schleuse verschwunden war. Sie schlenderte durch die Halle, einen Pappbecher Kaffee in der Hand, und wartete auf den Abflug der Maschine. War die Flughafenhalle vor einer Stunde fast leer gewesen, so füllte sie sich jetzt schnell. Für sechs Uhr war ein Flug nach Köln angezeigt, und mehr und mehr kamen jene Mecklenburger zusammen, die ihr Arbeitsleben im Westen verbrachten. Sie waren müde, manche wurden von Frauen oder Männern gebracht, und bei einigen standen sogar Kinder dabei. Wie lange sollte das so noch weitergehen?

Im ganzen Nordosten gab es nur noch fünfhunderttausend Arbeitnehmer, und jetzt hatte auch noch die Universität Rostock ihren Betrieb eingestellt, die älteste Universität im gesamten Ostseeraum. Einzig Schwerin blühte als Landeshauptstadt, doch wen verwalteten die Beamten eigentlich noch? Mathilde stand am Panoramafenster, trank den letzten Schluck, warf den Becher weg und sah die kleine Maschine zur Startbahn rollen. Wie immer hob sie die Hand, und wie immer presste sie die Daumen auf die Zeigefinger. Das Flugzeug gewann schnell an Geschwindigkeit, hob ab und drehte kurz darauf nach Westen ab. ›Nach Westen‹, dachte sie, ›alle wollen immer nur nach Westen.‹

Einundvierzig Jahre war sie alt, ihr Mann war fünf Jahre jünger, sollte sie ihn wirklich überreden, in Mecklenburg Fischbauer zu werden? War es richtig, sich jetzt schon aufs Alter vorzubereiten? Auf das Rentnerleben?

Falls Robert sich überhaupt überreden ließ. Wahrscheinlich ließ er es gar nicht mit sich machen, und vielleicht gab es in acht oder zehn Jahren am Ostseeufer gar keine Kinder mehr, denen sie Nachhilfe geben konnte. Mathilde setzte sich neben einen Jungen, der an der Seite der Mutter vor sich hinstarrte. Er gähnte ungeniert.

Die Mutter unterhielt sich mit einem kleinen Mädchen, das vor ihr stand. Es solle keine Angst haben, in Köln werde es von der Mutter und dem Vater auf dem Flughafen abgeholt. Und während des Fluges kümmere sich ja eine Angestellte des Flugpersonals um das Mädchen. Wie alt es denn gestern geworden sei?

Sechs Jahre.

Dann komme es ja bald in die Schule.

»Kannste froh sein, dass du noch nicht drauf bist«, sagte der Junge plötzlich, den Mathilde auf zwölf oder dreizehn Jahre schätzte.

»Aber Sebastian! Das ist gar nicht wahr, Carmen, die Schule ist sehr schön! Sebastian macht nur Spaß! – Dann hättest du lieber weiter schweigen sollen, wenn du dem armen Kind so etwas sagst«, meinte die Mutter, die ihrem Jungen kurz zuvor noch vorgeworfen hatte, er beteilige sich nie an Unterhaltungen und bleibe immer stumm wie ein Stockfisch.

»Es gibt nichts Langweiligeres als Schule«, murmelte Sebastian vor sich hin, stand auf und ging vor die Flughafenhalle. Mathilde sah ihn draußen mit einem Stock sämtlichen Löwenzahn köpfen, den er erreichen konnte. Die gelben Blüten flogen ins Gras, aus den kahlen Stängeln quoll die gräuliche Flüssigkeit.

Er schlug, immer wilder werdend, auf ganze Zierbüsche ein, als Mathilde an ihm vorbei zum Auto ging. Während sie langsam auf der Autobahn Richtung Norden zurückfuhr, ging ihr ein Satz nicht mehr aus dem Kopf, den sie kürzlich gelesen hatte.

›Ich möchte lieber nicht.‹

Während sie den Peugeot in die Garage fuhr, fiel ihr ein, dieser Satz habe etwas mit Ingwerkeksen zu tun. Ingwerkekse?

Sie zog sich im Flur die Schuhe aus, setzte sich auf den Stuhl neben der Garderobe, massierte sich die Füße und dachte: ›Blöde Designerschuhe!‹

Mathilde stand auf. Sie fragte sich, vor dem großen Flurspiegel stehend, ob sie es lassen solle, Robert an Land holen zu wollen. Mathilde Rösch lächelte und ging ins Schlafzimmer. Sie nahm den Rahmen in die Hand und blickte Robert in die Augen. Eine große Abwesenheit in seinem Blick. In ihn hatte sie sich verliebt, in diesen Blick. In diese Abwesenheit.

Er müsse ihre Erregung gespürt haben, ging es Mathilde durch den Kopf, während sie auf der Terrasse frühstückte und hin und wieder zur Ostsee sah, die heute als Spiegel dalag. Nach all seiner Zärtlichkeit, nach all seinem Tasten und Reden, nach all seinem vorsichtigen Getue hatte er sie gepackt, mit festen Händen an den Unterarmen. Kein Wort hatte er gesagt, als er ihr wenig später die Beifahrertür aufgerissen und sie ins Auto gedrängt hatte.

Sie verließen Greifswald, es war nachts, eine Stunde waren sie gefahren, als Robert quer durch Rostock nach Warnemünde fuhr und am Ortsschild des Urlauberdorfes sagte: »Geh nicht in den Wald, wenn du Angst vor Wölfen hast.«

Ein Satz, der sie erregte, es war ein Satz, den sie ihrem langjährigen Freund niemals zugetraut hätte. Diese ganze Aktion versetzte sie in Erregung. Sie wollte nicht fragen, weil sie keine Antworten wollte. Sie hatte ja schon gespürt, dass dies ein besonderer Tag werden sollte. Sie blieb also sitzen, als er das Auto an der Fähranlegestelle parkte, die Fahrertür kraftvoll zuwarf, um den Wagen herumkam, die Beifahrertür öffnete, ihr den Gurt wegriss und sie aus dem Fahrzeug holte. Als sie wenig später auf dem Scheitel der kleinen Brücke standen, deutete er mit dem linken Arm zum Meer der Masten, während er sie mit der rechten Hand festhielt.

»Welche Yacht?«, fragte ihr Freund.

»Du willst doch nicht …?«

»Welche?«

Sie deutete auf eine siebenundzwanzig Fuß lange Yacht mit Bugverstärkung.

»Hochseetauglich! Gute Wahl, meine Kleine!«, sagte er und zwickte ihr in den Hintern, sie stieß einen Möwenschrei aus, der die weißen Vögel augenblicklich weckte. Verwirrt schwirrten sie über das menschenleere Arsenal, ehe sie wieder auf der Brüstung der Pier landeten.

»Ich zeige dir, mit wem du zusammenlebst«, sagte er, während sie zur Yacht gingen, auf deren Heck *Ghost* stand.

»Spring!«

»Was?«

»Du sollst springen! Nicht fragen!«

Er bückte sich, löste am Poller den Festhalteknoten der Bugverleinung, hielt das Boot an der Bugreling am Kai und forderte sie erneut auf, zu springen.

Sie stellte einen Fuß aufs Oberdeck, zog sich an der Relingstange hoch und brachte das andere Bein über die Verkleidung, als sie einen kräftigen Schlag auf den Hintern bekam, der sie auf die Yacht bugsierte.

»Beute gesichert!«, Robert Rösch lachte wild auf.

Er grinste frech, als er mit einem Hechtsprung übersetzte und ihr stumm bedeutete, sich brav aufs Kajütendach zu setzen. Er verwirrte sie, ihr Freund überraschte sie, Mathilde spürte, egal welche Rolle er spiele, er spiele sie ihretwegen. Er wolle sie beeindrucken, und sie musste sich eingestehen, dass ihm das ganz gut gelang. Schüchtern senkte sie den Blick, setzte sich mit angewinkelten Beinen aufs Dach und lächelte zaghaft.

Breitbeinig ging er zum Heck, holte tatsächlich aus einem der Stiefelschafte ein Messer und kappte kurzerhand die beiden Heckleinen. Robert setzte sich und hatte im dritten Versuch die Zündung kurzgeschlossen. Er kippte den Dieselmotor außenbords und langsam tuckerte die

Ghost aus dem Yachthafen von Warnemünde, während der Himmel sich rötete. Was stand ihr bevor? Ihr schien es, als wisse es selbst der Himmel nicht. Als erröte er wegen seiner eigenen unzüchtigen Gedanken. Erneut lächelte sie, als er sie mit winkendem Zeigefinger zu sich bestellte. Er packte sie am Nacken, zwang sie hinter das Steuerrad und flüsterte ihr ins Ohr: »Kurs halten!«

»Aye, aye, Kapitän«, flüsterte sie zurück, »wie lautet der Kurs?«

»Offene See! Direkt zwischen die gespreizten Wellen! Einfach rein in die See!«

Sie spürte seine Lippen auf der Wange, seine Hand an den Brüsten, ehe er aufstand und durch die aufgebrochene Kajütentür im Inneren des Bootes verschwand. Sie hörte, wie er Schränke aufriss und die gesamte Hochseeyacht durchsuchte.

»Leinen klarmachen! Backbord und steuerbord!«, rief er von unten.

»Verstanden!«, rief sie zurück. Was hatte er nur vor? Wohin wollte er mit ihr?

Sie stand auf, warf die aufgerollten Leinen los, öffneten die Klemmen und nahm die Enden der sechs Leinen in die Hand, die links und rechts der Kajütentür verliefen. Sie setzte sich wieder, die Leinen in der einen, das Steuerrad in der anderen Hand.

»Wir klauen also eine Yacht?«, rief sie zögerlich. »Einfach so?«

»Besatzung, Mund halten!«, sagte er und kam wieder aufs Oberdeck.

Er ging an ihr vorbei, stieg aufs Kajütendach und zog die Schutzplanen von den Segeln. Er ließ die Planen über Bord gehen, und sie sah ihnen nach, wie sie sich ausbreiteten und weiß im leichten Wellengang schwammen. Dann ging er um die Kajüte herum und schnitt die zehn Fender von der Reling. Auch sie schwammen. Grau und schwarz trieben sie dahin, bis sie sie nicht mehr sehen konnte.

»Mathilde! Konzentration!«

Ihr Kopf schnellte herum. Sie sah Robert erwartungsvoll an.

»Nimm jetzt die weißgelben Leinen und zieh kräftig!«

Sie suchte die beiden Leinen heraus, eine verlief rechts und eine links der Tür, und zuerst zog sie beide auf einmal, aber schnell musste sie eine weglegen, um an der anderen ziehen zu können.

»Mehr!«, befahl Robert: »Schneller! Kräftiger! Mach hin, zieh, du Abziehbild eines Steuermanns! Zieh, Mathilde! Power!«

Das Großsegel flatterte noch nicht einmal zu einem Viertel im Wind. Sie schüttelte den Kopf, puterrot im Gesicht, keuchend vor Anstrengung und mit aufgerissenen Augen.

Robert winkte ab und nuschelte: »Mann, Mann, Mann!«

Er kam zum Heck, stieß sie beinahe zurück zum Steuerrad und setzte mit sechs, sieben Handgriffen beide Segel. Er legte sie in den Wind, stellte die Klemmen fest und schaltete den Bordmotor aus.

Der Wind fuhr in die Segel, ansonsten war nichts zu hören. Erwartungsvoll sah sie ihren Freund an, den sie zu kennen glaubte.

»*Ghost* heißt das Schiff vom *Seewolf*, nur damit du es weißt«, sagte er: »Der *Seewolf* war ein Mann, der rohe Kartoffeln mit der Hand zerquetschte und der unberechenbar war, weil er einen verdammten Tumor im Kopf hatte!«

Robert kam wieder ganz dicht an sie heran: »Eben noch war er ganz lieb, doch im nächsten Moment tötete er einen Matrosen. Einfach so!«

Jetzt hatte sie doch ein flaues Gefühl im Magen. Jetzt war ihre Angst nicht mehr gespielt. Sie wollte etwas sagen, aber seine Zunge füllte ihren Mund zärtlich aus, bis ihr Widerstand gebrochen war. Jetzt drang ihre Zunge in seinen Mund ein und wurde geduldet.

»Also, ich nenne das Liebe!«, sagte er dann, stand lachend auf und bedeutete ihr, sich ebenfalls zu erheben. Er verholte das Steuerrad mit drei Festhalteknoten, richtete sich auf, strich ihr von vorn sacht zwischen die Beine und flüsterte ihr ins Ohr: »Jetzt zieh dich nackt aus und stell dich mit dem Rücken an den Mast. Ich komme gleich! Ich bin gleich wieder da.«

Die Sonne hatte das Rot verloren und strahlte nun prachtvolles Gelb übers Blau der Ostsee. Die Yacht durchpflügte die See, und sie selbst wurde von Wellen der Erregung heimgesucht, stand sie doch nun schon eine halbe Stunde oder länger nackt am Mast, während Robert sich unter Deck zu schaffen machte.

Die Brüste waren fest, die Spitzen hart, sie hielt den Mastbaum hinter sich mit beiden Händen fest und ließ sich, breitbeinig über der Kajütendachluke stehend, vom Wind schaukeln. Flechten von Gänsehaut breiteten sich aus, während sie vom Wind gestreichelt wurde. Es war ihr, als durchkämme der Wind die Schamhaare und trockne die Feuchte.

Kühl drückte ihr der Mast gegen Hinterbacken und Schultern. Sie legte den Kopf in den Nacken, ging leicht in die Knie und öffnete sich noch ein wenig mehr, so dass der Wind ihr fast körperlich vorkam.

Später erzählte Robert ihr, während sie so sehnsüchtig auf ihn gewartet habe, habe er sie fasziniert von unten durch die Luke angestarrt. Er habe sich einen Glückspilz genannt, diese schöne Frau da oben gleich zu fragen, ob sie die seinige werden wolle. Er habe den Anblick ihrer geöffneten Scham genossen, ihrer festen Waden und Oberschenkel, ihrer Brüste. Das wehende Haar. Er habe in dieser halben Stunde auf dem Rücken gelegen, ihre Schönheit bewundert und eine Menge Dankesgebete ausgestoßen. Er habe aus einer gestohlenen Flasche Whisky getrunken, dann habe er sich erhoben.

Als er endlich wieder aufs Oberdeck kam, stellte er sich geräuschlos hinter sie. Sie spürte seine Hände auf der Taille und schloss die Augen.

Er strich über ihren angespannten, flachen Bauch, tastete sich mit den Fingerspitzen nach oben und umfasste die Brüste, deren Warzen hart in die lederne Haut der Handflächen drückten. Sie legte den Kopf in den Nacken, zwischen den Mastbaum und Roberts Kopf.

»Ich habe die Rettungsinsel über Bord geworfen«, flüsterte er. »Stört dich das?«

Sie schüttelte den Kopf, während die Yacht abseits aller Wasserstraßenbojen über die Ostsee pfiff. Der Wind hatte aufgefrischt und griff kräftig in die prallen Segel.

Langsam bückte sie sich, hob ihre Sachen auf und warf sie mit Schwung über Bord. »Stört dich das?«, fragte sie und sah aus den Augenwinkeln, wie er grinste. Sie griff hinter sich, fuhr über seine behaarte Brust, über seinen Bauch. Tiefer. Ein wenig zuckte er, ehe er ihr leise ins Ohr stöhnte. »Es stört mich nicht.«

Man müsse einen Menschen erst völlig auseinandernehmen, er hauchte es, während sein Unterleib wie selbständig war, bevor man ihn neu zusammensetzen könne. Man müsse die Gedanken zu Gefühlen machen, die Gefühle zu Gedanken. Die eigenen Gedanken müssen die Gefühle des anderen Menschen werden, die eigenen Gefühle die Gedanken des anderen. Man müsse ihn auf den Kopf stellen und aus ihm sämtlichen Inhalt herauspurzeln lassen, dann könne man ihn neu füllen. Man könne ihn füllen mit eigenem, kostbaren Inhalt, ›Vertrauen‹ genannt.

»Kräftig!«, hatte sie herausgeschrieen, erschrocken über den geilen und tiefen Klang ihrer eigenen Stimme.

Erst mit diesem neuen, diesem kostbaren Inhalt versehen – er hauchte es wieder: ›Vertrauen‹ genannt – könne man sich der Treue, der wirklichen Treue des anderen Menschen sicher sein.

»Oh Gott!«, brachte sie hervor. Die Wonne der Hingabe füllte sie nach und nach voll aus. Eine sie durchfließende Mattigkeit. Ein vages Bewusstsein, ganz Körper zu sein, ganz und gar Unterleib, durchtrieben vom Wunsch, gelöst zu werden, geöffnet zu werden, erfüllt zu werden. Sie spürte, wie sie sich in der Mitte entzündete, als er sie zum Höhepunkt peitschte.

»Mathilde, heirate mich, du bist die Richtige!«

Sie hatte genickt und gesagt: »Du kannst mir vertrauen, das ist es doch, was du hier auf der Yacht herausfinden wolltest, oder? Du kannst mir vertrauen, weil ich dir völlig vertraut habe und dir immer vertrauen werde. Und nun, mein großer, dreißigjähriger Held, fick mich bitte noch ein Weilchen!«

Mathilde lächelte und konnte sich heute kaum noch vorstellen, dass sie das damals wirklich gesagt hatte: ›Fick mich, bitte fick mich noch ein Weilchen.‹

Sie lachte laut auf, lehnte sich auf dem Liegesitz zurück, auf dem sie gefrühstückt hatte, und sah ins leuchtende Blau über sich: »Robert! Robert, du Verrückter, ich liebe dich!«

Für einen Moment brandete die Ostsee auf.

»Was hast du gesagt?«

Mathilde schrak zusammen, sah nach links, wo der dickliche Junge wieder einmal am Zaun stand, der den Kindergarten von ihrem Grundstück trennte.

»Gar nichts.«

»Doch, du hast was gesagt! Ich habe es bloß nicht verstanden.«

»Ich habe gesagt, dass ich meinen Mann liebe und dass er recht bald nach Hause kommen soll.«

»Der Seemann?«

»Der Seemann.«

»Den mag ich nicht.«

Mathilde lächelte in den Himmel, sah dann aber den Jungen an, der den Kopf schüttelte.

»Warum nicht?«, frage sie.

»Weil er immer so böse guckt, wenn er hier ist.«

»Böse? Das stimmt doch gar nicht. Er ist einer der gutmütigsten Männer, die es überhaupt gibt.«

»Aber wenn er rüber zum Meer sieht, dann guckt er immer böse. Der steht lange am Meer, wenn du schläfst.«

»Wenn ich schlafe? Woher willst du das denn wissen?«

»Na, weil ich es gesehen habe. Und was man sieht, das stimmt auch. Nur was man nicht sieht, das stimmt manchmal nicht ganz.«

»Jetzt geh vom Zaun weg und spiel mit deinesgleichen! Du musst endlich mit Kindern spielen, sonst nimmt das kein gutes Ende mit dir, hast du verstanden?«

»Ja, habe ich. – Schneiden wir heute Abend aus? Ich bin noch ganz lange im Kindergarten.«

»Ich glaube nicht. Mal sehen, vielleicht. Du musst jetzt aber endlich spielen gehen, sonst muss ich mich mal mit deiner Mutter unterhalten. Das will ich eigentlich nicht, aber wenn es nicht anders geht?«

»Also machen wir heute Abend Schattenschnitte. Versprochen?«, fragte der dickliche Junge, und noch ehe Mathilde etwas sagen konnte, drehte er sich um und verschwand im Pulk der spielenden Kinder. Er sah nicht ein einziges Mal mehr zu ihr herüber.

Sie erhob sich, räumte das Frühstücksgeschirr auf das Tablett und sah wenig später, das Tablett in den Händen, verträumt zum Horizont, wo eine einsame Yacht durchs Meer vögle. Sie lächelte in sich hinein, ehe sie ins Haus ging.

Auf der alten Hauptstraße des Fischerdorfes musste sie auf Höhe des neuen Gemeindezentrums hart bremsen, um noch im letzten Augenblick rechts abbiegen zu können. Hinter ihr hupte ein Frührentner aus Berlin, weil sie den Blinker vergessen hatte, aber sie kümmerte sich nicht um den Nachfahrenden. Der Mann, der am Steuer saß, hatte einen Hut auf! Das sage doch schon alles, meinte sie. Mathilde hatte einige Vorurteile ganz gerne, nur diejenigen nicht, in denen es heißt, weibliche Fahrer vergäßen immer den Blinker, nähmen anderen Fahrern immer die Vorfahrt und würden immer rücksichtslos fahren. Was hieß schon ›immer‹! Sie warf die Fahrertür zu, ging über die Straße, wobei der gleiche Mann schon wieder hupte, hatte sie doch nicht nach links gesehen, als sie über die Straße ging. Diesmal hielt er und rief ihr nach: »Kommen Sie bloß nie nach Berlin rein!«

Er kurbelte das Fenster des alten Mercedes wieder hoch und fuhr mit Tempo zwanzig weiter, während Mathilde in den *Tante Emma Laden* ging, wo die Inhaberin schon mit dem Schlüssel in der Hand stand und gerade zuschließen wollte.

»Ach, das Paket aus Hamburg!«, sagte die Frau.

»Aus Hamburg? Ich kenne niemanden in Hamburg! Sind Sie sich sicher?«

»Aber ja. – ›Kunsthalle‹ steht da, das ist noch mal etwas anderes als Museum. Das macht dann drei Euro neunzig Nachnahme.«

Mathilde bezahlte und ging mit dem Päckchen von der ›Hamburger Kunsthalle‹ zusammen mit der Ladenbesitzerin hinaus. Draußen wartete sie noch, bis die Frau alles verschlossen und verriegelt hatte, dann verabschiedeten sie sich voneinander und stiegen in ihre Fahrzeuge. ›Hamburger Kunsthalle‹? Mathilde sah sich während der kurzen Fahrt den Absender noch einmal an. Ratlos warf sie die Postsendung auf den Beifahrersitz, ehe sie bei Tempo dreißig eine Vollbremsung hinlegte, was ziemlich bekloppt ausgesehen haben musste! Als sie feststellte, dass es der Berliner war, der ohne zu blinken rückwärts aus einer Parklücke herausfuhr, hupte sie wild und lange. Sie sah den bösen Blick des Mannes im Rückspiegel, und übermütig ließ sie den Motor aufheulen, während sie dachte: ›Bleib du mal in Berlin!‹

Als der Mann sie im Spiegel lachen sah, veränderte sich auch sein Blick. Er nickte selbstkritisch und winkte ihr sogar freundlich, ehe er losfuhr.

›Na gut‹, dachte Mathilde, ›kannst hier bleiben.‹

Sie parkte wenig später das Auto in der Garage, ging durch den Wirtschaftseingang ins Haus und setzte sich mit dem Paket von der ›Hamburger Kunsthalle‹ aufs weiße Sofa. Was hatte sie mit Kunst zu tun? Nicht viel. Mathilde drehte das Paket ein paar Mal um, ehe sie schließlich das braune Klebeband mit dem Fingernagel aufzuschlitzen und abzupulen versuchte. Noch einmal stand sie auf, um eine Schere zu holen.

Ein Katalog!

Sie hatte es doch gewusst. Nur ein blöder Katalog mehr.

Schon wollte sie ihn auf die alten Zeitungen werfen, als sie merkte, dass dieser Katalog veraltet war. Leicht vergilbt. Sie drehte ihn um, entdeckte die Jahreszahl neunzehnhundertsechsundachtzig.

Drei Jahre vor der Wende? Aus Hamburg?

Mathilde hob die Verpackung hoch, die auf dem Küchenboden gelandet war, und runzelte die Stirn, war das Paket selbst doch erst in dieser Woche abgestempelt worden.

›Philipp Otto Runge in seiner Zeit – Katalog zur Ausstellung vom 3. 1. bis 15. 5. 1986.‹ – Otto Philipp *Wer*? Mathilde schlug das Buch auf und fand einen Brief. Nichts war mehr vom Ärger übrig geblieben, neugierig setzte sie sich an den Küchentisch und faltete das Papier auseinander:

›Sehr geehrte Frau Luise Rösch …‹

Für ihre Tochter! Mathilde hob erneut die Verpackung auf und las aber ihren Namen auf dem Adressaufkleber. Das wurde ja immer merkwürdiger! Sie ließ die Pappe wieder fallen und las weiter:

›Sehr geehrte Frau Luise Rösch,

wir bedanken uns sehr für Ihre Bestellung und teilen Ihnen hocherfreut mit, dass wir tatsächlich noch einige Exemplare des betreffenden Kataloges im Archiv fanden. Bitte überweisen Sie den fälligen Betrag von (umgerechnet) 54,80 Euro auf eines der untenstehenden Konten …‹

Über fünfzig Euro? Luise! ›Man wirft doch kein Geld zum Fenster raus‹, durchfuhr es Mathilde: ›Das sind ja siebenhundertfünfzig Ostmark!‹

›… Wir bedanken uns für Ihre Bestellung und wünschen Ihnen bei der Ansicht der Arbeiten des größten deutschen Scherenschnittkünstlers, der von Goethe u. a. so hoch gelobt wurde, viele neue Eindrücke.

Mit freundlichen Grüßen,

Dr. Dr. Angelika Schmidts,

1. Archivarin der ›Hamburger Kunsthalle‹.‹

Perplex ließ Mathilde das Papier sinken, das oben rechts ein schönes, buntes Logo hatte. Ihre Tochter! Was sagte man dazu? Mathilde schüttelte den Kopf und merkte, dass ihr ein paar Tränen in die Augenwinkel kamen. Dann erst entdeckte sie das PS:

›Sehr geehrte Frau Mathilde Rösch,

wie uns Ihre Tochter mitteilte, die Ihnen diesen Katalog hiermit zum Geschenk macht, sind Sie eine große Meisterin des heute leider vergessenen Scherenschnitts. Auch wir möchten Ihnen mit ›STAGG‹ alles Gute wünschen. Brauchen Sie weitere Informationen, hilft Ihnen unser Servicepersonal gerne weiter. So haben wir beispielsweise in unserem Kupferstichkabinett 22 Schattenrisse aus Runges Familien- und Freundeskreis. Auch wissen wir von einer Privatsammlung mit rund einhundertfünfzig Silhouetten aus den Jahren 1798 bis 1810. Sie sehen: »Hamburger Kunsthalle, da bin ich richtig!« Bis dann!‹

Gerührt wischte sich Mathilde die Tränen aus den Augen und strich über den alten Katalog. Also Luise! ›Was machst du nur immer mit deiner alten Mutter!‹, dachte sie und schlug das Schauwerk willkürlich auf:

›Schattenrisse, Scherenschnitte und frühe Zeichnungen.

… Eine Art Nützlichkeit erhielt diese Beschäftigung durch Hervorbringung von zierlichen Leuchterbehängen (s. g. Lichter-Manschetten), auch Kränzen auf Kuchentellern, in Laub und Blumen ausgebildet, und damit hat er bis in sein letztes Lebensjahr so manche Freundin beschenkt; auch mit Ranken zu Strickmustern u.s.w. Besonders weiterhin in Hamburg schnitt der im pommerschen Wolgast Geborene Portrait-Köpfe und Figuren, sowie alles Denkbare aus, und verstieg sich bis zu den (in Konturen wenigstens) komponierten Landschaften, kam aber bald auf das eigentliche Fach für diesen Kunstzweig, die Blumen, worin er, was sich nur als möglich denken lässt, erreicht hat, häufig die feinsten und zartesten Teile der Blüten und Pflanzen mit dem edelsten Geschmack nachbildend, z.B. auf Spaziergängen gleichsam botanisierend, und den Gegenstand bis zur Wurzel hinab verfolgend, übte; man glaubte fast die Gewächse sich bewegend und mit ihren Farben zu sehen.

… anfangs zum Aufkleben als Tapetenborde in einem Zimmer bestimmt gewesen. Er fertigte dergleichen in den zerstreuendsten Momenten, sich dabei über jeden anderen unterhaltend, und das entstehende Gebilde schien sich bei dieser gleichsam plastischen Kunstübung fast wie selbsttätig unter der Schere in seiner Hand zu bewegen.

… Zu den Anfängen der bildnerischen Tätigkeit zählt Daniel auch das ›Zeichnen von Schattenrissen‹ in den späten achtziger Jahren. Runge nimmt damit an der bürgerlichen Silhouettierwut teil, die in der zweiten Hälfte des 18. Jahrhunderts ganz Europa ergriff. Etienne de Silhouette, der Finanzminister Ludwigs XV., sah in der Portraitminiatur ein Luxusobjekt, weshalb er den sparsamen Schattenriss propagierte. So wurde er zum Namensgeber der Bildgattung.

… Das Umrissbild gewinnt seine Verlässlichkeit von einem Verfahren, welches die älteste Technik der visuellen Dokumentation, den Abklatsch, weiterentwickelt. (Plinius sah im Schattenriss den Anfang der Malerei und der Portraitplastik: ›Die Tochter des sikyonischen Töpfers Butades malte den Schattenriss ihres scheidenden Geliebten bei Licht an eine Wand, ihr Vater belegte den Umriss mit Ton, brannte das dadurch entstandene Tonrelief und erhielt so die erste Plastik.‹) Der Zeichner nimmt den auf den Bildträger geworfenen Profilschatten des Modells ab und verkleinert ihn mit Hilfe des Storchenschnabels oder eines Rasters auf das gewünschte Miniaturformat.

… Lavater nannte den Schattenriss ›das schwächste, leerste, aber zugleich das wahrste und getreueste Bild, das man von einem Menschen geben kann.‹

… am Rande des schwarzen Flächenkontinuums weiß Runge zarte, durchbrochene Kunstgebilde, Schleier, Schleifen, oder Rüschen. Darin bekundet er sein frühes Interesse am zierlichen, schmückenden Beiwerk.

… Aus dem Orient kommend, war der Papierschnitt schon im 17. Jahrhundert in Deutschland heimisch geworden. Aus hellem Papier oder Pergament wurden ornamentale Erfindungen, Landschaften und Genreszenen geschnitten, in den Klöstern machte man kleine Andachtsbilder. Mit der Verbreitung der Bildnissilhouette wich das helle dem dunklen Papier.

… gemeinsamen Ursprung anzutreffen: der bürgerliche Alltag und die Natursymbolik.

… und aus der Gestensprache der Schattentheater bezogen haben.

… Die ersten Blumenzeichnungen zeigen die ›Pflanze als Einzelgewächs‹. Dieses Isolieren ist nicht unbedingt als künstlerischer Entscheidungsakt zu sehen: die Kenntnis botanischer Sammelwerke könnte es ihm nahe gelegt haben. Hier, in der nachsichtigen Wiedergabe eines in sich ruhenden Gebildes, ist Runges Hand sicherer als im Umgang mit den körperlichen Verwicklungen der Menschengestalt, hier zeigt sich auch seine Fähigkeit, organische Vielfalt überschaubar zu machen. Die Blumenschnitte, in Daniels Urteil das ›eigentliche Fach‹ des Scherenschnitts, schließen sich wahrscheinlich an die Genregrenzen an.

… Später dürfte Runge sich ganz auf den Blumenschnitt konzentriert haben. Sein Ruf auf diesem Gebiet erreichte auch Goethe, der ihn am 2. Juni 1806 um eine Bildnissilhouette und einige ausgeschnittene Blumen bat. Am 17. September antwortete Runge, zu einem Portrait fehle ihm die Zeit, weshalb er bäte, mit einer Zeichnung vorlieb zu nehmen. Nichts zeigt deutlicher, dass für Runge Zeichnung und Schattenriss einander ebenbürtig waren.

… Alles das wird von einer geschmeidigen Linearität zusammengehalten und auf einen Flächenrhythmus gebracht.

Werner Hofmann.«

Verwirrt, sich aber irgendwie gehoben fühlend, blätterte Mathilde weiter. Sie sah sechs Schattenrissbilder, die die Familie Runge darstellten, Tierszenen, spielende Katzen,

Kinderszenen, Balgereien, einen Reiter, einen Knochenmann mit Sense vor einer Frau, und dann sah sie den weißen Scherenschnitt auf grauviolettem Papier, der einfach nur mit ›Sommertag‹ betitelt war.

Welcher Wahnsinn! Mathilde beugte sich vor und musterte die beiden hohen Bäume aufs Genauste, unter denen sich winzige Pferde, spielende Kinder und Eltern fanden. Eine hügelige Landschaft, auf der ohne Zweifel eine Eiche verschlungen nach links und eine schmale Birke nach rechts wuchsen. Zwischen ihnen war ein Steg über einem Bach. Ein Kind sprang ins kühle Wasser. Mathilde hielt inne mit der Betrachtung. So also könne es gelingen, erkannte sie.

Sie müsse den alten *Stagg* mit einem Raster verkleinern und so erhalte sie eine Miniatur von ihm. Bei der Eiche konnte sie sehen, dass ein Ast tot war, während die anderen in voller Blüte standen. Alles sei mit dieser Methode möglich, durchfuhr es sie. Jede noch so kleine Kleinigkeit könne sie so darstellen. Sie müsse nur diese alte Technik lernen. Sie könne den zweiundsiebzig Meter hohen *Stagg*, der auf ihrem Poster ein Meter siebzig war, noch einmal um die Hälfte verkleinern. Sie müsse ihn aus dem Poster schneiden, ihn in einen Rahmen spannen, eine Lampe platzieren und *Staggs* so verkleinerten Schatten auf eine dahinter stehende Leinwand zeichnen. So brauche sie dann nur noch diesen Schattenriss mit der Nagelschere ausschneiden. Ach, was! Mathilde wollte sich eine neue Schere kaufen, eine kleine, die filigran schneiden konnte.

Sie hatte den Telefonhörer schon in der Hand, tippte auf den Buchstaben ›B‹ des Speichers, wartete und sagte: »Luise, du bist verrückt! Ich danke dir von Herzen! Das war vielleicht eine Überraschung mit dem Katalog!«

»Das freut mich«, hörte sie Luise mitten in einem mächtigen Rauschen: »Wir telefonieren heute Abend, das kostet doch Unmengen, mich auf meinem Handy anzurufen. Ich rufe dich an, von der Brücke des Walfängers aus. – Freut mich, dass es dir gefällt! Bis dann!«

Mathilde nickte und legte auf, nachdem ihre Tochter die Verbindung unterbrochen hatte.

Den ganzen Abend blätterte sie in dem dicken Katalog, blieb an den Scherenschnitten von Nelken, Glockenblumen, Tulpen, Rosenzweigen, Cayennepfeffer, Hopfenranken, Johannisbeeren und Wiesengräsern hängen und vergaß den dicklichen Jungen, der stumm am Zaun wartete, bis seine Mutter ihn kurz vor zwanzig Uhr vom Kindergarten abholte.

»Das ist das Schicksal von Tausenden, dass sie nicht geboren werden«, sagte Luise zu Tommy: »Du bist vielleicht nur durch ein Wunder der Abtreibung entkommen.«

»Es handelt sich aber doch darum, alles, egal was, mit einer Intensität zu lieben, dass alles, egal was, mit einer gleichmäßig starken Schönheit erfüllt wird«, antwortete Tommy ihr leise und schüchtern: »So erlangt man Gerechtigkeit, heißt es.«

Luise schüttelte den Kopf und sagte: »Was für ein schlauer Bursche, dieser Tommy Rahr an meiner Seite. Viel zu schade für diese Walfänger!«

Sie zog ihn zu sich und gab dem Verdutzten einen Kuss auf die glutrote Wange. Dann lachte sie und stieß ihn weg. Verwirrt ließ sie den Jungen zurück und ging zum Heck, wo sich die Mannschaft versammelt hatte und auf sie wartete.

»Na los!«, rief sie dem Bootsjungen zu, ohne sich umzudrehen: »Du auch! Alle, habe ich gesagt!«

Tommy nickte, und als er wenig später auf dem Heck stand, konnte er ihrer Ansprache nur schlecht folgen. Immer wieder fiel sein Blick auf die Lippen, die ständig in Bewegung waren. Tommy wünschte sich, Luise solle sie stillhalten, nur ein einziges Mal, damit er sie sich einprägen könne. Denn dass sich so etwas noch einmal wiederholen würde, das glaubte er nicht. So blöde war er nun auch wieder nicht!

Was nur in diese Frau gefahren war? Tommy stellte sich breitbeinig hin, die Hände hinterm Rücken verschränkt, genau wie der Kapitän.

»Ihre Reederei hat mich nun aber mal auf Ihren Walfänger geschickt, meine Herren, mich und mein Team. Wir werden für Ihre Sicherheit sorgen. Sie machen Ihre Arbeit und wir machen unsere. Zu meiner Arbeit gehört es, Ihnen einen kurzen Überblick über die Arbeitsweise von modernen Piraten zu geben. Diese ähnelt der Arbeitsweise der Greenpeaceaktivisten bis zu einem gewissen Punkt, meine Herren. Einen Punkt, den wir alle kennen! Welcher?«

Sie musterte die Reihen der vor ihr stehenden Walfänger, aber niemand meldete sich. Sie sah Tommy an, munterte ihn mit einem Blick auf, der aber senkte schnell den Kopf.

»Es ist der wichtigste Punkt. Die *Bunten*, wie wir sie gerne nennen, kommen nicht an Bord, um Gefangene zu machen und um Geld zu erpressen. Doch alles, was sich davor abspielt, stammt aus dem gleichen Handbuch. Es ist das Handbuch der Piraterie, geschrieben von den Gottlosen selbst! – Doch zunächst stelle ich Ihnen mein Team vor. Das ist mein Stellvertreter. Thomas Stravic, ehemaliger Gebirgsjäger der tschechischen Armee im Range eines Oberleutnants.«

»Warum ist er da nicht mehr?«, fragte der Harpunier. »Ehemalig, das klingt immer so ein wenig nach Pfusch.«

»Die Tschechen haben nichts weniger als ihre Armee nach dem Zusammenbruch des Ostblocks verkleinert. Fehlende Geldmittel und die Aufnahme in die Europäische Union spielten dabei eine übergeordnete Rolle«, sagte Luise: »Und aus den gleichen Gründen, die von ihnen nicht zu verantworten sind, wurden auch die beiden Zwillinge Oleg und Bolek Opkurow ehrenvoll, wie ich betone, aus dem aktiven Armeedienst entlassen, in dem sie den Rang eines Leutnants bekleideten. Die Männer stehen unter meinem Kommando, weil ich eine ausgebildete Kampfschwimmerin bin. In der deutschen Bundesmarine hatte ich den Rang eines Leutnants inne. Auf persönlichem Wunsch bin ich ausgeschieden.«

»Warum?«, fragte der *Baske*. »Zu viele Männer?«

Er grinste, als er die anderen Walfänger lachen hörte.

»Das auch«, sagte Luise: »Aber was soll man machen, kriegt man eben nicht alle weg!« Im gleichen Augenblick zog sie die Standardpistole aus dem Halfter, ging leicht in die Knie, lud blitzschnell die Waffe durch und entsicherte sie, bevor sie, beide Hände an der Pistole, auf den Fahnenmast zielte, der sich hinter den Walfängern an der Heckreling befand. Die Männer duckten sich unwillkürlich, nur der Harpunier blieb unbeweglich stehen. Er und sein Zimmergenosse Tommy Rahr, der noch immer an etwas ganz anderes dachte, zeigten keine Reaktionen.

»Meine Herren Walfänger«, sagte Luise: »Man legt das Handgelenk in die freie Hand, so gewinnt man Ruhe und Stabilität. Die Ellenbogen drückt man nicht ganz durch, damit der Schuss in den Schultern nachfedern kann. Man zielt nach jedem Schuss neu. Wenn man auf Dauerfeuer gestellt hat, dann gibt man immer nur kurze Feuerstöße, nie ballert man das ganze Magazin leer, weil sich die Waffe dann verselbständigen würde. – Was Herrn Schwarzenegger im Film immer gelingt, das gelingt auch nur ihm.«

»Na«, sagte der Harpunier: »Jetzt reden wir aber von halbautomatischen Maschinengewehren, aber was Sie da in der Hand halten, kleine Lady, das ist eine stinknormale ›Makarov‹, Kaliber zwölf Millimeter.«

»Spezialkaliber neun Komma zwei mal achtzehn Millimeter, fette Lady«, sagte Luise und hielt einen Moment inne.

Die Walfänger lachten, ehe der Harpunier sie mit einem harten Blick zum Schweigen brachte.

»Wie dem auch sei«, fuhr Luise fort: »Im Ernstfall müssen Sie Sicherheitsteams bilden. Daher müssen wir jetzt die komplette Mannschaft in Teams zu je vier Mann aufteilen. Kapitän, wie viele Besatzungsmitglieder?«

»Zweiunddreißig.«

»Bootsjunge, zweiunddreißig durch vier?«, fragte Luise, und Tommys Gesicht wurde wieder rot: »Zweiunddreißig durch vier: acht. Acht!«

»Also acht Teams«, sagte Luise, ohne auf Tommys Verwirrung Rücksicht zu nehmen: »Die wichtigsten Teams sind das auf der Brücke, die an Bug und Heck, sowie das im Maschinenraum. Ich schlage vor: Team Eins: der Kapitän, ein Matrose als Steuernder und zwei Walfänger als Brückenabwehrwache. Herr Kapitän, wenn Sie bitte ihr Sicherheitsteam zusammenstellen?«

Sie sah ihn nicken und stumm auf drei Männer zeigen, die sich sofort zu ihm gesellten. Keine Diskussionen, keine Worte, die klare Sprache der Handelnden, das gefiel Luise. Sie nickte und sagte: »Team Zwei: der Erste Offizier, der Bootsjunge, zwei Mann von den Fängern. Bitte.«

Auch der Erste Offizier deutete schweigend auf die Betreffenden, die sich sofort zu ihm stellten, ehe Luise den Blick auf den *Basken* richtete: »Team Drei wird von Ihnen geleitet, Chefharpunier. Wenn ich um Ihre Auswahl bitten darf, drei Walfänger.«

Der Harpunier nickte und befahl: »Du! – Du! – Du! – Herkommen!«

»Das Team Vier ist das einzige, das sich während eines Überfallversuches unter Deck befinden wird. Es besteht aus dem Maschinisten, dem Hilfsmaschinisten, dem Smutje und dem Funker«, sagte Luise und sah auf den Maschinisten, dem sie so das Kommando über das Team Vier übergab.

»Der Funker hat seine Funkstation aber hinter der Brücke!«, sagte der Maschinist und sah dabei den Kapitän an, der grinsend die Schultern hob und sagte, der Mann solle sich an die Expertin wenden.

»Der Funker wird im Funkraum selbständig arbeiten, das heißt, er wird versuchen, Hilfe zu rufen«, sagte Luise: »Da es sich um einen der wichtigsten Posten handelt, versuchen Piraten immer als erstes, die Funkverbindung zu stören, das heißt, den Funker in Gewahr zu nehmen. Der Funker wird also in seinem Arbeitszimmer eingeschlossen sein. Seine Tür wird verbarrikadiert sein, so dass er völlig autark arbeitet. Er steht zwar unter Ihrem Kommando, Hauptmaschinist, aber er wird nichts mit Ihnen zu tun haben. Da die Brücke jedoch genauso wichtig ist, wird hier jeder Mann gebraucht. Es bleibt also nur, den Funker in Team Vier unterzubringen, auch wenn er diesem Team nicht helfen kann. Im Gegenteil! Er muss, von der ganzen Operation unbeeindruckt, so lange wie möglich arbeiten können. Es wird also in der Hauptsache die Aufgabe von Team Vier sein, dem Funker den Rücken freizuhalten. Team Vier ist hauptsächlich dazu da, die Piraten vom Funkraum fernzuhalten. – Doch zu den Aufgaben kommen wir, wenn die Aufteilung beendet ist, meine Herren.«

»Verstehe«, sagte der Hauptmaschinist: »Schon klar.« Er sah den Smutje an und meinte, er solle die gusseisernen Pfannen also auf jeden Fall zum Einsatz mitbringen.

Lauthals lachte Tommy los, weil er sich vorstellte, wie der dicke Koch mit zwei riesigen Pfannen im schmalen Längsgang die Piraten wegwischte und rief: ›Hier kommt keiner durch! Hier nicht!‹

»Schnauze!«, bellte der Smutje den Bootsjungen an, der erschrak und sofort verstummte: »Sonst Beule an Kopf. Beule größer als Kopf! Klar wie Kloßbrühe!«

Luise teilte die anderen vier Teams ein und verteilte die Aufgaben. Bei einem Angriff habe Team Eins sofort einen Schlingerkurs einzuschlagen und den anstürmenden Booten auszuweichen. Außerdem müsse dieses Team sofort die Brücke von innen verschließen. Bretter vor die Fensterscheiben und alle Schotts verrammeln.

Team Zwei müsse sofort den Fang kappen, falls die *Rimbaud* Wale hinter sich herziehe, die erst noch verarbeitet werden sollten. Team Zwei habe die Backbordseite des Hecks unter Kontrolle zu halten. Am Heck sei die Gefahr am größten, gekapert zu werden, daher komme Team Fünf zu Hilfe, das die Steuerbordseite zu übernehmen habe. Hauptaufgabe der beiden Teams sei es, die Heckklappe so schnell wie möglich hochzufahren, damit durch diese offene Luke, durch die im Normalfall der Wal aufs Schiff gezogen werde, niemand eindringen könne.

Team Drei habe den Bug zu bewachen. Da der Bug am höchsten liege, sei ein Kaperungsversuch hier zwar am unwahrscheinlichsten, aber am Bug befinde sich auch die Walharpune. Der Harpunier solle mit seinen Leuten sofort auf die anstürmenden Boote feuern. Er solle die Sprengmunition einsetzen, die er sonst verwende, um den schon harpunierten Wal mit einer eingeschossenen Sprengladung zu töten. Bei dieser Abwehrmaßnahme gelte, erst zwei Schüsse vor den Bug, dann gezielter Beschuss.

Der *Baske* nickte ernst. Das Geheimnis seines Berufes sei es sowieso, sich das zu Tötende niemals als Lebendes vorzustellen. Für ihn müsse alles nur Zielscheibe bleiben. Schwimmende Zielscheiben eben, der Hauptharpunier lockerte sich schon mal in den Schultern.

Team Sechs, Sieben und Acht seien mit der Sicherung

der Flanken des Schiffes betraut. Sechs nehme die Backbordseite, Sieben die Steuerbordseite und Acht teile sich auf, um beide Teams zu unterstützen. Team Acht solle sich zuvor einigen, am besten gleich jetzt. Dabei müsse Team Acht bedenken, es könne auch der Fall eintreten, dass das gesamte Team dem Steuerbord- beziehungsweise dem Backbordteam helfen müsse. Flexibilität sei dann das Gebot der Sekunde! Luise ließ den Blick auf den Männern ruhen, die stumm blieben.

»Noch Fragen, meine Herren?« Sie sah die Walfänger an, die sich in die Vierergruppen aufgeteilt hatten und sich gegenseitig Blicke zuwarfen, um festzustellen, wer die *Arschkarte* gezogen habe und wer das *verdammte Glücksschwein* sei.

»Eine Frage bleibt«, meldete sich Tommy, dem sie schon die ganze Zeit durch den Kopf gegangen war.

»Ja, Bootsjunge Rahr?«, fragte Luise und nickte ihm zu.

»Wo bleiben Sie, und was tun Sie während des Überfalls?«, fragte er besorgt und sah sie mit großen Augen an, ehe er sich mit einer Kopfbewegung die langen Stirnhaare zur Seite warf und instinktiv lächelte.

»Ja, genau!«, sagte der *Baske.* »Und ihr schiebt euch einen Lenz? So sieht euer Job also aus?«

»Nicht ganz so einfach«, sagte Luise: »Wir vier sind bei der geringsten Gefahr auf dem Brückendach, von wo aus wir mit gezielten Feuerstößen operieren und notfalls einzelnen Trupps zu Hilfe kommen können, wobei wir aber glauben, dass wir das nicht müssen. Wir koordinieren von oben aus, um gegebenenfalls mit unseren restlichen Mitteln den Angriff abzuwehren.«

»Welche Mittel wären das?«, Tommy wollte sich so schnell nicht zufrieden geben. Beruhigt war er noch immer nicht. Auch wenn sie dann da oben auf der höchsten Stelle des Schiffes war, Sicherheit war doch etwas anderes!

»Ja, genau!«, stellte sich ihm wieder der *Baske* zur Seite: »Welche Mittel wären das, verdammt noch mal?«

Und kaum hatte Luise Thomas zugenickt, da sprang dieser mit zwei, drei Sätzen vom Fangdeck über die Trawlbrücke, nur um aufs Brückendach zu kommen, von dem aus er mit einem einzigen Satz wieder beim Kapitän war, der an der Heckreling stand, ihm andeutungsweise einen Kinnhaken verpasste und zwei Sekunden später die anderen drei Männer des Teams Eins außer Gefecht gesetzt hatte.

Thomas richtete sich auf, nicht ein einziger Schweißtropfen fand sich auf seiner Stirn, und half den überrumpelten Männern, die auf den Rücken lagen und leidenschaftlich fluchten, wieder auf die Beine.

»Verstehe!«, sagte Tommy, und der Harpunier nickte, als er beipflichtete: »Alles klar, verdammt noch mal!«

»Danke, Thomas. Drei Minuten länger als sonst?«, fragte Luise: »Rheuma?«

»Ein Walfänger ist eben kein Frachter«, sagte Thomas. »Hier gibt's verdammt viele Ecken und Kanten.«

»Jawohl, das ist wahr!«, sagte der Kapitän, ehe er anmahnte, zum Ende zu kommen, er werde fürs Fangen bezahlt, nicht fürs Staunen.

»Nun gut«, sagte Luise: »Die Einzelheiten besprechen wir also später, jetzt der Überblick. Erfolgt tatsächlich ein Übergriff, dann werden sofort nach Teambildung sämtliche Außenschotts verschweißt. Das gilt insbesondere für die Brücke und für den Funkraum. Die Brücke wird von innen verschweißt, der Funkraum von außen im Längsgang durch den Hilfsmaschinisten. Das ist die erste Aufgabe! Notfalls üben wir das. Piraten sind zwar mit Schweißbrennern ausgestattet, aber es wird sie wertvolle Minuten kosten, in denen wir ihnen den Garaus machen können. Oberstes Ziel ist es, keinen einzigen Piraten innenbords kommen zu lassen. Piraten sind in der Lage, ein Schiff innerhalb von nur vier Minuten zu kapern, daher werden wir vom Sicherheitskommando unablässig am Ausguck stehen, der auf dem Brückendach eingerichtet wird, sofern wir da nicht stören, Kapitän? – Sehr gut! – Die Piraten wollen und müssen immer zuerst auf die Brücke, aber nicht mit uns! Des Weiteren bringen wir Außenlautsprecher an, über die wir im Notfall einen Höllenlärm veranstalten können. Wir schützen unsere Gehörgänge natürlich entsprechend. Die erste Maßnahme, die wir sofort ausführen, werden so genannte *Dummys* sein. Wir stellen puppenähnliche Gebilde auf, die wir an der Reling befestigen. So denken die Beobachter, dass sie selbst beobachtet werden. Das schreckt zunächst einmal potenzielle Angreifer ab, denn den Vorteil des Überraschungsmoments können sie sich nicht vergeben. Wollen sie aber trotzdem noch an Bord kommen, dann beschießen wir sie als erstes mit Wasserkanonen, gebaut aus Feuerabwehrschläuchen, um sie so am Klettern zu hindern und von der Außenhaut des Schiffes zurück ins verdammte Wasser zu fegen. Sind sie trotz aller Abwehrmaßnahmen an Bord, so überlassen Sie unbedingt uns den Kampf ›Mann gegen Mann‹, wir haben die nötige Ausbildung. Sie sind natürlich auch alle mutige Kerls und Helden der See, aber wir haben es nun mal gelernt. Zum Beispiel sieht es vor Somalia so aus, dass bis zu achthundert Trawler mit Langleinen nach Thunfisch fischen. Es gibt dort ja dieses riesige Fanggebiet, das niemandem gehört, weshalb dort auch fast alle Nationen der Welt die Thunfischschwärme jagen, die dort besonders häufig vorkommen. Nun, Piraten entern solche Trawler wie diesen hier nur allzu gern, um sie als Mutterschiffe für ihre eigentlichen Angriffe mit Schnellbooten gegen wertvolle Frachter zu nutzen. Die Besatzungen der Trawler sind dabei Nebensache. Sie werden oft getötet. Sind diese Trawler zu Mutterschiffen geworden, so wird die Brücke benutzt, um mit dem Funksystem ›AIS‹ die Beute ausfindig zu machen. Mit ›AIS‹ kann man jedes Schiff zu jeder Zeit überall auf der Welt finden. Jedes große Schiff ist damit ausgerüstet, um Kollisionen zu verhindern. ›AIS‹ sendet aber leider auch Informationen zur Größe, zur Fracht und zur Geschwindigkeit, verschickt also genau die Informationen, die die Piraten brauchen, um auswählen zu können. Ist ein wertvolles Schiff in ausreichender Nähe ausgemacht worden, werden die auf den Mutterschiffen stationierten Schnellboote zu Wasser gelassen, und im Negativfall ist ein Frachter innerhalb von vier Minuten gekapert. Sie sehen, es gibt nichts Unauffälligeres als so einen Trawler unter achthundert Trawlern, die kreuz und quer fischen. Die Piraten kämpfen heute mit Panzerfäusten und Schnellfeuergewehren, die sie aber nur gegen die Frachter selbst einsetzen. Die Fischtrawler brauchen sie ja unbeschädigt, damit kein Aufsehen mit ihnen erregt wird. Sie sehen, auch Trawler haben für Piraten einen Wert. Es ist der Wert der absoluten Tarnung, meine Herren!«

Der *Baske* konnte nicht länger an sich halten, er räusperte sich, ehe er sagte: »Nun ist aber gut mit der Schwarzmalerei. So etwas bringt Unglück an Bord! Nur zwei Sachen, zwei kleine Fakten: Wir sind nicht vor Somalia, wir sind vor Spitzbergen. Uns suchen keine Piraten, uns sucht nur *Greenpeace*, um ein paar Aufnahmen zu machen. Piraten! – Ich glaub, es hakt!«

»Punkt eins: vollkommen richtig. Punkt zwei: halb richtig. Wir werden zwar von den *Bunten* verfolgt, Ihre Reederei geht aber davon aus, dass diese Verfolger nicht länger in friedlicher Absicht kommen. Ein Überfall ist real, weil der Bestand der Wale dramatisch zurückgegangen ist. *Greenpeace* meint, es gebe nur noch ein paar Dutzend Wale. Die

Gefahr des Aussterbens sei heute so groß wie noch nie, meint *Greenpeace*!«

»Falsch!«, nahm der Kapitän sofort Stellung: »Falschmeldungen, die wir nun schon seit Jahrzehnten immer wieder hören. Ich erinnere mich an das Jahr neunzehnhundertachtundsiebzig, als man meinte, die Wale seien ausgestorben. Und wir fingen hier, bisschen weiter nordöstlich, an nur einem Tag siebenundzwanzig prächtige Wale! An nur einem Tag! Es ist doch so, dass man den Wal gar nicht ausrotten kann, so ist das doch! Der ist doch viel zu schlau für uns! So ist das doch! Männer, hört nicht auf das Gejammer!«

»Darum geht's uns ja auch gar nicht. Wir erfüllen den Auftrag, der uns gegeben wurde und für den wir bezahlt werden. Wir sind für Ihre Sicherheit zuständig, und glauben Sie uns, wir werden taub und blind für die Argumente der Gegenseite sein!«, sagte Luise.

»Na, klingt doch schon besser«, sagte der Kapitän und nickte der Chefin des Sicherungskommandos verschwörerisch zu.

»Darum sind wir hier«, sagte Luise. »So weit vielleicht erst einmal für den Augenblick als grober Überblick. Die Einzelheiten besprechen wir später in den Teams. Wenn Sie Fragen haben, wir beantworten sie gerne. Nun wollen wir Sie aber nicht länger vom Arbeiten abhalten.«

Sie sah den Männern zu, die nickend verschwanden, und hörte *Güni* zum *Basken* sagen, er habe ganz recht, unken sei schlecht fürs Geschäft. Und dann noch eine Frau an Bord! Das gebe Unheil, großes Unheil werde über sie kommen!

Er solle das Maul halten, meinte der Harpunier daraufhin und nickte Luise zu, als er an ihr vorbeiging. Doch dann blieb er stehen und sagte zu ihr: »Hübscher Bursche unser Bootsjunge, was? Bisschen jung, aber scheiß die Wand an!«

Als Luise von einem Moment zum anderen knallrot wurde, lachte er laut auf und ging grinsend unter Deck. Sollte ihm doch keine etwas vormachen! Er kannte die Frauen! Er wusste eben, was sie dachten und wie sie es meinten! Auch diese Befehlshaberin mit dem Knackarsch werde von seiner Erfahrung schon noch ein gutes Stück abhaben wollen. Sein bestes Stück; lachend schlug er dem vor ihm gehenden Funker auf die Schulter, der fluchend in die Knie ging.

»Smutje! Eine Runde geht auf mich!« rief er durch den Längsgang.

»Ich werde es mir merken!«, sagte der Koch, bevor er in der Kombüse verschwand. In seiner Funktion als Proviantmeister machte er auf der Einkaufsliste zweiunddreißig Striche und legte zweiunddreißig Schachteln Zigaretten bereit. Dann kam er ins Grübeln. Zählten die Bewacher nun mit oder nicht?

Er drehte sich um, ließ sich mit der Brücke verbinden und fragte den Kapitän, ob die offizielle Besatzungszahl jetzt zweiunddreißig oder sechsunddreißig sei.

»Sechsunddreißig, Ende«, kam es nach einer Weile. Nickend legte der Smutje auf und machte vier weitere Striche in der Spalte des Harpuniers. Es machte zwar nur halb soviel Spaß, mit Bier war es eben was anderes, aber so waren die Regeln. Kein Alkohol auf See, der Smutje hielt das für eine wirklich überflüssige Regel, solange der Wal noch nicht blase.

Noch immer war die *Rimbaud* auf dem Weg ins Fanggebiet, Tommy schlenderte übers Oberdeck und suchte Luise. Er hatte sich die erste Frage genau überlegt. Er wollte nicht, dass sie blöde klang. Er wusste, die erste Frage müsse sitzen. Die erste Frage entscheide über den Verlauf des ganzen Gesprächs. Er hielt das Gesicht in den Fahrtwind, die Haare wurden ihm zur Seite gestrichen, als er Luise auf dem Dach der Brücke entdeckte. Sie hielt Ausschau. Allein!

Tommy drehte noch eine Runde um die Brücke, dann kletterte er die Nock hoch, um die drei Stufen zum Dach in Angriff zu nehmen, die als gebogene Stangen ans Metall genietet waren.

Er klopfte gegen das Eisen, Luise drehte sich um und nickte ihm zu.

Sie trug einen ausgeblichenen, olivgrünen Kampfanzug, der an manchen Stellen geflickt war.

Zwei Ferngläser lagen vor ihr. Sie saß im Schneidersitz, ihr Blick tastete den Horizont ab. Tommy stand vor ihr, strich sich das lange Haar aus dem Gesicht und sagte so beiläufig wie möglich: »Bisschen übertrieben der ganze Aufwand, oder?«

Luise sah zu ihm hoch, schüttelte den Kopf und sagte: »Ein Frachter kostet vierundachtzig Millionen Dollar. Die Fracht ist sechsundfünfzig Millionen Dollar wert. Rechne selbst.«

»Was? So viel?«, fragte Tommy, beugte sich interessiert nach vorne und setzte sich Luise gegenüber.

Geschafft, er saß!

»Wirklich eine Menge Geld«, sagte er wie nebenbei.

»Ja«, sagte Luise: »Und das sind alte Zahlen. Etwa schon fünf Jahre alt. Die neuen lassen sie uns gar nicht mehr wissen.«

»Warum nicht?«

»Man könnte auf dumme Ideen kommen.«

»Welche?«

»Von der Abwehr zum Angriff überzugehen, zum Beispiel. Man könnte zur Abwechslung auch einmal richtiges Geld verdienen, wenn du verstehst.«

»Klar verstehe ich, aber so ein Typ bist du ja nicht. Du bist doch ganz in Ordnung«, sagte Tommy. »Und wie du mit den alten Männern umgesprungen bist, fand ich gut. Meinst du, die lassen sich das gefallen? Der *Baske* sah gar nicht so glücklich aus ...«

»Auch an dem gehen die Errungenschaften der Emanzipation nicht spurlos vorbei. Er und seine Leute brauchen eben nur ein paar Jahre länger«, sagte Luise, runzelte die Stirn, tastete nach einem der Ferngläser und hielt es sich wenig später vor die Augen: »Ach, wieder nur eine Yacht! Kannst du mir erklären, warum die Leute hier in der Kälte herumsegeln? Also, ich würde jetzt lieber schön im Mittelmeer sein. Den *Eisernen Steuermann* an und fertig.«

»*Eiserner Steuermann?*«

»Die Ruderautomatik. Als einzigen Laut gibt die immer nur ein ›Klick‹ von sich. Klick, klick, klick ...«

»Klick, klack! Und dann hat's Klick gemacht«, sagte Tommy, stolz auf seinen Einfall. Er grinste und fragte, wie Luise das mit der Emanzipation gemeint habe.

»Du willst das wirklich wissen, Tommy?«

»Klar!«

»Früher haben die Jungs die Schuld für ihre erlittenen Schmerzen fast ausschließlich der nahen Mutter gegeben. Heute geben sie sie auch dem fernen Vater, was es für sie aber nicht leichter macht, weil es in gewissem Maße eine Selbstkastration in Gang setzt.«

Tommy lachte unbeherrscht auf und setzte sich bequemer hin. »Das klingt aber gar nicht gemütlich.«

»Nein, es ist harter Existenzkampf. Es geht um den Fortbestand.«

»Geht es darum nicht immer?«

»Kann sein.«

»Glaube ich auch«, sagte Tommy und sah Luise in die Augen.

Sie nickte und sagte: »Auf keinen Fall wollen die Söhne so werden wie die Väter, die durch Abwesenheit glänzen.

Aber sie fühlen, dass sie doch so sind wie die Väter: Sich lieber gar nicht erst den Frauen nähern, um sie nicht zu verletzen, denken die sich, und das ist dann die Selbstkastration. Darum sind viele von ihnen auf Schiffen wie diesem. Weg, raus aus der Welt der Frauen, weil sie meinen, sie würden die Frauen auch nur so verletzen, wie die Väter es mit den Müttern gemacht haben. Wie gesagt, sie kennen die abwesenden Väter kaum, sie kennen oft nur die nahen Mütter und deren Schmerz und Einsamkeit. Sie kennen nur das Leid der Mütter, das sie anderen Frauen nicht antun wollen. Das *stille Leiden*.«

»Das stille Leiden«, flüsterte Tommy unwillkürlich.

Luise nickte, ein wenig irritiert, und fuhr fort: »Diese Männer wollen eigentlich gar keine Kinder zeugen, weil sie ja nicht wie die Väter werden wollen. Also bleiben sie lieber ganz und gar fern, wenn sie können. – Was aber ist heutzutage das Männliche? Was ist Männlichkeit?«

»Ich schätze, die Antwort ist ganz einfach«, sagte Tommy und sah auf seinen Schoß.

Luise lächelte, während sie sagte: »Ja, das auch! Es ist wirklich ganz einfach. Das Männliche ist das, was von einem Mann erwartet wird. Eigenschaften und Verhaltensweisen, die Männer von Männern erwarten. Eigenschaften und Verhaltensweisen, die den Unterschied zur Frau ausmachen. Das Dumme ist nur, dass Männlichkeit nicht in die Wiege gelegt wird. Sie muss erkämpft werden, täglich, in vielen kleinen Kämpfen mit anderen Jungs und Männern muss sie ehrenvoll erworben werden. Die Anerkennung der anderen Männer zeichnet zum Mann aus. Ein künstlicher Zustand, eine Herausforderung, die es zu bestehen gilt, die auch du bestehen musst.«

»Ich?«

»Ja, darum bist du auf den Walfänger gekommen. Das zeichnet dich aus. Du willst um die Anerkennung kämpfen, auch wenn du scheitern könntest. Du willst das *ehrliche Ringen*.«

»Wirklich? – Das ehrliche Ringen«, flüsterte Tommy ehrfürchtig, ehe er meinte, er sei sich da nicht so sicher wie sie.

»Aber ja, die meisten Jungs und jungen Männer führen ihre Kämpfe heute doch im Computerspiel. Du hingegen hast die reale Gefahr gesucht. Du stehst mit dem Rücken zur Reling, denn du könntest tatsächlich und wirklich scheitern. Du willst die Achtung dieser Walfänger hier, und die wirst du dir erkämpfen. Mir ist nur noch ein Rätsel, wie du das anstellen willst.«

»Warum?«

»Bei den Ärmchen und bei den langen Haaren. Ich meine, ich finde dich ja hübsch, aber ich bin eine Frau. Wenn du den Kerlen allzu feminin kommst, dann werden sie dich abstoßen und gar nicht erst in den Kreis der Wettkämpfe und Spiele lassen.«

»Was?«, fragte Tommy, der bei ›hübsch‹ und ›Frau‹ aufgehört hatte, zuzuhören.

»Na ja, ich schätze, dir wird schon einfallen, worin du besser als die anderen Männer bist. Ich habe da auch schon so eine Ahnung«, sagte Luise und sah Tommy direkt in die Augen.

Zuerst wich er dem Blick aus, doch dann konnte er nicht anders, als sich in ihren Pupillen zu verlieren. Schüchtern legte er eine Hand auf einen ihrer Schenkel. Sein Herz raste.

»Wer den Jungen nicht kämpfen lässt, der kastriert ihn«, sagte Luise leise, wobei sie tat, als habe sie Tommys Berührung nicht bemerkt: »Er muss wirkliche Kämpfe meistern, sonst wird er ein Versager. Kastrierte Jungs werden ihr Leben lang nett sein, nur nicht zu sich selbst. – Weißt du, was beim Stamme der *Fuchsindianer* in Iowa gilt?«

»Nein.«

»Bei den *Fuchsindianern* heißt es, ein wirklicher Mann zu sein, das ist die *Große Unmöglichkeit*. Verstehst du? Für sie ist das ein Ideal. Ein Traumbild. Dabei sind es doch ganz überschaubare Aufgaben, die ein Mann zu erfüllen hat. Er muss fähig sein, eine Frau zu schwängern, er muss fähig sein, die Familie zu beschützen, er muss fähig sein, die Familie zu versorgen. Eigentlich doch nicht zu kompliziert, wenn man es mit den Augen der *Fuchsindianer* sieht, oder?«

»Ich wäre ein sehr guter *Fuchsindianer*«, sagte Tommy und lächelte Luise an, die schon lange nicht mehr auf das Meer achtete: »Ich würde sogar noch einen Baum pflanzen und ein ganzes Buch in dessen Rinde ritzen. Drumherum würde ich einen Garten bauen und an den Garten ein Haus!«

Luise nickte, ließ seinen Blick in ihrem schwimmen, ehe sie sagte: »Du bist gefährlich, Tommy! Die vierte und letzte Aufgabe fehlt aber noch, die einem Jungen gestellt wird, um ein Mann zu sein. Und an der könntest du scheitern.«

»Die wäre?«

»Ein Mann muss sich männlich unter Männern verhalten.«

»Was heißt das?«

»Siehst du! Da haben wir deine Schwachstelle!«

»Was heißt das? – Lass mich dumm sterben, aber nicht jetzt und nicht hier!«

»Das heißt, dass man nicht permanent die Familie beschützen kann. Man kann sie nicht immer versorgen, und man kann nicht immerzu die eigene Frau schwängern. Der Mann muss sich auch unter Männern behaupten, das ist für ihn überlebenswichtig. Weg von der Familie muss er unter Männern sein. Männlichkeit umfasst Symbole, Uniformen, Kampfgesänge, Spielregeln. Ja, alles was du hier findest. Darum habe ich Achtung vor dir. Du bist in die Männerwelt hineingesprungen, als du hier angeheuert hast. Aber wirst du hier bestehen? Sie werden dir nichts schenken! Männlichkeit ist ein Hauptberuf, den sie ausführen müssen. Daher sind sie so sauer auf mich.«

»Auf dich?«

Luise nickte: »Sie fühlen sich in die Ecke gedrängt. Sie können sich ja in Gegenwart von Frauen nicht wie Männer unter sich verhalten. Frauen dringen heute überall in die Männerwelt ein. Sie werden Pfarrer, Offiziere, Schiedsrichter, sie kommen jetzt sogar schon auf Fischtrawler und sind Bewacher! Wo soll das noch enden? Wo sind die Männer denn noch sicher vor den Frauen? Wo können sie noch ungestört Männer sein? Bald nirgends mehr! Und dann? Dann bleibt ihnen nur, sich zu verändern, auch Frauen als Männer wahrzunehmen. Dann aber finden sie Frauen nicht mehr erotisch. Sie werden sich nicht mehr um sie kümmern, sie nicht mehr versorgen und beschützen. Die Frauen werden das selbst tun, und so wird es bald keine Familien mehr geben. Die Kinder, die in ein paar Jahrzehnten aufwachsen, werden keine Familien mehr haben. Sie werden entweder weibliche Vorbilder haben, die sich männlich verhalten, oder männliche, die sich weiblich verhalten. Tja, das wird die neue Lebensform sein: Keine Familien mehr, Ende im Gelände, das meinte ich mit den Errungenschaften der Emanzipation. Die Schuldfrage sollte unbedingt geklärt werden, und nun ist sie geklärt, aber die Antwort gefällt uns allen überhaupt nicht! Wir stecken in der Sackgasse!«

»Mir schwirrt der Kopf«, sagte Tommy. »Du willst mich wohl mit Absicht verwirren?«

»Das glaube ich. – Nein, verwirren will ich dich nicht.«

»Bei mir muss das trotzdem irgendwie anders sein.«

»Warum?«

»Weil ich bei meinem Vater aufgewachsen bin, der davor Seemann war.«

»Davor?«

»Bevor meine Schwester und meine Mutter bei einem Autounfall gestorben sind. – Das bleibt unter uns!«

»Oh, verdammt! Das tut mir leid!«

»Macht nichts, ich kannte sie ja kaum«, sagte Tommy und versuchte zu lächeln, was ihm aber nur schief gelang.

Luise wehrte sich, doch dann erlag sie dem Wunsch, den Jungen zu umarmen und ihn fest an sich zu drücken. Er erwiderte die Umarmung, und minutenlang schmiegten sie sich aneinander.

»Dann bist du wirklich was Besonderes«, flüsterte Luise schließlich und drückte den Bootsjungen weg: »Dann muss man für dich noch eine dritte Kategorie erfinden. Dann bist du kein so leichtes Opfer.«

»Wie meinst du das nun wieder?«

»Na ja, wenn Frauen Männlichkeit vor sich hertragen, dann ist es ja doch nur eine Prothese, wenn sie sich in die Spiele der Männer drängen, dann ist es ja doch nur strategisch. Männer lachen beim Spielen, hast du schon mal eine Frau beim Spielen lachen sehen? Höchstens lächeln, nehme ich an. Männlichkeit nachahmende Frauen sind keine erotische Vorstellung für Männer, Fraulichkeit nachahmende Männer wiederum keine für Frauen. Was ahmst du nach? Was ist deine Kategorie? Männer, die als Jungs bei den Müttern aufgewachsen sind, sind leichte Beute für die neuen Frauen, aber du? Du bist beim Vater aufgewachsen, du bist ein ungezähmtes Raubtier und spielst nur die Rolle des femininen Jungen, weil deine Freunde es auch so tun. Oder? Ich glaube, du gehörst den *letzten Echten* an!«

»Die letzten, echten Männer«, flüsterte Tommy wieder.

»Ja, aber dann müsstest du doch eigentlich Körperbewusstsein haben, komisch! Du müsstest dicke Bizeps haben; komisch.«

»Tja, vielleicht stimmt nicht alle Theorie!«

»Ja, das kann sein, dass du dir deiner noch nicht voll bewusst bist. Bei dir war Männlichkeit schließlich keine Muttersache. Bei dir wurde die Männlichkeit sogar vom Vater an den Sohn weitergegeben. Vorbildlich! Aber auch vorsintflutlich. Tut mir leid, du passt nicht in meine Vorstellungswelt! Du bist was Seltenes!«, sagte Luise lachend, ehe sie wieder mit einem Rundblick den Horizont abtastete. »Ich schätze, du bist Manns genug, um den männlichen Nimbus zu erfüllen: das eigene Leben aufs Spiel zu setzen. Dieser letzten Konsequenz würdest du dich noch stellen, du wärst dann kein Amateurmann. Du wärst fähig, wie ein echter Kerl zu handeln: von einem Moment auf den anderen alles über den Haufen zu werfen. Und das ist es ja, wovor Frauen immer Angst haben. Dass ihre Ehemänner plötzlich den gesamten Lebensinhalt und den ganzen Alltag in Frage stellen, stumm ihre Sachen packen und in die Welt der Männer ziehen, um sich endlich den Wunsch zu erfüllen, den sie seit Ewigkeiten mit sich herumschleppen: Den in der Jugend begonnenen Weg endlich bis zum Ende zu gehen! Egal, ob man nun gewinnt oder verliert! Wieder auf dem Weg zu sein, von dem man der Ehe wegen abgebogen war. Das beherrscht die Träume der Männer. Deshalb konsumieren sie Actionfilme, sehen sich Fußballspiele an, bauen Modelleisenbahnen. So betäuben sie mit diesen Hobbys ihren Urwunsch, den Weg bis zum Ende zu gehen. Die Familienverpflichtungen hinter sich zu lassen und sich den Jungenwunsch zu erfüllen, davon träumen sie. Sie frönen ihren Hobbys, aber glücklich macht sie das nicht. Sie leiden halt nur zum Wohle der Kinder, zur Beruhigung der Frau, zum Abbezahlen der Darlehen. Standhaft harren sie unter der Geißel des Kredits aus. – Dabei wären

in Wirklichkeit doch alle Männer am liebsten Hochseefischer. Ja, und du tust es! Du tust das, wovon du schon
lange geträumt hast. Du tust es und lässt dich nicht davon
abbringen. Noch nicht. Also, wer bist du Tommy Rahr?
Was bist du?«

»Ich weiß nur, was ich sein werde! Ich werde einst einer
der letzten Hochseefischer sein! Davon werde ich später
erzählen! In Büchern. Ich notiere mir alles. – Aber deine
Sätze, die haben mich verwirrt, das musst du mir alles,
fürchte ich, noch einmal genau erklären.«

»Lieber nicht! Ich habe schon zuviel gesagt!«

Tommy nickte, und woher er auf einmal den Mut hatte, ganz dicht an Luise heranzukommen und sie zärtlich
auf die Lippen zu küssen, wusste er nicht. Und es war ihm
auch egal, als er ihre Zunge in seinem Mund spürte und
im Schwanz sein stark pulsierende Blut.

Sie gab Tommy einen Kuss, kam von der Pritsche herunter
und zog sich an. Sie spürte, wie er ihre Brüste musterte,
und hüpfte ein paar Mal, während sie sich die Hose anzog. Wie verträumt er grinste! Luise musste einfach noch
einmal zu ihm hingehen, ihn küssen, ehe sie ihm einen
leichten Klaps gab und ihn aufforderte, auch endlich auf-
zustehen und sich anzuziehen.

Sie kam zuerst aus dem Krankenzimmer und ging in die
Messe. Noch immer war die *Rimbaud* auf dem Weg ins
Fanggebiet, Luise sah den Raum mit Männern überfüllt.
Dicke, unwirsche Männer, die ihre Langeweile nicht ver-
stecken konnten, die wohl gar nichts kaschieren konnten.
Sie saßen da, schwiegen, tranken Kaffee und rauchten eine
Zigarette nach der anderen. Einige hoben den Blick, als
sie hereinkam, aber die meisten nahmen keine Notiz von
ihr. Sie holte sich an der Ausgabe einen Tee, ging zu ih-
ren Kameraden und sah wenig später, wie Tommy herein-

kam, sich einen Kaffee zog und sich zum *Basken* setzte,
der dem Jungen kräftig auf die Schulter schlug, was ihr
gar nicht gefiel. Schon waren ihre Oberschenkelmuskeln
angespannt, ehe sie sich zur Ruhe zwang. Sie musterte den
Chefharpunier: klein wie die meisten Bergbewohner aber
ein Brustkorb wie ein Stier. Und Oberarme wie ein Goril-
la. Das wäre doch mal ein Gegner! Luise lächelte, pustete
auf den Tee und hörte den Ersten Offizier fragen, ob das
nicht übertrieben sei.

Sie sah Thomas bedächtig den Kopf schütteln, dann
sagte er: »Heutzutage jagen maskierte Piraten mit Schnellbooten die größten Frachter die ganze Nacht hindurch,
wenn es sein muss. Sie entern mit Hilfe von Wurfankern
und Bambusstangen. Minuten später ist die Crew über-
wältigt, der Safe leer. Sie sind ruck, zuck wieder in ihren
Booten und zählen in der Schwärze der Nacht ihre Beute.
Also jeder, der sein Boot mit einem zusätzlichen Motor
ausrüsten und sich Bambusstangen und Wurfanker besor-
gen kann, der kann Pirat sein. Diese Boote haben neunhundert PS! Überfälle finden meistens von Donnerstag bis
Sonntag statt, weil die Männer dann frei haben. Es ist für
sie mehr ein Wochenendjob, verstehen Sie, *Eins O*? Der japanischen Wirtschaft zum Beispiel kostete diese Piraterie
in der Straße von Malakka in den letzten fünf Jahren vier-
hundertzwanzig Millionen Dollar! Die Malakkastraße
galt lange als die gefährlichste Ecke der Welt, doch heute
ist es die Küste vor Somalia. Aber da, vor Malakka, diese
Tausenden zerklüfteten Inseln, da kommen die Piraten sogar am Tag und bekommen wenig später Unterschlupf von
den eigenen Behörden, denen sie etwas vom Fang abgeben.
Piraterie wird dort von den Politikern und Beamten ge-
deckt, tja, und was will man dagegen machen?«

»Heavies engagieren, Sicherheitsleute wie uns«, sagte
Luise: »Mittlerweile gibt's schon Agenturen, die unsereins

zur Piratenabwehr vermitteln. Ehemalige Soldaten und Söldner, gutes Personal! Oder man richtet sich eine *Piratenbörse* ein. Gibt ihnen das wenige Geld, und sie sind zufrieden, so geht's mit den meisten Piraten noch glimpflich ab, weil sie privat arbeiten. – Jim hat erzählt, im November haben die Arbeiter der ›Guandong Shunde Shipwrecking Company‹ beim Abwracken des Siebzehntausend-Tonnen-Frachters *Hai Shin* einen starken Verwesungsgeruch bemerkt. Sie machen die schweren Schotts der begehbaren, abgestellten Tiefkühlkammern auf und finden, jeweils zu Zehnerpacks verschnürt, die nackten Leiber der Besatzung aufgestapelt: Keinerlei Merkmale zur Identifizierung mehr da!«

»Scheiße!«, sagte der Kapitän der *Rimbaud*: »Das heißt, Kopf ab? Hände und Füße ab und über Bord damit?«

»Genau. Keine Opfer, keine Tat! Und den Rumpf als Abschreckung dalassen«, sagte Oleg, und sein Bruder nickte ernst: »Es ist ja so, Piraterie hat enorme Zuwachsraten. Zweitausendeins wurden nur dreihundertfünfunddreißig Schiffe angegriffen, wobei lediglich zweihunderteinundvierzig Seeleute ums Leben kamen …«

»… alles ehrliche Männer. Zivilisten, die einfach ihrem Job nachgingen«, sagte Bolek und nickte, als sein Bruder fortfuhr: »Heute sind es hundert Mal mehr Überfälle, aber eines ist gleich geblieben: Keine Polizei der Welt kann etwas dagegen tun, weil die Überfälle immer außerhalb der Hoheitsgewässer der Länder stattfinden. Auf der offenen See gibt es keinen Schutz, weil hier ein rechtsfreier Raum ist. Wo kein Richter ist, da ist kein Staatsanwalt, und erst recht ist da kein Henker. Man weiß immer noch nicht, wer überhaupt ermitteln soll! Welches Land? Wie überwachen? Auf See ist noch alles wie vor fünfhundert Jahren, nur tödlicher! Dabei werden fünfundneunzig Prozent des Welthandels über die Meere abgewickelt! Was da für

Werte schwimmen! Ungesichert! – Malakkastraße, vor den Philippinen, die ganze afrikanische Küste, die Karibik und neuerdings auch das Mittelmeer, das sind die gefährlichsten Ecken. Sechzehn Billionen Dollar gehen dem Welthandel pro Jahr durch die Piratenüberfälle verloren! Aber die Rechnung ist veraltet.«

»Die Piraten sind bis an die Zähne bewaffnet, und was haben die Schiffsbesatzungen? Nachts sollen sie Deckbeleuchtung anmachen, Wasserwerfer und *Dummys* positionieren und Reißzwecken verstreuen, weil die Hijacker, die meist bettelarm sind, ja immer barfuß kommen. – Na, ist das nicht eine beruhigende Strategie?«, fragte Thomas, erwartete aber keine Antwort. »Die Piraten werden dabei immer brutaler. Es gibt da nämlich eine zweite Sorte. Die sind von Mafiabanden ausgerüstet, die erpressen und organisieren strategisch das Geld, das auf dem Wasser herumschwimmt, herrenlos herumschwimmt. Diese zweite Sorte ist brutal, schonungslos und kaltblütig. Sie wollen keine Gefangenen machen, weil diese sie wiedererkennen könnten. Sie wollen töten! Sie setzen Granatwerfer und Panzerfäuste ein. Sie verfügen über Sturmgewehre und Panzerbrecher, und statt Rum zu trinken, kauen sie Khat! Khat ist ein Zeug, das macht dich unbesiegbar und schmerzlos! Mit diesem Khat merkst du gar nicht, dass du stirbst, wenn du stirbst! – Diese Piraten sind richtige Angestellte von irgendwelchen Warlords, von korrupten Regierungen, von organisierten Verbrecherringen oder von terroristischen Vereinigungen, die sich so einen leichten Schein verdienen! Wenig Risiko. Sie holen sich die Kohle ab und wollen nur eines nicht: Zeugen! Köpfe ab und über Bord damit! – Und euch ist es sogar verboten, Waffen mit an Bord zu nehmen! Ihr habt Feuerlöschschläuche, Löschkanonen und Feueräxte! Und in der Kantine gibt's noch ein scharfes Küchenmesser! Zum Schreien komisch!«

Doch niemand lachte. Luise musterte das Gesicht des Kapitäns, dessen Augen sich geweitet hatten.

»Die Piraten haben Granaten mit Raketenantrieb, leider kein Witz!«, fuhr Thomas fort, und gerne hätte Luise ihn unterbrochen, aber sie wusste ja, dass es gut war, wenn er ein wenig aus dem Nähkästchen plauderte. Gut für die ›Akzeptanz an Bord‹, wie es im neuen Handbuch hieß. Sie nickte und warf einen Blick auf Tommy, der aber mit dem Rücken zu ihr an der Back saß. Woran er wohl denken mochte? Luise bereute es, ihn mit dem Gerede von den neuen Männerrollen belastet zu haben, dann aber dachte sie, Menschen seien gemeinhin viel belastbarer als man immer so glaube, gerade dann, wenn sie liebten. Ob er verliebt war? Hoffentlich nicht! Oder doch, warum eigentlich nicht? Das Bürschchen könne ihr ja wohl kaum gefährlich werden, ging es ihr durch den Kopf, ehe sie wieder zuhörte.

»Piraten entern meist nicht das Ladedeck, sondern schleichen sich im Radarschatten von achtern heran und greifen vom Heck aus an, indem sie die Wurfanker über die Reling schleudern und hochklettern. Bei euch zum Beispiel ist das Achterdeck abgeschnitten und fällt vom Fangdeck aus vier Meter ab. Das sind also nur dreieinhalb Meter vom Meer aus, die jeder schnell überwinden kann«, sagte Thomas: »Es gibt Syndikate, die haben ihren Sitz mitten in Europa! Beste Londoner oder Berliner Geschäftsadressen! Sollte man nicht glauben, dass die Hintermänner in Europa oder Asien oder in den USA sitzen. Vor Ort heuern sie dann die Piraten an, die auf hoher See hijacken. Ähnlich den legendären Geisterschiffen verschwinden dann ganze Frachter buchstäblich vom Bildschirm. Man braucht nur das ›AIS‹ auszuschalten, und schon gibt es den Kahn nicht mehr. Mitsamt der Ladung und der Crew. Manche Schiffe tauchen Jahre später mit neuem Namen und neuen Papieren wieder auf, aber wie soll man das beweisen? Die Papiere sind echt, ausgestellt von korrupten Regierungen. Die alten Schiffsnamen werden ausgesägt und die neuen Namen aufgemalt. Ein paar Faxe hin und her, und fertig ist das neue Schiff! Das dann immer noch die alte Ladung führt. Die wird ganz normal in China verkauft. In China fragt keiner, woher etwas kommt, solange der Provinzhäuptling seinen Teil abbekommen hat. Mit so einem Schiff kann man dann alles transportieren: illegale Einwanderer, Drogen, Waffen, alles, was richtig Geld bringt! Es gehört einem ja! Wenn man die richtigen Leute geschmiert hat und wenn man die alte Besatzung ›ausgetauscht‹ hat, ist man stolzer Besitzer eines Hunderttausend-Tonnen-Frachters. Oder Tankers? Oder was wird gewünscht? – Aber mit ›ausgetauscht‹ meine ich – Kehle durch! Kopf ab! Bruststich! Kopfschuss! – Ach, sucht euch selbst was aus!«

»Oder ›Ende im Gelände‹«, sagte Luise: »Schöner Vortrag, aber jetzt lass uns mal das ganze ›Wenn und Aber‹ vergessen, oder Kapitän?«

»Ja!« Der Kapitän nickte, aber er wirkte bedrückt. Seine Stimme war heiser, und Luise machte sich ein wenig Sorgen um ihn. War er einer von den Kerlen, die zu viel Phantasie hatten?

Luise fragte: »Wann sind wir denn eigentlich im Fanggebiet?«

»Etwa in einer Stunde«, sagte der Erste Offizier, »dann haben wir sowieso keine Zeit mehr, Seemannsgarn zu spinnen!«

»Das ist kein …«, wollte Thomas sagen, wurde aber von Luise unterbrochen: »Schon gut! – Lass es einfach gut sein!«

Sie nickte dem Ersten Offizier zu, der ihre Geste unmerklich erwiderte, ehe auch er sorgenvoll zum Kapitän schaute, der in sich versunken dasaß und schwieg.

»Alles in Ordnung, Herr Kapitän?«, fragte der *Erste*.

»Ja, ja«, sagte der Kapitän abwesend. »Mein Sohn fährt als Funker auf einem Öltanker in der Karibik.« Doch plötzlich straffte er sich und fügte hinzu: »Doch wie sagt der Chefharpunier immer: ›Privat heißt privat, weil es privat ist!‹ Hat nichts an Bord zu suchen, das Private! Lassen Sie uns alle also einfach unsere Jobs machen, und um den Rest müssen sich die anderen kümmern, die dafür bezahlt werden. Das ist meine Meinung!« Er erhob sich und löste damit die Runde auf.

Ein wenig später standen die vier Sicherheitsleute auf dem Dach der Brücke, rauchten und behielten den Horizont im Auge. Sie fragten sich, ob sie zuviel verraten hatten. Oleg meinte, im Fall des Falles werde er den Kapitän decken, während sein Bruder nickte. Bolek fügte hinzu, dies sei das Dumme an Wörtern. Man könne sie nicht wie Hunde zurückpfeifen, gesagt sei gesagt.

»ER BLÄST!«, ertönte der heiß ersehnte, Jahrhunderte alter Ruf durch die Lautsprecher des Walfängers *Rimbaud*, als der *Baske* Tommy gerade zu erklären versuchte, der Wal heiße Wal, weil er einmal eine Wahl gehabt habe. Er hätte ja auch an Land bleiben und wie die anderen Dinos aussterben können. Habe er aber nicht, weil er sich einer Aufgabe gestellt habe. Der Wal habe lange Zeit dem Menschen die Nahrung für das von Prometheus von den Göttern gestohlene Feuer geliefert, darüber solle Tommy mal nachdenken, ohne den verrückten Halbgott müsste sich der arme Wal jetzt nicht so in den Ozeanen abschinden. Das sei geheime, vererbte Weisheit aus dem Volke der Basken: Ohne Feuer kein Öl.

Und als Tommy erwidern wollte, Jonas habe auch schon gegen Prometheus gewettert, da schnitt der Chefharpunier dem Bootsjungen das Wort ab und sagte: »Hörst du, da bläst er!«

Sie sprangen aus den Kojen, zogen sich in Windeseile wollene Unterhosen und dicke, graue Unterhemden an, über die sie weite *Norweger* streiften, ehe sie sich in das Ölzeug quälten und sich dabei halfen, die Druckknöpfe an den Fuß- und Handgelenken zu schließen. Sie mussten sich gegenseitig stützen, als sie in die kniehohen Seestiefel schlüpften und diese mit Kordeln dichtholten. Sie setzten sich die Eisbärenhäupter auf die Köpfe, nahmen die Eisbärenfellhandschuhe auf und stelzten auf den Längsgang, wo ihnen die anderen Halbmenschen entgegenkamen. Tommy grinste verdattert, als er auf die vielen Eisbärenschädel schaute, unter denen sich die ihm vertrauten Gesichter befanden, doch dann reihte er sich ein und stakste mit ihnen nach oben.

»Der Junge kommt mit mir!«, brüllte der Harpunier den Kapitän auf dem Fangdeck an, der mürrisch nickte. Eine Welle schwappte übers Flensdeck, das von nur drei Funzeln beleuchtet wurde. Der Wind heulte, als wolle er den Wal schützen, meinte Tommy, ehe er sich an der Querstange neben dem Außenschott festhielt, wie es auch die anderen Walfänger taten. Schnell war die Mannschaft komplett, der Erste Offizier meldete die Vollzähligkeit, der Kapitän nickte und verschwand wieder im warmen Gehäuse der Brücke.

»Komm! Jetzt wirst du ein Mann!«, rief der *Baske* seinem Kojennachbarn zu und band sich den aus Bärendarm gefertigten Gürtel um die Taille. Er zog ihn fest und befahl Tommy, sich daran festzuhalten. Der Junge nickte und steckte die unbehandschuhte Hand zwischen Gürtel und Jacke des Mannes. Er hielt sich hinter ihm, während sie sich auf der Backbordseite nach vorne kämpften. Der Wind riss an den Männern, die sich ihm entgegendrückten, und Tommy fragte sich fluchend, warum sie nicht auf der Leeseite nach vorne gingen? Was würde der *Baske* sagen? Dass es nichts für Männer wäre, sich auf der Leeseite nach vorne zu stehlen? Oder dass man so dem Wal ein letztes Mal seine Achtung bezeuge, der doch noch nicht wisse, dass er schon tot sei? Tommy grinste und spuckte gegen den Wind. Der Fladen landete auf dem Rücken des Chefharpuniers und leuchtete dort einen Moment lang weiß.

Erneut kam eine Welle über, und Tommy zog sich dichter an den *Basken* heran. Sie kämpften sich mit kleinen Schritten nach vorne, und manchmal warteten sie, wenn eine Welle zu gewaltig das Deck spülte. Woher komme nur dieser plötzliche Wetterumschwung, fragte sich Tommy, und ihm fielen die Worte des Vaters ein: ›Sei dort oben bei Spitzbergen immer auf der Hut! Das Wetter ändert sich dort im Minutentakt, doch leider niemals zum Besseren!‹ Wie recht er doch hatte! Tommy war stolz, einen so weisen Vater zu haben. Weisheit durch Erfahrung!

Als sie am Bug angekommen waren, stellten sie sich noch ein wenig in den Vorbau zu den anderen Männern, die dem Harpunier zuschauen wollten, fing ihre Arbeit doch erst nach seiner an. Ein wenig schützte der Vorbau sie vor dem Wasser und dem Wind, auch wenn er nur aus zwei nachträglich angeschweißten sechzig Zentimeter dicken Stahlplatten bestand, die im Abstand von neunzig Zentimeter an eine noch dickere Platte genietet worden war, die sich knapp über den Köpfen der Männer befand. Niemand rauchte, keiner sagte ein Wort, alle starrten in die Schwärze der Nacht, aus der immer wieder hohe Gischtkronen hervorpreschten.

Der *Baske* bedeutete Tommy, ihm zu folgen, und als sie den Vorbau verließen, schlugen die Männer dem Auszubildenden auf die Schulter, der sich aber nicht nach ihnen umdrehte. Sein Abenteuer begann! Er hatte jetzt keine Zeit mehr, sich umzudrehen, verdammt noch mal!

Tommy kletterte auf die Bugspitze, auf der es zuging,

als wären hier alle Rummelplatzgeräte auf einmal ange-schlossen. Berg- und Talbahn, Autoscooter, Riesenrad, Kettenkarussell und wie die Dinger alle hießen! Inklusive Schießstand, wo er ins Schwarze treffen sollte, während sie hinter ihm an der Losbude standen und ihre kleinen Ge-winne hochhielten. Tommy spuckte wieder, und diesmal ging der Fladen wirklich über Bord.

Der *Baske* hatte sich hinter die Kanone gesetzt, die sich direkt auf der Bugspitze befand. Über Kimme und Korn der Harpunenkanone beobachtete er die Wassertäler vor sich, während Tommy dicht hinter ihm stand und ver-suchte, ihn nicht anzurempeln. Gleichmäßig bewegte der *Baske* die Kanone im Radius und lauerte. Nichts geschah. Tommy sah zu seinen Füßen die aufgeholte Stahlleine, die mit der Harpune verbunden war. Er stand nicht drauf; al-les gut! Der Bootsjunge wurde nervös und suchte ebenfalls den Wal. Wo bläst er? Verdammt noch mal, wo denn?

Langsam hob der *Baske* den rechten Arm und winkte zwei Mal. Sofort änderte der Kahn die Richtung und fuhr zwei Grad steuerbord. Mit seinem Handzeichen gab der *Baske* noch einen Grad hinzu, dann hielt er die beiden Griffe der Kanone wieder fest, an denen sich die Knöpfe zum Losfeuern befanden. Tommy wusste, beide mussten zeitgleich gedrückt werden.

Wie abgenutzt die schon waren! Die Knopfränder wa-ren fast rund. Tommy sah wieder aufs Wasser vor *Blub-berstadt*, und dann – er hielt den Atem an: Was machte der Harpunier? Auch er bewegte sich keinen Millimeter im Rhythmus der See.

Nur die Daumen zitterten leicht über den Knöpfen. Der *Baske* brachte die Harpunenkanone in Position, und dann – tauchte er auf! Sie sahen ihn alle blasen.

Keine zwei Meilen vor dem Schiff spritzte die Fontäne über neun Meter schräg nach hinten hoch. Also ein Blauwal! Tommy grinste und konnte es fast nicht glauben. Sein erster Wal und gleich ein riesiger Blauwal? Doch, es war eindeutig eine nach hinten gerichtete Fontäne, die da in der Luft zerstiebte und sich als Wolke auflöste.

Und noch eine Wolke!

Doch dann verschwand das Tier wieder, und der *Baske* hatte nicht gefeuert!

Tommy wurde von den eifrigen Bewegungen des Mannes ein wenig nach hinten gestoßen, der routiniert die Harpunenspeere wechselte, ehe er sagte, ohne sich umzudrehen: »Ein *Doppelbläser*! Und das hier! Da brauchen wir schon das *große Eisen*! Ein verdammter *Doppelbläser*, ich fasse es nicht.«

Doppelbläser? Tommy hatte noch nie etwas von einem *Doppelbläser* gehört. Was sollte das denn sein? Davon stand in seinen Schulbüchern nichts, soviel war sicher.

»Du bringst uns Glück, Junge«, hörte er den *Basken*, ehe der sich wieder dem Wasser zuwandte.

»Na, denn mach du mal!«, sagte Tommy, doch der *Baske* vor ihm reagierte nicht.

Das Schiff schnitt durch die Wellenberge und Täler, und Tommy war es unbegreiflich, wie der Harpunier bei diesem Wellengang überhaupt etwas treffen wollte.

Dazu diese Dunkelheit! Der Blauwal war ja schon beim ersten Mal kaum zu sehen gewesen. Wenn da nicht die Fontänen gewesen wären! Tommy schüttelte den Kopf, als der Wal dicht vor dem Bug auftauchte.

Und Tommy hielt den Atem an. Und er spürte, wie die Wolke des Wals über dem Schiff auseinanderstiebte. Er meinte, etwas von der Fontäne abbekommen zu haben. Instinktiv schüttelte er sich und atmete lieber durch den Mund. Eine riesige Wolke Fäulnis, die sich da auf das Schiff legte, das immer noch in der Quersee rollte.

Der Wal wurde größer und größer, in Sturzbächen perlte das Wasser von seiner Haut. Das Tier achtete gar nicht auf das Schiff und drehte sich einmal um sich selbst, als ein kleinerer Wal auftauchte und sich zwischen Muttertier und Walfängerschiff legte. Das Kleine musterte das Schiff und kam herangeschwommen, doch da hatte der *Baske* die linke Hand erhoben und faustete sie.

Sofort drehte das Schiff bei, und mit einem Mal war das Rollen der Quersee verschwunden. Das Schiff lag mit dem Heck im Wind, es stampfte nur noch durch den jetzt langgezogenen Wechsel von Höhe und Tiefe. Unter diesem Rhythmus blieb dem *Basken* fast eine Minute zum Zielen und Feuern.

Genug Zeit, meinte Tommy, der sich den kleinen Wal ansah, der gleich ohne Mutter sein werde, wie er meinte. Oder schoss der *Baske* das Jungtier mit ab? Tommy fragte sich, ob der Nachwuchs ohne Eltern nicht sowieso sterbe. Zerfleischt von den Haien? Verhungert durch Unerfahrenheit? Tommy schien es, als schwebe das Schiff auf dem Kamm einer langen Welle. Er sah, wie der *Baske* sich ein wenig krümmte, er sah die beiden Daumen, die über die abgenutzten Knöpfe strichen, er sah die Knöpfe, die eingedrückt wurden.

Der Wal war nur schwer in der nächtlichen See auszumachen, eigentlich nur durch das Felsenartige seines Körpers, an dem das Wasser sich brach. Ohne Fontänen war der Wal in der stürmischen Nacht besser getarnt, als Tommy es sich hatte vorstellen können. Er musste seinen Blick doch sehr schärfen, als die stählerne Harpune durch die Luft schnellte und das Stahlseil mit sich fortriss, das sich in Sekundenschnelle abspulte.

Die Harpune schnitt knapp über dem Wasser und drang bis weit über die Hälfte in den Walleib ein. Der schwere Kopf des Speeres, in dem sich die Sprengladung befand, war eingedrungen. Und mit ihm auch die vier *Toggles*, die sich knapp hinter dem Speerkopf befanden und sich nun automatisch spreizten, so dass sie zu Widerhaken wurden. Zeitgleich zerplatzte der Glasbehälter im Speer und setzte so die Schwefelsäure frei. Zwei Sekunden nach dem Einschuss explodierte die Sprengladung und betäubte den Wal. Alles wie im Schulbuch, stellte Tommy fest und stutzte dann.

Sollte ihn doch betäuben! – Tommy riss die Augen weit auf.

Der Wal sprang hoch, warf sich aufs Wasser und hielt direkt auf das Schiff zu. Seine Schnauze war aufgerissen, mit dem Schwanz peitschte er wütend den Ozean. Tommy stockte das Herz.

Der Wal aber hatte noch keine halbe Seemeile geschafft, als der *Baske* auf einen roten Knopf drückte. Der Fernzünder wurde ausgelöst, und sofort zerfetzte eine zweite Explosion die Innereien des Wals.

Nirgends Blut, nirgends ein Krater im Wal, keine aufgerissene Wunde, gar nichts Ekliges wie beim Töten anderer Tiere. Tommy konnte kaum fassen, dass die Haut des Wals so zäh war, dass sie einer Explosion standhielt, die an Land ganze Hochhäuser zum Einsturz bringen würde. Tommy spuckte bewundernd aus und traf die Reling des Bugspriets.

Das tote Tier trieb bäuchlings im Seegang, begann aber schon zu sinken. Sechzig Tonnen, die jedes Schiff mit sich in die Tiefe reißen würden. Würden! Tommy sah zufrieden auf den *Basken*, der eine zweite Harpune aufsetzte, grob zielte und das Gerät schnell abfeuerte.

Sie rammte sich in den Kadaver, und sofort wurde über diese Leitung Luft ins tote Tier gedrückt, so dass die sechzig Tonnen an der Oberfläche blieben. Dank der zähen Haut, ging es Tommy durch den Kopf. War es die Haut, die ihm jetzt zum Verhängnis geworden war, nachdem sie ihn so lange beschützt hatte? Teufel auch! Wieder spuckte der Bootsjunge anerkennend aus.

Tommy sah zum *Basken*, der sich zu ihm umgedreht hatte und ihn angrinste. Der Junge zog auch die Handschuhe aus, sie klatschten sich ab, ehe Tommy fragend auf den kleinen Wal deutete, der sich an der Leiche der Mutter herumtrieb und herzzerreißende Töne ausstieß.

Der *Baske* stand auf, machte den Platz frei und sagte: »Der ist für dich, du verdammtes Weichei!«

»Für mich?«, brüllte Tommy entgeistert zurück, ehe er verstand. »Nein, kein Baby, bitte nicht!«

»Sei ein Mann!«

Tommy schüttelte panisch den Kopf.

»Hinsetzen!«

Tommy gehorchte. Widerwillig.

»Laden!«

Der Bootsjunge fand die Harpunen unter dem Sitz, ganz so wie es in den Schulbüchern stand. Er legte eine in das Abschussgerät, sah zum *Basken* und schüttelte fragend und bittend den Kopf.

»Zielen!«

Tommy nickte und sah zum Walkind. Er musterte es, musterte es über Kimme und Korn, und wie vorgeschrieben hob er die linke Hand, faustete sie, das Schiff legte sich in den Wind, die Männer hielten den Atem an, und als der kleine Wal gerade eine Fontäne ausstieß, da drückte Tommy ab.

Der Speer drang ein, das Kind warf sich hin und her, Tommy drückte sofort den roten Knopf. Die Explosion wurde ausgelöst, und sogleich war das Walkind tot. Der Junge positionierte die zweite Harpune, schoss sie ab und legte so die Druckluftleitung zum Kadaver.

»Gute Arbeit«, hörte er den *Basken* und stand auf. »Das nächste Mal berechne aber die Größe des Fangs mit! Für so einen kleinen Fang brauchst du nicht das *große Eisen* zu nehmen. – Sonst: Eins bis zwei.«

Tommy nickte und drückte sich am *Basken* vorbei. Er wollte jetzt nur noch an die Reling der Leeseite und einen ruhigen Blick auf seinen ersten Wal werfen.

Nein, er wollte mit dem Handy kein Foto machen! Er konnte sich schon vorstellen, wie sie ihn in München dann nennen würden: ›Kindsmörder!‹

Lieber fotografierte er den großen Wal, bisschen Flunkerei gehöre schließlich zum Beruf dazu, meinte er.

›Seemannsgarn ist auch ein Garn‹, wie sein Vater immer sagte: ›Das hält sogar besser als so manch anderes Garn.‹

»Na, woran denkst du?«, fragte ihn der alte *Schmelzer*: »Ganz schöner *Klopper*, was?«

Tommy nickte und sagte: »Eben ein *Doppelbläser!*«

Er hatte sein Handy wieder weggesteckt und lehnte mit den Unterarmen auf der Reling. Der Wal wurde vom Seegang gegen das Schiff gedrückt. Einige Männer waren damit beschäftigt, das Tier fest an den Schiffsrumpf zu binden. Sie schrien und fluchten ununterbrochen, gerieten aber nicht in Hektik.

»Ein was?«, fragte der alte *Schmelzer* und sah Tommy ungläubig an: »Was soll das sein?«

»Ein *Doppelbläser*. Selten unter Blauwalen«, sagte Tommy unbekümmert, bevor er merkte, dass er vom alten Fänger angestarrt wurde. Er drehte sich zu ihm und sah den Schalk in dessen Augenwinkeln.

»Was?«, fragte er: »Was ist? – Der hat doch zweimal geblasen! Zwei Fontänen. Ich bringe Glück, meint der *Baske*.«

»*Doppelbläser!*«, jetzt lachte der alte Walfänger und schlug sich auf die Schenkel, ehe er den Kopf schüttelte und sagte: »Weißt du, warum? Du weißt nicht, warum es zwei Fontänen gab, oder? Du Spezialist, du!«

Tommy schob die Stirnhaut in Falten, ehe er sagte:

»Wenn du es mir nicht sagen willst, dann behalte es für dich! Aber nerv mich nicht!«

»*Doppelbläser*! – Junge, Junge, das waren die Fontänen von Mutter *und* Kind! Zwei Fontänen, klar, weil es zwei Tiere waren! Da hat dich der Chefharpunier ja ganz schön verarscht. *Doppelbläser*! Ha!«

Der alte Mann konnte sich gar nicht beruhigen, er lachte noch immer, als er sagte: »Im Hafen von Havanna, da hatte ich mal einen *Doppelbläser,* UND der hatte sogar vier Brüste! Kannst du dir das vorstellen, Junge?«

»Ach, leck mich am Arsch!«, sagte Tommy, der merkte, es blieb ihm gar keine Zeit, um den jungen Wal zu trauern, den er getötet hatte. Er stieß sich von der Reling ab, sagte, der alte *Schmelzer* solle die Klappe halten, und ging zum Flensdeck.

Doch als er dort ankam, hatte der Witz schon die Runde gemacht, und der Bootsjunge bekam eine Ahnung von der Schnelligkeit eines Gerüchts an Bord eines Schiffes, auf dem es nur wenige Neuigkeiten gab. «He, *Doppelbläser*, da bist du ja!« grüßte ihn einer der rauchenden Fänger. Sie standen an der Heckreling, über der noch geschlossenen Heckklappe, und ließen eine Thermoskanne mit Kaffee herumgehen, aus der sie ohne Becher tranken.

»Hier«, sagte der *Baske* und reichte sie ihm: »Trink, bevor dir kalt wird.«

Bootsjunge Tommy schüttelte den Kopf, war beleidigt, aber das nützte ihm nichts, der Chefharpunier bestand darauf, so dass der Junge einen Schluck nahm und augenblicklich das Gesicht verzog.

»Was ist da denn drin?«, fragte er.

»Bisschen Rum, hat noch niemandem geschadet.«

»Ich dachte, Alkohol ist verboten an Bord.«

»Nur in Ausnahmefällen nicht.«

»Was für eine Ausnahme?«

»Warte es ab, Junge, warte es ab und frag nicht so viel! Wer zuviel fragt, bleibt doch nur dumm!«

Tommy ahnte, was sein Zimmerkamerad damit meinen könnte, und nickte, als oben das Brückenschott aufgestoßen wurde. Ein wenig später stakste der Kapitän breitbeinig die Nocktreppe runter und stellte sich zu den Männern.

»Gute Arbeit!«, sagte er, sah erst den *Basken* an, dann den Bootsjungen: »Guter Schuss!«

Tommy nickte, er spürte, es liege etwas in der Luft. Er spürte es deutlich. Warum, zum Teufel, sahen die Männer den Kapitän so erwartungsvoll an? Was wurde hier gespielt?

Der Kapitän ließ sich die Thermoskanne geben und winkte den Jungen zu sich heran. Misstrauisch kam Tommy zu ihm. Jetzt merkte er deutlich, wie die Männer voller Erwartung inne hielten. Was, zum Teufel, geschah hier? Warum hatte sein Vater ihm nichts davon gesagt? Wovon, zum Teufel noch mal?

»Du hast deine erste Prüfung bestanden«, sagte der Kapitän: »Halt still!«

Der Mann hielt die offene Thermoskanne über Tommys Kopf und sagte: »Daher bist du ab heute ein volles Mitglied unserer Besatzung! Und dein Bordname ist ab heute – *DOPPELBLÄSER!*«

Ein Prusten und Lachen brach aus den Männern heraus, als der Kapitän Tommys Mütze nahm und ihm einen kleinen Schluck auf die Haare goss. Tommy spürte die vielen Schläge auf den Oberkörper, herzhafte Schläge im allgemeinen Grölen der Mannschaft. Shit! Verdammt noch mal! Er hatte sich so gute Spitznamen überlegt, und nun das! Nicht zu fassen. Wutentbrannt sah er dem Kapitän in die Augen, der aber nur gutmütig lachte.

›*Doppelbläser*, ich glaub es nicht, dieses Arschloch! Das

hat der sich doch vorher überlegt‹, dachte Tommy und suchte mit den Augen das Gesicht des *Basken*, der ein wenig abseits stand und zufrieden grinste. Der Junge kniff die Augen zusammen.

Der *Baske* nickte Tommy zu, doch der Junge brüllte ihn an: »Du hinterfotzige Fotze! Und dein Name ist ab heute *Fotzenfotze*!«

Allerdings verschärfte dies das Gelächter nur noch. Er ärgerte sich, und darüber freuten sich die Männer. Tommy sah den Kapitän an, fast flehend, der aber hielt ihm die Thermoskanne mit dem Kaffee-Rum-Gemisch vor das Gesicht und sagte: »Trink zuerst und besiegle damit deine Bordtaufe!«

Zwar schüttelte Tommy den Kopf, aber das half nichts. Die Kanne kam nur noch dichter an sein Gesicht. Der Kapitän war auf See Richter und Herrscher, er wusste es, es gab auf See vor dem Wort des Kapitäns keine Rettung. Er war nicht nur Gottes Stellvertreter, er war sogar mehr.

»So soll es sein!«, erhob der Kapitän feierlich die Stimme: »Hat jemand etwas gegen den Bordnamen *Doppelbläser* einzuwenden? – Ruhe, du nicht! – Wenn nicht, dann schweige er für immer! – Hat jemand etwas gegen die Taufe dieses Bootsjungen einzuwenden, den sie an Land nur Rahr nennen, Tommy Rahr? – Nein? – Dann soll er hiermit getauft und Teil unserer Mannschaft sein! – Jeder von uns wird ihn mit Leib und Leben vor der Allmacht der See schützen, und er wird jeden von uns mit Leib und Leben vor der Allmacht der See schützen! – So soll es sein! – Und nun trink! *Doppelbläser*, vollwertiges Mannschaftsmitglied der *Rimbaud*!«

Erst leise, doch schnell wurden die Anfeuerungsrufe lauter und heftiger und schließlich rhythmisch. Sogar der Smutje und die Mechaniker waren aufs Flensdeck gekommen und schrien freudestrahlend mit. Es war ehrliche

Freude, begriff Tommy. Sie schienen sich wirklich zu freuen, ihn dabeizuhaben! Und, verdammt noch mal, dann eben *Doppelbläser*! Er musste daran denken, was *Güni* zum ihm gesagt hatte, als er sich an Bord des Schiffes gemeldet hatte: ›Warte nur ab, was sie dir für einen Namen verpassen, warte nur ab!‹

Und da hinten stand der Aushilfsmatrose *Güni* und grinste weise.

»Scheiß drauf!«, sagte Tommy und nahm die Thermoskanne. Er trank einen guten Schluck und rief: »Mein Name sei *Doppelbläser*! Verdammt noch mal, ihr Wichser!«

Und jetzt wurde aus dem Grölen ein Freudengeheul. Die Männer feixten und wurden ausgelassen wie Kleinkinder. Sie rissen sich die Kanne von den Lippen, und jeder wollte mit *Doppelbläser* anstoßen. Als letzter nahm der *Baske* die Kanne und fragte: »Alles gut?«

»Alles gut!«, sagte Tommy: »Was nützt das Leben schon, wenn man keine Menschen hat, für die man sterben würde!«

»Horch, horch!«, sagte der Kapitän: »Ich schätze, das hat mal wieder dein Vater vom Stapel gelassen!«

»Nein, verdammt noch mal, das ist die Weisheit von *Doppelbläser*!«, rief er aus und musste jetzt sogar über diesen völlig bescheuerten Namen lachen: »Das ist das erste wahre Wort von mir!«

Der Kapitän nickte, ehe er der Zeremonie ein Ende machte: »Männer! Der Wal wartet! Wir haben eine Quote zu erfüllen, und wir haben Familien zu ernähren! – An die Arbeit!«

»Was wird mit dem Kleinen?«, fragte der Vorarbeiter der Zerteiler: »Wenn die Kontrolleure davon Wind kriegen?«

»Der Kleine wird auch zerlegt«, entschied der Kapitän: »Das Fleisch wandert in unsere Mägen, so sparen wir die Lebensmittel für die nächste Fahrt. Oder wir verkaufen das Zeug schwarz und teilen. Der *Blubber* wandert mit in den Kocher. Weg ist weg!«

»Aye, aye!«, sagte der Vorarbeiter und nickte seinen Leuten zu. Sie wischten sich noch einmal über die bärtigen Gesichter, als wolle man sich das Lachen verbieten, meinte Tommy, dann gingen sie zum Außenschott, wo in einer großen Metallkiste ihr Werkzeug verstaut war.

Tommy sah ihnen einen Moment zu, unschlüssig, was er tun solle, als er den Kapitän seinen neuen Namen rufen hörte. Er drehte sich um, sah den Kapitän auf der Nock der Brücke und kam ein paar Schritte näher: »Ja, *Sir*!«

»*Doppelbläser*! Sie gehen nach vorn und klaren die Harpunenkanone auf. Die Leinen aufschießen und alles griffbereit aber seefest zurren! Dann beim Flensen mithelfen! Lassen Sie sich einweisen!«

Verlegen nickte Tommy, zum ersten Mal hatte der Kapitän ihn mit ›Sie‹ angeredet, und ein wenig kam er sich daher schon wie auf der *Ghost* vor. Oder wie auf der *Pequod*. Falls es die wirklich gegeben hatte. Er wusste ja, dass das, was dieser Melville beschrieben hatte, in Wirklichkeit auf der *Essex* passiert war. Am zwanzigsten November achtzehnhundertzwanzig ging ein Wal zum Angriff über und versenkte den Walfänger *Essex*. Dieser Wal war nicht weiß gewesen, aber er war ein Muttertier gewesen. Und stinksauer! Genau wie heute! Beschrieben von Owen Chase, erster Maat und einer von nur zwanzig Überlebenden. Tommy kannte sie alle, die Geschichten vom Walfang. Die wahren und die erfundenen, aber das genügte ihm nicht. Eines Tages werde er die Geschichte von *Doppelbläser* und *Blubberstadt* erzählen. Was Namen so ausmachten! Er schüttelte den Kopf und kletterte auf die Vorpieck der *Rimbaud*.

Während er das Abschussgerät säuberte, sah er es sich genauer an. Die Harpunenkanone musste mehr als zwanzig Jahre alt sein. Sie sah zwar wie fünfzig aus, aber das mache das Salzwasser, wusste *Doppelbläser*. Im Großen und Ganzen sah das Teil aus wie die Geräte im Lehrbuch ›Walfang – Technik, Teil I‹. Diese Kanone glich jener, die Svend Foyn vor fast hundertfünfzig Jahren erfunden hatte. Diese Harpunenkanone hatte damals den Walfang revolutioniert, und Tommy hatte sie eine glatte Eins eingebracht. Diese hier bestand zwar aus nicht rostendem Metall, das war damals noch nicht möglich gewesen, aber sonst war alles wie bei seiner mündlichen Zwischenprüfung. Schwarzer Anstrich, um die Wale nicht durch eine Reflexion aufzuscheuchen. Das Geschützrohr maß hundertzwanzig Zentimeter und war auf ein Gestell montiert, so dass das Abschussrohr nach backbord und steuerbord wie auch nach unten und oben gedreht werden konnte. Waren die ersten Exemplare noch Vorderlader gewesen, kam man schnell zur Erkenntnis, Hinterlader seien sicherer und effektiver. Kein Mann mehr nötig, der sich während der Jagd über die Reling hängen und den schweren Speer ins Rohr stecken musste. Der Schaft der Harpune war unter Deck mit einem schweren Tau verbunden, das mit einer Reihe von Federn und Rollen verzurrt war, die den Aufprall nach dem Schuss abfingen und dafür sorgten, dass das Schiff den riesigen Wal wie einen kleinen Fisch an der Angel halten konnte. Dieser Akkumulator bewirkte, dass der waidwunde Wal das Tau nie so straff ziehen konnte, um das ganze Schiff umzureißen oder um es so genannte *Bocksprünge* machen zu lassen, wie es vor der Zeit der Harpune üblich war. Die Technik sei simpel und zuverlässig, es schien Tommy, als sei dies ein Naturgesetz: Funktioniere etwas simpel, dann sei es auch zuverlässig! Aber wenn etwas zuverlässig war, funktionierte es dann auch simpel? Tommy wischte die Kanone trocken, reinigte das Innere des Rohres sorgfältig, wobei er sich auf die oberste Strebe der Bugreling setzte, nachdem er sich mit einem Palstek gesichert hatte, und putzte das Gerät überall dort, wo er rankam. Von der Brücke aus sah der Kapitän seinem Bootsjungen wohlwollend zu. Der zeigte keine Angst vor dem Wasser! Dass er fast mit dem Arsch in den Bugwellen hing, interessierte ihn gar nicht. Der hatte nur Augen für seine Arbeit, und gut vertäut hatte er sich vorher auch! Er habe Glück mit dem Jungen, meinte der Kapitän und befahl dem Steuernden: »Fahr für ein paar Minuten im Windschatten, bis der Bengel da vorne fertig ist.«

»Mach ich doch glatt!«, sagte der Steuernde, dem die Turnerei des Jungen ein wenig Angst gemacht hatte. Bedächtig lenkte er die *Rimbaud* ins lange Stampfen der See, doch Tommy bemerkte es nicht. Er kam nach dem Reinigen wieder von der Reling, holte die Taue ein und legte sie aufgerollt so übereinander, dass sie sich beim Abschießen nicht verheddern konnten. Die Speere lagen unterm Sitz der Größe nach geordnet und griffbereit, zufrieden sah Tommy sich um und verließ kurz darauf die Vorpieck. Er winkte kurz zur Brücke hoch, der Steuernde gab zum Zeichen, dass er verstanden hatte, ein Hupsignal und nahm den alten Kurs wieder auf. ›Wie ein alter Hase‹, dachte er: ›Der wird bestimmt unser nächster *Walgeneral*!‹

Die Fangklappe war schon heruntergelassen, und gerade wurde der riesige gräuliche Lappen, der an manchen Stellen weiß war, mit dicken Ketten ans Deck gezogen, als Tommy hinzukam. Der Unterkiefer des Muttertieres war heruntergeklappt, die Zahnreihe war gut sichtbar. Das Meer brach sich noch immer an diesem zur Hälfe gehievten Leib, in dem die toten Augen so winzig waren. Und erst die Barten, wie klein! Die hatte Tommy sich doch größer vorgestellt, diese Barten vor dem Maul, an denen die winzige Nahrung millionenfach hängen blieb. Wegen dieser Barten wurde der Wal damals gejagt, vor hundert Jahren oder vor dreihundert, Tommy konnte es zeitlich gerade nicht einordnen, er sah zu, wie der gigantische Leib Meter um Meter hochgezogen wurde, und dachte daran, dass aus diesen biegsamen und doch festen Walteilen früher die Korsetts für die Frauen der besseren Gesellschaft hergestellt worden waren. Vor hundert Jahren oder dreihundert.

Früher waren es armdicke, verrostete, blutgetränkte und vor Fett glänzende Ketten, die durch den Kopf des toten Wals gezogen und um die waagerechte Schwanzflosse herumgebunden wurden. Als erstes wurde der herausgerissene Unterkiefer an Bord gezogen, um ihn sich für die spätere Verarbeitung aufzuheben. Dann wurde der Wal geköpft. Tommy sah es vor sich, wie damals Dutzende Männer auf dem Walkopf standen und unermüdlich mit langstieligen Äxten Hieb um Hieb setzten. Der Wal schwamm, aber nicht lange, die Männer mussten rasend schnell arbeiten. Wenigstens konnte das tote Tier sich nicht mehr drehen, war es doch angebunden. Trotzdem war es ein Wagnis, sich auf der nassen, glänzenden und zähen Haut zu halten. Stunden vergingen, Schlag auf Schlag folgte, und ständig die Angst vor dem Ruf aus dem Ausguck: ›Haie in Sicht!‹ Die Angst vor dem Feind, der ihnen die Beute streitig machen würde, trieb die Männer zu Höchstleistungen an. Sie kämpften gegen den Blutfluss an, der ins Meer strömte und die Haifische anlockte; wie oft hatte dieser Kampf nicht verloren gegeben werden müssen! Früher! Tommy musterte den Kopf des Blauwals, der jetzt ganz auf dem Flensdeck lag. Er wusste, als früher die Pottwale gejagt wurden, da ging es noch anders zu. Der Kopf eines Pottwals machte ein Drittel des Gewichts aus. Zwanzig Tonnen. Zwanzig Tonnen, die damals nicht an Bord gehievt werden konnten. Schlag um Schlag, die Männer mussten also außerhalb des Schiffes auf der glatten Haut stehen und um ihr eigenes

Leben bangen; auf der nassen Haut, die wie Gummi war und selbst Explosionen standhielt, auf der Haut, auf der es nichts zum Festhalten gab – und hatten die Männer den Wal endlich geköpft, dann ließen sie das Haupt zunächst unbearbeitet im Wasser, drohten doch die anderen vierzig Tonnen des Kadavers das Schiff zur Seite zu ziehen, so dass es Schlagseite bekommen würde. Es würde kentern, würden die Männer jetzt nicht schnell sein, da der Walkopf den Walleib jetzt nicht mehr oben hielt. Sie machten den Leib wieder los, so dass er sich drehen konnte, und was für ein Durcheinander! Was für ein Wirrwarr aus Taljen und Flaschenzügen, die an den Masten befestigt waren oder angeschlagen an der Außenhaut des Schiffes, und dazu die Seile, Ketten und Taue, die sich kreuzten und an denen die Arbeitsbühnen heruntergelassen wurden, auf denen sich die Männer festhielten. Sie hatten die Flensspaten in den Händen, während sie neben dem frei schwimmenden Kadaver heruntergelassen wurden. Ein letztes Mal wischten sie sich über die Stirn, ehe sie die rasiermesserscharfen Spaten am Ende der langen Stiele anpackten, mit ihnen die gummiartige Haut aufschlitzten und das erste Stück Fett herausschnitzten, *Blubber* genannt. So groß wie ein Handballfeld! Tonnenschwer. Einer der Männer ergriff einen der herunterhängenden und um sich schlagenden Haken, trieb ihn in dieses Stück *Blubber* und gab das Zeichen zum Hieven, während die Kerls weiter Schicht um Schicht vom Koloss abspachtelten, der sich schließlich ein letztes Mal drehte und so die andere Seite freigab. Er drehte sich um die Längsachse, gehäutet, geschlachtet, zur Hälfte ein Skelett. Nirgends mehr auch nur noch ein Fetzen *Blubber*! Später kam man darauf, nur noch Anfänge in die Fettschichten des Wals zu schneiden, in ihnen die Haken zu verankern, mit Bolzen und Schrauben, und dann vom Fockmast aus die Schichten mechanisch über die Winden abzuschälen, sauber und spiralförmig wie bei einer Orange. Diese dicken *Blubberspiralen* wurden an Bord in fünf Meter lange Stücke zerteilt, je eine Tonne schwer, die danach in der Luke verschwanden. Hinab in die *Blubberlast*, bis alles Fett vom Wal geerntet war. Diese tonnenschweren Stücke wurden *Deckstücke* genannt, die wiederum in *Pferdestücke* zerlegt wurden, welche nun wieder zu *Bibelblättern* gemacht wurden, indem ins Fett viele parallele Schnitte bis zur Haut gezogen wurden, so dass die Stücke dann wie aufgeschlagene Bücher aussahen. Diese *Bibeln* wurden mit großen Gabeln aufgespießt, in die vordere Luke geschleudert und dort in den Siedekessel geworfen. Die *Bibelblätter* wurden verbrannt, zuerst noch mit Holz, doch schnell erkannte man, dass die Walhaut selbst ein viel besserer Brennstoff war. So wurde der *Blubber* zu Öl gesiedet und der Wal mit Hilfe seiner eigenen Haut verbrannt. Das aus dem *Blubber* gewonnene Öl wurde vorsichtig in einen kupfernen Kühlbehälter geschöpft, wo es bis zur Abfüllung lagerte. Das Segelschiff aber war über und über bezogen mit dicken Schichten von Tran und Blut und dem Gestank des gehäuteten und verbrannten Wals. Die Barten für die Korsette der Damen lagen gesichert in der Hecklast, als das abgekühlte Öl in Fässer gefüllt wurde, die vom Böttcher erst an Bord gefertigt wurden, um Platz zu sparen. Doch ständig und immer die Angst, die Todesangst vor dem Funkenflug. Wie viele Walfängerschiffe waren nicht vom Feuer vernichtet worden, wie viele Walfänger waren nicht verbrannt! Siebzehn Mal mehr als ertrunken! Das Feuer sei der Feind des Seemanns, nicht das Wasser, ging es *Doppelbläser* durch den Kopf, ehe er sich erinnerte, dass der Pottwal aber eigentlich wegen des kostbaren Kopföls gejagt und ausgerottet worden war. Dieses geheimnisvolle Kopföl, von dem die Wissenschaftler heute noch nicht wussten, woher es komme, woraus es sei, wofür es sei. Ein absolut reines Öl, das sich nur im Kopf befand. Man ahnte, es könne so etwas wie das Navigationssystem des Wals sein, ähnlich einer Wasserwaage, in der die gefangene Blase die Balance anzeige. Dieses reine Öl brauchte nicht erst aus dem *Blubber* gekocht zu werden, da reichten zwei Mann aus, die ein tiefes Loch ins Hirn des Wals bohrten. Der eine Mann stieg später hinein, verschwand gänzlich darin und reichte dem anderen Mann die am Seil hängenden Eimer hoch, in denen sich das geheimnisvolle Elixier befand. Vorsichtig schöpften sie, wobei der Mann, der das flüssige Gold sachte in einen Bottich füllte, genau zwischen den toten Augen stand. Dieser Bottich wurde gesondert aufbewahrt – *Goldbottich* genannt. Und der Mann, der wieder aus dem Walkopf heraustieg, den nannte man *Jonas!*

So sei die wahre Geschichte von Jonas verlaufen, der in den Wal gestiegen sei, um Gold zu finden. Ein öliges Gold, das ihm erlaubt habe, Zwiesprache mit dem Schöpfer aller Schöpfenden zu halten. Jonas, der im lebenden Abbild Gottes mit Ihm selbst gesprochen habe, glaubte *Doppelbläser* und nickte versonnen, ehe er hörte, dass er gerufen wurde.

»Hier, nimm die Eimer und bring sie in die Hauptlast!«, sagte der Vorarbeiter der Flenser: »Aber vorsichtig, ist Gold drin!«

Haben denn Blauwale auch Kopföl?, wollte er fragen, unterließ es dann aber und nahm dem Mann die beiden Eimer ab.

Was da in den Eimern war, sah auch überhaupt gar nicht nach Gold aus. Auch nicht nach Öl! Es sah nach gar nichts aus! Grau; eine zähe, gräuliche, stinkende Flüssigkeit mehr, meinte Tommy und stieg die Stufen des Niedergangs hinunter.

»Wo soll das Zeug hin?«, fragte er den Smutje, der ihm auf dem Längsgang entgegenkam.

»Was ist das?«

»Weiß nicht. Was Graues!«

»Na, wenn du nicht weißt, was es ist, dann kann ich auch schlecht wissen, wo es hin soll, *Doppelbläser*!«

Tommy nickte und schlängelte sich am dickbäuchigen Mann vorbei, der seine Vormittagszigarette in die Pütz drückte und wieder in der Kombüse verschwand; kopfschüttelnd, wie Tommy noch sah.

Und er? Jetzt stand er mit diesen blöden Eimern mitten im Schiff und hatte keine Ahnung. Wunderbar! Toll! Oder wie sein Vater jetzt wohl sagen würde: ›Dummheit kann man benutzen, aber ausrotten kann man sie nicht.‹

Hauptlast, der Vorarbeiter hatte gesagt, er solle es in die Hauptlast bringen. Vielleicht aber war die Hauptlast gar nicht im Hauptschiff? Vielleicht war das sein Denkfehler? Tommy ging zum *Schwarzen Brett* und dachte: ›Man muss nicht alles wissen, man muss nur wissen, wo alles steht!‹

Tatsächlich hing eine alte, vergilbte und fast schwarze Kopie an der Informationstafel, auf der die Notausgänge des Schiffes und die Wege dorthin verzeichnet waren. Unter der Skizze von der *Rimbaud*, die früher mal *Harry IV* geheißen haben musste, war eine Legende mit den wichtigsten Räumen und Aufbauten des Schiffes. Die Hauptlast war schon im Hauptschiff, soweit richtig, und zwar genau unter der Kombüse und der Messe – allerdings gelangte man zu ihr nur durch den Heizergang. Und der befand sich unter dem Längsgang, auf dem Tommy sich gerade befand, doch was noch blöder war: In den Heizergang gelangte man nur über das Heizerschott. Und das Heizerschott befand sich am Heck des Schiffes und war nur von außen zu erreichen. Was waren die verdammten Eimer auch schwer! Die Flüssigkeit schwappte träge hin und her, am liebsten hätte Tommy die Eimer kurz abgesetzt, aber dann würden sie ja umkippen. So konnte er den Seegang wenigstens noch mit den Armen ausbalancieren, die ihm wie lose Tampen an den Schultern hingen, mit denen er abwechselnd an der Wand lehnte oder sich von der gegenüberliegenden abstieß.

»Shit!«, fluchte er und verpasste der verblechten Wand einen Tritt – mit der Pike! – so dass er noch einmal, diesmal aber wütender, fluchte. Tommy machte sich auf den Weg zurück zum Niedergang, hoch die Stufen, durch das Außenschott zum Heck, wo der Vorarbeiter gerade auch fluchte, und hinein ins Innere des Schiffes durch das kleinere Schott, das sich neben dem befand, durch das er gerade gekommen war.

Hier war es dunkel. Drei Notlampen gaben spärlich rötliches Licht ab. Die Wände des Gangs waren nicht verblecht, oder waren sie nur vom schwarzen Getriebeöl und vom Diesel völlig verschmiert? Tommy wollte es im Augenblick gar nicht wissen. Jetzt wollte er nur gerne diese verdammten Eimer loswerden! Wer hätte gedacht, dass das so eine Plackerei werden würde, er bestimmt nicht. Shit! ›Zwei Eimer, ich habe zwei Eimer zwanzig Meter weit getragen und dafür eine Stunde gebraucht‹, dachte er und grinste verächtlich.

Backbord erstes Schott, zweites Schott, drittes Schott! Endlich! Er stellte einen Eimer ab, rückte ihn von der Tür weg und riss wenig später an ihr, weil er meinte, sie sei schwer und vielleicht sogar verrostet. Doch zu seinem Erstaunen gab sie sogleich nach und knallte ihm gegen die Zehen des anderen Fußes, so dass er erneut fluchte: »Shit, Shit und Doppelshit!«

»Lieber arm dran als Bein ab«, kam es von innen: »Gib her das Zeugs!«

Ein Männchen, krumm wie Rumpelstilzchen, kam aus der Dunkelheit. Ein langer Bart, und große, mit Dreck beschmierte Hände wurden *Doppelbläser* entgegengestreckt.

Tommy erschauderte ein wenig, und bereitwillig übergab er die beiden Eimer.

›Was war das denn gewesen?‹, dachte er, als er den Niedergang hochstieg und wenig später das Außenschott öffnete: ›Was für ein armer Teufel! Hoffentlich bekomme ich dem seinen Job nie, auch wenn ich als Azubi alles kennenlernen soll. Sah ja aus wie ausgekotzt! Wie ein *Jonas*!‹

Tommy schloss die Außentür und wunderte sich, wie schnell es hell geworden war. Er suchte den Vorarbeiter und meldete sich bei ihm mit den Worten, die sein Vater ihm eingeprägt hatte: »Erledigt den Scheiß!«

Die Walklaue war schon abgenommen worden, der Kadaver lag zur Gänze auf dem Flensdeck, und um das Loch im Walkopf kümmerte sich niemand mehr.

»Ja, was machen wir mir dir nun?«, fragte sich der Vorarbeiter und hielt einen Moment lang inne, während Tommy daran dachte, dass man zu Zeiten der Segelschiffe noch vier Tage gebraucht hatte, um einen Wal zu zerlegen und zu verarbeiten. Heute schaffte man es in fünfundvierzig Minuten, und Tommy freute sich auf die bestimmt bisher schwersten fünfundvierzig Minuten seines Lebens. Also, was sollte er tun? Ungeduldig sah er den Vorarbeiter an, der wohl den Blick spürte, als er sagte: »Ja, ja, ich überleg ja schon.«

Doppelbläser hielt seinen nagelneuen Flensspaten in der Hand, die zehn Flenser standen schon auf dem Wal, und überall entwich Dampf aus den Kocherrohren, die aus dem Unterdeck kamen und mit deren bogenförmigen Enden das ganze Oberdeck bestückt war; beste Stolpersteine, wie *Doppelbläser* schon gemerkt hatte. Jedes Tau, jede Relingstange, jeder Draht war schon mit Rauch bedeckt, der sofort zu einer dicken Schicht aus grauem Reif und schwarzem Eis wurde. Und natürlich waren die stinkenden Gummianzüge der Männer schon alle mit dieser Schicht überzogen, nur sein eigener noch nicht! Tommy hörte, wie diese Gummianzüge bei jeder Bewegung knirschten und knackten, ein maschinengewehrartiges Geräusch, das er auch durch das Heulen und Jaulen des Windes hindurch hörte. Wie schwer es wohl war, in so einem vereisten Gummi zu arbeiten? Oder sich auch nur zu bewegen? Ungeduldig forderte Tommy den Vorarbeiter mit einem Kopfnicken auf, ihn endlich einzuteilen, verdammt noch mal! Die Männer durften auf dem dampfenden Leib des Wals stehen, und er? Jetzt stellte *Doppelbläser* fest, dass die Verarbeiter sich immer in der Nähe der Wunden aufhielten, die sie gerade mit ihren alten Flensspaten aufgerissen hatten. Sie pellten die Haut und den *Blubber* ab, blieben aber immer dort stehen, wo sie zuletzt gearbeitet hatten, immer an der Stelle, wo Wärme aus dem Kadaver strömte! Ha! Tommy grinste, wusste er doch wieder was, was er sich nicht zu erfragen brauchte. Er brannte darauf, endlich dazuzugehören, er wollte wie sie dort oben fluchen und arbeiten, arbeiten und fluchen, verdammt noch mal, was sollte denn dieses Rumeiern? Er wollte auch auswaiden, sich mit Blut und Fett bespritzen, die scharfe Klinge durch die zähe Haut schneiden und den *Blubber* hervorhebeln, während von der Vorpieck her Hammerschläge übers Schiff hallten! Hammerschläge? *Doppelbläser* brauchte einen Moment, bis er begriff, dass der Chefharpunier neue Widerhaken für die nächsten Harpunen schmiedete und vorbereitete. Dumpfe, metallene Geräusche, die sich, aus dem Inneren des Schiffes kommend, in der jaulenden See verloren. Tommy grinste abfällig und wischte sich Rotz von der Nase.

»Komm her, *Doppelbläser*!«

»Bin ich doch!«

»Hieb drauf ein und bring es zum Kocher!«

Der Vorarbeiter zeigte auf ein tonnenschweres Stück

Blubber, das noch mit einem Fetzen Haut am Walkadaver hing. *Doppelbläser* nickte, verschaffte sich einen festen Stand und holte aus. Er schlug drei Mal umsonst mit dem Spaten auf den Fetzen ein, doch dann hatte er die Haut durch. Tommy grinste nicht, er sah sich nicht um, er wartete auf keinen Beifall, er maß einfach das *Deckstück* und schätzte es auf die Größe eines halben Fußballfeldes und auf die Dicke einer Hochsprungmatratze. Er entschied sich nach dem Dreißiger-Schäkel zu suchen, der Fünfzehner würde wohl kaum reichen, um das Stück zur Decköffnung zu bringen, um es dort in den Kocher fallen zu lassen.

»Na los, anschäkeln und mit der *Bibelwinde* ab!«, schrie ihn *Güni* an, aber Tommy erwiderte: »Am Arsch! Ich nehme die *Pferdewinde*! Verarsch dich selber!«

Der Vorarbeiter sah kurz auf, maß das Stück mit den Augen und nickte, ehe er weiterarbeitete, während Tommy zum u-förmigen Schäkel ging, der mitten auf dem Flensdeck lag. Er schraubte den Bolzen aus den Enden, steckte ihn sich in die Brusttasche und zog den Dreißiger-Schäkel mitsamt dem armdicken und in sich gedrehten Stahlseil zum Stück *Blubber*. Er kniete sich hin, schnitzte und stach mit dem Flensmesser ein Kreuz in Fett und Haut, sechzig Zentimeter vom Rand entfernt, wie vorgeschrieben, und steckte dann den Schäkel durch. Tommy schraubte den Bolzen wieder durch die Enden des eisernen U's und ging schnell zur Winde, die sich an der Seite der Heckaufbauten befand. Der Schalter baumelte herunter. An ihm fanden sich zwei Knöpfe, die kaum noch zu unterscheiden waren. Welcher war einmal rot und welcher schwarz gewesen? Gute Frage, Tommy putzte an ihnen herum, bis er sich sicherer war. Er konzentrierte sich auf den schwarzen, drückte ihn, aber nichts geschah. Nervös sah der Bootsjunge hoch, aber keiner der Männer beachtete ihn. Nur der Kapitän stand da oben auf der Brücke und sah ihm zu. Fast hätte Tommy ihn gegrüßt, unterließ es dann aber und sah sich wieder den Schalter an. Und nun entdeckte er auch den kleinen Hebel! Vier Positionen, und nun war ihm alles klar. Wie beim Computerspiel! Er drückte wieder den schwarzen Knopf und betätigte dabei den Hebel vorsichtig zu sich hin. Sofort wurde das Stahlseil aufgespult und das *Deckstück* zu ihm hingezogen. Mit leichten Bewegungen des Zeigefingers brachte der Junge das riesige Stück genau auf Kurs. Es kam der Öffnung im Deck immer näher, nur schade, dass das nicht schneller ging! Fast gelangweilt sah der Bootsjunge zu, ehe er mit der Faust auf den einst roten Halteknopf schlug: Würde das Fettstück den Schäkel nicht mitsamt Stahlseil und Winde mit sich in den Kocher ziehen? Er musste vorher abschäkeln, aber wie dann weiter?

Erst einmal holte er das Fettstück so dicht wie möglich zum Lukenloch, dann drückte er wieder auf ›Stopp‹ und sah sich um. Brüllen war zwecklos, der Wind riss die Worte wie Stofffetzen mit sich. *Doppelbläser* sah sich Hilfe suchend um, doch keiner hatte Zeit für ihn. Sie keuchten und schwitzten alle.

Schließlich sah er nach oben, wo wie ein Gott der Kapitän stand und ihn musterte. Tommy sah ihn an und zuckte mit den Schultern. Er sah wie *Sir* ein Fenster öffnete und die *Flüstertüte* in die Hand nahm: »Guter Rat teuer, was?«

Tommy nickte.

»Dafür hat Gott die Metallplatte erfunden!«, sagte der Kapitän, nahm die *Flüstertüte* wieder von den Lippen, schloss das Fenster der Brücke und sah ihm weiter zu.

Metallplatte? Zwar nickte Tommy, aber den Sinn dieses Satzes begriff er nicht. Was für eine Metallplatte, verdammt noch mal? Im Kopf oder was? Metallplatte! – Und warum, verdammt noch mal, hatte er keine *Flüstertüte*? – So weit, so gut, aber wie weiter? – Er hatte keine Ahnung! Dabei drängte die Zeit, der Kocher durfte nicht in den Leerlauf kommen. Tommy hatte zwar das letzte Stück zu verarbeiten, es drängte ihn niemand, aber vorwärts kommen musste er trotzdem. Nein, er sah sich zwar noch einmal auf dem Deck um, aber ihm fiel keine Lösung ein. Er ließ den Schalter fallen, so dass dieser an der Winde baumelte, und ging zum Vorarbeiter, der ihm wenig später zubrüllte: »Du schiebst die Metallplatte da von backbord über das Loch, bringst den *Blubber* drauf, schäkelst ab, schäkelst die Platte an, ziehst die Platte weg, schnell weg! – Du musst dich beeilen, sonst wird die Platte so heiß, durch das Fett von unten, dass sie sich verformt. Verformte Platten kosten eine Runde Rum im Hafen! Also eigentlich kannst du dir auch Zeit lassen!«

Der Bootsjunge nickte, ging zu der Platte, die er vorher nicht gesehen hatte, und zog sie auf Knien bis zum Loch. Dann schob er sie von der einen Ecke der Deckluke nach und nach rüber, so dass die Platte immer auf zwei Seiten gehalten wurde. Jetzt lag sie schräg über dem Loch, der Qualm drängte sich an den Seiten vorbei, doch Tommy war schon wieder bei der Winde und brachte den *Blubber* auf die Platte.

Schnell hatte er ab- und wieder angeschäkelt, und als sich die Platte mit einem Krachen zu ihm bewegte und der tonnenschwere *Blubber* in den Kocher plumpste, machte der Bootsjunge eine *Beckerfaust* und sah sich freudestrahlend um. Doch niemand hatte auf ihn geachtet. Selbst *Sir* hatte ganz plötzlich etwas anderes zu tun. *Doppelbläser* rollte das Stahlseil ganz auf, bis zum Schäkel, an dem er die Platte beließ, und stellte den Motor der Winde aus. Er ging zur Luke und sah in den Kocher. Da lag seine zweite Arbeit im drei Meter hohen, zylindrischen Kessel, der mit Dampf geheizt wurde. Da lag nicht nur der *Blubber*, auch Knochen und Fleisch, alles, was auch nur eine Lache

Öl brachte, wurde dort verkocht, so dass schließlich der ganze Wal nach und nach in diesem Druckkocher landete. Nach dem Sieden werde er zentrifugiert, wusste Tommy, um das Öl endgültig vom Speck zu trennen. Zurück bleibe nur der *Grax*, der getrocknet und in Säcke gefüllt werde; und alles in fünfundvierzig Minuten, dann sei der Wal gänzlich verschwunden.

Tommy lächelte und spuckte in das sich verflüssigende Fett. Eine Wolke stinkender Gase stieg auf und ließ Tommy zurückschrecken.

Langsam ging er über die mit Eis überzogenen Metallplanken und klarte mit den anderen Männern das Flensdeck auf. Er nahm schließlich seinen nun eingeweihten Flensspaten und stellte ihn zu den anderen in den hohen, schmalen Metallschrank, der sich an der Wand der Deckaufbauten befand. Die Tür wurde geschlossen und mit einem Bolzen, der an einer Kette hing, verriegelt, ehe der Vorarbeiter sagte: »Das *Küken* holen wir uns nach einer Kaffeepause. Zehn Minuten aufwärmen! Ab!«

Als Tommy mit den anderen Walfängern nach unten ging, wurde er von Luise im Längsgang angerempelt. Sie bedeutete ihm mit einem Nicken, ihr zu folgen, aber er schüttelte den Kopf und ging weiter. Schweren Herzens natürlich, aber was sollte er machen? Er musste aus den Walen *Grax* herstellen, damit sie weiter ihren Job machen konnte!

Genau, so könnte er es ihr erklären! Er wusste, *Grax* habe heute nur noch einen einzigen Verwendungszweck. Dank der Hydrierung des Öls, die einst ein Deutscher erfunden habe, könne man aus tierischen Ölen feste Fette machen. Aus diesen Fetten werde zwar auch Seife und Margarine hergestellt, aber der wertvollste Teil sei heute doch das Nebenprodukt dieses Hydrierungsvorganges: Glycerin! – Und Glycerin sei die Grundlage für Nitroglycerin, und Nitroglycerin die für Dynamit, und Dynamit die für Kriege!

Das müsse Luise verstehen, meinte Tommy und lächelte, gefiel ihm doch der Gedanke, er liefere die Grundlage für ihr Berufsleben.

Heute wurden Wale nur noch gejagt, um dieses Glycerin zu bekommen. Kein Mensch wusch sich mehr mit Walseife, kein Mensch aß mehr Walmargarine, aber Waldynamit, das war noch immer begehrt! Luise werde es verstehen, war Tommy sich sicher. Sie werde verstehen, wenn er hier nicht ständig turteln könne. Der Bootsjunge stellte sich in die Reihe der stiernackigen und nach Blut stinkenden Männer und nahm zum Kaffeepott noch eine Schale Suppe, die ihm der Smutje geradezu aufdrängte.

Teil 3

Den richtigen Platz auf See zu finden, sei für jeden Fischer überlebenswichtig, wusste der Funker der *Saudade,* und während bei Spitzbergen auf der *Rimbaud* Wale erlegt wurden, fluchte er nun schon den dritten Tag hintereinander. Wo stand der Rotbarsch? Wo steckte er? Sollten sie das Fanggebiet vor der Ostküste Kanadas verlassen? Er hörte rund um die Uhr die verschlüsselten Fanginformationen der Russen, Briten, Norweger und Japaner ab, aber es gab da nichts aufzugreifen! Alle suchten den Fisch, der wie verschluckt schien, und der Funker bekam eine Ahnung davon, wie es sein werde, wenn die Ozeane erst einmal leergefischt seien. Konnte das noch lange dauern?

Sie befanden sich doch in einem der ertragreichsten Fanggebiete, genau auf der Kante zur Tiefsee. Hier tummelte sich der Fisch doch sonst in Myriaden! Der Funker schüttelte den Kopf und wertete erneut die abgehörten Informationen aus. Das Russische verstand er gut, ebenso das Englische, aber beim Japanischen und beim Norwegischen, da begriff er nur den ungefähren Gesprächsverlauf und konzentrierte sich daher auf die Zahlen.

Niemand wollte den anderen Informationen umsonst zukommen lassen, auf See herrschte ein ewiger Kampf um die stets gleichen Antworten: Wo stand der Fisch? Wer fischte gerade und wie? Wo standen die anderen Trawler, was taten sie?

Seine Ausbildung zum *Stasioffizier* kam dem Funker dabei sehr zupass. Er kannte viele Tricks, er hörte mehr als die anderen Funker, obwohl der Russe auch beim KGB gewesen war. Doch das Beste an der portugiesische Fischereiflotte war, dass sie nur schwer von anderen Nationen abgehört werden konnte. Und das war sein Verdienst! Das war seine Idee gewesen!

Sofort hatten die Verantwortlichen ihn dafür gelobt, und frech gegrinst hatten sie, ehe sie gemeint hatten, Vergangenheit hin oder her, die Zukunft zähle! Und so kam es, dass alle Funker der portugiesischen Flotte Sachsen waren. Sie unterhielten sich über Funk auf Sächsisch, und niemand war da draußen, der das verstehen konnte. Es war das besonders harte Sächsisch, das man um Chemnitz herum sprach.

Der Funker grinste und sah auf den verdammten Stapel der Privatmeldungen, den er auch abzuarbeiten hatte. Einhundertachtzig Meldungen hatten sich da in vier Tagen angesammelt, die nicht über die internationale Seesicherheitsfrequenz auf fünfhundert Kilohertz Mittelwelle versendet werden durften. Er musste sich mit ›Rügenradio‹ oder ›Norddeichradio‹ kurzschließen, wozu er heute fast eine Stunde brauchte, bis er endlich sagen konnte: »Ja, hier *Saudade*, Fischereitrawler *Saudade*, können wir?«

Und während der Ex-Stasimann Paul E. Sichlewski erst die genaue Schiffsposition durchgab und dann einmal mehr in das Intimleben seiner Kollegen eingeweiht wurde, saß der Slowake Pawel Tocketscha auf dem Oberdeck und sah über die spiegelglatte See.

Flaute. Flaute und nirgends ein Fang in Sicht. Die gefährlichste Mischung, die es gab. Wie oft hatte er bei solchen Gelegenheiten schon erlebt, dass die Deckleute und Verarbeiter ausfallend wurden und sich prügelten. Zum Glück hatte er sein Hobby mit an Bord gebracht. Zum Glück konnte ihm so etwas nicht passieren.

Der fast vierzigjährige Vermehler saß vor drei hohen Stapeln mit seitenlangen Listen, die er zum wiederholten Male sorgsam studierte. Auf den Papieren lagen schwere

Eisenschäkel und neben ihm ein fast verrottetes in Fraktur gedrucktes Buch, das Kursbuch der ›Deutschen Reichsbahn‹, gültig von Mai sechsundzwanzig bis April siebenundzwanzig. Er schlug es auf und blätterte darin. Weise schüttelte er den Kopf und studierte die Seiten, auf denen unzählige Ankunfts- und Abfahrtszeiten unterstrichen, eingekreist oder durchgestrichen waren. Auf manchen Seiten waren Notizen, die Pawel schon so oft mit seinen eigenen Listen verglichen hatte! Er kam einfach nicht drauf, und das ärgerte ihn mehr als jede Flaute der Welt!

Plötzlich schreckte er auf und griff sich mit großen Augen an die Brust. Er fand den metallenen Füllfederhalter, der dort in der Hemdtasche steckte, holte ihn heraus, schraubte ihn, die Hülle zwischen den Zähnen, auf und kreiste leise murmelnd eine Zahl ein. War es DIE Zahl? ›Wer weiß, wer weiß‹, dachte er: ›Wer weiß, der weiß!‹

Er suchte eine seiner Listen heraus und schrieb sorgfältig aber mit zitternder Hand in die Spalte ›Ankunft Pilsen‹: ›17.34‹ Wenig später notierte er in der Spalte ›Abfahrt Pilsen‹: ›18.17‹ Natürlich! Pilsen!

Tief zufrieden legte er die Notizen weg, obenauf das dicke Kursbuch und die Schäkel, und ging zur Reling. Er steckte sich eine Zigarette an und inhalierte so heftig, dass er hustete. Sollte es DAS gewesen sein? In Pilsen? Hatte der Fehler die ganze Zeit in Pilsen gesteckt? Und er hatte Budweis in Verdacht gehabt! Die ganze Zeit! Scheiß auf Budweis! Pawel stand ganz kurz davor, für seine Modelleisenbahn den originalgetreuen und FEHLERFREIEN Fahrplan aufzustellen. Ihm war der entscheidende Durchbruch gelungen.

Pawel hatte schnell begriffen, dass der ›Budapest – Berliner‹ immer gewisse Zeitprobleme gehabt hatte, aber anscheinend hatte sich nie jemand um diese wertvollen zwanzig Minuten gekümmert! Doch nun hatte er ja glücklicherweise die Ursache herausbekommen. Pawel konnte nicht anders, er musste sich noch eine Zigarette anstecken.

Man brauchte den Zug nur in Wien ein wenig früher abfahren lassen, dann war er auch eher in Prag und konnte in Pilsen noch VOR dem ›Istanbuler‹ durch, der aus Paris kam! Die beiden Züge trafen sich zwar in Budweis, aber eben auch schon in Pilsen! Der *B – Ber* müsste so nicht auf den *Ista 1* warten. Zum Wohle der Passagiere, die zwanzig Minuten weniger unterwegs waren. Zum Wohle der ehrenwerten Fahrgäste, meinte Pawel, ein Wohl, welches Pflicht und Ehre eines jeden Reichsbahners sei.

Der *Slowake* dachte versonnen an sein Modell des *B – Ber*, das zu Hause in der Garage stand. Jeden Berg, jeden See hatte er nachgebildet, und nun, endlich, konnte er ihn ohne Unterbrechung fahren lassen. Wie herrlich! Nach den Originalzeiten, jedoch mit VERBESSERTEM Service.

Was waren die Zeitungen doch damals nicht voll davon gewesen. Es sei von der Türkei schon ein großes Entgegenkommen, dass der *Orientexpress* die Grenze überhaupt passieren dürfe. So könne man zum ersten Mal in der Geschichte der Menschheit in Paris einsteigen und an der Chinesischen Mauer wieder aussteigen! Dank der Türken!

Ein unvorstellbarer Service, wenn eben nicht diese zwanzig Minuten für den ›Berlin – Budapester‹ gewesen wären, die doch jeden ehrlichen Eisenbahner damals verrückt gemacht haben mussten. Pawel schüttelte den Kopf über die nutzlose Zeitverschwendung. Es gab eben noch nicht so viele Schienen, das war ja das eigentliche Problem. Was gab es anno sechsundzwanzig schon groß an Schienen in Europa? Wegen dieser beiden Züge war doch schon mit Krieg gedroht worden, dabei lag es die ganze Zeit nur an diesen zwanzig Minuten! Wieder schüttelte Pawel den Kopf, verblüfft und ungemein zufrieden. Die Preußen konnten ihre

Würde behalten, musste ihr Zug doch in ›Österreich-Ungarn‹ nur ein wenig früher eintreffen, und die Franzosen mussten nicht brüskiert werden, und die Türken konnten in Ruhe gelassen werden, musste doch so nicht neu mit ihnen verhandelt werden. Staatspolitik! Der verhinderte Reichsbahnangestellte nickte erhaben. So konnte alles reibungslos verlaufen! Niemandem wurde etwas zugemutet. Und ja, so hätte davor auch bestimmt der ganze Erste Weltkrieg verhindert werden können! Der Attentäter von Sarajewo hätte nicht in Budweis umsteigen können, weil der *B – Ber* sich mit dem *Ista 1* erst in Pilsen getroffen hätte, und nicht in Budweis! Und so hätte dieser Attentäter eben jene zwanzig Minuten verloren, die Pawel durch diese raffinierte Überlegung gewann.

Da lag also der Hund begraben. Pawel hätte jetzt gerne ein frisches, kaltes Pilsener getrunken, während der Funker seine Nachricht durchgab: »Alle zehn Zehen steif – stopp – Betriebsarzt will nicht mehr wegsehen – stopp – Ich liebe dich – doppelt stopp.«

»Fisch stinkt nicht, kein Fisch, das stinkt«, murmelte *Kroatischer Riese*, als er an Pawel vorbeiging und sich wenig später auf dem Fangdeck fallen ließ. Im Nu hatte er drei Serien von Liegestützen absolviert, wobei er bei jeder Stütze in die Hände geklatscht hatte. Mit einem einzigen Ruck bekam er das Schott auf und stand wenig später im Kraftraum.

Er sah den Smutje an, der auf einem Bike schwitzte. Nach dreihundertsechzig Sekunden ging er zu ihm hin und schaltete das Getriebe zwei Gänge höher, während er sagte: »So wird noch mal ein Kerl aus dir! Los, zehn Minuten!«

Der Smutje wollte protestierten, bekam aber beim Anblick des ernst blickenden *Riesen*, der ihn anfeuerte, Angst: »Tempo halten, Tempo halten! Optimale Ausschöpfung, optimale Ausschöpfung! Ja, noch drei Minuten, zweieinhalb noch! – Na, bitte, war das so schwer? Gut gemacht!«

Kroatischer Riese schlug dem Smutje kräftig auf den Rücken, der sich beeilte, heil aus dem Raum heraus zu kommen. Er mochte den jähzornigen *Riesen* nicht, dessen Lachen ihm noch in den Ohren klang, als er schon längst auf dem Gang war.

Der *Riese* zog sich das T-Shirt aus, legte sich das Handtuch ums Genick und fädelte alle verfügbaren Scheiben auf die Stange des Stemmgeräts. An beiden Seiten hingen jetzt hundertfünfzig Kilogramm, und eine Vorfreude erfasste den *Riesen*, als hätte er gleich Sex.

Er keuchte auch so, als er die dreihundert Kilogramm Mal um Mal stemmte, und dieses Geräusch war es, das die Kollegen aus dem Raum trieb, wenn er sich an den Geräten abarbeitete. Er wusste es. Sie mochten sein Stöhnen nicht. Es sei ihnen dann, als vergewaltige er sie, hatte ihm der schmalbrüstige Funker gesteckt. Und seitdem stöhnte er nur noch inbrünstiger, zutiefst intim, was in den anderen männlichen Ohren einfach nur widerlich klang.

In den Pausen zwischen den Serien dachte er wie immer an das Mädchen, an das erste Mädchen, das er gehabt hatte, da war er selbst noch ein Junge gewesen. Das Mädchen hatte mit dem Rücken gegen die alte Dorfeiche gelehnt, es war stockdunkel gewesen, und er selbst war so voller Wille gewesen! Doch die Kraft seiner Oberschenkel hatte damals nicht gereicht! Vor lauter Anstrengung war ihm der Schwanz wieder weich und klein geworden, während das Mädchen ihn schließlich höhnisch angesehen und gefragt hatte, ob er denn auf Jungs stehe? Sie habe doch schöne Brüste. Schwups, da hatte sie eine erste Ohrfeige abbekommen, und schwups und schwups und schwups. Sie hatten ihn aus dem Dorf vertrieben, aus dem Dorf, in dem er doch geboren worden war; aber eines Tages! Dann werde der *Riese* unter der Eiche stehen, und alle im Dorf werden ihn herzlich begrüßen. Sie werden einen Festtag nach ihm benennen, weil er nicht mit leeren Händen kommen werde. Wenn sie erst sahen, was ein Hochseefischer so in zehn, fünfzehn Jahren zusammensparen konnte! Wieder umfasste der *Riese* die Stange und stemmte die Gewichte hoch. Bis zu zehn Mal.

Diese *Knospenbrüste*! Dieser kleine, griffige Hintern, diese vollen Lippen, die ihm unanständige Sachen ins Ohr keuchten, lange und braune Haare, und dann das Zittern in den Knien, das Vibrieren in den Oberschenkeln, das Abwerfen des Mädchens!

Unter einem großen Keuchen brachte *Kroatischer Riese* die Stange noch ein fünfzehntes Mal hoch und ließ sie einrasten. ›Man müsste die Zeit zurückdrehen können‹, dachte er, ›damit man sich die Punkte holen kann, die man als Junge vergeigt hat!‹

Und während er die Füße gegen die Metallplatte eines anderen Gerätes stellte und mit den Beinen Gewichte stemmte, eine Übung, die ihm harte Oberschenkel bringe, Oberschenkel, mit denen er Nüsse knacken könne, süße und feuchte und zärtliche Nüsse, da sang er grinsend: »Von Nutten geliebt, von Jungfern gehasst, / die Heuer versoffen, verhurt und verprasst, / von außen vergammelt, von innen auf Draht, / so sind die Jungs vom Fischkombinat!«

Noch einmal sang er diesen Refrain, während der Funker seinen Spruch durchgab: »Halte aus, Mutter – stopp – Noch zwei Jahre – stopp – Dann ist das Geld für deine OP zusammengespart – doppelt stopp!«

Langsam fragte sich der Funker, ob es die Mutter vom *Kroatischen Riesen* wirklich gab, sendete dieser doch diesen wortgleichen Funkspruch nun schon seit über acht Jahren. Woche für Woche.

Ob er mal zwecks Nachforschungen seine alten Verbindungen aufleben lassen sollte? Er könnte so auch unauffällig in Erfahrung bringen, ob die Kontakte noch bestanden oder gekappt worden waren. Der Funker überlegte, während er den Zettel weglegte und sich den vom Smutje vornahm. Schnell war er abgelenkt, handelte es sich doch um eine dreiseitige Nachricht, in der es ausschließlich ums schwule Liebesleben ging. ›Viel zu lang eigentlich‹, dachte der Funker und seufzte: ›Aber wir haben ja Flaute!‹

»Was? Bitte um Wiederholung!«, kam es aus dem Äther.

»Hast schon richtig verstanden«, antwortete der Funker: »Dein Liebespfand – stopp – der Dildo – stopp – ist leider putt – doppelt stopp.«

Gelächter, das sich schnell über den ganzen Globus ausbreitete, aber nur von einer Handvoll Menschen wahrgenommen wurde.

Denn nichts seien Worte ohne das Wissen, und nichts sei das Wissen ohne das Schweigen, meinte *Opernsänger*, als er einen Lichtstrahl verursachte, der die Finsternis spaltete, die in der Messe herrschte. Schnell trat er ein und schloss das Schott wieder, ungeduldig, nicht ans Fließband zu können, nicht singen zu können, ja, noch nicht einmal dirigieren zu können.

Über der Ausgabe waren zwei kleine Lampen, die ein mattes, grünes Licht auf die Metallbehälter strahlten. *Opernsänger* ging dorthin, bemüht, das Schweigen der vielen Männer nicht zu stören, die gebannt zur provisorischen Leinwand sahen. Bis auf den letzten Platz war der Raum gefüllt, Stille und Dunkelheit hüllten alles ein, machten die Männer willenlos, während auch *Opernsänger* sich bemühte, beim Eingießen des Tees in einen Pott keine Geräusche zu erzeugen. Und während er mit dem Hintern gegen die Ausgabe gelehnt dastand, über die Männer hinwegsah, ab und an die Stehhaltung veränderte, schlürfte er geräuschlos den Tee, ehe er schließlich an den Suppe löffelnden Männern vorbeiging, die nach oben starrten, während ihnen immer wieder Tropfen der fettigen Flüssigkeit von den Lippen fielen, um sich auch an eine Back zu quetschen und sich vom ausgestrahlten Porno treiben zu lassen.

Manche Kollegen hielten mitten in der Bewegung inne, den Löffel auf halbem Weg zum Mund, um mit immer größer werdenden Augen das Geschehen zu verfolgen, doch *Opernsänger* kannte diesen Porno schon. Leises Gemurmel und Laute der Überraschung wechselten sich plötzlich ab, als wären sie alle in einem Kirchenschiff und suchten die Textstelle, die gleich zu singen sei, meinte *Opernsänger*. Er lächelte vor sich hin, sah nach oben und sagte: »Achtung, gleich kommt die Schwester hinzu!«

»Halts Maul! Du darfst die Spannung nicht kaputt machen!«, kam es aus der Dunkelheit zurück.

Süffisant entschuldigte sich *Opernsänger*, während der Funker seinen Spruch in die Heimat durchgab: »Ihr Angebot – stopp – Klingt interessant – stopp – Leider kann ich das von Ihnen gewünschte Diplom nicht vorlegen – stopp – Hoffe auf einen anderen möglichen Weg – doppelt stopp.«

Vom Porno genug gesehen hatte der junge Ismael Ükü, der seine erste Fahrenszeit auf der *Saudade* verbrachte. Während er leicht gekrümmt, mit vorgehaltener Hand und unter dem Gejaule der Männer die Messe verließ, stieg dem Teenager der Samen immer höher. Noch auf dem Längsgang hörte er das Stöhnen der sieben Frauen, und alles schwirrte ihm vor den Augen. Leer wurde sein Kopf, als er sich beeilte, ins Deck zu kommen, um sich auf die untere Koje zu werfen und Sekunden später die klebrige Unterhose auszuziehen.

»Oh, Mann!«, flüsterte er, während er sich neues Zeug anzog.

Über ihm lag *Knirschender*, der sich auf die andere Seite warf und so das Kojengestell bedenklich zum Wackeln brachte, als er sagte: »Man müsste noch mal sechzehn sein!«

Ismael grinste, setzte sich auf die Kojenkante und stand auf. Während er entspannt zum Tisch der Zweierkabine ging, sagte er: »Mit sechzehn hast du doch bestimmt auch schon so faul herumgelegen wie heute! – Einmal Penner, immer Penner!«

»Stimmt auch wieder!«, sagte *Knirschender*, warf sich unter Ächzen erneut auf die andere Seite und schob den fetten, haarigen Unterarm unter den Kopf, doch an Schlaf war nun nicht mehr zu denken.

Er brachte den schwabbelnden Leib von der Koje herunter und setzte sich dem Jungen gegenüber. Sie rauchten und sahen ab und an zum Bullauge hoch, wo das Licht träge verlosch.

»Schätze, es wird bald dämmern«, sagte *Fetter*, worauf der Junge antwortete, es dämmere schon seit Minuten! Er habe mal wieder nichts mitbekommen. Einmal Penner, immer Penner!

»Stimmt auch wieder«, sagte *Fetter*, dem die Brusthaare, Nackenhaare und Achselhaare unterm Unterhemd hervorlugten. Das Fett, das sich wellenförmig unter der Haut abzeichnete, wackelte bei jedem Atemzug des Mannes, der im Schlaf mit den Zähnen knirschte wie kein zweiter. Er drehte sich auf dem schmalen Stuhl halb herum, holte aus dem offenen Spind den Webrahmen und stellte ihn auf den Tisch.

Der Rahmen war sechzig mal siebzig Zentimeter groß, zur Hälfte war der Wandteppich schon fertig, und Ismael hatte *Knirschenden* sagen hören, er werde das Dutzend Teppiche wohl schaffen, wenn diese ruhige Zeit anhalte, die Flaute gekoppelt an die Leertage.

›Der alte Sack!‹, dachte Ismael, dem die Warterei auf die Nerven ging. Nichts gab es für ihn zu tun. Diese vermaledeite Flaute! Er schlug mit der Faust auf den Tisch, während *Knirschender* mit den Zähnen zu malmen begann und mit den fetten Fingern flink die kurzen Bändsel durch die Fäden des Rahmens jagte: Türkisblaues Meer, weiße Dreiecke vieler Einmaster, im Hellblau des Himmels winzige Möwen, rote und gelbe Sonnenstrahlen und ein lila Band, das sich unten als Reihung vieler Seemannsknoten von rechts nach links schwang und auf dem ›Scher aus!‹ stand, daraus bestanden die Teppiche, die *Knirschender* in Serie produzierte und übers Internet verkaufte. Er versenkte sich in seine Arbeit, während Ismael aufstand und wenig später das Schott öffnete.

»Es gibt keine großen Männer«, hörte er *Fetten* sagen: »Es gibt bloß Männer.«

Der Junge warf das Schott zu und rannte nervös durchs Schiff. Also, ihn machten diese fanglosen Tage ganz sicher verrückt. Dafür war er doch nicht auf dieses stinkende Schiff gekommen! Er wollte Geld verdienen, schnell viel Geld! Doch ohne Fisch kein Fang, und ohne Fang kein Geld.

Er klopfte an ein Schott und hörte wenig später: »Komm rein, Ismael!«

Der Junge ging in die Einzelkabine des Vorarbeiters der Vermehler und grüßte den alten Mann, während der Funker seine Botschaft durchgab: »Gut geht's – stopp – Allah hält seine Hände über mich – stopp – Wir halten hier alle zusammen – doppelt stopp.«

Der Funker nickte, meinte, dies stimme, und nahm sich den Spruch des *Knirschenden* vor: »Mit den Teppichen habe ich schon fast tausend Euro verdient – stopp – Flaute tut gut – stopp – Wenn wir übermorgen ausgeflogen werden – stopp – Haben wir Zwischenhalt in Cadiz – stopp – Da gibt's wieder jede Menge verrückter Touristen – doppelt stopp.«

»Und, *Väterchen*?«, fragte Ismael und setzte sich auf die Koje. Er sah Iwan Iwanowitsch zu, wie er vorsichtig die Platte vom angeschraubten Aquarium nahm und den Zierfischen langsam und verträumt Futter ins Wasser streute.

»Leise, mein Junge, leise!«, antwortete er nach einer Weile und sah Ismael mit strahlendem Blick an, der sofort verstand und seine Glückwünsche aussprach.

Verbotenerweise tranken sie einen Schluck vom Wodka, den *Väterchen* selbst angesetzt hatte. Sie hockten sich rücklings auf die einzigen beiden Stühle und sahen ins Aquarium.

»Da!«, flüsterte der Nordrusse: »Vater Toika hält sich ein wenig abseits, siehst du? Mutter Anna führt die Frischgeburten an. Da, zuerst Micha, dann Ludmilla, da, da, da, und der, der immer ausschert, das ist Frankowitsch Alexander Maximilian, der wird nämlich die Erbanlagen weitergeben. Der wird sich als Erster mit dem alten Toika anlegen. Und am Ende Lola, Loli und Lolo. – So, nun ist aber genug geguckt, nun machen wir wieder dicht. Die Kleinen brauchen noch Ruhe!«

Ismael ließ sich von *Väterchen* wegdrücken, der nach und nach vier Tücher über das Becken legte, nachdem er die Metallplatte wieder auf die Glasränder geschraubt hatte. Der Alte schaltete das künstliche rötliche Licht ein, nahm die Wodkaflasche und verließ seine Kabine zusammen mit dem Jungen. Von außen klebte er ein Pappschild mit der Aufschrift ›Nicht stören!!!! Frischgeburt!!!!‹ an die Tür.

Iwan Iwanowitsch streckte sich ausgiebig auf dem Längsgang, während Ismael sich von ihm verabschiedete und ungeduldig weiterlief. Er hörte *Väterchen* noch rufen: »Mach dir nichts draus! – Bald bist du auch Papa! – Nur Träumer schlafen einsam!«

Väterchen nahm noch einen Schluck Schnaps, ehe er die Flasche in seinem langen, weißen Bart versteckte. Er hatte eigens zu diesem Zwecke einige lange Barthaare zusammengedröselt und diesen Tampen mit einer Schlaufe enden lassen. Es war ein Knoten, mit dem man die Schlaufe bequem auf- und zuziehen konnte, und da ihm der Bart, den er während der Arbeit hochband und unter der Mütze versteckte, bis zu den Oberschenkeln reichte, konnte man die Flasche jetzt unmöglich sehen. Während er aufs Oberdeck stieg, spürte er, wie sie wankte, und ging noch langsamer.

Über die Bordlautsprecher wurde bekannt gegeben, dass in einigen Minuten ein Volleyballturnier stattfand. Spielort: Fangdeck. Alle wachfreien Männer waren aufgerufen, mitzumachen. Gespielt wurde nach dem Ausscheidungsmodus. Hauptpreis: ein Karton russischer Champagner. Lächelnd winkte *Väterchen* ab und betrat das sonnenüberflutete Oberdeck. Lange musste er die Augen schließen, und lange musste er blinzeln, um wieder sehen zu können. Was waren das doch für aufregende Stunden gewesen! Und was die Anna alles geboren hatte! Glücklich sah *Väterchen* auf die See, während der Funker seine Grußbotschaft losschickte: »Frischgeburt! – stopp – Siebenlinge! – stopp – Das ist ein schöner und glücklicher Tag! – doppelt stopp.«

Kanadier lag in einem Liegestuhl auf der Nock der Trawlbrücke und hatte, versteckt hinter der Schanzverkleidung, *Väterchen* zugesehen, wie dieser die Flasche heimlich aus dem Bart gezogen und schnell einen Schluck getrunken hatte. Er hatte so glücklich ausgesehen! *Kanadier* hatte nichts gerufen, was kümmerte ihn das? Sollte der Alte doch weiterhin glauben, niemand an Bord wüsste etwas vom Geheimnis seines Bartes und warum er ihn über dreißig Jahre hatte wachsen lassen. Er sah dem Nordrussen durch einen Spalt in der Schanzverkleidung zu, bevor er den Kopf drehte und das Fangdeck musterte, wo die ersten Männer ein Spiel absolvierten. Apathisch verfolgte er den mit einem Seil am Netz verbändselten Ball, registrierte die langsamen Bewegungen der sechs Männer, die einen Punkt lieber verloren gaben, als groß hinter dem Ball herzuhechten, so dass das Spiel ausgewogen blieb und selbst für den trägen *Kanadier* nicht zu schnell wurde.

»Zum Teufel mit dem Glück, sagte der Junge. Ich werde das Glück mitbringen!«, zitierte *Kanadier* frei aus dem Buch, das er schon achtzehn Mal gelesen hatte: »»Er spie in den Ozean und sagte, fresst das, galanós, und träumt, dass ihr einen Mann getötet habt. – Ich wünschte, ich hätte den Jungen da. – Es kann ein Marlin oder ein breitmäuliger Schwertfisch oder ein Hai gewesen sein. Ich hab ihn nicht gefühlt. Ich musste ihn zu schnell loswerden. – Ich wünschte, ich hätte den Jungen da. – Niemand sollte im Alter allein sein, dachte er. Aber es ist unvermeidlich. – Aber ich bin mit einem Freund zusammen. – Jetzt werde ich mich um meine Arbeit kümmern, und dann muss ich den Thunfisch essen, damit mir die Kräfte nicht versagen. – Wie geht's dir, Hand? Oder ist es zu früh, um es zu wissen? – Hab Geduld, Hand, sagte er. Ich tue dies für dich. – Ich wünschte, ich könnte dem Fisch was zu fressen geben, dachte er. Er ist mein Bruder. Aber ich muss ihn töten und bei Kräften bleiben, um es zu schaffen. – Ich wünschte, ich hätte den Jungen da. – Aber ich werde ihn töten, sagte er. In all seiner Größe und Herrlichkeit. – Ich habe dem Jungen gesagt, dass ich ein merkwürdiger alter Mann bin, sagte er. Jetzt ist der Augenblick, es zu beweisen. – Denk jetzt nicht, alter Freund, sagte er zu sich selbst. Lehn dich jetzt friedlich gegen das Holz und denk an nichts. – Er arbeitet. – Tu so wenig wie möglich.«»

Kanadier sprang mit einer einzigen Bewegung aus dem Liegestuhl, wobei ihm ein wenig schwindlig wurde, hielt sich an der Reling fest und schloss die Augen, während er aus Leibeskräften vom Trawler *Saudade* aus über die spiegelglatte See schrie: »»Ich wünschte, ich hätte den Jungen da!««

Doch die Worte würden auf der See nur ausrutschen und zum Horizont schlittern, meinte er, während der Funker den Satz des *Kanadiers* in den Äther diktierte: »Mein geliebter Sohn! – stopp – Nun bist du heute sieben Jahre geworden! – stopp – Und ich bin so stolz auf dich. – doppelt stopp!«

Die Volleyball spielenden Männer hielten inne und jener, auf den der Ball zukam, baggerte nicht, sondern fing ihn auf. Er meinte, Recht habe *Kanadier*, er habe auch so ein Gefühl.

Seine Kameraden nickten und gingen daran, das umfunktionierte Fangnetz, das sie *Kate Moss* getauft hatten, wieder abzuknoten und zusammenzulegen. Sie banden das Ballnetz vom Spielnetz, holten das fünf Meter lange Seil ein, das beide Netze verbunden hatte, und nahmen schließlich den Ball aus dem selbst geknüpften Netz heraus. Sie verstauten alles und gingen in die Vorbereitungsräume der Verarbeitungshallen und Vermehlstationen, um ihre Messer zu holen.

Auch die drei Deckarbeiter hörten auf zu spielen. Sie hatten am Heck des Schiffes gestanden und mit einem Wurfleinenknoten auf eine angebundene Boje gezielt, wobei jeder drei Versuche und dreißig Sekunden Zeit gehabt hatte. Sie brachten die riesige Boje zurück in die Fenderlast, die sich neben dem Kettenhaus des hinteren Steuerbordankers befand.

Unter den Vorbauten krochen sie hervor, aus den Kojen rollten sie sich, von den Raucherzonen und Messen entfernten sie sich, aus allen Winkeln strömten die knapp hundertachtzig Männer zum Bug. Kein Wort war durch die Bordlautsprecher gedrungen, doch bald standen sie alle vorn und sahen abwechselnd vor sich in die See oder nach oben zum Kapitän.

Die Verarbeiter hatten ihre Schlitzmesser dabei, die Vermehler ihre Schabmesser, und als *Haudegen* mit seiner Maschine aufs Oberdeck kam, da trat Stille ein, und schnell wurde um ihn ein Kreis gebildet. Er zog die drei Standbeine fest, verschraubte sie mit den Planken, holte sich Strom, setzte die Brille auf und sagte: »Und man darf niemals, auf gar keinen Fall, einem anderen Mann die Arbeit wegnehmen!«

Der Hauptmaschinist ließ sich nach und nach all die Messer geben und schleifte sie spitz und scharf, während der Funker seinen Gruß in die Heimat durchgab: »Lass laufen – stopp – Immer lass sie machen – doppelt stopp.«

Der Kapitän ging vom Fischradar weg, stieg aufs Dach der Brücke und suchte mit dem Seestecher das Meer ab. Wo war das Kräuseln, das einen Schwarm verriet? Wo waren die *Katzenpfötchen*? Er wusste, der Fisch war da, er war vor ihnen, der Mann wusste es wie die anderen Männer auch, aber wo, wo genau? Er las in der See. Er kannte alle Farbnuancen, er konnte eine Sandbank von einer Untiefe und eine Untiefe von einem Schwarm unterscheiden, er war doch schon so lange Zeit Fischer! Ihm machte doch kein Fischschwarm der Welt mehr etwas vor!

Und während der Kapitän versuchte, den Spiegel der See mit den Augen zu durchdringen, ließen sich *uralter Richard* und Robert die Messer schleifen, bevor sie sich wieder in den Schatten einer Rettungsinsel setzten.

»Ja, ja, der alte Richard und die *Junge Garde*!«, sagte *uralter Richard*, und Robert Rösch schalt sich im Stillen einen Narren, sich neben den Alten gesetzt zu haben. Wie oft hatte er dessen Geschichte nicht schon gehört! Viel zu oft, aber nun war es zu spät, um sich dünne zu machen. Er nickte und hörte den Alten erzählen: »Der *uralte Richard*, was ich bin, der war ja schon beim Stapellauf dieser *Saudade* dabei. Damals hieß sie noch *Junge Garde* und war mit ihrem Schwesterschiff, der *Jungen Welt*, das Prunkstück der Fischereiflotte eines Landes, das es schon lange nicht mehr gibt. DDR, wird dir nichts sagen. – Es war der prachtvollste Stapellauf seit dem Krieg, und selbst aus Amerika kamen die Spezialisten, um sich die *Junge Garde* anzuschauen! Und die Sowjets waren neidisch, das kannst du dir nicht vorstellen. Ja, war der deutsche Erfindergeist mal wieder an der Weltspitze! Kamerateams aus Nordamerika waren an der Südküste der Ostsee! Wegen uns. Einundzwanzigster April siebenundsechzig, da hat der Vorsitzende unseres kleinen Landes selbst die Sektflaschen gegen die Außenwand der beiden Trawler knallen lassen. Seit diesem Tag bin ich an Bord! Ich bleibe dem Schiff treu, egal, wie es gerade heißt! – Die winzige DDR besaß auf einmal das größte Fischereischiff der Welt! Und gleich zwei davon! Das kleine Hafenbecken von Wismar hatten sie ausbaggern müssen, die vorgelagerte Insel Poel hätte eigentlich weggemusst, aber spreng mal eine Insel weg! Das wollten wir nicht, wir wollten nicht mit Poel umgehen, wie die Briten mit Helgoland. – Geschaukelt hat der Pott bei Windstärke zehn, Böen elf, aber er kam gut unten im Wasser an. Elftausend Männer, die am Schiff mitgearbeitet hatten, hielten den Atem an, doch der Stapellauf ging gut. Da konnte nicht mal so ein Frühjahrssturm was ausrichten. – Bisher gab es zwanzig Besatzungsmitglieder auf einem Fischverarbeiter, jetzt waren es hundertachtzig! Dieses Fang- und Verarbeitungsschiff war eine ganze Fabrik für sich, ach was, zwei Fabriken! Ein Kombinat! Fast zweihundert Mann pro Schiff auf der Jagd nach dem

Kabeljau, dem Hering, dem Heilbutt und dem Thunfisch. – Uns kamen die Längsgänge damals so breit wie Hotelgänge vor. Weißt ja, man kann hier bequem zu viert nebeneinander herlaufen! Zu viert! Und die Kammer des Dritten Offiziers lag zwanzig Meter über der Wasseroberfläche, und der war nur der dritte Offizier! Bei ihm war ich mal drin. Er hatte eine Dusche für sich allein, einen Kartentisch unterm Bullauge, die Kammer hatte einen kleinen Flur und dieser eine Extranische fürs Ölzeug. – An Bord gab es über hundert Standorte für Feuerlöscher! Mit Äxten, Schläuchen, Stahlrohren und Atemmasken! Heute sind es ja nur noch vier Standorte, ich sag dir, so wird der Kapitalismus auch nicht überleben! Mit vier Standorten für Feuerlöscher, wo doch hundert nötig sind! Und damals hatte darüber hinaus noch jeder seine eigene Atemschutzmaske, seine persönliche! Geblieben sind die zwölf Stunden Schicht. Gebückte Haltung am Fließband, Kälte, künstliches Licht, weißt du ja, was ich meine. – Damals dauerte es zwei Wochen, bis der Proviant verladen war. Mit Güterzügen kam das Zeug nach Wismar. Waggonladung um Waggonladung, immer rein in den hungrigen Bauch des Schiffes. Weißt ja, Kinder haben immer Hunger. Jetzt waren keine zwei oder drei Wochen auf See angesagt, jetzt ging es um Monate! Zehn Monate ununterbrochen auf See. Diesel und Fressalien kamen von russischen Versorgern. Der gefangene und geschlachtete und verpackte Fisch wurde auf unsere kleinen Versorger verladen, die damit ab nach Hause marschierten. – Und eines kann ich dir sagen, beim Anblick der *Garde* und der *Welt*, da bekamen die Westdeutschen zum ersten Mal richtig Schiss, die mit ihrem Wirtschaftswunder, gemacht in den USA! Wir hatten alles selbst hingekriegt! Niemand half uns, die Sowjets nahmen uns noch die Hälfte ab, trotzdem haben wir uns durchgebissen. Und dann diese beiden

Supertrawler! Absolute Weltspitze. Gagarin ins Weltall, Armstrong auf den Mond, aber die kleine DDR beherrschte die Ozeane! – Ich will aber nicht die Seenot knapp ein Jahr nach dem Stapellauf verschweigen. Da stand der Atem der ganzen Republik still, ich weiß es noch wie heute, es war der Frauentag im Jahre achtundsechzig. Unsere schwimmende Fabrik versorgte ja immerhin zehn Prozent der Bevölkerung. Eiweiß ist wichtig für den Menschen. – Eingeschlossen, wir waren vom Eis eingeschlossen. Fünfundfünfzig Grad fünfzig Minuten Nord und siebenundfünfzig Grad sechsunddreißig Minuten West, also hier in der Nähe. Labrador. Zwei Tage eingeschlossen! Der Wind kam Nordnordwest, Stärke acht, Seegang sieben, weiß ich alles noch, und wir drifteten hilflos mit dem Packeis mit. Ich war unten am Fließband *Makarenko*, als es passierte. Wir waren auf Dorsch. Der Strom setzte südöstlich. Oben war starkes Schneetreiben zwischen dem Packeis. Sichtweite fünf Kabellängen, nicht mehr. Was bleibt dir bei neunhundert Metern Sichtweite, wenn das Schiff gute hundertvierzig Meter lang ist, an Zeit zum Reagieren? Aber wir mussten ja an der Eiskante fischen, weil der Dorsch ein gewiefter Hund ist! Der hat gelernt! Lockeres Treibeis um uns herum, was nicht gefährlich war. Gefährlich wurde es erst in den Abendstunden des achten März, als der Steertstrander in die Schraube geriet. Fünf Meter Durchmesser diese Schraube! – Ja, da waren wir dann plötzlich manövrierunfähig und mitten im Treibeis. Von riesigen Eisbergen brauche ich dir ja gar nicht erst groß was zu erzählen. Jedenfalls, die Z-Trawler *Elvira Eisenschneider* und *Artur Becker* kamen sofort, wollten als Schlepper fungieren, gelang aber nicht wegen schlechtem Wetter. Ja, in den Morgenstunden gelang es uns dann selbst, die Schraube wieder freizukriegen. Mit Hilfe der Törnmaschine konnte der Strander wieder aus der Schraube herausgedreht werden. Aber leider war die Eisdrift mittlerweile so stark geworden, dass wir im Packeis festsaßen und es den starken Motoren nicht mehr gelang, das Schiff freizubekommen. Dazu die Eispressung. Der Druck von außen steigerte sich im Minutentakt. Und dann die Botschaft: ›Wassereinbruch im Maschinenraum!‹ Die Rettungstrupps sind sofort runter, und alles in einem krängenden, sich neigenden Schiff, umgeben von Hunderten von Packeisschollen! Da wurde die Bordwand doch plötzlich wirklich noch aufgeschlitzt! Von so einer verdammten Scholle. Oder einem Eisberg. Backbord, von Spant vierundachtzig bis achtundachtzig, also genau in Höhe der Schalttafel für die Motoren. Prompt fiel auch die gesamte Energieversorgung aus. Die Hauptmaschine konnte wegen Wassereinbruchs nicht mehr repariert werden, ich meine, so blöde kannste gar nicht denken, wie es manchmal kommt! Natürlich auch der Notdiesel ausgefallen, weil die Fülleitungen der Luftdruckflaschen im Bereich des Lecks gebrochen waren, und somit waren die Anlassluftflaschen leer! Ausweglos! Verlassen des Schiffes in wenigen Minuten! Siebenundfünfzig Millionen Dollar am Versinken! Zehn Prozent der DDR-Bevölkerung am Verhungern! – Meinst du? – Glaubst du? – Falsch! – Dem Vierten Ingenieur kam die rettende Idee! – Simpel, einfach die Druckluftflaschen der Taucherausrüstungen anschließen! – Funktionierte! – Der Notdiesel sprang an, und ab acht Uhr vierunddreißig lieferte er wieder Energie für Beleuchtung, Heizung und für die so wichtige Lenzeinrichtung. – Aber die Haupttafel stand noch immer unter Wasser. Was machen? Ruhe behalten! – So ein Notdiesel hält auch nicht ewig. Der Funker sendete SOS, die nahenden Schiffe waren aber jetzt sechzig bis achtzig Seemeilen entfernt. Um sechzehn Uhr war dann unsere Schwester da. Die *Junge Welt*. Sie hatte ordentlich Spiet gegeben und war wie ein Eisbrecher voll in die Eisberge vor uns gerammt. Wie eine Furie! Prachtvoll! Gut, so eine Schwester zu haben. Sofort versuchten wir, eine Schleppverbindung herzustellen. Wie die Tiere wollten wir es, aber uns gelang es nicht! Wir konnten die Stahlseile nicht weit genug werfen, beziehungsweise nicht gut genug auffangen. Sturm, Schneetreiben, der ganze Mist kam zusammen, obwohl an beiden Decks fast vierhundert Mann waren, war es ausweglos für die *Junge Garde*. Der Kapitän hatte an die Küstenfunkstellen gesendet: ›Erbitte Hilfe durch Eisbrecher.‹ Die Kanadier von St. John's ließen ausrichten, sie hätten keine. Glatte Lüge, wie sich später herausstellte, aber war halt *Kalter Krieg* damals! Pech! War wirklich kalt. – Den ganzen Tag über fügte die Eispressung dem Rumpf immer mehr Einbeulungen zu. Das Wetter verschlimmerte sich. Schneestürme fegten übers Oberdeck. Heizung fiel aus. Lenzeinrichtung musste zeitweise abgestellt werden. Vierzig Grad minus, trotzdem wurden die alten und neuen Lecks von uns immer wieder abgedichtet, von innen und außen! Der Kapitän forderte Hubschrauber an, die ersten Besatzungsmitglieder wurden aufs Eis gebracht. Wir hatten ja viele Frauen an Bord. Damals bestanden die Verarbeitungsabteilungen fast nur aus Frauen! Die waren viel flinker, aber jetzt waren wir alle am Arsch. Es war nichts mehr zu machen. Einige von uns würden krepieren, wurde uns klar, nur: Wer? Kein Ausweg mehr, alles versucht, alles verloren, als so ein verdammter Funkspruch aus Kanada kam: ›*Kalter Krieg* hin oder her, unsere Eisbrecher sind auf dem Weg! Seemänner halten zusammen!‹ Das war der Wortlaut, und wir waren am Heulen! Scheiße, mir kommen immer noch die Tränen. – Um acht Uhr fünfundvierzig kam das Schiff von selbst in eisfreies Gewässer, wir konnten es künstlich um zwölf Grad krängen und Lecksegel setzen. Zehn Uhr vierzig gelang endlich eine Schleppverbindung. Die *Heinz Pries* war es. Bei Windstärke sieben, Westwind. Das Lecksegel riss noch einmal, wurde aber schnell wieder geflickt, als unser Kapitän den Funkspruch abgab: ›St. John's, Eure Eisbrecher kommen zu spät!‹ Der verdammte Sachse machte doch tatsächlich eine Pause von drei Minuten, ehe er der westlichen Welt bekannt gab: ›St. John's, wir haben uns selbst geholfen! Die Eisbrecher können abdrehen!‹ Auch die meisten anderen Schiffe drehten ab, nur unsere Schwester blieb. Sie schleppte uns sechshundert Seemeilen durch orkanartige Stürme nach St. John's, und einmal wurde es noch knapp, als die *Junge Garde* nach steuerbord gefährlich überkam. So hätte sie dann auch die *Junge Welt* mit sich in die Tiefe gerissen, aber der junge Pott richtete sich wieder von alleine auf. War eben nicht in Dingsda wie die *Titanic* gebaut worden! Ha! – Achtzehnter März achtundsechzig legten wir an und liefen wie die Wiesel in die erstbeste Kirche! Dreizehn Schiffe haben Hilfe geleistet, und du sagst immer, diese Zahl taugt nichts! ROS dreihundertsiebzehn wurde durch den kameradschaftlichen Einsatz von ROS dreihundertsechzehn, dreihundertvier, dreihundertzehn, dreihundertelf, vierhunderteins, vierhundertvier, vierhundertfünf, vierhundertsechs, vierhundertzehn, vierhundertdreizehn, vierhundertfünfzehn, vierhundertsiebzehn und vierhundertneunzehn gerettet. – Gerettet! – Ja, so war das, aber angefangen hatte die Sache ja schon am siebten Februar neunundvierzig, da war die DDR gerade mal gegründet worden, als uns auf der Insel Dänholm vor Stralsund die ersten zwölf Siebzehn-Meter-Kutter übergeben wurden. So konnte die Fischerei bei uns wieder anfangen, obwohl der volkseigene Betrieb ›Ostseefischerei‹ sich noch im Aufbau befand. – Und dann kamen sie aus der ganzen Republik zusammen, die Ungelernten, die Abenteurer, die Schieber, um sich den ›Traum vom Meer‹ oder den ›Traum vom schnellen Geld‹ zu erfüllen. Bloß vom Fischfang hatte niemand Ahnung. Die alten Fischer waren mit ihren Kähnen alle im Westen, wollten ihre Schiffe nicht in Volkseigentum übertragen. Falls sie die überhaupt noch hatten, die meisten waren ja im Krieg zerstört worden. – Und bei jedem Turn fuhr ein Sowjetsoldat mit, der mit der Kalaschnikow am Bug saß und darauf aufpasste, dass man sich nicht selbst bereicherte. – Saßnitz, da war ja auch alles kaputt. Hatten wir alles erst aufbauen müssen. Fünfzig, einundfünfzig war das. Die Eröffnung des Lehrlingswohnheims war eine große Sache gewesen! Da kam endlich wieder Leben in die Bude, und von der Zukunft konnte man was ahnen. Wenn erstmal wieder die Jungen da sind, dann ist das Gröbste geschafft! Kannste leicht begeistern, aber nur schwer besiegen, die Jungen. Inbetriebnahme der Fischhalle, Produktionsbeginn in der Eisfabrik, dann in der Fischmehlfabrik, Aufnahme der Konservenproduktion, Schlag auf Schlag ging das, bis dann die ersten Vierundzwanzig-Meter-Kutter kamen, nein, was haben wir die Brust rausgestreckt da oben auf Rügen. Die Qualifizierten waren alle im Westen, aber wir haben da trotzdem was hinbekommen. – Als im Februar zweiundfünfzig der Fischkutter SAS siebenundsiebzig bei Dranske strandete, ermittelte das Seegericht, dass die Besatzung aus einem Gärtnerlehrling, einem ehemaligen Arbeiter einer Spielwarenfabrik und einem Ex-Kraftfahrer bestand. So fing das Abenteuer an, aber es blieb nicht so. Die ersten Heckfänger der Flottille der DDR wurden auf der nagelneuen Werft in Wismar gebaut, so vor achtundfünfzig, und die Wismarer Werft, die war damals Weltspitze, und sie war immer einen Tick besser als die in Danzig! Immer! – Die beiden Fischbetriebe in Rostock und Saßnitz fischten achtundfünfzig siebzigtausendsiebenhundert Tonnen Fisch. Trotz allem zu wenig! Ende der Kutter- und Loggerfischerei, Jungfernfahrt für den ersten Heckfänger war der dritte April sechzig: ROS dreihunderteins *Bertolt Brecht*. Das war unser erstes über Heck fangendes Schiff, wobei der Fang dort dann gleich unter Deck verarbeitet wurde. Bis sechsundsechzig kamen noch zwölf hinzu, alles Dichter von uns: *Johannes R. Becher, Friedrich Wolf, Erich Weinert, Louis Fürnberg, F.C. Weißkopf, Peter Nell, Walter Dehmel, Bernhard Kellermann, Peter Kast, Rudolf Leonhard, Bodo Uhse* und *Willi Bredel*, kenne ich alle noch. Alle mit ganz neuer Fangtechnik ausgestattet. Aussetzen und Einholen der Netze vollautomatisch! Be- und Verarbeitung des Fangs unter Deck zur Gänze! Witterungsunabhängig! Köpf-, Filetier- und Enthäutungsmaschinen, von uns erfunden! Fangen war getrennt vom Verarbeiten, dank der Lagermöglichkeiten mit Eis! Eisproduktion auf dem Schiff! Diese Gefrieranlage holte alles auf zwanzig Grad minus runter und hielt es dort! Zum ersten Mal in der Geschichte der Fischerei wurde ein Fang völlig verwertet! Das haben wir erfunden! Samt Beifang, alles verwertet! Keine Abfälle! Dank der neu erfundenen Fischmehlanlagen, erfunden von uns! Aber unser Prunkstück war die Leberölerzeugung. Absolutes Weltniveau! Alles transportierbar und flexibel einsetzbar. – Und an den Packtischen fast nur Frauen. Das war ein Leben! – An Oberdeck ging es am modernsten zu. Das Netz mit einer Winde über Heck an Bord zu holen, das dauerte nur noch eine dreiviertel Stunde. Und nur noch sechs Mann waren dafür nötig. Ständig war ein Reservenetz samt Rollgeschirr klar an Deck und konnte bei Netzschaden innerhalb von Minuten ausgetauscht werden. Wenn der Fisch da war, dann war er eben da. Zeitverlust: null! – Neunzig Mann Besatzung, neunzig Tage auf See, klar gab es auch Kinderkrankheiten, die wurden eben abgestellt und fertig! Die Sache mit den Scheerbrettern auf der *Fürnberg* zum

Beispiel. Oder die Sache mit dem Spillknopf an der Kurrleinenwinde. Oder, als wir feststellten, dass wir mehr fingen als wir einfrieren konnten, weil die Froster alle Tage mal abgetaut werden mussten, da haben wir die Bandgefrierapparate und die Rotationsfroster erfunden! Erfinden war unsere Leidenschaft! Damals und bis zum Ende …«

»Komm zum Ende, alter Mann!«, sagte Robert: »Es geht bald los!«

»Ja, klar. Gleich. Weißt du, pro Reise haben wir fast sechzigtausend Tonnen Filets gemacht, und so ein Hecktrawler war fünf Mal im Jahr auf See. Aber dann haben wir die pelagische Einschiff-Schleppnetz-Methode eingeführt, weil wir ja Mäuler stopfen mussten! Und dreiundsiebzig war noch einmal eine große Stunde der DDR-Fischflotte, weil da zum ersten Mal in der Geschichte der Fischerei eine ganze Besatzung ausgetauscht wurde, wobei das Schiff auf See blieb. Das war auf der *Weißkopf.* – Dann kam die Zeit der Frosttrawler, dreiundzwanzig Meter langes Fangdeck, das war was. Fernbediente Vier-Trommel-Netzwinde. In nur zwei Hieven ging das Netz vollautomatisch an Deck. Haben wir erfunden, eben mal so. – Aber bei der Wende, da gab es nicht einmal einen Dank. Diese verdammte ›Treuhand‹ hat alles auseinandergerissen und verschrottet und verkauft, dabei war unsere Fischereiflotte tadellos! Weltniveau bis zum Schluss, aber im Westen Deutschlands hatten sie eben Angst vor der Konkurrenz, und am Ende diktiert der Sieger immer dem Besiegten. Die gute, alte *Ludwig Turek* wurde einundneunzig zur *Ming Zhu,* die *Eduard Claudius* zweiundneunzig in Bilbao verschrottet, *Ehm Welk* wurde *Ming Chang, Arnold Zweig* einundneunzig in El Ferrol verschrottet, *Hans Marchwitzka* und *Bruno Apitz* per Charter und Joint Ventures nach Nachodka, *Erich Weinert* in Spanien verschrottet, *Willi Bredel* in der Türkei verschrottet, *Reutershagen* dreiundneunzig nach Griechenland verkauft, *Evershagen* nach Tortola, *Junge Welt* neunzig in Pakistan verschrottet, und, und, und: Die modernste Hochseefischereiflotte der Welt wurde nun selbst abgeschlachtet, von Verbrechern der ›Treuhand‹! Nur, weil die im Westen Schiss hatten vor uns. Vierzig Schiffe, eine gesamte Flotte ohne Not zu verschrotten, das ist brutal. Geachtet auf dem ganzen Weltmeer, einst! Vierhunderttausend Hochseefischer wurden arbeitslos. Und wie viele in Westdeutschland bei der so genannten Wiedervereinigung? Nicht einer. Heute gibt's nur noch die *Junge Garde* als *Saudade* und auf ihr den *uralten Richard*, der nichts vergessen hat! Gar nichts! Ich bin der letzte DDR-Hochseefischer. – Was meine Kollegen durchgemacht haben, ich will es nicht wissen. Seemannstränen bringen noch jeden Kahn zum Kentern! All die Kollegen und Kolleginnen! – Na ja! Na ja, jetzt kommen sowieso die Fischfarmen. Da braucht man keine Hochseefischer mehr. Nur Taucher, die runtergehen und abfüttern, bevor der Fisch mit langen Saugpumpen direkt zu den Fischfabriken an Land befördert wird. Durch Rohre aus den Ozeanen! Wie bei Legebatterien, nur dass man auf den Fisch keine Rücksicht wie bei den Eiern nehmen muss. Die Farmen in der Tiefsee müssen lediglich hin und her bewegt werden, weil der Fisch im eigenen Kot nicht überlebt. Da fressen ihn die Bakterien auf. Und ihm bleibt auch nur noch der ›Traum von der Freiheit‹, gefangen in seinem eigenen Meer! – Bald sind die Ozeane frei von Fisch, und dann gibt's nur noch Fischgefängnisse, dann braucht es eh keine Hochseefischer mehr. – Das werde ich aber nicht mehr mitbekommen, weil ich hier auf der *Jungen Garde* verrecken werde. Wenn sie das Schiff verschrotten, die Portugiesen, dann müssen sie mich mit verschrotten. Oder ich bin dann schon über Bord und Fischfutter, falls es da gerade Fisch gibt, wo ich über Bord gehe. Ha, ha, ha«, lachte *uralter Richard* und sah Robert mit leicht wirrem Blick an: »Aber was dann aus dir wird, Kollege, wenn die Ozeane leer sind? Keine Ahnung!«

»Lass das mal meine Sorge sein!«, sagte Robert Rösch und stand auf: »Los jetzt! Erstmal machen wir wieder Filets. Wird Zeit!«

Und während *uralter Richard* von Robert hochgezogen wurde, sprach der Funker den Spruch des Alten ins Mikrophon: »Singt – stopp – Die ›Internationale‹ – stopp – an meinem Grabe – doppelt stopp.«

Er stimme der Scheidung nicht zu, sie hätte doch wissen müssen, was eine Seemannsbraut erwarte, gab der Funker die Antwort des Kapitäns durch den Äther, als dieser auf dem Dach der Brücke den Seestecher schärfer stellte. Der Kommandant nahm das Walkie-Talkie aus der Gürteltasche und sagte: »Kursänderung. Drei Strich backbord. Alle Maschinen stopp!«

»Aye, aye, drei Strich backbord, alle Maschinen stopp«, schnarrte es zurück, während *Haudegen* die letzten Trennmesser bearbeitete, wobei die Funken übers Metalldeck stoben und ein Kreischen sich über die See legte, das die Männer kaum aushalten konnten. Doch sie hielten aus, und schließlich hatte *Haudegen* all die Messer mit den Griffen wieder in die fordernden, aufgedunsenen, vernarbten, verätzten und lederhäutigen Hände gelegt.

Zum letzten Mal kreischte die Maschine auf und machte die Verarbeiter und Deckleute damit noch wilder. Plötzlich wurden wie auf ein Zeichen hin hundertfünfzig Messer hochgehalten. Ein Wald von geschärftem Stahl, der das Licht bündelte und zurückwarf, weit in der Unendlichkeit der See sichtbar.

Die Männer spürten den Stillstand des Schiffes, sie lauerten, hielten hin und wieder den Atem an und schalten sich Trottel, als sie es bemerkten, doch schien es ihnen diesmal keine hohle Hoffnung zu sein.

Während der Hauptmaschinist den Marlspieker des zweiten Bootsmanns per Hand mit der Feile spitzte, damit der den Steertknoten später auch wirklich gut öffnen konnte, während *Haudegen* also Späne wegpustete und das Metall sorgfältig von allen Seiten begutachtete, knackten plötzlich die Bordlautsprecher: »Männer! Der Fisch ist vor uns! Wir haben ihn! An die Netze! An die Fließbänder! Kühllasten leeren und Frischwassertanks auffüllen. – Der Kapitän.«

Nicht ein Schrei war zu hören, nicht ein Funken Freude brach aus den Männern heraus. Schweigend und mit gesenkten Köpfen gingen sie zu den Außenschotts, um ja nicht das befreiende Lächeln zeigen zu müssen. Sie wussten, es war überstanden. Leerfahrt und Flaute, die hässlichste Mischung überhaupt, sie hatten sie hinter sich!

Nur Ismael schlug beim Eintreten in die Zitadelle gegen den Rahmen des Schotts und sang mit unterdrückter Stimme: »›Ab geht die Party, die Party geht ahab!‹«

»*Ahab* war der Teufel, der den weißen Wal gejagt hat«, sagte *Haudegen*, der die Schleifmaschine zusammengepackt hatte und hinter dem Jungen ins Schiff kam: »Sprich nicht den Namen des Teufels auf diesem Schiff aus, Junge! – Und vergeude deine Kraft nicht mit sinnlosem Gerede.«

Ismael winkte ab und lief den Längsgang der dritten Etage entlang, während *Haudegen* tiefer stieg. Im untersten Längsgang verstaute er die Schleifmaschine unter dem Ende des Niedergangs, vertäute sie seefest, nickte dem Hilfsmaschinisten zu und sah sich die Armaturen des Hauptdieselmotors und der Zusatzmotoren an. Auch die der Pumpen und Lenzeinrichtungen überprüfte er. *Haudegen* prüfte die Schalttafeln der Winden und warf sogar einen Blick auf die Ansaugvorrichtungen der Sanitäranlagen. Er drückte auf den gelben Knopf und sagte: »An Brücke! Alle Maschinen klar und einsatzbereit!«

Haudegen nahm die Schutzbrille ab, die er seit dem Schleifen getragen hatte, putzte die großen Gläser seiner normalen Brille, die einen breiten, schwarzen Plastikrahmen hatte und die in den letzten zwanzig Jahren nicht einmal kaputt gegangen war, obwohl er oft gegen Ventile, Schalträder und Kanten geknallt war. Er versteckte seinen funkelnden Blick schnell hinter dem dicken Brillenglas.

Er ging am Hauptmotor vorbei, kam zum kleinen, schmiedeeisernen Badeofen, den er sich aus Indien mitgebracht hatte, öffnete ihn von oben und nahm eine frisch geräucherte Flunder heraus. Saftig war sie, gerade richtig, *Haudegen* lächelte. Er ging zum ölverschmierten Sessel, ließ sich mit dem Fisch in der Hand fallen und zog die Haut an der Naht auf. Das rosa Fleisch kämmte er von der Hauptgräte direkt in den Mund.

Zufrieden rülpste er und pulte Fasern aus den Zahnlücken, als die Brücke forderte, er solle ›halbe Fahrt voraus‹ geben. *Haudegen* nickte, stand auf, drückte die Knöpfe und verharrte zufrieden im Stampfen der Motoren, im Stinken der Kühlflüssigkeit und des Diesels. In von spärlichem Neonlicht beflecktem Schwarz weit unter der Wasseroberfläche. Gegen die Kälte kämpfte er mit Wattejacken. Die Brillengläser vergrößerten sein Augenlicht, aber viel zu sehen gab es hier unten ja doch nicht. Er schloss die Augen und lauschte. Dumpf klopfte Gewaltiges gegen die Außenhaut des Trawlers und hallte wider bis ins Innerste des Heizers. Er dachte: ›Erst auf dem Schiff fand ich meine Ruhe. Im ständigen Fahren fand ich meinen Stillstand.‹

Der Heizer nickte ein, während der Funker seinen Spruch in die weite Welt warf, der der letzte für heute war:

»Wie ein großer Fisch – stopp – Abgestorben – stopp – An ein kleines Boot gefesselt – stopp – Bedächtig vom Alter gerudert – stopp – Grau und matt wie die Haut des Weißen Wals – stopp – Umkreist vom Teufel der See – stopp – So zieht unser Trawler durch die verdammten Flauten der Meere – stopp – Und wir sitzen tatenlos – stopp – Im Bauch eines ganz anderen Wals – doppelt stopp.«

Als wären seine Fingerspitzen Regentropfen, was ist nur mit ihrem Mann los? Mathilde lag nackt auf dem Bauch, und immer wieder landeten seine Kuppen auf ihrer Haut, sacht und fragend, als wäre Robert Rösch ein Junge, der mit ihrer Haut spielte, weil er entdeckte, dass sie lebendig war.

Kindliche Berührungen bedeckten ihren Rücken, ihren Hintern, rieselten als Rinnsale zwischen ihre Beine, rannen hinab und kreisten auf ihren Fußsohlen. Und er lächelte verlegen, wenn ihr die Flechten einer Gänsehaut wuchsen.

Flach drückte er die Hände gegen ihre Füße, küsste die Innenseiten ihrer Schenkel und verharrte bei den Kniekehlen. Er küsste ihre Pobacken, die Kuhle beim Ansatz ihrer Wirbelsäule, und Wirbel um Wirbel küsste er sich über ihren Rücken, ihren Nacken, ihren Hals, ihre Wange, ihr Ohrläppchen, während sie sich wütend auf den Zeigefinger biss.

Vor zwei Tagen war er mitsamt der Besatzung von der *Saudade* geflogen worden und hatte sie erst vom Londoner Flughafen aus anrufen können, während die neue Mannschaft den Fang an Bord brachte und verarbeitete, auf den sie auf dem Trawler so lange gewartet hatten. Einige wenige Stunden war die Leerfangzeit und die Flaute zu lang gewesen, hatte die Reederei doch diese freie und windlose Zeit genutzt, um den Besatzungsaustausch auf See vorzuverlegen. Robert hatte es ihr erst von London aus erzählen können, drei Stunden später hatte sie ihn schon vom Flugplatz ›Rostock-Laage‹ abgeholt; unvorbereitet und überrumpelt waren sie beide gewesen.

Gerade hatte sie herausgefunden gehabt, dass in der Südukraine noch Raster für die Silhouettierkunst hergestellt wurden, wie sie auch schon Philipp Otto Runge verwendet hatte. Auch wenn dieser Künstler über zweihundert Jahre tot war, wollte sie doch mithilfe seiner Methode versuchen, den alten *Stagg* auf Kinoplakatgröße zu bekommen. Schnell hatte sie eine Bestellung per E-Mail aufgegeben, und dann hatte sie auch schon losstürzen müssen, um Robert, übermüdet und matt, nicht in Laage warten lassen zu müssen. Fast dreißig Stunden hatte er geschlafen, und sie kannte ja auch das Phänomen, dass Seeleute und Hochseefischer in den ersten Landtagen mit einer Impotenz kämpfen mussten, da sie auf See ihr Geschlechtsleben hatten einstellen müssen.

Mathilde wusste, viele Fischer sahen sich zum Ende einer Fahrt mehr Pornos an, die Gespräche über Frauenkörper nahmen zu und die Hänseleien verschärften sich wieder. Vielleicht, meinte sie, sei der Abflug zu plötzlich gekommen. So apathisch und abwesend hatte er sich ihr gegenüber noch nie verhalten. Sie fragte sich, ob er noch ›auf Level null‹ sei, auf ›Status See‹.

Ob er einfach noch nicht richtig munter war? Oder war diese Fahrt anstrengender als die anderen gewesen? Sie wollte ja verständig sein, aber dieses Peter-Pan-Verhalten machte sie noch mal wahnsinnig!

Er solle sie wie früher an den Hüften packen, er solle sie zu irgend so einem blöden Tisch schieben, er solle ihr die Beine spreizen und ihr zeigen, er sei da! Er lebe! Sie lebe! Alles lebe! Mathilde biss sich auf die Unterlippe und drehte sich um.

Sie fasste ihn an den Schultern und drückte ihn aufs Bett, setzte sich auf seinen Bauch, griff hinter sich, bekam aber seinen Schwanz mit den Händen nicht steif. Sie sah ihm in die Augen, er aber wich ihren Blicken aus, stieß mit den Zeigefingern immer wieder gegen ihre Brustwarzen und freute sich über das Schaukeln und Wippen ihrer Brüste, das ihr unangenehm war.

Wie ein Pennäler.

Er lachte, wenn sie seine Hände wegdrücken wollte, und trickste sie immer wieder aus, so dass ihre Brüste nicht zur Ruhe kamen. Dagegen sein Schwanz! Der lag noch immer, weich und klein. Jetzt begann Robert auch noch zu kichern, und Mathilde war plötzlich kurz davor, ihn an den Ohren zu ziehen.

»Jetzt hör schon auf«, sagte sie, als er immer noch ihre Brüste schaukelte.

»Aber du bist doch so schön. All diese Schönheit, schau nur, überall! Da und da, und da und da! Ich muss mich an all deine zarte Schönheit doch erst wieder gewöhnen. Was meinst du, was ich hinter mir habe. Glaubst du, Odysseus bei seiner Heimkehr, Odysseus in den Armen seiner Frau, meinst du, da lief irgendetwas in der ersten Nacht?«

Sie dachte plötzlich an das Gespräch mit ihrer Tochter auf dem Flugplatz. Vielleicht irrte Luise sich doch? Vielleicht hatte Robert das Seemannsleben doch satt? Vielleicht war die Sache mit der Aquakultur doch nicht so aussichtslos? Könnte sie Robert vielleicht doch dazu bringen, an Land Fischwirt zu werden?

Vergessen war ihre körperliche Sehnsucht, sie sah ihren Mann von oben ernst und nachdenklich an, ehe sie von seinem Bauch herunterkam und sich neben seinen Kopf setzte. Sofort rutschte er zu ihr, legte die Wange auf ihren Schenkel und sah auf ihre Scham, als wäre er geschlechtslos.

Mathilde lehnte sich gegen die Wand, zündete sich eine Zigarette an, stieß den Qualm nach oben hin aus und fragte, was er da mache.

»Psst«, sagte er: »Sonst verzähle ich mich. Schätz mal wie viele Schamhaare du hast? Was meinst du?«

»Robert!«

»Im Ernst.«

»Ich weiß ja, dass dir die Umstellung vom Meer über die Luft aufs Land immer schwer fällt, aber so schlimm war es ja noch nie mit dir! Bist du immer noch landkrank? War die Fahrt diesmal besonders anstrengend?«

»Ich musste fast nur am Fließband aushelfen. Die Kurznasenseefledermäuse verschwinden. Wenn sie eines Tages ganz ausbleiben, nicht auszudenken! – Dann geht's uns allen schlecht.«

Dann lachte er über das Wort ›fatal‹ und wischte über ihre Scham. Er kämmte die Haare zu Büscheln auseinander, richtete sich halb auf und begann, mit den Händen zu zählen.

»Jetzt ist aber gut. Hör auf damit!«

»Bin gleich fertig. Nur noch diese Kiste!«

»Hör auf, du stehst nicht mehr am Fließband! Gönne deinen Händen Ruhe, Robert! Stell deinen Kopf wieder an! – Und deinen Schwanz!«

»Ich kann nicht«, sagte er, während seine Hände in Bewegung blieben. Schließlich drückte sie die Kippe aus, packte seine Handgelenke und presste sie nach unten: »Hallo! – Du arbeitest nicht mehr! Hör auf damit!«

Er aber brachte die Hände nicht unter Kontrolle. Sobald Mathilde sie freigab, kamen sie schon wieder auf sie zu. Diesmal wolle er jede Pore ihrer Haut einzeln berühren.

»Robert!« Sie rutschte ans Bettende, stand auf und zog sich den Kimono über, den er ihr vor einem Jahr mitgebracht hatte. Zu spät bemerkte sie, dass er voller verschiedener Figuren war. Robert zählte schon wieder. Mit den Augen. Sie ließ den Umhang fallen und ging nackt aus dem Zimmer.

Vor dem Spiegel im Badezimmer schüttelte sie den Kopf. Ihr Herz schlug viel zu schnell. Ja, verdammt noch mal, sie hatte Angst. Sie hatte Angst bekommen.

Ob man ihm eine kräftige Ohrfeige geben sollte? Im Spiegel sah sie hinter sich die beiden unbenutzten Bademäntel in gleicher Farbe. Sie nahm den etwas kleineren.

»Entschuldige bitte«, sagte er auf der Haustreppe, die ins große, offene Wohnzimmer führte: »Diesmal ist es wirklich schlimm. Morgen wird es mir bestimmt besser gehen! Du bist so schön, ich würde so gerne, aber da ist diese verdammte Sperre im Kopf.«

»Welche Sperre?«

»Meine Geliebte, der ich doch hörig bin. Sie hält meine Gedanken fest. Ich kann mich von ihr noch nicht befreien, nicht heute, nicht jetzt!«

Mathilde blieb abrupt auf der letzte Stufe der Treppe stehen, und Robert rammte sie leicht, als sie sich umdrehte und fragte, von welcher ›sie‹ er denn jetzt rede?

»Von der See natürlich. Ich war voll von ihrem Rhythmus, und er ist noch immer nicht verebbt in meinem Kopf. – Und du weißt ja, Sex findet im Kopf statt.«

»Weißt du was? Wir werden die Sache beschleunigen! Lass uns einen Schnaps trinken. Mit Schnaps haben die Seebären das Meer schon immer bezwingen können!«, sagte sie und zog ihn mit sich in die Küche. »Hast du selbst gesagt!«

Nach dem dritten Glas hatte sich bei ihm dann doch noch alles wieder eingerenkt. Zufrieden und erschöpft kam Mathilde vom Küchentisch herunter und blieb auf der Kante sitzen. Sie fuhr sich durch die verschwitzten Haare und strich zärtlich lächelnd über Roberts Gesicht.

Er grinste und setzte sich neben sie.

»Oh Mann!«, sagte er.

Er atmete ein paar Mal tief durch, dann hob er die Hände, streckte die Arme nach vorne, hielt die Hände flach und sagte, sie solle hinsehen.

Vollkommen ruhig, sie lagen vollkommen ruhig in der Luft, und sie sagte: »Wie Möwen auf einer Windwelle.«

Robert nickte.

»Weißt du, Luise hat mir ja abgeraten, es dir überhaupt vorzuschlagen, aber ich glaube, darüber zu reden, das muss doch noch möglich sein.«

»Worüber?«

»Über diese neue Technik. Binnenfischer pachten Seen oder Teile eines Flusses, oder sie legen einen See künstlich an. So gehört ihnen dann auch der darin gefangene Fisch. Ich meine, es sind auch Fischer, nur eben Binnenfischer. – Bei der Aquakultur gibt es nicht nur Kreislaufanlagen und Rinnenanlagen, es gibt auch Netzgehege! Sogar vor der Küste baut man derzeit diese Fischfarmen auf, da bräuchtest du morgens nur rausfahren und wärst abends wieder hier. Aber auch mitten im Land werden Fische gezüchtet. Du könntest als Fischer arbeiten und doch abends zu Hause sein. Wollen wir uns so eine Fischfarm nicht mal ansehen. Vielleicht in Schwaan? Oder bei Demmin? – Mehr würde ich ja gar nicht wollen, nur mal eben einen Rundgang mitmachen. Es gibt da Führungen.«

»Einen Rundgang? Mehr nicht?«, fragte Robert. »Ich glaube, schon so eine Führung zerreißt das Herz jedes Hochseefischers. – Du hast mir einmal versprochen, dass ich mich nie, niemals, zwischen dir und der See entscheiden muss. Du hast es versprochen! – Und die See hat es auch.«

»Ja«, sagte Mathilde, »ich weiß.«

Sie stand auf, zog den Bademantel wieder an, verknotete den Gürtel und sagte: »Heute gibt's Kohlrouladen!«

»Oh!«, sagte Robert: »Klingt schon besser.«

Sicher. Natürlich. Sie hatte es ihm versprochen, aber wie ein kleines Kind auf ein so altes Versprechen zu bestehen! Mathilde schüttelte den Kopf, bückte sich und nahm einen kleinen Stein in die Hand, den sie erst warm werden ließ, bevor sie ihn in die Ostsee warf. Er kannte die Frauen eben immer noch nicht. Mathilde warf einen zweiten Stein, der viel weiter draußen landete. Sonst würde er ja wissen, dass für eine Frau nichts unwiderruflich war. Und noch einen Stein nahm sie, den bisher größten des Strandspaziergangs. Sie umfasste ihn mit beiden Händen, drehte sich um sich selbst und wuchtete ihn ins flache Wasser. Wellen spritzten auseinander, und dann lag er da, dieser große Stein: Mitten im Wasser brach er die Wellen wie ein Findling.

Sie blieb nicht stehen an diesem frühen Nachmittag. Sie beide hatten die Kohlrouladen schweigend gegessen, und Mathilde glaubte da schon, Robert habe ihren Vorschlag vergessen. Oder verdrängt? Männer seien Meister der Verdrängung, meinte sie, würde sich aber eines Besseren belehren lassen.

Robert ging jetzt ein paar Meter vor ihr, passierte die Stelle, an der sie mit Luise immer das Steilufer hochkletterte, um sich auf die verwitterte Holzbank zu setzen, doch Robert verlangsamte nicht einmal seinen Schritt. Kurz darauf sprang er über das kleine Delta des Baches, der sich in der Ostsee verlor. Unbeholfen hatte er Anlauf genommen, musste dann aber doch einen Fuß ins Süßwasser setzen, um es zu schaffen. Sie hörte ihn fluchen und lächelte.

Ohne sich umzudrehen, marschierte er auf Heiligendamm zu, und ihr blieb nichts anderes übrig, als ihm zu folgen. Sie versuchte erst gar nicht, zu springen. Mathilde ging durchs Delta, trat auf nasse Steine, die unter ihrem Tritt wegrutschten, ein Geräusch, das sie an etwas erinnerte. Woran? An etwas Erhabenes. Das Geräusch rutschender Steine?

Sie drehte sich noch einmal um, sah auf ihre Abdrücke, in denen sich sofort Wasser sammelte, und blieb einen Moment stehen. Ein altes Geräusch, auf jeden Fall ein sehr altes! Robert? Hatte es etwas mit Robert zu tun? Es fiel ihr nicht ein. Egal! Mathilde kniete sich hin und dachte zurück: ›Du hast es mir versprochen. – Du hast es mir versprochen. Sicher. Ja. Natürlich. Ich weiß, dass ihr Seeleute euch an solchen Sätzen festhaltet. Ohne sie würdet ihr wahrscheinlich die eine oder andere Arbeitssituation gar nicht überleben. Sicher. Ja. Natürlich. Treue, Versprechen halten, Vertrauen, ich weiß, dass man euch Fischern das Fundament entzieht, wenn man eine dieser drei Zutaten verdünnt. Ja. Sicher. Verdammt. Aber. Trotzdem. Das Leben ist doch kein langer, ruhiger Fluss. Es gibt nun mal keine Flüsse ohne Wasserfälle! – Aber ein Seemann weiß davon natürlich nichts. Er ist ja nie in den Bergen gewesen. Ein Seemann hört immer nur die Mündungen plätschern.‹

Sie schreckte zusammen, als Robert ihr die Hand auf die Schulter legte und sagte: »Ich warte da hinten schon eine ganze Weile auf dich, aber du scheinst hier ja was mächtig Interessantes gefunden zu haben?«

»Nur meinen Schuhabdruck, gefüllt mit Wasser.«

»Na, komm. In Heiligendamm wartet eine Tasse Glühwein auf uns. Im Café vor dem Hotel machen sie ihn doch immer mit einem Schuss guten Whisky! Wie heißt es noch? – Mein Gott, wird es in diesem Mai denn gar nicht mehr warm?«

»›Zum goldenen Anker‹!«

»Richtig! Und der Wirt? Dieses Original? Wie heißt der noch?«

»Mein einer Schuh ist nass«, sagte sie. »Der hat ein Leck!«

Robert nickte, nahm seine Frau in den Arm und drehte sich mit ihr in den Wind, um weiter nach Westen zu spazieren. Sollte er sich so eine Fischfarm ansehen? Aber ums Ansehen ging es ja gar nicht. Dann käme ja nur der nächste Schritt, die nächste Bitte, vorgetragen als Vorschlag. Oder andersherum, was für ihn schlimmer war: der Vorschlag, versteckt in einer Bitte. ›Wie sie mit Ausrufezeichen bitten kann‹, dachte er: ›Unglaublich.‹

»Ich mag das Märchen ›Vom Fischer und seiner Frau‹ nicht«, sagte er leise.

»Wer mag das schon«, sagte sie.

»Weißt du warum? Weil es kein Märchen ist.«

Sie hatten ihren Glühwein an der Theke des Cafés getrunken, obwohl der Gastraum leer gewesen war, und Mathilde hatte sogar ihren Schuh trocknen können. Der Wirt hatte ihnen die neuesten Skandale erzählt. Willy, der Wirt. Das Hotel solle in zwei Wochen versteigert werden, und einen Investor solle es auch schon geben. Der wolle daraus einen Friedhof mit Meerblick machen. Für die Haustiere von Milliardären. Ein Scheich habe schon angefragt, ob dies auch für Elefanten gelte.

Willy hatte gelacht, doch sein Blick war ernst geblieben, als er hinzugefügt hatte: »An wen soll ich dann etwas verkaufen?«

»Dir fällt schon etwas ein!«, hatte Robert gesagt: »Dem schlauen Willy fällt immer was ein! Der schlaue Willy hatte hier nach der Wende als erster ein Geschäft! – Vergiss das nie! Noch vor den anstürmenden Westdeutschen hatte Willy hier sein Softeisgeschäft.«

»Ja, das schon. Eigentlich müsste ich mich nur nach den Lieblingsgetränken dieser verwöhnten Tiere erkundigen und dann einen Vertrag mit den Herrn Milliardären machen, dass die Kadaver jede Woche was davon aufs Grab kriegen. – Eigentlich ein leichter Job! – Muss mir nur das Patent sichern und die alleinige Hoheitsgewalt im Umkreis von zehn Kilometern!«

»Nimm lieber zwanzig!«, hatte Mathilde gesagt: »Kostet genauso viel, ist aber mehr wert.«

Willy hatte genickt. Er hatte sie bis zur Tür gebracht und hinter ihnen das Schild ›geschlossen‹ ans Glas geklebt.

»Unverwüstlich, unser Willy!«, hatte Mathilde gesagt und sich bei Robert eingehakt. Sie waren über die Promenade bis zur Seebrücke spaziert und schlenderten nun über die bewachten, stündlich gefegten Holzplanken der Brücke nach Norden. In den Außenbalkons der Brücke machten sie Pausen und wurden nicht müde, die Leere des Strandes aufzusaugen. Fast keine Menschen bis Warnemünde. Auch keine bunten Punkte bis Kühlungsborn. Leere, Robert sah sich diese Leere des Wassers und des Landes an und dachte: ›Zu leer? Für eine Frau allein? – Was ist das schon für eine Verbindung, wenn sie leer ist. Da Wasser, hier Land, dazwischen? Dazwischen ein Strand, ein Ort ohne Saat, ohne Nährstoffe, aber mit Steinen, Müll und abgestorbenen Ästen. Ein gereinigter Ort, ein toter Ort. Ein wüstes Land. Viel zu salzig für Wachstum, eigentlich der ideale Ort für einen Friedhof. Wie schon geheiligt. – Sind Strandläufer deshalb immer so schweigsam? So entrückt? – Zu leer für eine Frau allein?‹

»Angespülter Tang schlägt keine Wurzeln«, sagte er leise: »Doch ein komisch' Ding, so ein Strand!«

Mathilde nickte, ohne ihn so recht zu verstehen, und nickte wieder, als er fortfuhr: »So ein Strand ist nichts. Gar nichts. Außer Freiheit und Ruhe. – Ist er zu leer?«

»Hier ist Ende, hier ist Anfang«, sagte sie schließlich: »Hier ist Hoffnung. Hier ist Verlangen. – Oder um es praktischer zu sagen: Dreiundachtzig Prozent der Weltbevölkerung leben am Wasser! An Seen, Flüssen, Ozeanen und Staudämmen, also am Ufer.«

Sie standen am Ende der Brücke, und Robert nickte.

›Und auf Schiffen, die sind auch am Wasserrand‹, wollte er erst noch sagen, unterließ es dann aber. Er drückte Mathilde fester an sich, und Mathilde sah ihn verstohlen an. Tatsächlich! Der pummelige Junge hatte Recht! Roberts Gesichtsausdruck war böse, wenn er übers Meer zum Horizont blickte, bitterböse.

Sie wärmten die Erinnerungen an die Zeit auf, als die Soldaten hier gewesen waren. Die umliegenden Felder waren mit ihnen übersät gewesen, auch in den Wäldern hatten sie gehaust. Und ein drei Meter hoher Zaun hatte Heiligendamm eingeschlossen.

Schnell hatte Willy sich davon einen laufenden Meter besorgt. Nachts. ›Vom LKW gefallen‹, wie dies in dieser Gegend schon immer geheißen habe, hatte er gemeint, als die Wächter ihn erwischt hatten. Er hatte sofort von der Zeit erzählt, als es hier noch keine Autos gab. Damals habe es hier schlicht ›Strandgut‹ geheißen. Und damals fragte an den Küsten der Ostsee niemand groß nach. Dass die Lichter, die die Hafeneinfahrten anzeigten oder vor felsigen Halbinseln warnten, in Sturmnächten ab und an versetzt wurden, das konnte sowieso nie bewiesen werden. Damals. Nein, nein, hier sei man schon immer hilfsbereit gewesen! Und wenn die Stürme noch so mächtig gewesen seien, man sei immer hinausgerudert, um die Ladung der gekenterten Schiffe zu sichern. Und die Mannschaft zu retten; natürlich! Wie nannten die Bauern das noch gleich? ›Einem geschenkten Gaul guckt man nicht ins Maul!‹ Richtig! Ganz richtig!

Mathilde und Robert grinsten, als sie sich daran erinnerten, wie Willy ihnen diese Geschichten nacherzählt hatte.

Und die Soldaten waren ja schnell wieder abgezogen. Die einen in ihrer dunkelgrünen Uniform, die anderen in ihrer bunten.

Und die sieben mächtigsten Menschen der Welt natürlich auch, die waren mitsamt ihres protzigen Strandkorbes abgereist. Mathilde und Robert lächelten versonnen, als sie an das kuriose Fernsehinterview dachten, das Willy gegeben hatte.

Ob er sich vorstellen könne, dass dieses Treffen der ›G8‹ der Region einen wirtschaftlichen Aufschwung bringen könne?

Nö.

Warum nicht?

Die Demonstranten haben das ganze Getreide zerlatscht!

Sei das so ein großer Schaden?

Und ob! Man hätte das Treffen im September machen sollen! Machen müssen! Dann wären die Felder leer gewesen. Und übersichtlich! Der Staatssicherheit wäre so ein Fehler nie passiert, niemals! Aber ihn frage ja keiner! Ob die nette Dame vom Fernsehen Interesse an einem Stück des berühmten Zaunes habe? Ein paar Zentimeter seien ihm gerade zum Verkauf angeboten worden.

Robert und Mathilde schüttelten den Kopf. Was für Zeiten! Und heute?

Über ihnen befand sich zwar noch immer das Schild mit der Aufschrift ›Seebad Heiligendamm‹, nur vom Meer aus zu sehen, aber hier legte schon lange kein Ausflugsdampfer mehr an. Hier sei es leer, meinte Robert wieder, Aufschwung sehe anders aus.

Sie umarmten sich, küssten sich, und Robert flüsterte: »Nun bin ich erst mal fünf Monate hier!«

Kaum hatte Robert sich ein wenig erholt, waren auch schon wieder sieben Wochen vergangen. In dieser Zeit waren sie nirgends hingefahren. Sie waren in ihrem neuen Heim geblieben, das ihnen noch immer ein wenig fremd vorkam, und hatten vom Nordbalkon aus auf die vielen Touristen geschaut, die sich während der Sommerferien morgens von der Ferienanlage hin zum Strand bewegten. Und abends zurück. Ein Strom, der sich gemächlich hinzog, und was da nicht alles geschleppt wurde! Aufgeblasene Gummiboote, meterhohe Windschutzvorrichtungen, quengelnde Kleinkinder und ungeduldige Schulkinder; Robert und Mathilde sahen sich das Treiben gelassen an und hielten sich im Schatten des Sonnenschirms. Sie grüßten stumm zurück, wenn der eine oder andere Dorfbewohner seinen Hund durch die Masse zog, doch die armen Hunde waren zumeist viel zu aufgeregt, um ihr Revier zu markieren. Ständig lag Bratenduft in der Luft, immer wieder kamen Kinder angelaufen, und was nicht alles auf der Festwiese zurückblieb, die sich ein wenig nach rechts hin versetzt zwischen dem Steilufer und dem Grundstück der Röschs ausbreitete.

Auch während der Sonnenwende waren sie lange auf dem Balkon geblieben. Es war schon dunkel geworden, das riesige Lagerfeuer, in das ganze Baumstämme geworfen wurden, verlockte so manchen Kapitän eines Frachters, vom Horizont aus Lichtsignale zu geben, und selbst in Kühlungsborn und Warnemünde sah man das heidnische Feuer lodern.

Die Ostseeküste erstrahlte in der Nacht des längsten Tages des Jahres durch die Unmengen von Freudenfeuern, als Mathilde und Robert sich erhoben, um sich auf dem Festplatz zu zeigen. Sie hatten die ganze Zeit im Dunkeln gesessen und gewartet, bis der Großteil der Touristen gegangen war.

Und mit den Röschs kamen nach und nach auch die anderen Dorfbewohner, um wie zufällig beim Bierwagen stehen zu bleiben und mit großen Augen zu fragen: »Na?«

Als Antwort erhielten sie einen Plastikbecher frisch gezapftes Bier, den sie gerne annahmen. Noch lange loderte das Lagerfeuer in ihren Pupillen. Die Festbänke standen weiter im Halbkreis ums Feuer, dahinter gewann das Wasser der Ostsee allmählich wieder an Farbe, und nach und nach lebten in der Morgendämmerung auch wieder Gespräche leise auf, wobei sich zuerst die letzten Touristen meldeten, die sitzen geblieben waren, zumeist Männer, und sich nun gleichzeitig frei und geborgen fühlten. Sie stellten keine Fragen über den Ort oder die Gegend, über die Vergangenheit oder Zukunft, an diesem Morgen gab es auf der Festwiese des alten Fischerdorfes nur Erinnerungen an Lagerfeuer. Aus der Kindheit, aus der Jugend oder aus den vergangenen Tagen, nach und nach steuerte jeder der Anwesenden eine Geschichte über ein Lagerfeuer bei, und als Mathilde an der Reihe war, erzählte sie kurzerhand Willys Geschichte vom ›Strandgut‹.

Es wurde weise genickt, und der Besitzer des Bierwagens stand auf und spendierte eine Kiste ›Feiglinge‹, als die ersten Kinder kamen, um die Männer zum Frühstück zu holen.

Seufzend erhoben sich die Touristen. Dann stöhnten auch die Einheimischen auf und erhoben sich. Sie zogen die kohlenden Baumstämme auf die feuchte Wiese, traten die Glut aus, verschlossen die gemieteten Autoanhänger, in denen sich Losbude, Schießstand, Bratwurstbude und Bierbar befanden, und holten die Autos, während Mathilde und Robert mithalfen, die Festbänke und Festtische zusammenzuklappen und aufzustapeln.

Als die Sonne sich am Horizont hinter einem ankernden Tanker erhob, dessen Reeder die Rostocker Hafengebühr zu teuer war, rollten die Einwohner gerade die letzten

Lichterketten ein. Arm in Arm gingen die Röschs durch das kleine Tor in der Hecke auf ihr Grundstück, und als sie sich wenig später im Doppelbett ausstreckten, tasteten sie beide noch schnell nach dem ›Ohropax‹.

Wochen gingen ins Land, und sorgfältig vermied Mathilde das Thema ›Fischfarm‹. Sie kannte ja die erste Regel der Seemannsbräute: ›Wenn man mit einem Seemann zusammenlebt, darf man nie versuchen, ihm die Seefahrt auszureden.‹ Eine zweite Regel gab es nicht.

Dennoch, die Hoffnung war in diesem Fall der Zweifel, der an ihr nagte, die Frage nämlich, ob Robert überhaupt ein Seemann sei oder ob er nur gern zur See fahre.

Darüber hatte sie sich noch keine Gedanken gemacht, doch nun wurde ihr diese Frage immer dringender. Er hatte davor ja schließlich im Büro des Theaters Vorpommern gearbeitet, dann hatte er fast fünf Jahre an der Universität studiert. Jetzt fuhr er zwar aufs Meer hinaus, um den Fisch zu jagen, aber vielleicht konnte dieses ›Jetzt‹ ja auch ein Ende haben? Sie wusste einfach nicht, wie sie es anstellen sollte. Die Gefahr war groß, dass er einwilligte, an Land zu bleiben, um es ihr recht zu machen, aber, bitteschön, was wäre das für eine Ausgangslage für die Zukunft? Bestimmt sähe Robert dann nicht nur grimmig aufs Meer, wenn er sich allein glaubte, bestimmt liefe er dann ständig mit so einem Gesicht herum, glaubte Mathilde. Sie wusste, einmal werde sie das Thema noch anschneiden müssen, aber es lagen ja noch vier Wochen gemeinsamer Zeit vor ihnen. Sie wolle ihm die Idee, an Land Fischwirt zu werden, kurz vor der Abfahrt einimpfen, damit das Serum dann auf See genug Zeit zu wirken habe. Irgendwie, ja irgendwie war sie eben eine Seemannsbraut geworden. Sie erkannte plötzlich, sie müsse mit der See zusammenarbeiten, um etwas bei ihrem Seemann zu erreichen. Mathilde lächelte, wurde euphorisch, während sie weiter die Kartoffeln schälte. Die Frage sei nur, was die See als Gegenleistung haben wolle. Und auf einmal kam ihr das Erreichen ihres Ziels gar nicht mehr so unwahrscheinlich vor. Nicht der Fischer müsse zum Meer gehen, um mit dem sprechenden Fisch zu verhandeln, die Frau des Fischers müsse es tun! Sie musste mit dem Meer über ihren Mann verhandeln. Mathilde viertelte die Erdäpfel und warf sie so beschwingt in den Kochtopf, dass Wasser herausspritzte. Was konnte sie dem Meer anbieten? Das war die einzige Frage, die sie sich noch beantworten musste.

Doch eigentlich kannte sie die Antwort schon. Sie wollte sie sich nur noch nicht eingestehen. Kaum wagte sie es, sie zu denken, so unverfroren war sie.

»Was lächelst du denn so hübsch?«, fragte Robert, als er von der Terrasse in die Küche kam und sich auch ein Schälmesser griff.

»Nichts. Sind schon genug geschält«, sagte sie.

»Umso besser«, sagte er und legte das Messer wieder weg: »Weißt du, es ist eine schöne Gabe, immer genau dann auf der Bildfläche zu erscheinen, wenn die Arbeit erledigt ist. Dann kann man so schön bedauernd sagen: ›Das tut mir jetzt aber leid.‹ Tja, mir tut's leid!«

»Macht nichts!«, sagte Mathilde, die gerade an den letzten Details ihres Plans arbeitete. »Macht gar nichts. Du kannst die Rindersteaks mal aus dem Biersud nehmen, aber nichts von abtrinken, ja? – Da wird Soße draus.«

Nach weiteren zehn Tagen hielt sie endlich das Raster aus der Ukraine in der Hand, das sie per Nachnahme bestellt hatte. Das Paket war drei Mal aufgebrochen worden, vier Klebebänder mit unterschiedlichen Zollaufschriften prangten auf dem alten Zeitungspapier, in das es gewickelt war. Mathilde versuchte, die kyrillischen Buchstaben zu entziffern, konnte aber nur ›chleb‹ und ›malako‹ lesen.

»Was ist das?«, fragte Robert.

»Das ist das altmodische Raster, mit dem ich den guten *Stagg* maßstabgetreu auf Plakatformat kriege. Du weißt doch, der Papierschnitt, den ich fertig machen will, wenn du wieder auf See bist.«

»Da bin ich dann aber mal gespannt.«

Ohne sich das Raster groß anzusehen, legte sie es ins obere Fach des Flurschranks und meinte, sie könnten ja einen Ausflug machen.

Robert nickte und fragte: »Nächste Woche? Montags passt es mir immer ganz gut! Da hab ich Elan!«

Statt einer Antwort warf Mathilde mit einem Sitzkissen nach ihm und sagte: »Fauler Hund, ich meine jetzt!«

Auch er lachte: »Wohin?«

»Kein Ahnung! Was meinst du, vielleicht sollten wir mal wieder eine Yacht stehlen?«

Robert brauchte einen Moment, ehe er begriff: »Stehlen? Die war doch nur ausgeborgt!«

»Ausgeborgt! Der Besitzer bekam sie ja auch zurück, ich weiß: in Malmö!«

Als sie ins Auto stiegen, durchsuchte Robert vom Beifahrersitz aus die Radiofrequenzen und blieb beim einzigen Sender hängen, der rauschfrei zu empfangen war.

»Warum immer diese Kultursender am besten rüberkommen?«, fragte er und lehnte sich zurück. Mathilde fuhr vom Hof und zuckte mit den Schultern.

»NDR Kultur«, sagte eine künstliche Stimme: »Lyrik am Nachmittag: ›Am Meer‹ …«

»Oh, am Meer, das passt ja gut!«, sagte Mathilde.

Robert nickte, bevor sie beide schweigend zuhörten:

»Ans Meer nach diesem Seelenfall
Der Himmel schlug sich schlecht und recht
Und ließ zu wünschen übrig
Auch seewärts war man komisch aufgelegt

Die Wellenberge rollten wild von Westen
Die alte Düne lagerte sich um
Fast grüßten uns die Nachbarn nicht
Als wir mit dem Gepäck anreisten

Und *La Cabina* flatterte ihr rotes Dreieck
Ganz plötzlich brach der Wind in unsre Köpfe
Am Wasser stand die Hoffnung wieder rum
Und sagte alles würde irgendwie schon werden‹«

»Genau!«, sagte Mathilde: »›Alles wird besser, aber nichts wird gut‹ – Weißt du noch, wer das gesungen hat, als wir Teenager waren?«

»›Silly‹«, sagte Robert: »Aber frag mich nicht, wie die Sängerin hieß! – Ich war immer Fan von ›Juckreiz‹! ›Ja, was macht die Ostsee her – was soll'n wir denn am Schwarzen Meer?‹«

›Hätte es mir auch denken können‹, dachte Robert enttäuscht. Er blieb sitzen, obwohl Mathilde den Wagen schon geparkt hatte. Neben ihm fuhr ein weiteres Auto auf den Platz vor der Fabrik, aus dem zwei lebenslustige Pensionäre stiegen und sofort damit begannen, Fotos zu schießen. Robert kurbelte schnell das Fenster hoch, um die Stimmen nicht hören zu müssen.

»Nur einen Blick!«, sagte Mathilde, während sie den Sicherheitsgurt abschnallte: »Nur einen kurzen Blick, in einer halben Stunde sind wir wieder draußen. Vielleicht kommen wir ja auch gar nicht rein! Dann fahren wir sofort weiter.«

»Ja, ja, nur einen Blick! Und noch einen Blick. Und noch einen Blick. Und noch schnell einen Blick.«

»Na, wenn das kein Zufall ist! – Schau mal: ›Tag der offenen Tür‹!«

»Sehr lustig. Welch Zufall, haha. – Ich weiß schon: ›Zufälle gibt's, die gibt's gar nicht.‹«

Robert ließ den Gurt nach oben schnellen, stieß die Beifahrertür auf und stellte lustlos den rechten Fuß auf den Asphalt. Mathilde stand an der Seite und hielt ihm die Hand hin. Er griff nach ihr und ließ sich aus dem Auto ziehen.

»Nur angucken, versprochen. Wir reden nicht drüber, nicht während der Führung und auch nicht danach. Nur gucken«, sagte sie hoffnungsvoll, doch er antwortete nur, man solle nicht versprechen, was man nicht halten wolle.

Mathilde schluckte eine Erwiderung runter und ging schweigend zum Fabriktor.

Sie ließ sich zwei weiße Kittel geben, zwei Haarnetze, sowie Handschuhe und Überzieher für die Schuhe. Als auch Robert die Schutzkleidung anhatte und in den Spiegel sah, hörte sie ihn sagen: »Sieht so ein Fischer aus? Ich sage, nein. So sieht ein Arzt aus!«

»›Nichts ist beständiger als der Wechsel‹«, sagte Mathilde, und Robert bat sie, ihn bitte mit Sprichwörtern zu verschonen, als der Firmenmitarbeiter die kleine Gruppe Interessierter begrüßte. Er gab allen acht Leuten die Hand und stellte sich als einer der leitenden Ingenieure vor.

»Wenn die Fischer ihrer Arbeit nachgehen, jagen sie eigentlich Wildtiere«, sagte er: »Wenn Speisefische innerhalb von Gebäuden in großen Becken heranwachsen, ist das eigentlich nichts anderes als die Züchtung von Haustieren. Ein Vorteil der Aquakultur ist es, dass der Landwirt, der hier ›Fischwirt‹ heißt, Einfluss auf die Lebensbedingungen der Fische hat. Er kann die Ernährung kontrollieren und die Wassertemperaturen optimieren. – Beispielsweise kann der Kaviar von einem frei lebenden Stör erst nach fünf oder sechs Jahren geerntet werden, weil der Fisch den Schwankungen der Wassertemperatur unterliegt. ›Auf offener See.‹ Hier aber wird er schon nach einem Jahr geschlechtsreif, weil die Wassertemperatur konstant ist. Schon nach einem Jahr können wir hier also den Kaviar abernten.«

»Das heißt ja dann, dass der Kaviar bald billiger wird!«, freute sich eine ältere Frau, die einen großen, gelben Hut trug. Sie stieß ihren Mann an und errötete leicht, als sie merkte, dass alle sie ansahen: »Hoffentlich auch der russische!«

»Ganz genau, Gnädigste!«, sagte der Mann von der Fabrik: »Das ist nur ein Vorteil. Die gleichbleibende Qualität, die man preiswerter anbieten kann. Zurzeit haben wir hier geschlossene Kreislaufsysteme für den afrikanischen Wels, den wir züchten. Es ist ein geschlossener Kreislauf und für die Landwirte eine wirkliche Alternative zu den bisherigen Einnahmemöglichkeiten. Heute in die Fischzucht zu investieren, ist morgen schon ökonomisch und ökologisch! In unseren Kreislaufanlagen gibt es zum Beispiel nur Fisch, Wasser und Nahrung.«

»Woraus besteht diese Nahrung?«, unterbrach Robert den Mann, der ihm erklärte, die Nahrung bestehe lediglich aus Pflanzen und Fischmehl.

»Erklären Sie die Sache mit dem Fischmehl!«, forderte Robert den Gruppenleiter auf und sah ihn herausfordernd an. Oh ja, ein wenig kannte er sich auch in der Materie aus. Robert kniff die Augen zusammen. Er wollte gar keine Antwort: »Ist es nicht so, dass beispielsweise für ein Kilogramm Thunfisch aus der Aquakultur alleine zwanzig Kilogramm Fischmehl benötigt wird? Das heißt, man braucht zwanzig Kilogramm Müllfisch aus dem Meer,

Beifang und ähnliches, um ein Kilogramm Thunfisch zu gewinnen. Halten Sie das für ökologisch?«

»Daran arbeiten wir! Wir helfen mit, Nachhaltigkeit zu entwickeln. An der Universität in Rostock zum Beispiel werden Fachleute ausgebildet, die sich dieses Problems annehmen! In naher Zukunft ist auch diese Sache Schnee von gestern, werter Herr.«

»Und in der Zwischenzeit sind die Ozeane alle leergefischt, weil Sie so viel Fischmehl für ihre künstlichen Fische brauchen. Es werden einfach alle Fischarten zu Fischmehl gemacht, das Sie dann verfüttern! So machen sie die Fische in ihren Käfigen zu Kannibalen, weil sie auch die eigene Spezi fressen, ohne es zu merken«, sagte Robert, besonders stolz auf das Wort ›Spezi‹. »Wenn der letzte Fisch weggefangen ist, dann können Sie natürlich schön die Preise erhöhen. Sie mit ihren künstlichen Fischproduktionen aus Rinderställen wie diesem hier. Nein, meine Dame, der Kaviar wird dann ganz bestimmt nicht billiger. Warum sollte er? Dieser Herr Ingenieur da, der möchte nur ein Monopol errichten.«

Robert nahm Fahrt auf, spürte Mathilde, die ihn so gar nicht kannte. Sie versuchte ihn mit Gesten zum Schweigen zu bringen, hatte aber keinen Erfolg. Sie musste mit ansehen, wie Robert einen Schritt auf den Fabrikangestellten zuging, und mit anhören, wie er sich in Rage redete: »Der Druck auf die ohnehin schon geschädigten, noch frei lebenden Fischbestände wird also immer größer, wie wir feststellen konnten. Weil Firmen wie Ihre alle Arten von Fisch zu Müllfisch machen, den sie als Fischmehl ihren Tieren zum Fressen geben. Ist doch so! Ich sage doch nur, wie es ist!«

»Der Mensch braucht das Protein, er braucht das Eiweiß der Fische zum Überleben. Die Anzahl der Menschen wird weltweit immer größer, die der wilden Fischbestände immer kleiner. Es gibt keine andere Möglichkeit«, redete der Fabrikingenieur schnell weiter, ohne auf Robert einzugehen. »Schauen wir uns nur Israel an! Dort werden Fische inmitten der Wüste gezüchtet! Meine Herren und Damen, die Abhängigkeit einzelner Völker, die keinen Zugang zu den Meeren haben, kann so minimiert werden.«

»Israel hat Zugang zum Meer!«, murmelte Robert trotzig: »So ein Narr! – Und der will studiert haben! Lächerlich!«

»Sei doch still«, flüsterte Mathilde, die ihre spontane Idee schon bereute.

»Lächerlich!«, meinte Robert ein wenig lauter, worauf der Gruppenleiter wieder nicht einging: »Die Ozeane sind überfischt. Die Ausbeute an Wildfang stagniert. Der Fischkonsum hingegen nimmt zu. Im Jahre zweitausenddreißig werden fünfzig Prozent dieses Konsums aus Fischfarmen kommen. Und falls es unter Ihnen Landwirte gibt, so möchte ich Ihnen raten, auf Fisch umzusteigen! Langfristig ist das ertragreicher als die alte Landwirtschaft. Alleine Mecklenburg-Vorpommern bekommt dieses Jahr fast zwölf Millionen Euro Zuschüsse aus Brüssel. Dabei haben wir nur fünf Fischfarmen hier! Rüsten Sie um, unsere Firma berät Sie gern dabei. Unterstützung erhalten Sie auch vom Landwirtschaftsministerium. In unserem Bundesland gibt es diese fünf Farmen mitten auf dem Land. Aber zum Beispiel in Norwegen befinden sich diese Farmen mitten in der Nordsee! Der Lachs, der von dort kommt, hat keine Qualitätseinbußen! Die Fischproduktion vor den Meeresküsten ist dort vollautomatisch. Wenig Arbeit, viel Ertrag, meine Damen und Herren! – Bei uns, in unserer kleinen Farm hier, reinigen biologische Filter das Wasser, das danach wieder in den Kreislauf zurückfließen kann. Wir heizen das Wasser für den afrikanischen Wels bis auf siebenundzwanzig Grad auf, indem wir Erdwärme und Abwärme von Biogasanlagen verwenden. In nicht allzu ferner Zukunft wird ein Fischwirt von nichts und von niemandem abhängig sein. Er kann seinen eigenen Kreislauf schaffen und selbst bestimmen. Es ist eine echte Alternative, Fischwirt zu werden, und die Menschheit wird demnächst von Fischwirten stärker abhängig sein als von Landwirten. Sie sollten es sich überlegen.«

»Wo hast du mich nur hingeschleppt?«, flüsterte Robert Mathilde zu, als die Gruppe sich in Bewegung setzte, um den Rest der Fabrik zu besichtigen: »Das hier ist eine Marketingveranstaltung. Die wollen neue Bauern für ihre Projekte gewinnen. Nichts für uns, komm, lass uns abhauen.«

Er hielt Mathilde, die der Gruppe folgen wollte, am Arm und sah sie ernst an. Sie unternahm noch einen letzten Versuch: »Nur mal anschauen, ja? Wo wir schon mal hier sind!«

Er schüttelte den Kopf: »Die hier, die machen die Hochseefischer arbeitslos! Da will ich nichts mit zu tun haben! – Ich bin Gewerkschaftsmitglied, Mathilde! Das geht alles nicht so einfach, wie du dir das vorstellst.«

»Aber versteh doch, Robert! Die Hochseefischerei stirbt doch sowieso aus, da ist es doch besser, beizeiten abzuspringen und sich neu zu orientieren.«

Er schüttelte den Kopf und sagte: »Komm!«

Die Gruppe war schon verschwunden, der Pförtner sah die Röschs an und nickte ihnen freundlich zu. Robert aber streifte sich das Haarnetz ab, zog die Handschuhe, die Schuhüberzieher und den Kittel aus und gab dem verdutzten Wachmann alles zurück: »Mit mir nicht, Kollege! Sucht euch andere Trottel!«

Mathilde folgte ihm zum Auto, und auf der Rückfahrt schwiegen sie lange.

Wieder fand Robert im Radio nur den Kultursender, aber diesmal wurde kein Gedicht vorgetragen. Die kurzen Ausschnitte klassischer Musik mit den ellenlangen Erklärungen gingen ihm auf die Nerven. Kurz vor Bad Doberan sagte er: »Ich kann doch meine Kollegen nicht verraten!«

Mathilde überlegte krampfhaft. Solle sie es jetzt anmerken oder solle sie besser noch warten?

Schließlich fragte sie ihn doch mit belegter Stimme: »Sind es denn deine Kollegen, Robert?«

»Wie meinst du das denn? Natürlich! Auf See gibt es nur Kollegen. So etwas nennt man ›Besatzung‹, oder neudeutsch ›Team‹!«

»Ich meine nur, Robert, du hast schon so viele Sachen gemacht, ich meine nur, bist du wirklich ein Hochseefischer, Robert? Bist du dir da sicher oder machst du dir vielleicht etwas vor?«

Robert drehte den ganzen Oberkörper und sah seine Frau verständnislos an. Er schüttelte den Kopf, ohne antworten zu können. Wie nach einem Schlag in den Magen fühlte er sich.

In den letzten Tagen seines Urlaubs hatte Mathilde nicht mehr von Fischfarmen und Fischwirten gesprochen, und als Robert aus dem Tiefkühlfach eine Packung Fischfilets holte, an der Qualitätsgarantie hängen blieb und nach ihr rief, wunderte sie sich: »Mathilde? Mathilde! – Komm mal her, hör dir das nur mal an! – Hier, siehst du? Hör mal zu: ›Qualitätsgarantie: Beim Pangasius handelt es sich um eine weißfleischige Welsart mit sehr fettarmem Fleisch. Pangasius wird ausschließlich in Aquakultur in Vietnam gezogen. Die Zucht ist artgerecht und ökologisch, die Verarbeitung ist auf modernstem Stand. Die Tiere werden mit Bananen, Reis, Reismehl und frischen Fischen gefüttert, und das alles ohne chemische Zusätze.‹ – Ist das nicht Wahnsinn?«

»Was meinst du?«, fragte Mathilde, die in die Küche gekommen war und drei Herdplatten fürs Sonntagsessen anschaltete.

»Es gibt im Meer keinen Pangasius. Das ist ein Kunstname, das ist ein Kunstfisch! Was soll das sein? Weißfleischige Welsart? Eine Art von Wels, oder was? Ja, sicher artgerecht! Wenn ich die Art selbst erfinde, kann ich auch bestimmen, was artgerecht ist und was ungerecht. – Schwachsinn! Das ist Schwachsinn! Hier steht es: ›… ausschließlich in Aquakultur …‹ – Wahnsinn!«

»Ich verstehe noch immer nicht«, sagte Mathilde, die Robert musterte, der regungslos vor dem offenen Kühlschrank stand, die Packung in den Händen hielt und sie mit großen Augen ansah.

»Na ja, das ist ein Kunstfisch!«, sagte Robert. »Den gibt es nur in Aquakultur. Als ob du Kunstkäse oder Kunstwurst isst! Künstlich hergestellt. Das ist kein Fisch, wie wir ihn kennen!«

»Ach so, verstehe, was du meinst.«

»Und gefüttert wird er mit frischem Fisch. Also mit dem, was wir Hochseefischer fangen. Mit Müllfisch, mit Beifang. Mit allem, was für uns eigentlich ungenießbar ist! Es geht gar nicht mehr um den Rotbarsch, den wir hochholen. Die Leute ernähren sich ja schon künstlich! Sie ernähren sich von all dem, was wir hochholen. Mit Müll, der durch diese Kunstfische ›veredelt‹ wurde, wie es dann immer so schön heißt.«

Mit weichen Knien ging Robert zum runden Küchentisch, ließ sich auf einen Stuhl fallen, hielt Mathilde die Packung ›Pangasius‹ hin, sie solle sie wegwerfen, und schüttelte den Kopf.

Mathilde schloss den Kühlschrank, nahm die Packung und warf sie in den Mülleimer. Sie schaltete die Herdplatten wieder aus und setzte sich zu ihm an den Küchentisch.

Mathilde musterte ihren Mann, der mit leerem Blick nach unten sah. Sie spürte seine Zukunftsangst und legte eine Hand auf seinen Handrücken.

»Du hast vielleicht recht«, sagte er leise.

»Vielleicht.«

»Wir sind vielleicht wirklich die letzten Fischer, und auf unsere Arbeit kommt es gar nicht mehr an. Ich wusste nicht, dass die Technik schon so weit ist. Wenn die schon neue Fischarten erfinden, besonders fettarm und was weiß ich, dann lohnt sich die Plackerei vielleicht wirklich nicht mehr?«

Mathilde schwieg und ließ ihrem Mann Zeit. Komisch, müsste sie nicht eigentlich froh und glücklich sein? Doch sie war alles andere als euphorisch. Sie streichelte über Roberts Unterarm und hatte das Bedürfnis, ihn zu trösten.

Sie verkniff es sich dann aber und sagte: »Wenn es dir um das Abenteuerliche geht, ich meine, wir könnten uns ja jetzt unsere EIGENE Yacht kaufen, wenn du an Land arbeiten würdest.«

Er nickte, schüttelte den Kopf und nickte wieder. Dann zuckte er mit den Schultern, erhob sich plötzlich und sagte, er mache einen Spaziergang. Der Hunger sei ihm sowieso vergangen. Er sei bald wieder zurück. Mathilde nickte und sah ihm zu, wie er durch die Küchentür auf die Terrasse ging und wenig später hinter der Hecke verschwand.

Sie hatte also doch einen Mann, der nicht engstirnig und rechthaberisch war. Sie hatte also doch einen Robert, der Tatsachen erkennen und sich ihnen stellen konnte. Mathilde glaubte, ihren Mann nun besser zu verstehen. Er brauche einfach nur mehr Zeit. Er könne sich nicht schnell entscheiden, er müsse bei wichtigen Fragen alle Eventualitäten prüfen. Er könne nicht einfach so eilig wie sie selbst vorgehen, in der Hoffnung, die Zeit werde sich schon um den Rest kümmern.

›Vielleicht‹, dachte sie, ›vertrauen Männer der Zeit nicht so sehr wie Frauen?‹

Sie zog sich eine dicke Jacke an und ging eine halbe Stunde nach Robert ebenfalls an die See. Der Oktoberwind riss ihr die langen Haare nach hinten, aber Mathilde wählte trotzdem nicht die Richtung, in die Robert gegangen war. Sie ging auf der Steilküste nach rechts, auf Warnemünde zu.

Hinter dem Wäldchen der Ferienanlage und dem großen, jetzt leeren Feld blieb sie kurz an der hohen Betonmauer stehen, hinter der in einem anderen Staat Marinesoldaten die Küste bewacht hatten. Bewacht vor Ausbrechenden, nicht vor Eindringenden, erinnerte Mathilde sich. Sie wusste, diese riesigen Betonplatten waren stehengeblieben, weil sie einen guten Windschutz boten. Heute befand sich eine Kleingartensparte dahinter. Mit einigen Besitzern war Mathilde zwar schon bekannt geworden, heute jedoch ging sie nicht durch die kleine, unscheinbare Holztür, sondern wandte sich nach links, wo eine Treppe mit dreiundneunzig Stufen vom Steilküstenweg hinunter zum Ufer führte. Diese Treppe war neu, nichts erinnerte mehr an herunterstürzende und schießende Marinesoldaten, wie noch vor ein paar Jahren, als Mathilde mit ihrer Familie hergezogen war. Ihrer Familie! Mathilde holte tief Luft und setzte sich auf eine der oberen Stufen. Das Ende der Treppe verschwand im aufgepeitschten Wasser. Der schmale Uferstreifen war überschwemmt, und Mal um Mal prallten die Wellen gegen das Steilufer, doch Mathilde ließ sich von dieser Wildheit nicht stören. Sie dachte an ihre kleine Familie, zwischen die sich die See gedrängt hatte. ›Dann ist es also soweit?‹, fragte sie stumm die Ostsee.

Sie suchte den Horizont ab, ließ den Blick über die vielen Gischtberge schweifen, entdeckte aber nirgends ein Zeichen. Der Wind komme zwar von Nordost, was ungewöhnlich für den Herbst sei, aber solle dies die Antwort sein? ›Nein‹, dachte sie. ›Der Wind ist der Wind und das Meer ist das Meer. Das darf man niemals vermischen.‹

Mathilde hielt den Blick mitten aufs Meer gerichtet:

›Da bin ich also! Die Frau des Fischers ist da. Ich bin gekommen. Da bin ich. Ich erbitte die Freigabe meines Mannes von dir, sprechender Fisch, ich rufe dich! Ich rufe: *Manntje, manntje, Timpe Te – Buttje, buttje in der See!* Wo bist du, sprechender Fisch?‹

Mathilde stand auf und hielt sich mit dem Blick weiter am Meer fest:

›Gib meinen Mann also frei! Du hast es gehört! Aus freien Stücken kam er zu dem Schluss, dass er für sich bei dir keine Zukunft mehr sieht. Es ist an der Zeit, sich von ihm zu trennen. Scheide dich im Guten von ihm, behalte ihn in guter Erinnerung, aber ziehe ihn nicht mit dir in die Tiefe, nur weil er zweifelt.‹

Einige Dutzend Stufen ging Mathilde hinunter, Gischt spritzte ihr an die Hosenbeine:

»Ich will meinen Mann nicht umsonst von dir zurückhaben. Sprechender Fisch, du hast genug gegeben, ich will einen Tausch! Ich gebe dir etwas, das ich genauso liebe wie meinen Mann! – Es ist meine Tochter! Luise bleibt bei dir, Luise ist glücklich mit dir, aber Robert ist es nicht mehr. Hörst du? Erkläre dich einverstanden! *Manntje, manntje, Timpe Te – Buttje, buttje in der See!*«

»Mit wem sprichst du da?«, hörte Mathilde Roberts Stimme schwach im Jaulen des Windes. Sie drehte sich um und erschrak, stand er doch unmittelbar hinter ihr.

Sie lächelte, stieg die beiden Stufen zu ihm hoch und umarmte ihn fest. Sie glaubte das Zeichen der See verstanden zu haben. Die See hatte ihn zu ihr geführt.

»Was ist denn mit dir, Mathilde?«, fragte Robert, der seine Frau an sich presste: »Weinst du etwa?«

»Vor Glück, dass du jetzt hier bist! – Ach was, das ist nur der scharfe Wind! – Was glaubst du denn?«

»Komm, meine Liebe, lass uns wieder hochgehen!«, sagte Robert und zog sie mit sich nach oben. Auf dem Steilufer, im Windschatten der bröckelnden Mauer sagte er zu ihr: »Ich habe nachgedacht.«

Mathilde nickte.

»Ich will es mir noch einmal durch den Kopf gehen lassen, wenn ich übermorgen wieder auf große Fahrt gehe. Es könnte gut sein, dass das meine letzte Fahrt ist. – Vielleicht hast du Recht! Vielleicht hat das alles keine Zukunft mehr. Vielleicht mache ich mir nur etwas vor? – Aber diese fünf Monate im Fanggebiet vor Ostafrika, die muss ich noch abreißen.«

»Oh, Robert!«, brachte Mathilde mit einer eigenartig verzerrten Stimme heraus, ehe sie sich küssten.

Arm in Arm machten sie sich auf den Heimweg, als Mathilde sagte: »Wir kaufen uns eine große Yacht! Eine sehr große! Und wenn wir das Haus dafür verkaufen und uns dafür in eine kleine Wohnung einmieten müssen, dann soll es mir recht sein! – Und Luises Lebenserfüllung ist es ja sowieso, all die Schiffe auf dem Meer zu bewachen.«

»**Christ** geblieben bin ich nur wegen eines einzigen Bibelsatzes, alles andere halte ich für Aberglaube und für Märchen«, schrie Thomas, und Luise ermutigte ihren Kollegen nickend, den Satz auszusprechen. Sie befanden sich auf dem Brückendach des Walfängers *Rimbaud* und hatten wenig zu tun, betrug die Sichtweite doch keine fünfhundert Meter.

Sie standen dick angezogen und mit Halteseilen an die Ösen der Metallplanken geknotet, an denen auch die kleine Funkantenne befestigt worden war, die im Seegang hin und her peitschte, so dass sich Luise und Thomas vor ihr ständig in Acht nehmen mussten.

Das Fangschiff schaukelte bedenklich durch den dichten Nebel, und Luise hatte sich darüber gewundert. Sturm und Nebel, das passe nicht zusammen, doch nun wünschte sie sich nur noch, die Mannschaft möge endlich wieder einen Wal erlegen, denn dann würde das Schaukeln für eine ganze Stunde aufhören. Sie rutschte auf dem kleinen Dach hin und her, die Seile quetschten ihr die Hüfte, und ein paar Mal war sie schon gegen die Reling geworfen worden, während sie den nahen Horizont im Auge behielt, um eventuelle Angreifer zu sichten.

Es war kurz vor dem Ende ihrer zwölfstündigen Schicht, und weder hatte sie in dieser Zeit die Sonne gesehen noch den Mond. Es war grau geblieben, die ganze Zeit, und da dieses Grau aber ein wenig aufhellte, ging es wohl eher auf zwölf Uhr mittags als auf zwölf Uhr nachts zu.

Auf dem höchsten Punkt des Schiffes waren die Bewacher den Bewegungen der See mehr als die anderen ausgeliefert, dafür aber bekamen sie von der Sturmgischt wenig mit. Bis hierher reichten die über Bord tretenden Wassermassen nicht. Nässe sickerte nur aus dem fast körperlichen Grau um sie herum.

Wieder nickte Luise ihrem Kameraden zu, der diese Geste aber erneut nicht bemerkte. Sie seufzte, holte tief Luft und schrie gegen den Wind an: »Welcher Satz?«

In Gedanken fügte sie noch einen Fluch hinzu.

Thomas drehte sich langsam um, Luise glaubte einen Moment lang, ein Nebelschwaden lege sich ihm auf den Kopf, den sie wegwischen müsse, ehe sie in seine Klüsen starrte, mit denen er sie musterte. Er nickte und hustete, sammelte seinen Atem und schrie in ihre Richtung: »Der Satz geht so: ›Verzeih deinen Sündigern – und dir wird verziehen!‹ – Alles andere: Bullshit!«

Luise nickte: Sie habe verstanden.

»Wenn man verzeihen kann, dann hat man viel vom Sinn

des Lebens kapiert! – Sehr, sehr viel!«, brüllte Thomas, und wieder nickte Luise: Sie habe auch inhaltlich verstanden.

Luise dachte dabei an ihren Stiefvater und an ihre Mutter. Beide hatten nicht verziehen, sie wusste es. Und nun kam ihr Thomas damit!

Weder hatte Robert seiner Mutter verziehen, noch Mathilde ihrem ersten Mann. Roberts Kaspar-Hauser-Dasein, Mathildes Vergewaltigungsleben – wäre jetzt nicht der Sturm so brutal laut, Luise hätte genau das zu Thomas gesagt, dem schlauen Thomas, dem heiligen, dem verpissten Thomas: ›Es gibt kein Recht auf Vergebung! Noch nicht einmal eine Pflicht gibt es!‹

Klar, einem Gegner, der einem eine Kugel in den Unterschenkel gejagt hatte, dem konnte man leicht verzeihen, aber der eigenen Mutter oder dem eigenen Ehemann, die so viel Mist verzapft hatten, nein, Luise war sich da nicht so sicher, ob verzeihen da überhaupt möglich war, möglich und nötig.

›Ehre deine Eltern und verzeihe, dann wird dir verziehen‹, Luise war recht froh, dass die Natur gerade so aufbrausend war und sie nichts antworten konnte. Der Nebel fraß die Sätze, und der Sturm spuckte sie einem höhnisch wieder ins Gesicht.

Das war es ja auch, was sie an der Männerwelt mochte: In ihr gebe es wenig Platz zum Reden.

Musste etwas gesagt werden, dann musste es in ganz kurze Sätze passen, und diese Kürze wiederum verlangte, dass man lange nachdachte, um sie überhaupt hinzukriegen. Luise kaute an einer Antwort. Sie sah Thomas erneut in die vor Müdigkeit geschwollenen Augen. Er erwartete eine Antwort, sie kaute, sie wollte etwas sagen wie: ›Verzeihe deinen Sündigern – und dir wird verziehen.‹ – Gut und schön, aber wenn du so lebst, dass du selbst niemanden um Verzeihung bitten musst, dann brauchst du, ver-

dammt noch mal, auch deinen Sündigern nicht zu verzeihen! Dann kannst du ihnen böse sein bis in alle Ewigkeit!
Du bestrafst sie mit deinem Gutsein, ha! – Du brauchst
selbst nur nicht sündig zu werden!‹

So in etwa hätte sie gern geantwortet und dabei an ihre
Eltern gedacht, die sich bei niemandem entschuldigen
mussten. So in etwa, nur eben kürzer, viel kürzer! Sie sah
Thomas an, der ihr zunickte: Er warte auf eine Antwort.
Er erwarte eine Antwort.

Also gut; Luise holte Atem und schrie so laut sie konnte:
»Nette Idee!«

Thomas runzelte die Stirn, winkte dann ab, sah auf die
Uhr und deutete auf die Knoten. Sie nickte, und mit klam-
men und steifen Fingern pulte sie an den Seemannsknoten
herum, wie man es ihr zuvor gezeigt hatte.

Angeblich sollten sie ja leicht wieder zu öffnen sein,
aber das war wohl auch nur ein Gerücht. Luise pulte und
pulte, bis Thomas sich zu ihr hockte, an einer Krümmung
des Seils zog, an einer anderen schob und den Knoten gelöst hatte.

Er zog sie zu sich nach oben und schrie ihr ins Ohr, sie
dürfe sich daraus nichts machen, sie sei eben Linkshände-
rin und für gewöhnlich seien Seemannsknoten von Rechts-
händern erfunden worden.

»Nicht alle!«, schrie sie, nun wollte sie doch das letzte
Wort haben, und ließ die Zwillinge vorbei, die aufs Dach
kamen, ehe sie die Stufen herunterstieg.

Mit Thomas ging sie innenbords und verstaute in der
Bugkabine die wasserfeste Kleidung. Sie behielt den Roll-
kragenpullover und die Kampfhose an. Die schwarzen
Kampfstiefel öffnete sie, ließ sie aber an den Füßen. Die
Schnürsenkelenden klapperten auf dem Metallboden, als
sie zur Mannschaftsmesse ging, um sich einen Tee zu holen. Luise hielt die Tür auf, sah sich um, fand Tommy aber

nicht. Thomas kam nach ihr herein, und ein wenig enttäuscht ließ Luise das Schott hinter ihm in den Rahmen fallen.

»Setz dich!«, sagte Thomas: »Ich bringe dir einen mit!«

»Mit Zucker.«

Thomas nickte, und Luise suchte sich eine leere Back, was kurz vor dem Mittagessen gar nicht so einfach war. Die Walfänger hatten ihre Arbeitskleidung angezogen und warteten gleich auf zwei Rufe, wobei ihnen beide recht seien, wusste Luise: ›Da bläst er!‹ oder: ›Backen und Banken!‹

Thomas stellte ihr den Pott auf die Back, den sie sofort festhielt, während er die Bretter an den Tischkanten hochklappte und an den Ecken die Haken in die Ösen steckte.

»Gibt wohl gleich was zu futtern, wie die hier alle lauern«, sagte Thomas.

»Damit rechne ich auch. – Um noch einmal auf deine nette Idee zurückzukommen: Wenn einem von niemandem verziehen werden muss, dann braucht man auch seinen Sündigern nicht zu verzeihen und kann sie mit der eigenen guten Lebensart herrlich in die Hölle schicken. Mit einem Fußtritt! – Ist auch eine Antwort!«

Sie legte den kleinen Löffel auf die Backfläche, der aber ständig hin und her rutschte und an die hoch stehenden Tischkanten knallte. Resolut schlug sie mit der Faust auf ihn, als er gerade vorbeischnellte, und behielt ihn in der Hand.

Thomas nickte, sah sie lange an und sagte schließlich: »Ja, sicher, so geht das auch, aber zu vergeben, das kostet weniger Kraft, meine Liebe, als jedem Sündenpfuhl auszuweichen!«

»Drauf geschissen!«

»Genervt?«

Sie nickte: »Das ewige Ausbalancieren! Ständig muss

der Körper gegen die Seebewegungen ankämpfen, um das Gleichgewicht nicht zu verlieren. Jedes Mal muss man sich neu daran gewöhnen. Ich hätte ja nie gedacht, dass das auf Dauer so anstrengend ist. Dabei tun wir ja gar nichts! Wir tun nichts und sind trotzdem hundemüde! Und die Kerle da, die malochen noch wie die Galeerensklaven! – Da lob ich mir doch die ruhige See vor Somalia! – Langsam geht mir hier alles auf die Nerven!«

»Ich weiß, was du meinst.«

Sie tranken schweigend vom Tee. Um sie herum das unterdrückte Gemurmel vieler Stimmen, das auf Luise einschläfernd wirkte. Ihr Kopf sank und sank, ehe Thomas sie aus dem Sekundenschlaf riss. Er nuschelte, er gehe mal auf den Gang, um eine zu ficken, ehe er aufschrie: »Quatsch, rauchen, um eine zu rauchen, mein ich.«

Luise schreckte auf und war im Nu wieder munter. »In Ordnung«, sagte sie, gähnte und streckte sich im Sitzen, während die leere Teetasse an Fahrt aufnahm, doch noch bevor sie an die Kante der Stirnseite schlug, hatte Luise sie abgefangen und stellte sie krachend in die Mitte der Back.

Wieder streckte Luise sich und wieder sah sie der Tasse zu, die langsam in Bewegung kam, um dann davon zu stürzen. Doch wieder gewann Luise im letzten Moment, und irgendwie hätte sie das Spiel endlos fortführen können. Doch es gab ja keine Punkte! Und niemand achtete auf sie! Ein Spiel ohne Punkte und Zuschauer, das war doch nur Kinderei! Tommy fehlte, der ihre Reaktionsgeschwindigkeit hätte bewundern können. Wo steckte der Bengel bloß? Alles in allem also ziemlich nutzlos das Ganze! Sie stellte den Löffel in die Tasse und behielt sie in der Hand. Luise sah, wie der Smutje den Kopf durch die Luke steckte und einen Blick in die Runde warf. Er nickte zufrieden und verschwand wieder nach hinten.

Luise beobachtete die Männer an den anderen Backs, die sich wie auf ein Zeichen hin schwerfällig erhoben und langsam zur Ausgabe gingen. Niemand redete mehr und alle sahen auf die Essensausgabe. Die ersten Kerle nahmen sich die Tabletts und versuchten, in die Kombüse zu sehen. Luise grinste. Wie oft sie das in den letzten drei Wochen nicht schon beobachtet hatte! Aber warum sah sie ihnen eigentlich so gebannt zu? Sie wusste es noch immer nicht. Warum nur? Sie konnte ihre Blicke nicht von diesen fetten, stinkenden und hässlichen Männern losreißen, aus deren Mitte Tommy sich wie ein Engel erhebe.

Da war er, stand im Schott und lächelte sie an. Im gleichen Augenblick schallte es über die Lautsprecher durchs Schiff: ›Backen und Banken!‹

Das Rollo der Essensausgabe wurde ganz hochgezogen, und sofort setzte das Gemurmel wieder ein. In einer langen Reihe standen die Walfänger an der Wand und gaben sich wie Waschweiber den heutigen Menüplan weiter. Ausgiebig wurden dabei die einzelnen Gänge diskutiert, und kaum zwei Männer fanden sich, die mit den gleichen Geschmacksnerven geboren worden waren. Endlich hatten sie ein neues Thema! Diese Spitzenköche! Es seien durch die Bank stinkende Gourmets, meinte Luise und erhob sich, um Tommy zu begrüßen, der sich zu ihr ans Ende der Schlange stellte.

Sich zu küssen, untersagten sie sich. Sie sahen sich in die Augen, und Luise fragte, wo er denn gesteckt habe.

»Du bist nicht meine Mutter!«, kam es sofort aus ihm heraus, da bereute er es schon: »Ich meine, ich war mit Kloschrubben an der Reihe. – Keine Sorge, Mama, ich habe mir die Hände gewaschen.«

Sie gab ihm einen Klaps, und er lachte.

Hinter ihnen stellte sich Thomas in die Reihe und sagte:

»Na, ihr *Turteltäubchen*, jetzt gibt's ja endlich Mittag, und dann könnt ihr ja für eine halbe Stunde ins Krankenzimmer.«

Er lachte, Luise aber wusste nicht, wie sie als Vorgesetzte reagieren solle. Tommy grinste verlegen und drehte sich nach vorne.

Die Männer vor ihnen bekamen nach und nach die Tabletts voll gestellt, und als sie an der Reihe waren, wurde auch ihnen eine Suppe als Vorspeise, Kasseler mit Sauerkraut als Zwischenspeise, Eisbein mit Erbsenpüree als Hauptspeise und Bananenpudding als Nachspeise gereicht. Dazu gab es für jeden einen Liter Cola. Sie schleppten das Essen zur Back und sahen es sich voller Vorfreude an.

»Das ist der Vorteil am Seemannsleben!«, sagte Thomas: »Seeluft und Seegang halten einen stets hungrig. – Einen *Guten!*«

Luise, die jetzt gern mit Tommy allein gewesen wäre, nickte und aß schweigend, während sie wieder die mampfenden und schmatzenden Männer beobachtete, die sie in ihrer Natürlichkeit so sehr an den eigenen Vater erinnerten. Oder an die Vorstellung eines eigenen Vaters.

Denn sie kannte ihn ja nicht, doch das war nicht tragisch. Tragisch war, dass sie sich zu fünfzig Prozent immer unbekannt bleiben würde. Sie hatte sich ihr Wissen über ihn ja zusammengetragen, mühsam und über viele Umwege. Mathilde hatte ihr kaum etwas über ihn gesagt, und Robert wusste fast nichts. Das wenige hatte er ihr erzählt. Er sei klein, dick und habe gern Schnaps getrunken. Der Schnaps habe ihm eine zweite Persönlichkeit verschafft, und Luise fragte sich, ob das bei den Männern hier auch so sei. Würden sie an Bord trinken, würden sie sich dann auch anders verhalten? Vielleicht wie auf dem *Fliegenden Holländer*? Am Tage halbwegs normale Menschen, aber in der Nacht grauenvolle Ungeheuer? War das die eigentliche Botschaft dieses Seemannsmärchens, das darum überall auf der Welt so gut verstanden wurde? Halte dich vom Schnaps fern! Gehe keine Verbindung mit ihm ein, wenn du kein Monster werden willst! Luise grübelte. Schließlich waren Holländer ja für ihr Leben mit verschiedensten Suchten bekannt. Weltoffenheit durch geistige Vernebelung. Luise grinste und verlor den Happen Pudding beinahe wieder.

»Was gibt's zu lachen?«, fragte Tommy, der Thomas hinterher sah, der sein Geschirr zum Abwaschbecken brachte und die Messe verließ. Er hatte schon eine Zigarette zwischen den Lippen und suchte das Feuerzeug.

»Ich musste an den *Fliegenden Holländer* denken, der nur alle sieben Jahre mal an Land darf und vom Fluch nur gerettet werden kann, wenn er eine Frau findet, die ihn ›reinen Herzens‹ liebt. Dafür hat er aber alle sieben Jahre nur einen einzigen Tag Zeit«, sagte sie: »Keine Hure, sondern eine Heilige.«

»Würde mir reichen«, sagte Tommy, ohne vom Essen aufzusehen: »Hab auch eh keine Reichtümer.«

»Ja, dir! Aber der Holländer muss ein verdammt hässlicher Kerl sein«, sagte Luise: »Wie die hier alle. – Und ein Säufer.«

»Ein Säufer?«

»Ja, die Kerle hier sind doch allesamt Säufer, oder nicht? Sind oder waren oder werden.«

»Alkohol ist nichts Schlechtes«, sagte Tommy: »Er befreit vom Scheiß, der einen umgibt. – Und du siehst ja, hier an Bord ist jede Menge Scheiße! – Sag mal, weißt du nicht, warum der Walfänger *Rimbaud* so heißt, wie er heißt?«

Luise schüttelte den Kopf. Sie stellte die Teller zusammen auf ihr Tablett, schob Tommys unter ihres und stand auf. Langsam brachte sie den Turm Plastik weg und ging zum Schott, wo Tommy auf sie wartete. »Na, dann komm mal mit«, sagte er.

»Wieso?«

»Warte mal ab. Ich zeig dir, wie dumm diese Männer hier wirklich sind! Da könnte dein versoffener Vater bestimmt nicht mithalten.«

»Da bin ich aber gespannt!«

»Du weißt also nicht, warum unser Schiff *Rimbaud* heißt?«

»Woher auch.«

»Du hast nicht mal eine Ahnung, wer Rimbaud gewesen sein könnte? Arthur Nicolas Rimbaud?«

»Ich weiß nur, dass es ein Gedichtschreiber war. Ein *Franzmann*.«

»Ja, aber was für einer! Der hat die Moderne erfunden, hat unsere Lehrerin auf der Berufsschule gesagt. Der hat das weltbekannte Gedicht ›Das trunkene Schiff‹ aufgeschrieben. Das ist fast zehn Seiten lang und zieht dich so was von in den Bann! Da bist du vom Lesen besoffen, weil du denkst, du stehst auf einem besoffenen Kahn. Aber das Schärfste ist, dass er seine Sachen im Alter zwischen fünfzehn und neunzehn geschrieben hat, dann hat er aufgehört, ging nach Afrika, hat da mit Waffen gehandelt, wurde schwerreich, und als er sein ganzes Gold nach Hause schleppte, wurde er krank und krepierte mit siebenunddreißig Jahren. Kein Märchen! Sein Gold hat ihn umgebracht. Durch das Gewicht bekam er Geschwüre in den Knien, an denen er starb. Damals gab es in Afrika ja keine Banken, und so musste er alles Gold, was er verdiente, immer mit sich herumtragen. Kein Märchen. – So, hier sind wir!«

Luise sah Tommy ungläubig an. Sie standen vor dem Schott zur Brücke, und der Bootsjunge strich sich schnell noch mal über die Haare, ehe er das Schott aufriss und laut in den Raum rief: »Auf die Brücke! *Doppelbläser* und Sicherheitsexpertin Rösch.«

Der Steuernde, der allein auf der Brücke war, drehte sich halb zu ihnen um und nickte mürrisch. Dann sah er wieder nach vorn. Am Bug standen zwei Kollegen, die ihn per Handzeichen vor Felsen und Eisschollen warnten, während sie nach Walfontänen aller Art Ausschau hielten.

»Komm mit!«, flüsterte Tommy und ging am Kartentisch vorbei zur Nische, durch die es zum Funkraum ging. In dieser Nische, in der Luise noch nie gewesen war, stand eine gepolsterte Bank, und an der Wand hing ein Chronometer. Neben dem Gerät, gegenüber der Bank, auf die sie sich fallen ließen, hing ein Bilderrahmen. Hinter dem Glas stand in Schönschrift ein Gedicht! Luise sah Tommy ungläubig an. Ein langes Gedicht! Aus der Entfernung konnte sie es nicht lesen: »Lass mich raten. ›Das trunkene Schiff‹!«

»Quatsch! Das ist zu lang! Das hier ist noch viel besser. Es heißt: ›O es ist, ach, der Durst‹!«

»Verstehe!«

Tommy nickte, und ohne auf die Buchstaben zu sehen, flüsterte er: »›Erstens. Die Vorfahren

Wir sind deine Vorfahren
Die wahren!
Bedeckt von Schweiß
Von Mond und Gras
Unsere Weine haben Herz!
In der Sonne, ohne Spaß
Was muss er? Trinken.

ICH. – Sterben an grausamen Ufern.

Wir sind deine Vorfahren
Von den Feldern.
Das Wasser ist am Weidengrund:
Sieh den Strom im Graben

Fließen um den Mauerfuß
Komm, unsere Keller warten;
Dann der Most und die Milch.

ICH. – Zur Tränke, wo die Kühe sind.

Wir sind deine Vorfahren
Schau und nimm
Likör aus unseren Schränken
Der Tee, Kaffee, so selten
Brodelt es in den Kannen.
Sieh die Bilder, Blumen
Wir kommen dich besuchen.

ICH. – Schnell, alle Urnen schließen!

Zweitens. Der Geist

Ewige Wasserfee teilt die zarten Wellen
Nahe, Schwester des Himmels, lass den Strom flimmern.
Juden, irrende, Norwegens, nennt mir den Schnee
Ihr alten, lieben Verfehmten, nennt mir das Meer.

ICH. – Nicht länger diese edlen Getränke, Wasserblumen
Symbole noch Legenden, können mich beruhigen:
Lieder, euch ist anvertraut mein rasender Durst
Ein Begehren ohne Maul, das aushöhlt und versehrt.

Drittens. Die Freunde

Komm, es fließen zu den Stränden
Die Weine, Wellen in Millionen
Sieh die wilden Brände
Die Berge herunterrollen!

Gewinnen wir, weise Pilger
Absinth aus grünen Säulen ...
ICH. – Nicht länger diese Bilder.
Was ist der Rausch denn, Freunde?

Mir ist so lieb und lieber
Zu verrotten im Teich
Unter den ekligen Schlieren
Wo Holz auf dem Wasser treibt.

Viertens. Der arme Traum

Vielleicht erwartet mich ein Abend
An dem ich still und trinken werde
In einer Stadt, in einer irgendwelchen
Und sterben werde, fast zufrieden:
Denn ich bin geduldig!

Wenn mein Elend mich verlässt
Wenn etwas Geld ich jemals habe
Werde ich den Norden wählen
Oder das Land, wo es Reben gibt?
Doch Träumen ist ohne Würde.

Denn es ist reiner Verlust!
Und wenn ich wieder werde
Jener Reisende noch einmal werde
Kann niemals mir offen und gut
Die grüne Herberge sein.

Fünftens. Schluss

Die Tauben, die wippen, in der Wiese
Das Wild, das läuft, sieht in der Nacht

Die Wassertiere, das Tier, das besiegte
Die letzten Schmetterlinge ... haben auch Durst.

Doch zerfließen, wohin diese Wolke fließt
Ohne Richtung, begünstigt vom Wind!
Sterben in diesen Veilchenverliesen
Wo Morgenröte schwer auf die Wälder sinkt?‹

– Das, übersetzt von einem Typ namens Donhauser, ist das Geheimnis unseres Walfängers«, sagte Tommy und sah Luise von der Seite her an: »Hier ist unser kleines Heiligtum.«

Sie nickte, stand auf und las die Zeilen nun doch selbst, wobei sie sich an der Wand festhalten musste. Manchmal legte sie die Stirnhaut in Falten, dann wiederholte sie einige Worte, dann wieder las sie schnell und nickend weiter, ehe sie sagte: »So ist das also mit dem Wein und dem Absinth! Und den Kerlen! Heimweh und Fernweh, immer Sehnsucht nach der anderen Spelunke dieser Welt.«

»Ja«, nickte Tommy eifrig: »Verstehst du jetzt? Niemand will in die Wälder zurück, der hier ist! Darum wird der Alkohol nie Macht über uns haben, solange wir das Gedicht von dem alten, jungen Rimbaud aufsagen können! Nun bist du auch bordgetauft. Vielleicht war dein Vater einer, der nie vom Land wegkam, aber du, du bist eine, die den Sprung geschafft hat!«

»Ich werd bekloppt«, sagte Luise und drehte sich um: »Und das mit den Schmetterlingen? Schmetterlinge, Libellen, Wespen, warum hat er nicht Libellen genommen? Das verstehe ich nicht. Diese kleinen Tiere, die bis zu vierzig Kilometer in der Stunde schaffen, die sind doch die wahren Künstler der Lüfte! Nicht die schönen Schmetterlinge, die genialen Libellen sind anbetungswürdig!«

Luise drehte sich um, sah zu Tommy, der neben sich aufs

Sofa klopfte, und sagte: »Die Libellen sind das Beste, was die Natur je hervorgebracht hat!«

Sie sah ihn mit leuchtenden Augen an, kam zu ihm und setzte sich. Er nahm sie in den Arm, und sie erzählte ihm von den Libellen, die sie schon seit Kindestagen so sehr bewundere, dass sie damals gern Hubschrauberpilotin geworden wäre: »Weißt du, Libellen können sogar rückwärts fliegen! Sie werden *Helikopter der Natur* genannt. Sie können rüttelnd in der Luft stehen! Sie können ohne einen einzigen Flügelschlag dahinsegeln, dreißig Kilometer und mehr! Sie können pfeilschnell davonschießen und dabei noch die gewagtesten Manöver mit einer Leichtigkeit und Grazie ausführen, dass dir Hören und Sehen vergeht. Sie sind perfekter als Hubschrauber! Die Menschen glauben immer noch, sie hätten das Rückwärtsfliegen erfunden; falsch! Falsch, falsch, falsch, die Libellen waren es, vor Urzeiten schon! Vor über fünfzig Millionen Jahren! Libellen erreichen die Gewandtheit, weil sie die beiden Flügelpaare unabhängig voneinander bewegen können. Und dabei können sie jeden einzelnen Flügel auch noch verstellen; also vier Flügel, die in vier verschiedene Richtungen zeigen können! Ist das nicht Wahnsinn? Das kannst du mit keinem Hubschrauber der Welt schaffen! Keine einzige Maschine bekommt das hin! Die Leistungen der Libellen sind mit nichts vergleichbar. Die Senkermuskeln greifen an der Flugbasis an und die Heber an den Rückenplatten der Brust. Dazu noch diverse Stell- und Spannmuskeln, die zum Teil direkt und zum Teil indirekt über den Brustplatten arbeiten. Und das Gehirn steuert durch Nervenimpulse. Zwar braucht die Reizleistung Zeit, aber eben nur dreißig Flügelschläge pro Sekunde! Sie denkt voraus! Und dreißig Flügelschläge in der Sekunde, das ist eine Sequenz, die das menschliche Ohr unmöglich wahrnehmen kann! Libellen sind Götter! Vor lauter Flügelschlägen sieht man ja auch die Flügel einer Libelle gar nicht; zu schnell fürs menschliche Auge. Und dabei eines der buntesten Tiere überhaupt, das ständig blinkt und blitzt. Rot, Grün, Gelb, Braun, Blau, alles da! Der perfekte Schutz: Tarnung durch Reizüberflutung! Das wäre ein ganz neuer Weg in der modernen Kriegsführung. Perfekt, weil die Farbeinstellung sich nach der Sonnenintensität richtet. Grau im Schatten, bunt in der Sonne, so grellbunt, dass man nicht hinsehen kann. Perfekte Tarnungskünstler. Tarnung durch Farbe. Komplette Verschmelzung mit der Umgebung, visuell. Leuchtende Farben, die nach dem Sterben einfach verschwinden. Grau und unscheinbar liegen die Leichname dann da. Vielleicht wissen wir deshalb so wenig über sie? Obwohl sie doch ähnlich alt wie die Wale sind! Auch die Libellen konnten wir nie sammeln, weil deren Buntheit und Schönheit vergänglich ist. Wir interessieren uns nicht für das Tote, wenn es hässlich ist. Die Wale sind zum Sammeln schlicht zu groß; die Libelle ist das perfekte Tier, weil es den besten Selbstschutzmechanismus hat. Den können wir nicht knacken, weil wir ihn gar nicht wahrnehmen! Erhaben wie die alten Riesenmammutbäume. Diese Riesenmammutbäume, die Wale und die Libellen, wenn du die drei Arten studiert hast, dann weißt du, wozu die Natur fähig ist! Aber wie sollte man diese drei Arten studieren können? Der Mensch kann es nicht. Wir können sie nicht begreifen, weil sie es nicht zulassen.«

»Aha«, machte Tommy, sprachlos über Luises plötzliche Leidenschaft. Fasziniert flüsterte er, sie möge ihm mehr von den Libellen dieser Welt erzählen. Alles wolle er wissen, hauchte er.

Luise nickte und rutschte in seinem Arm weiter nach unten: »Es ist ein perfides Gerücht, dass sie stechen, erfunden von den *Neidhammeln der Natur*, von uns! Erfunden im Konkreten von den christlichen Missionaren, die den Germanen mit den Libellen drohen wollten. Sie redeten den heidnischen Volksgruppen ein, Libellen wären Teufelsbringer, weil sie wussten, man kann Libellen nicht einfangen oder sich vor ihnen schützen. Es sei denn: mit Gebeten; ja, so schwachsinnig ging es damals zu in der Welt. Kaum zu glauben, dass so edle Tiere für so eine üble Lüge herhalten mussten. So missbrauchte man die Libellen für die eigenen Zwecke. Man vergewaltigte sie, man demütigte sie! Eine einzigartige Frechheit, finde ich! – Und der Papst hat sich bis heute noch nicht bei den Libellen entschuldigt! – Eine Gemeinheit, finde ich.«

»Finde ich auch«, atmete Tommy ihr fast unhörbar ins Ohr: »Aber woher der Name kommt, weißt du bestimmt nicht.«

»Und ob! Das blieb wirklich lange Zeit rätselhaft. Falsch ist die Behauptung, dass er vom lateinischen ›libellum‹ abstammen würde, was ›Büchlein‹ heißt, weil sich die Flügel wie Buchseiten öffnen und schließen würden. – Jetzt kommt's: richtig ist, der Name ›Libelle‹ stammt ab vom Namen ›Libella‹!«

»Und?«, küsste Tommy sie sanft auf die Schläfe.

»›Libella‹ heißt ›Hammerhai‹!«

»Hammerhai?«, lachte Tommy laut auf: »Der Winzling? Ich zeig dir, was ein Hammerhai ist!«

»Hör auf damit! Hör auf! – Man macht über Libellen keine Witze!«

»Ach so?«

»Ja, merk dir das! – Die Formen einiger Larven sehen nämlich wie ein Hammerhai aus, fanden die ersten wissenschaftlichen Entdecker. Aber in Deutschland gibt's alleine achtundsiebzig Gattungen! Und dann natürlich noch Untergattungen zu jeder Gattung!«

»Natürlich! – Der Hammerhai hat ja seinen Hammer im Gesicht«, versuchte Tommy eine Anspielung. Er fasste

Luise zwischen die Beine und streichelte ihre Brüste. Sie schloss die Augen und sagte: »Und andere Fische tragen ihn zwischen den Beinen.«

»Genau! Lass mich also schwimmen in deinem Teich! Deinem See! Deinem Meer! Deinem Weltmeer! Ich bin ein Hammerhai des Süßwassers. ›Dein Fluss ist mein Leben!‹«, Tommy zwinkerte dem gerahmten Rimbaudgedicht zu.

Als er ihre Hand auf seinem Schwanz spürte, bewegte er ein wenig den Unterleib.

»Wohin gehen wir?«, fragte er: »Hier geht's nicht, weil hier unser Refugium ist. – An heiligen Orten fickt man nicht, oder?«

»Libellen leben nur einen Sommer. Weil sie die Zeit aber voll ausleben, reicht sie ihnen auch! Bei Großlibellen, wie der legendären ›Herbst-Mosaikjungfer‹ zum Beispiel, hält das Männchen das Weibchen am Kopf fest, wobei sich das Weibchen mit dem Hinterleib ans Männchen klammert. Eine der kompliziertesten Stellungen, die es überhaupt in der Natur gibt. Das Paar sieht beim Akt aus wie ein zusammengepresster Kreis. Der Vorteil dieser Verrenkung ist, dass die Flügel, alle acht, frei bleiben und gleich ausgerichtet sind. – Und was das bedeutet, kannst du dir nicht vorstellen!«

»Sie können beim Ficken fliegen, oder beim Fliegen ficken!«

»Du bist wirklich ein taffes Bürschlein, mein Lieblingsmatrose.«

»Und du sehnst dich nicht danach? Im freien Flug mit mir vereint?«

Luise lächelte. Sie griff Tommy fest zwischen die Beine. Sie küssten sich.

»Der Liebesakt dauert bei den Libellen aber bis zu einer Stunde! Schaffst du das?«

»Wenn du das schaffst, dann schaffe ich das auch«, sagte

der Junge und massierte ihre Brüste durch die Kleidung hindurch. Er konnte an nichts anderes mehr denken, während Luise ihn mit weiteren Einzelheiten hinhielt: »Wenn Libellen die Eier ablegen, dann balanciert das Männchen mit dem Ende des Leibes auf dem Kopf des Weibchens herum und kann so die Umgebung im Auge behalten. Er steht also senkrecht auf ihrem Kopf, während sie waagerecht die Eier versteckt, indem sie mit ihrem Leibende ins Wasser eintaucht. Falls Frösche kommen, können sie so ruck, zuck abhauen. Die Eier werden dabei von unten in das Gewebe von Wasserpflanzen geradezu eingestochen. Wie ein Haken. Als Larve bleiben sie drei oder vier Jahre in ihrer Verpuppung, bis sie dann eines Frühlingstages herauskommen, sich aufwärmen, wobei die Flügel sich härten. Dann leben sie sorglos durch den Sommer hindurch und sterben im Herbst an der Kälte. Erfrieren ist ja kein qualvolles Sterben. Nur ein halbes Jahr haben Libellen Zeit, um Unmengen von Eiern abzulegen, aber damit sind sie vollauf beschäftigt.«

»Befruchtete Eier! Ein halbes Jahr lang Sex, stell dir das mal vor, Luise! – Und dann sterben!«

»Genau. – Diese frechen Libellen, die es schon seit über fünfzig Millionen Jahren gibt, verstehen zu leben! Oder länger, man weiß es nicht genau. Sie haben sich anpassen können, waren sie in der Urzeit doch auch noch groß. Bis zu einem Meter lang. – Libellen sind die Wale der Lüfte.«

»Los jetzt, aufs Krankenzimmer, bitte, ich kann nicht mehr. – Ich explodiere gleich! – Meine Flügel sind gehärtet! – Hart wie Stahl!«

»Du bist mir schon eine Libelle«, sagte Luise: »Auch ständig gefangen zwischen Neugierde und Scheu! Kein Insekt ist so neugierig wie der *Helikopter der Natur* – und dabei so scheu! – Mein Süßer, du bist eine Königslibelle!«

Sie küssten sich, ihre Hände strichen wild und schnell

über die Körper, und gerade wollten sie sich erheben, als sie das Schott des Hauptraumes der Brücke zuschlagen hörten. Sie schraken zusammen, als der Kapitän einen Blick in den winzigen und schummrigen Raum warf. Er schüttelte den Kopf, ging dann zum Mikrophon, und während er eine Kursänderung befahl, wies er den Maschinenraum an, mit halber Kraft zu fahren.

»Und Sie, *Doppelbläser*, Sie klaren die Vorlast auf!«, sagte der Kapitän dann: »Allein, verstanden?«

»Verstanden, *Sir*. Vorlast aufklaren, *Sir*!« Tommy sprang auf, drückte sich an Luise vorbei, und während er die Hände in die Hosentaschen steckte, damit die Hose sich weit ausbeulte und nichts von seiner Unterleibsspannung sichtbar wurde, ging er zum Brückenhauptraum. Bedauernd warf er Luise einen Blick zu, die matt lächelte. Sie musste noch einen Moment sitzenbleiben, um sich ebenfalls zu entspannen. Sie hielt ihre Augen geschlossen, konzentrierte sich auf ein regelmäßiges Atmen, hörte Tommy gehen und schrak erneut zusammen, als der Kapitän in den kleinen Nebenraum kam und fragte: »Und wie geht's Ihnen denn so, schöne Dame?«

»Wie soll es schon gehen?«, fragte Luise zurück und wurde misstrauisch, da der Kapitän sich genau dahin setzte, wo eben noch der Bootsjunge gesessen hatte.

Der alte, bärtige Kerl nickte, beugte sich nach vorne und stopfte sich eine Pfeife: »Die Wale lassen uns auf diesem Törn zappeln. Da kann man leicht auf dumme Ideen kommen. – Manch einer meint, Ihr hübscher Hintern wäre daran schuld, aber ich glaube das nicht.«

»Ich werde dann mal gehen«, sagte Luise, erhob sich, kam aber nicht an dem alten Mann vorbei. Er lehnte sich zurück, steckte sich das Ende der Pfeife zwischen die Lippen und musterte sie von unten. Sein Blick blieb an den Konturen ihrer Brüste hängen. Er lächelte versonnen, ehe er sagte, sie solle sich noch einen Augenblick setzen. Er müsse mit ihr reden. Von Mann zu Mann.

»Gut«, sagte Luise: »Was gibt es für Probleme? Eines mit der Mannschaft?«

Der Alte nickte: »Der Harpunier. Er macht Stimmung gegen Sie, gegen Sie als Frau. Ich glaube, er steht auf Sie! Es wäre gut, wenn er nie erfahren würde, dass Sie mit seinem Zimmernachbarn anbändeln. Er würde durch die Decke gehen, wenn er erführe, dass so ein Knirps von Bootsjunge ihn bei einer Dame wie Ihnen ausgestochen hat.«

»Verstehe«, sagte Luise: »Ich halte mich zurück.«

»Sie wissen ja, in der fanglosen Zeit bin ich der Kapitän, aber während des Fangs hat er alle Macht in der Hand. – Ich werde mich jedenfalls nicht mit ihm anlegen, nicht wegen eines *Weibsstücks*, Sie entschuldigen!«

Luise nickte wieder. Immer unangenehmer wurde ihr die Situation. Der schmierige Kapitän grinste beim Pfeiferauchen, dass ihr schwindlig wurde. Wieder erhob sie sich, und diesmal stieg sie kurzerhand über die Beine des Mannes hinweg. Sie hatte seine Hand am Gelenk gepackt, als er ihr gerade den Hintern tätscheln wollte. Sie drehte das Handgelenk leicht, ließ es sofort wieder los und sagte vom Hauptraum aus: »Immer daran denken!«

»Woran?«, fragte der Kapitän, der sich das Gelenk rieb: »Was meinen Sie, hübsche Lady?«

»Die hübsche Lady hat sieben Piraten getötet und achtzehn verletzt. Auch ich habe ein Stück Holz, in das ich Kerben ritze, und eigentlich ritze ich ganz gerne Kerben in dieses Holzstück. Es ist von einem Riesenmammutbaum.«

Dem Kapitän lag das Wort ›Schlampe‹ auf der Zunge. Er drückte es weg und zog an der Pfeife, während Luise die Brücke verließ.

Auf der Nock atmete sie erst einmal durch, umklammerte die Reling des Schanzkleides und sah aufs Wasser.

Da war sie wieder, die Vorstellung einer Erinnerung an ihren Erzeuger. Hatte sie ihn sich so nicht immer vorgestellt? Schmierig, voll unterdrückter Aggressivität, feige und mit fettigen Haaren im Gesicht? Wie hatte ihre Mutter nur auf so einen Mann hereinfallen können? Sicher, sie war damals achtzehn oder neunzehn Jahre gewesen, und ja, er hatte ein riesiges Grundstück auf Deutschlands schönster Insel. Hatte das damals schon gereicht? Bestimmt wollte Mathilde als junges Mädchen auch einfach nur weg aus ihrem Dorf. Von einer Hölle in die andere, oder malte Luise diese Vergangenheit zu düster und zu naiv? Sie nahm sich, jetzt und hier, auf diesem Walfänger vor, ihren Erzeuger doch zu suchen; zu suchen und zu finden. Ihn sich anzusehen! Sein Stottern zu hören, wenn er denn stotterte. Sein Grinsen auszuhalten, wenn er denn grinste. Vielleicht sah er ja auch ganz anders aus als diese übernächtigten Männer hier? Sie tat den Walfängern bestimmt Unrecht, wenn sie eine Parallele zog, ohne den anderen Strich zu kennen. Schließlich war ja auch Robert ein Hochseefischer. Und ihr Stiefvater sehe zwar auch nicht gerade wie ein Model aus, aber von innen strahle er doch eine Männlichkeit aus, die sie immer beruhigt habe. Luise lockerte den Griff um die Reling, nahm den Blick vom Meer und stieg langsam die Nocktreppe hinunter.

Sie wollte nicht ans Gestern denken, zumal sie es ja gar nicht kannte! Ewig dieses Spekulieren. Weibliche Intuition, die ja doch nichts brachte! Oder doch? Entscheidungen? Klarheit? Oder doch nur falsche Schlüsse? Oder was? Wenn man ein Elternteil nicht kennt, wird man auch sich selbst zur Hälfte nie verstehen.

Während sie übers Oberdeck schlenderte und Tommy suchte, fragte sie sich jedoch, wie sich wohl Robert Rösch an Bord eines Schiffes verhielt? Dieser Mann, der unter lauter Frauen aufgewachsen war. Eine Großmutter, die nach dem Krieg aus Danzig fliehen musste und die dabei einen Männerhass entwickelte, der selbst ihren einzigen Enkel fast vernichtet hätte. Eine Mutter, die die Sklavin ihrer eigenen Mutter war und die wie eine Medea ihr eigenes Kind dem Hass der Großmutter geopfert hatte. Blindlings. Masochistisch zur einen Seite, sadistisch zur anderen. Und als der Junge Robert an der Verweigerung jeglicher Gefühle eingegangen war, da adoptierte die Mutter ein Mädchen, zwei Jahre jünger als er. Dieses fremde Mädchen bekam dann die ganze Liebe der Mutter, weil die Großmutter dies gutieß. Der Junge Robert wurde seitdem gänzlich außen vorgelassen; da war er gerade mal zehn Jahre alt. Und weil selbst jene Sklavin nicht immer Freude an ihren Ketten hatte, war sie oft ausgebrochen. Zehn Mal war sie in den ersten Jahren seit Roberts Geburt umgezogen, und bis er sie mit achtzehn Jahren verließ, waren es neunzehn Umzüge und vier Stiefväter geworden, die sich allesamt als Alkoholiker und Heiratsschwindler entpuppt hatten. Und Robert war durch diese Umzüge immer wieder die Möglichkeit genommen worden, Freundschaften aufzubauen und zu lernen, was es hieß, Teil der Gesellschaft zu sein. Was für eine unzuverlässige Mutter doch, die ihren ganzen Lebenszweifel dem Sohn zugemutet hatte, der an dieser Bürde schwer trug. Und als er diese lebensunfähige und glücklose Mutter mit achtzehn Jahren vom Buckel warf, da kamen sie natürlich, die eigenen Selbstzweifel. Doch er ging nicht zum *Moloch* zurück, wie er die Symbiose von Großmutter und Mutter nannte. Er machte einen Bogen um sie, und als er dann die ebenfalls am Boden zerstörte Mathilde fand, auch sie damals am Ende ihrer Kräfte, da hatten sich zwei Menschen gefunden, die seit diesem Tage einfach nur dankbar waren. Der einsame Junge, der nie zu sprechen gelernt hatte, dieser Kaspar Hauser, lebte auf, als er als Erwachsener die traumatisierte junge Frau fand, die so froh war, dass er lange Zeit keine körperlichen Annäherungsversuche machte. Sie war glücklich, mit ihm Zeit verbringen zu können, bevor es dann doch sehr spät zum ersten Liebesakt gekommen war. Luise hatte sich als Teenagerin immer gefragt, wer wohl mehr gelitten habe. Die Mutter, die zwar körperlichen Schmerz erfahren habe, die aber da schon erwachsen gewesen sei, oder der Stiefvater, der als Kind so heftig um Liebe, Nähe und Wärme gekämpft habe und leer ausgegangen sei. Gedemütigt seien sie beide worden, Robert schien sich schneller davon erholt zu haben, weil Mathilde im Mai noch immer diesen Lebensüberdruss verspüre; in den letzten Jahren jedoch nicht mehr in jedem Mai. Als überkomme sie das Schreckliche als Erinnerung eher wellenförmig. Nach eigenem Gesetz und Zyklus. Mathilde habe sich gewehrt, meinte Luise stolz. Ihre Mutter habe sich nicht endlos schlagen, vergewaltigen und demütigen lassen. Sie sei in die vorpommersche Universitätsstadt geflohen, wo sie keinen Menschen gekannt habe, und habe dort studiert. Mathilde sei nicht ins heimische Dorf zurückgekrochen, sie habe ihre Tochter allein aufgezogen, sie habe Robert kennengelernt, sie habe sich nicht mit der Opferrolle abgefunden. Sie habe die Dämonen alleine besiegt, bis dann Robert da gewesen sei, um die letzten Reste wegzufegen.

Nein, sie war nicht nur stolz auf Robert, sie war es auch auf ihre Mutter, und bestimmt hatte sie deshalb eine so gute und stärkende Kindheit durchleben können.

Und doch, Luise war sich so sicher, eine einzige Lebenslüge hielt Mathilde tapfer durch! Sie war sich sicher, das Produkt einer jener Vergewaltigungen zu sein. Da brauchte sie gar keine Beweise. Niemals hatte Mathilde es eingestanden, und Luise hatte dieses Thema auch lange nicht mehr angesprochen; und während sie zur Vorpieck ging, entschloss sie sich, ihre Mutter niemals mehr danach zu fragen.

Sie wusste jetzt, ein paar Lügen müsse man jedem Menschen zugestehen, wenn man ihn nicht in Abgründe stürzen wolle. Ein paar Lügen müsse jeder Mensch behalten dürfen, um sein Gesicht wahren zu können. Um der Würde willen. Und des Stolzes.

Luise drehte das Gesicht aus dem Wind, der plötzlich so scharf geworden war, dass ihr Salz in die Augen kam, und sah die Vorschiffluke geöffnet. Sie war ordnungsgemäß eingehakt und trotzte so dem Sturm. Luise hockte sich hin und rief: »*Doppelbläser*?«

»Ja, was gibt's? – Ach, du! – Du, hier können wir nicht, hier ist es einfach zu dreckig!«, kam es von unten, worüber Luise lachen musste: »Du denkst wohl immer nur an das Eine, was?«

»Was denkst du denn? Ich bin ein Mann!«

Tommys Gesicht erschien, und Luise berührte es flüchtig, ehe sie sagte: »Wir müssen zurückhaltender sein. Die Männer fangen an, sich zu beschweren.«

»Verstehe! Darum die Strafarbeit hier?«

»Genau. – Der *Baske* ist dabei wohl die treibende Kraft. Es wäre besser, du erzählst ihm nichts von uns.«

»Okay, kann ich machen. Ich gehe mal wieder runter, wir treffen uns später, ja?«

»Natürlich.«

»Aber nur, wenn er nicht bläst.«

Luise nickte und sagte: »Nimm es wie ein Mann! Arbeit ist dazu da, dich zu bestätigen.«

»Alles klar, wenn du das sagst«, antwortete er und verschwand wieder in der Dunkelheit der riesigen Last, in der die Anker lagerten, die Ersatzschraube, Hunderte Nieten und Nägel, Dutzende Fender und Seile und sogar ein zweites Steuerrad. Alles musste geordnet und geputzt werden, doch sobald Tommy auf der einen Seite fertig war, hatte der Seerhythmus auf der anderen schon wieder alles durcheinander geworfen. Die Vorlast aufzuräumen, war eine Arbeit, die nie endete. Tommy wusste, der Befehl ›Vorschiff aufklaren‹ habe früher ›zehn Hiebe mit der Neunschwänzigen‹ geheißen. Es war ihm egal, er hatte genug Willen! Er konnte während dieser Arbeit ungestört an Luise denken, und das Erinnern erschien ihm dabei fast so kostbar wie das Handeln selbst. Schon dachte er beim Sortieren an ihre Lippen, während sie sich erhob und zum Mittelschiff ging.

Sie stieg innenbords die Stufen herunter und ging zu ihrem Deck, um sich auf die Koje zu werfen. Die Müdigkeit kam so plötzlich, dass sie die letzten Schritte kaum noch schaffte. Thomas lag auf seinem Bett und schnarchte, als sie nach oben kletterte und mit den Stiefeln an den Füßen einschlief.

Sie träumte in der nächsten halben Stunde, sie befände sich auf einer Hochseeyacht im Kampf gegen Wung Lee, die brutalste Piratenanführerin der modernen Zeit. An Bord, festgebunden an den Mast, befanden sich auch Robert und Mathilde. Die *Schlange von Afrika*, wie Wung Lee von der Presse genannt wurde, hatte die Yacht vor Portugal ganz allein geentert. Sie war zum Schiff geschwommen, nachdem sie aus dem sichersten Gefängnisschiff der Welt, in dem sich auch ein Bin Laden jun. und ein neuer Putin befanden, ausgebrochen war. Putin hatte die Erdgaszufuhr für ganz Europa gestoppt und war daher zum Weltfeind Nummer eins erklärt worden.

Zwei Sondereinheiten der schwedischen Luftwaffe hatten ihn aus einem Bunker im Südkaukasus geholt. Das Bild des verfetteten, kahlhäuptigen und zahnlosen Putin war um die Welt gegangen. Zum ersten Mal sollten Soldaten den Friedensnobelpreis erhalten. Sie hatten natürlich abgelehnt.

Der Kampf der beiden Frauen dauerte schon zwei Tage und siebzehn Stunden. Die Yacht befand sich inzwischen nördlich der Azoren, doch immer wieder schleuderte Luise den Anker mit der langen Kette zum Bug, wo sich die *Schlange von Afrika* verschanzt hatte. Sie war im Morgengrauen an Bord gekommen, als Luise sich gerade hingelegt hatte. Robert hatte am Heck gestanden und gepinkelt, als er plötzlich aus dem Wasser heraus überfallen worden war. Wenig später war er bewusstlos gewesen, und auch Mathilde hatte keine Zeit mehr gehabt, um zu schreien. Ein Faustschlag hatte sie niedergestreckt. Dann hatte die *Schlange von Afrika* die beiden Bewusstlosen an den Mast gefesselt, und seitdem war es Luise nicht gelungen, sie zu befreien.

Sie hatte ein Rumsen gehört, als sie sich gerade ausgestreckt hatte. Und wäre sie keine erfahrene Soldatin gewesen, dann hätte Wung Lee schon längst das Kommando übernommen. Aber Luise Rösch war Kampfschwimmerin, persönlich ausgebildet vom *Blonden Tiger*. Die Armeewelt kannte sie nur unter dem Kampfnamen *Hammerhai*.

Wieder warf Luise unter Stöhnen mit dem Anker nach der Piratin, aber erneut wich die Asiatin aus, von der die Welt lange Zeit geglaubt hatte, sie wäre eine schwarzhäutige Afrikanerin. In Wirklichkeit stammte Wung Lee aus Vietnam, aus einer der ehrenwerten Familien, die sich im Kampf gegen die Nordamerikaner verdient gemacht hatten.

Sie war mit nichts an Bord gekommen. Jetzt hatte sie ein Bordmesser und vier lange Seile, mit denen sie sehr gut umgehen konnte. Wung Lee hatte an die Enden wuchtige Knoten gesetzt, doch an einem der Seile befand sich auch das Messer. Sie war raffiniert, Luise hatte in den letzten zwei Tagen eine Menge Kampftricks gelernt. Ihr rechtes Bein war über dem Knie gebrochen, ein Arm war ausgekugelt, aber mit dem anderen hielt sie sich die Asiatin vom Leibe. Wung Lee hatte eine schwere Wunde an der

Seite, die nicht zu bluten aufhörte. Das hielt *Hammerhai* für einen Vorteil, hatte sie doch keine klaffende Wunde. Sie wollte die *Schlange* ausbluten, wusste aber nicht, ob Robert und Mathilde so lange durchhielten. *Hammerhai* hatte das Heck zurückerobert und war somit Herrin über den Eingang zur Kajüte. Doch vor ihr standen die Eltern, an den Mast gefesselt, ständig von der *Schlange* bedroht. Die *Schlange* hatte dem Ehepaar mit dem langen Messer schon einige Schnitte versetzt, sie hatte sie als Geiseln genommen, aber *Hammerhai* war zu allem bereit, nur nicht zum Aufgeben. Nein, sie werde sich nicht neben Robert und Mathilde stellen.

Sobald die *Schlange*, die sich hinter dem Segeltuch verschanzt hatte, aus der Deckung kam, um eines der Elternteile zu töten, war *Hammerhai* da, um sie zurückzuschlagen. Die beiden Frauen hatten fast einen ganzen Tag ›Mann gegen Mann‹ gekämpft. Fußtritte, Handkantenschläge, Fausthiebe, Kopfnüsse, sie hatten alles pariert. Keine Frage, sie waren gleichstark, gleichschnell, gleichruhig. Später hatten sie sich auf ihre Gefechtspositionen zurückgezogen, und seitdem belauerten sie sich. Sobald *Hammerhai* in der Kajüte verschwände, würde die *Schlange von Afrika* Robert oder Mathilde töten. Luise brauchte eine Idee, um etwas in die Hand zu bekommen, womit sie das Ungeheuer vom Bug vertreiben konnte. Sie grübelte schon seit Stunden. All die Verhaltensregeln, die sie vom legendären *Blonden Tiger* gelernt hatte, konnte sie hier nicht anwenden. Sie hatte es mit einer Gegnerin zu tun, die so viel vom Kampf wusste, wie sie selbst. Vielleicht sogar mehr. Sie unternahm einen neuen Versuch. Mit blutig gebissenen Lippen schlich sie übers Kajütendach und versteckte sich hinter dem Mast. Doch schon raste einer der tödlichen Knoten auf sie zu, und erst im allerletzten Moment konnte sie den Kopf zur Seite werfen, doch diesmal hatte sie zeitgleich nach dem

Seil gegriffen. Sie hielt es kurz in der Hand, riss daran, spürte dabei aber die Kraft der Anderen. *Hammerhai* hatte das Knie gegen den Mast gedrückt, und nun bekam sie Hebelwirkung aufs Seil, mit der sie gegen die *Schlange von Afrika* ankämpfte. Sie ließ sogar ein wenig Leine, dann zog sie mit aller Macht daran, doch in diesem Augenblick der Vorfreude spürte sie einen Schlag gegen die Schläfe. Schon war der zweite Knoten wieder verschwunden, Luise aber hatte den ersten nicht losgelassen. Sie wollte die *Schlange* nach und nach entwaffnen. *Hammerhai* arbeitete routiniert und gewann Zentimeter um Zentimeter des Seiles, als wieder etwas durch die Luft schwirrte. Diesmal war es das lange Messer und diesmal traf es Robert am Oberarm, der aber nur wütend fluchte.

Als Luise kurz danach keine Gegenkraft mehr am Seil spürte, war sie sofort misstrauisch. Schnell holte sie das Kampfseil ein, als vom Bug her Geschrei aufstieg. Wieder flog etwas durch die Luft. Es kugelte sich, und es war um einiges größer. Es war die *Schlange* selbst, und auf sprang *Hammerhai* und war ebenfalls in der Luft, um mit einem Handkantenschlag gegen das Gelenk der Feindin zu schlagen, die gerade Roberts Kehle aufschlitzen wollte. Die beiden Kämpferinnen kamen mit den Füßen zeitgleich auf die Planken, und plötzlich wusste Luise, dass jetzt die Entscheidung unmittelbar bevorstand. Sie sah es in den Augen der Feindin. Schnelle Schläge wurden ausgetauscht, ein Keuchen, Japsen und Fluchen erfüllte die Stille, und plötzlich lag das Bordmesser vor Roberts Füßen. Die beiden Frauen stürzten hin, Luise bekam es kurz zu fassen, doch schon hatte die Asiatin es wieder.

Sekunden jedoch, die Luise genügt hatten, um mit einem einzigen Schnitt Robert und Mathilde zu befreien. Mit beiden Armen hielt Luise die *Schlange von Afrika* umklammert, die immer wieder mit den Ellenbogen nach ihr stieß.

Luise hielt die Hiebe aus. Sie war jetzt eine Bulldogge, die sich in das Opfer über sich verbissen hatte. Luise auf dem Rücken, die Piratin über ihr, so lagen die Kämpfenden für eine halbe Minute da. Für Mathilde Zeit genug, den Anker zu heben und ihn auf den Kopf der *Schlange* zu wuchten.

Luise spürte Hirn und Blut auf ihr Gesicht spritzen, doch noch immer ließ sie nicht los. Sie wunderte sich nur, als sich Tommy zu ihr herunterbeugte und sie schüchtern anlächelte. Er sagte: ›Man tötet doch bloß Wale!‹

Später wäre ihr lädiertes Gesicht bestimmt in allen Zeitungen der Welt gewesen, doch da war sie leider schon aufgewacht. Dass einem in seinen Träumen die Belohnung immer vorenthalten wurde, unglaublich!

Tommy, nicht ahnend, gerade Held eines Traumes geworden zu sein, hantierte weiter in der Vorlast herum, und er hätte wohl auch ewig aufgeräumt, wäre da nicht plötzlich der Walruf gewesen: »Da bläst er!«

Der Bootsjunge ließ alles stehen und liegen, kletterte aus der Last, verschloss das Schott und rannte in seine Kabine, wo der *Baske* sich schon umzog und meinte, Tommy solle sich beeilen.

Der Chefharpunier half dem Jungen, sich in die wasserfeste Kleidung zu schnüren, und zusammen gingen sie aus dem Deck, um mit der Eisbärenschädelmütze in der Hand die Stufen nach oben zu steigen.

Erneut erschall der Ruf: »Da bläst er!«

Und wenig später: »Eine ganze Schule! – Sie blasen!«

»Na, dann!« nuschelte der Harpunier, nickte *Sir* zu und bedeutete Tommy, heute auf dem Flensdeck zu bleiben.

So vergingen die nächsten beiden Wochen, in denen *Doppelbläser* kaum ein Wort mit Luise sprechen konnte. Er gehörte dazu! Er tat, was ihm aufgetragen wurde, ohne zu reden, und er merkte, dass die Männer genau das von ihm erwarteten. Er nahm nicht jedes Kommando als persönliche Beleidigung, er arbeitete! Schweigend und zuverlässig.

Vor Erschöpfung konnte er sogar, gestützt auf den langen Flensspaten, im dampfenden Fett eines Blauwals einschlafen. Sekundenschlaf, der mehr Erfrischung brachte als eine ganze Kanne Kaffee. Tommy lernte so viel über sich, dass er schließlich meinte, sich kaum noch von den anderen Walfängern zu unterscheiden. Er lernte das Schweigen und erkannte, das Reden sei nur ein nervöser Ersatz für das Leben. Er sehnte sich danach, einfach mal wieder drei oder vier Stunden am Stück schlafen zu können, aber die Wale ließen ihnen in den ersten Tagen keine Zeit dafür.

Sie waren da, sie hingen an den langen Leinen, sie mussten schleunigst verkocht werden. *Doppelbläser* lachte über seine naiven Wünsche mit heruntergezogenen Mundwinkeln und spuckte von Zeit zu Zeit in den Wind.

Tran, das ganze Deck war voller Tran. Ein schwerer, dicker, zäher und nur Schimmer durchlassender Tran. Er hing vor den Augen, vor der Nase und wie Lappen vor den Gehirnwindungen. Dabei raste Tommys Herz, pumpte stark, schnell und ballerte das Blut hart durch die Schläfen. Im linken Ohr fiepte es ihm ab und an, das linke Augenlid flatterte zeitweise, alles drittrangig, es galt, einen neuen Wal übers Heck zu ziehen! Voran!

Es galt, den *Blubber* abzuschälen, spiralförmig wie die Schale einer Apfelsine oder der Länge nach wie die einer Banane. Es galt, den riesigen Kopf zu spalten und alles in den Rotationskocher zu befördern; alles, was da war, musste auch zerkleinert werden, um Glyzerin zu produzieren. Selbst der kleinste Fetzen Dickdarm wanderte in den Kocher, denn auch in der Scheiße des Wals konnte ja Tran sein!

Die Ausnahme bildete der Pottwal. Dessen Dickdarm behielten die Männer auf dem Deck. Sie schnitten das riesige Teil vorsichtig auf, um die wachsähnliche, graubraune, bisweilen auch grauschwarze Absonderung zu finden, die die Parfümindustrie mit Gold bezahlte: Amber, Ambra oder auch Ambergris genannt. Tommy wusste, der Pottwal sei das einzige Tier, bei dem sich diese geheimnisvolle, poröse Substanz im unteren Darm finde. Jedoch nur bei drei oder vier Tieren von hundert! Einige Wissenschaftler glaubten, es wäre ein Krebsgeschwür, aber sollte *Doppelbläser* ihnen das abkaufen? Er wusste nicht recht. Sollte er glauben, dass die Landratten sich mit einem Krebsgeschwür besprühten, um besser zu riechen? War am Ende das Parfüm daran schuld, dass so viele Menschen an Krebs erkrankten? War das die Rache des Pottwals? WWW – der weite Wurf des Wals? *Doppelbläser* wusste es nicht recht. Er stellte nach dem Reden auch das Denken ein. Er arbeitete lieber, Stunde um Stunde, Tag um Tag.

Der Arbeitstag begann für alle um halb sechs. Da hatten sie sich schon wieder in die mit Schweiß, Blut und Fett vollgesogenen Klamotten gezwängt. Die Walfänger trafen sich in der Messe zum ersten Frühstück, das jeden Morgen aus einem Berg Kartoffeln, Eiern und Speck, aus einer Kanne Kaffee mit möglichst viel Zucker und aus filterlosen Zigaretten bestand. Diese Kalorien mussten sie über die ersten Stunden bringen, und allmählich begriff *Doppelbläser*, dass Fettleibigkeit eine Berufskrankheit von Hochseefischern sein konnte. Er fraß mit! Er fraß alles, was ihm vorgesetzt wurde. Er soff den Kaffee wie Bier.

Und wenig später reihte er sich ein, um zwei Stunden lang weitere Wale zu zerlegen. Auf dem offenen Deck, bei Minusgraden, und *Doppelbläser* meinte, der Trick sei es, sich die Arbeit als Hobby vorzustellen. Das Zerlegen sei das Schrebern im Garten.

Das zweite Frühstück bestand aus Walfleisch. Es schmeckte wie ein mit viel Fett zubereitetes Steak. Abgehangen war es zart, der Koch bereitete es manchmal mit Schweinefett zu, aber immer gab es Kartoffeln und Gemüse dazu: Kalorien, Kalorien und eine Handvoll Vitamine, um die Arbeitszeit zwischen halb neun und sechzehn Uhr durchzustehen. Wankend marschierten die Walfänger in die Kombüse, um sich dann einen Imbiss aus Schwarzbrot, Walmargarine und gezuckertem Kaffee zu gönnen, ehe es bis zum Abendessen um zwanzig Uhr weiterging. Zwölf bis vierzehn Stunden Arbeit, unterbrochen von vier Essenszeiten, *Doppelbläser* hielt diese härtesten Wochen seines jungen Lebens durch. Er jagte sich kein Werkzeug in die Gliedmaßen, er bekam kein Fieber, er brach sich nicht einen einzigen Knochen, und das hielten die Männer bei seiner Statur durchaus für ein Wunder.

Während der sechsstündigen Ruhezeit, die man Schlaf nicht nennen könne, wie die Männer meinten, weil Schlaf ja Erholung bedeute, lagen sie wie tot in den Kojen. Und wieder verzichteten sie auf das Duschen und Waschen, und wieder steckten sie in den blutgetränkten Klamotten und aßen in der Messe die Frühstücksberge weg.

Und wieder hackten sie auf die Wale ein, die tot an den Seiten der *Rimbaud* schwammen, und nur der *Baske* ärgerte sich darüber. Wie viele Walfontänen er doch noch sah! Und diese verdammte Fangquote! Sollte er es wagen? Sollte er ein paar Tiere mehr mit der Bugharpune erlegen? Wüsste er nur, ob die Kontrolleure des ›IWC‹ an Bord kommen würden oder nicht! Missmutig zerfetzte er ebenfalls die Walleiber, getrieben vom Wunsch, noch viel mehr Tiere zu töten, um die Heuer nach oben zu treiben.

»Es werden nicht weniger!«, brüllte der *Baske* zum Jungen und zeigte auf die sieben Wale, die tot in den eisernen *Walklauen* hingen. Der achte wurde gerade die Helling heraufgezogen.

Doppelbläser brüllte durch den Sturm zurück: »Lieber zu viel als zu wenig!«

Der Chefharpunier nickte. Genau seine Meinung! Kluger Junge! – Aber sollte er es jetzt wirklich wagen?

Acht Wale, die mit dem ›ASDIC‹ aufzuspüren so leicht gewesen sei, wusste der Auszubildende, der schon in der Berufsschule von diesem Gerät erfahren hatte. Bis zum Zweiten Weltkrieg hatte man den Wal mit Hilfe des Ausgucks aufgespürt, dann jedoch hatten Europäer das ›Anti-Submarine-Detection-Investigation-Committee‹ erfunden, ein Radar, der unter Wasser funktionierte. Während des Krieges konnte man damit U-Boote aufspüren, danach aber hängte man sich mit dem ›ASDIC‹ einfach an die Wale, die so überhaupt keine Chance mehr hatten. Es sei einfach ein Schlachten, *Doppelbläser* begriff es ja. Stets hingen acht bis zehn Wale in den Stahlklauen, sobald man die Walschulen aufgespürt hatte, um verarbeitet zu werden. ›Verölen‹, so nannten die Walfänger ihre Arbeit, und so nannte auch Tommy sein Tätigsein: ›Bis zur totalen Verölung!‹ Er grinste rau, was wegen der weichen Gesichtszüge immer eigenartig auf die Männer wirkte, die aber bald meinten, der Hosenscheißer übe ja noch. *Doppelbläser* legte den Spaten über die Schulter, hielt sich mit der anderen Hand an der Laufstange der Reling fest und ging erneut zum Heck.

Einige Kerle standen schon auf dem Flensdeck, der halbe Wal war schon geborgen, als das warme Blut bereits aufs Deck spritzte. Die alten Jungs rutschten auf dem vereisten Deck oft aus, und auch das warme Blut gefror schnell. Sie wurden im Minutentakt von der Gischt überrollt, aber sie hörten einfach nicht auf, den Kadaver zu zerstückeln.

Ständig standen sie bis zu den Knien im eiskalten Wasser. Schneeflocken wirbelten durch die Luft, wenn der Sturm für Sekunden verebbte. Sonst fegte er sie den Männern ins rot gefrorene Gesicht. *Doppelbläser* zog den Bärenschädel ein wenig tiefer, so dass er jetzt durch dessen Augenhöhlen schaute, und kümmerte sich so wenig wie möglich um die Verwundungen, die ihm die Kälte zufügte. Er wusste, eiskaltes und salziges Wasser sei der beste Wundheiler der Welt. Eine offene Wunde müsse man nur für eine oder zwei Minuten in die Gischt halten, schon seien alle Bakterien abgetötet. Weichlinge!

Da brauche man weder Pflaster noch Jod. So könne man sofort weiterarbeiten, solange es kleinere Schnitte seien. Denn eines war ja wohl auch klar: Bein ab war eben Bein ab, da half auch kein Seewasser mehr!

Doppelbläser grinste, und plötzlich hörte er es knirschen und reißen. Er sah zum Kadaver, ein Stück Fleisch hatte sich vom Knochen gelöst. Es sauste übers Deck und noch bevor die Winde bedient werden konnte, riss es einen der Männer, der schon mit dem Abschälen begonnen hatte, mit sich und aus dem Gleichgewicht. Der Länge nach landete er in einer riesigen Blutlache, stand aber sofort wieder und kümmerte sich nicht um das Blut an seinem Ölzeug. Auch *Doppelbläser*, der sich als Tommy Rahr vor soviel Blut ekelte, vor fremdem Blut, durch das er waten und schwimmen musste, war nur neidisch auf den Mann, da dieser doch so immerhin etwas Wärme abbekommen hatte.

Es war unter Walfängern eine große Auszeichnung, sich nackt auszuziehen, in einen Wal zu steigen und ein heißes Blutbad nehmen zu dürfen. Sie hatten es von den Eskimos gelernt, und als *Doppelbläser* hatte Tommy Rahr bei diesem Anblick nicht einmal das Gesicht verzogen. Er hörte erneut den Warnruf ›Wahrschau!‹, drehte sich zum Haufen Knochen, Gedärme und Fleisch um, der weiter backbord lag, noch hinter dem abgetrennten Walkopf, der angekettet war und dessen Zunge gerade mit einer Motorsäge zerkleinert wurde, befand sich in diesem Lappen, groß wie ein Handballfeld, doch sehr viel reines Öl. Er sah, wie vier

Männer versuchten, einen Streifen der Zunge aufzurollen, und wollte sich gerade durch den Sturm aufmachen, um ihnen zu helfen, als er hinter sich einen neuen Warnruf hörte: »WAHRSCHAU!«

Die Männer, die um den Kadaver standen, sprangen zur Seite, mit ihnen auch *Doppelbläser*. Aber es war zu spät! Einer von ihnen musste aus Versehen in den vollen Darm gestochen haben. Eine Fontäne brauner und dunkelgelber Exkremente stieß in die Luft und fiel als Regen auf die Walfänger herunter. Prasselte hernieder und versenkte alles in einem ätzenden Verwesungsgestank, den die Männer so schnell nicht loswurden. Die ›Rache des Toten‹, wie diese letzte Fontäne eines Wals genannt wurde. Der weite Wurf des Wals. Jetzt musste der junge *Doppelbläser* doch kotzen, während die alten Walfänger nur lachten und sich wenig später sofort an die Arbeit machten, als *Sir* von oben durchs Megaphon brüllte: »Eigenbedarf!«

Sofort wurden die besten Stücke herausgeschnitten, galt pures Walöl doch als bestes Mittel gegen Kahlköpfigkeit, gegen Arthritis und gegen festsitzende Schrauben und Bolzen. Es gab auf dieser Welt kein besseres Sonnenöl!

Doppelbläser lachte bei dem Gedanken, sie bräuchten in dieser gottverdammten Ecke des Weltmeeres jemals Sonnenöl! Nordöstlich von Neufundland, wer wusste da schon was von der Sonne? Erfolgreich schluckte er gegen einen neuen Schub Mageninhaltes an und lenkte sich weiter mit dem Gedanken ans Horten von Sonnenöl ab. Was für ein Schwachsinn! Wann hatte er bloß das letzte Mal diese verdammte Sonne gesehen? Vor zwei Wochen? Vor drei? Und wie überhaupt sah diese Scheibe aus? Grün? Rot? Lila? Oder alles zusammen? Wie eine Libelle? Er schüttelte den Kopf und nickte lediglich, als ihm ein Kollege auf den Rücken schlug und fragte, ob mit ihm alles in Ordnung sei.

Natürlich!

Sie alle waren nass und durchgefroren. Sie fühlten sich elend und hatten kein Gefühl mehr in den Händen. Der Kopf war kurz vorm Zerbersten. Jetzt nur für fünf Minuten in die warme Messe und versuchen, sich an einem Becher Kaffee festzuhalten! Warum, zum Teufel, war er nur hergekommen? Im Augenblick wusste *Doppelbläser* es nicht. Warum hielt er diese Qualen nur aus? Bloß, weil die anderen Kerle sie auch aushielten? Das war doch hier alles so offensichtlich nutzlos und blödsinnig. Warum nur war er hergekommen? Weil er was wollte? Na, was denn, verdammt noch mal? Tommy Rahr hatte es vergessen. Kameradschaft lernen? Drauf geschissen! Mannwerden? Drauf geschissen! Mit den Händen reden? Drauf geschissen!

Er ahnte es dann aber doch.

Genau aus diesem Grunde nämlich! Die Ahnung wuchs sich zur Gewissheit aus.

Natürlich!

Um auf alles mit einem feuchten Furz zu antworten.

Denn nur in der Verachtung der Qualen und der Gefahren wurde aus einem Kindskopf ein verdammter Mann! Zum Teufel auch, drauf geschissen! Und wieder stach *Doppelbläser* ins tote Fleisch rund ums Walauge, um die kleine Pupille freizulegen, die so verdammt tief saß. Drauf geschissen! Verdammt noch mal. Er fand den Tränensack und stieß mit aller Kraft hinein.

Hier gebe es die künstlich geschaffenen Probleme des Festlands nicht, verstand Tommy. Hier errege die hohe See. Hier erfülle der heulende Wind. Hier herrsche eine eigene Art von Freude. Eine Freude aus Wildheit und Schönheit der puren Elemente. Hier stehe man klein aber unbesiegbar da. Hier überlebe allein das Männliche. Hier genüge es, stündlich zu überleben, um sich männlich zu zeigen. Hier gebe es den verdammten Flensspaten und den Mann am Spaten. Und am anderen Ende des Spatens liege der

Wal schon so gut wie zerstückelt da. Hier gehe der Frieden einher mit der totalen Erschöpfung. Hier sei der Schöpfer selbst am Werk, denn alle Schöpfung sei fürs Erschöpfen bestimmt, welches ›Erlösung‹ genannt werde. ›Bis zur Erschöpfung‹, das sei der wahre Sinn, meinte *Doppelbläser* und stach erneut zu.

»Der Finnwal da drüben«, schrie *Güni* den Jungen an und riss ihn am Arm zu sich: »Der ist schon von fünf Harpunen getroffen! Fünf Explosionen im Leib, und das elende Tier lebt noch immer! Ein zäher Bursche, neun Stunden Todeskampf! So etwas sieht man selten, sieh also hin, *Doppelbläser*!«

»Dann lasst ihn doch frei!«, schrie *Doppelbläser*: »Respektiert seinen Sieg!«

Güni schüttelte den Kopf und sah Tommy wütend an: »Stell dir nur immer die Unmengen von Dollar vor, dann kommst du auf so ein Gewäsch erst gar nicht. Jeder Wal bringt Hunderttausende von Dollar, und dieser da auch! Wirst schon sehen.«

»Und wenn es *Moby-Dick* ist?«, fragte *Doppelbläser*, worauf *Güni* nichts zu antworten wusste. Er schwieg und biss sich auf die Unterlippe.

Jetzt liege Sorge in seinem Blick, meinte Tommy, oder sogar Angst?

Dann hörte er *Güni* sagen: »Wir werden den Burschen da in vierzig Minuten zerlegt haben. Bei Gott, das werden wir. Wir werden nichts von ihm übriglassen. Das werden wir, bei Gott. Wir werden flensen, wir werden schneiden, wir werden ziehen und zerkleinern. Wir werden sägen, wir werden hacken, und wir werden zerhacken! Und nur das Blut wird uns entkommen. Es wird von der *Rimbaud* fließen! Das Blut wird die Haie anlocken, es wird sie wahnsinnig machen, weil sie außer Blut, das aber einen Hai nicht sättigt, nichts finden. Unser Todfeind wird das Fleisch nicht finden im puren Blutgeruch! Wir freuen uns darauf. Es wird ihn in den Wahnsinn treiben, und wir werden ihn verhöhnen, wenn wir den Wal durch den Druckkocher wandern lassen werden, um das beste Öl der Welt aus ihm zu machen. Und das beste Glyzerin werden wir aus ihm sieden, damit wir neues Dynamit gewinnen, um neue Wale töten zu können. Bei Gott, das werden wir tun! Wir kennen die Handgriffe! Wir führen die Handgriffe aus. Immer und immer wieder. Wir werden mit den Spaten ins Fett fahren, immer und immer wieder. Wir werden Höhenmeter um Höhenmeter erklimmen, bis wir oben auf der glitschigen und glatten Haut des Wals stehen. Wir werden uns Steigbügel in die Haut schlagen, wir werden Ösen hineinbohren und uns anketten. Wir werden arbeiten, wie alle Menschen überall auf der Welt ihre Arbeit tun! Der Wal lässt uns keine Wahl, bei Gott, er kommt aus den Tiefen, um uns Arbeit zu geben. Er ist Gottes Vorsehung, und wir erfüllen Gottes Wunsch, sobald der Wal die Fontäne zeigt. Und wenn ein Wal sich nicht fügt, dann ist er nicht Gottes Wal, dann ist er der Wal des Teufels, auch wenn er wirklich weiß sein sollte! Dann ist nicht *Ahab* der Teufel, dann ist es der Wal! Dann ist *Ahab* der Teufelsjäger, der Gottes Walherde Ruhe stiften soll! Schweige also von *Moby-Dick*, er ist der Teufel, Junge, der Teufel! – Schweig, Junge! – Schweig!«

Offener Mund, aufgerissene Augen, Stirnhaut in Falten, so starrte Tommy *Güni* an, den er für einfältig gehalten hatte: »*Güni*, bist du der Pfarrer an Bord?«

Er spürte, wie der Mann sich verkrampfte, er schrie fast vor Schmerz auf, als sich *Günis* Hand wie eine Schraubzwinge um seinen Oberarm legte.

Der Mann sprach: »Wir aber werden Schweiß abgeben, nach Wal stinkenden, ehrlichen und tausend Jahre alten Schweiß! Denn der Wal zeigt die Fontäne, und das hätte dieses schlaue Tier schon vor Millionen von Jahren abstellen können, wenn es seine Bestimmung gewesen wäre! – Und nun, dummer Junge, komme mir nie wieder mit Mitleid! So ein edles und starkes Tier wie der Wal, das braucht kein Mitleid. Du beleidigst ihn mit deinem Mitleid. Und uns! Nie wieder, hörst du, zeige an Bord eines Walfängers nie wieder Mitleid! Sonst gibt's was auf die Fresse nach der Messe, und da mache ich keinen Witz. – Hör auf zu lachen! Hör auf! Du blöder Bengel!«

Aber Tommy konnte nicht aufhören, glaubte er sich doch plötzlich im falschen Epos. Wer war dieser Aushilfsmatrose *Güni Sowieso*? Hysterisch lachte *Doppelbläser*, weil er sich Luft machen musste. Er meinte, in der Nähe des fanatischen Alten ersticken zu müssen. Tommy lachte, kicherte, krümmte sich und schwieg erst, als der Mann ihn mehrmals ohrfeigte: »Hör auf, *Doppelbläser*!«

Grinsend atmete Tommy durch und hielt *Güni* zurück, der weitergehen wollte: »Nicht Mitleid! Respekt, Respekt vor einem Finnwal, der fünf Tode überlebt hat! Aus Respekt sollten wir ihn gehen lassen, alter Mann!«

Der Mann befreite sich aus Tommys Griff, was ihm nur allzu leicht fiel, und stieß seinen Atem höhnisch aus: »Respekt? Respekt hat nur der Unterlegene!«

»Ja, eben!«

»Wir sind aber nicht unterlegen!«, schrie *Güni* plötzlich mit aller Kraft: »Wir sind die Krieger eines Gottes!«

»Du armer Irrer!«

Güni antwortete nichts mehr. Er ballte die Hand und schlug zu. Tommy duckte sich, konnte dem Schlag aber nicht ganz ausweichen. Er spürte, wie ihm das Kinn brannte, drehte sich um sich selbst und versetzte dem Mann einen Hieb in die Hüfte. *Güni* krümmte sich, richtete sich wütend auf und wollte beide Fäuste gerade als Hammer auf Tommys Schädel fallen lassen, als ihn der Chefharpunier zur Seite schubste und Tommy wegstieß. Der *Baske* stellte sich zwischen die Kämpfenden und drückte sie mit den Händen an den Hälsen weg. Er sagte kein Wort. Keiner sagte ein Wort. Einen Moment lang standen sie so da, der *Baske* behielt beide im Blick, ehe *Güni* sich aus dem Griff befreite und sich wie ein wütender Hund trollte.

Tommys Decknachbar sagte nichts, er fragte nichts. Er schüttelte nur den Kopf und grinste dann.

Sie gingen in die Messe, wo auch schon *Güni* war, um einen Pfefferminztee zu trinken. Der *Baske* winkte ihn zu sich, widerwillig kam der Mann zu ihnen.

»Wut ist in Ordnung, Zorn ist in Ordnung«, sagte der *Baske*: »Weil beides schnell verraucht. Aber Hass ist nicht in Ordnung, weil er bleibt. Daher will ich nur eines wissen, weil wir hier an Bord alle voneinander abhängig sind: War es Hass?«

Sofort schüttelte *Doppelbläser* den Kopf und ein wenig später auch *Güni*.

Nach der Aufforderung des *Basken* gaben sie sich die Hände, wobei Tommys in der von *Güni* zu verschwinden schien. Der Harpunier forderte beide auf, sich hinzusetzen und zuzuhören: »Mein Volk erzählt sich folgende Geschichte. Es ist eine junge Geschichte, auch wenn das Volk der Basken die ersten Waljäger der westlichen Welt hervorgebracht hat. – Es gibt im Süden des Atlantiks die Dominikanermöwen. Hört zu! Diese Dominikanermöwen haben sich das Verhalten der Menschen abgeschaut. Haben sie früher nur abgerissene Hautstücke aus der See gefischt, die die Walfänger übriggelassen haben, so fallen sie heute im Sturzflug über die auftauchenden Wale her und reißen ihnen Stücke der Haut ab. Sie picken sich Hautfetzen ab, und diesen riesigen Fleischbergen bleibt nichts anderes übrig, als sich vor Schmerz im Wasser zu drehen. Die Wale verbringen heutzutage vierundzwanzig Prozent ihrer Tagestätigkeit damit, diese neuen Todfeinde abzuwehren, die immer schon da sind, wenn die Wale auftauchen müssen. Gegen die Angriffsstrategien der Dominikanermöwen sind die Verteidigungsstrategien der Wale ungeeignet. Die Möwen haben sich über Jahrhunderte hinweg angeschaut, wie die Menschen die Wale erlegten, und sind dann selbst zum Angriff übergegangen. – Wir haben die Dominikanermöwen angelernt! Wir waren das!«

»Und?«, fragte Tommy, weil der *Baske* plötzlich schwieg.

»Und, und, und!«, äffte *Güni* nach: »Die weißen Vögel der See sind auch nicht das, was sie vorgeben zu sein. Sie sind gerissen. Sie sind rabenschwarz! Wie wir!«

»Genau!«, sagte der *Baske*, sichtlich zufrieden: »Auch sie sind nicht, was sie sind! Niemand ist, was er ist. – Respekt ist Heuchelei. Rabenschwarze Möwenschreie!«

»Ihr seid mir schon so Poeten, ihr Proleten!«, sagte der Auszubildende, stand auf und ließ die Älteren allein, die sich zur Back umdrehten und ihn ziehen ließen.

Auf halbem Weg kehrte *Doppelbläser* jedoch um, blieb vor den beiden Männern stehen, die sich nicht umdrehten, und sagte mit der ganzen Härte seiner achtzehn Jahre: »Vor ein paar Monaten. Ich bekomm gerade meinen Führerschein. Renne damit herum und überlege mir, ihn in einer Folie um den Hals zu tragen. Abends arbeite ich als Kartenabreißer im Kino. Während der Vorstellung bin ich dann los, um für alle was von *McDoof* zu kaufen. Mit dem Fahrrad, war nagelneu. Das Geld fürs erste Auto war noch nicht ganz zusammen. Nagelneues Fahrrad, aber ohne Licht. Wer braucht schon Licht in der Stadt, in der er zu Hause ist? Ich bin die Hauptstraße lang, auf dem Fahrradweg. Nur drei oder vier Querstraßen, dann bin ich da, wäre ich da, wäre ich da gewesen! Rums! Es rumst. Von rechts ein verdammtes Auto, mein Vorderreifen kickt gegen den hinteren Kotflügel! Die Hamburger fliegen, ich fliege, ich denke ›cool‹, das Rad fliegt. Und noch mal rumst es, ich bin gelandet! Gebrochen habe ich mir nichts, das Rad ist demoliert. Im Auto so ein alter Sack, der rauskommt, ich denke aber nur an meinen nagelneuen Führerschein. Der wäre ja weg! Auf Probe hab ich ihn doch nur. Scheiß Probe! Der Mann kümmert sich um mich und meint, er müsse die Polizei benachrichtigen. Shit! Keine Bullen! Ich streiche die langen, blonden Haare zur Seite und fange auf der Stelle an zu heulen. Vom Fleck weg! Ich heule, ich heule, ich heule um mein Leben. Um meinen Führerschein! Der arme, alte Sack ist geschockt und hält inne. Ich frage, ob mein Vater das mit dem Blechschaden nicht regeln könne, dessen Versicherung übernehme, versprochen! Es seien doch nur drei Kratzer, der Lack sei doch schnell wieder drüber! Er denkt nach, und ich wittere meine Chance. Er will auch keine Bullen vor Ort! Meine Chance, ich heule noch einmal richtig los! Er nickt. Ich gebe ihm meinen *Perso*, Personalausweis, *Güni*! Glück! Sein Auto nur ein paar Kratzer, mein Fahrrad eh noch Garantie, im Grunde wollen wir beide keinen Ärger. Und Bürokraten machen immer Ärger! Immer!«

»Stimmt!«, meinte der *Baske*.

»Jawohl! Ist ihr verdammter Job«, pflichtete *Güni* bei: »Ärger zu machen, dafür werden sie bezahlt!«

Tommy nickte zwar gelassen, doch er wusste gar nicht, warum er diese Geschichte überhaupt erzählte. Er redete jedoch weiter, obwohl er ein ungutes Gefühl verspürte, das er sich nicht erklären konnte: »Im Kino sag ich also, mir hat einer die Vorfahrt genommen. Dafür kriege ich noch bezahlten Urlaub für zwei Tage! Mein Chef bringt mich persönlich ins Krankenhaus, erschrocken über mein verbeultes Gesicht!«

»Und?« Der *Baske* drehte sich halb zu ihm um.

»Ja, und?« *Güni* drehte sich ganz um.

Er runzelte langsam die Stirn. Er verstand, was er da gehört hatte, und Tommy begriff plötzlich, er hatte einen großen Fehler gemacht. Was hatte er da bloß erzählt? Und warum?

»Und, und, und, *Güni*!«, versuchte *Doppelbläser*, sich zu retten: »Es gibt immer mehrere Wege, aber es gibt nur einen Standpunkt, *Güni*! Darum geht's doch! Der Horizont ist vom eigenen Standpunkt aus immer zwischen zwanzig und fünfundzwanzig Kilometer weit weg, egal, wo man sich auf See gerade befindet. Darum geht's doch! Genau darum!«

»Schwätzer!«, sagte der *Baske* und drehte sich wieder zur Back. Er schüttelte den Kopf und sah nach unten.

»Hosenscheißer!«, sagte *Güni*.

»Niemand ist, was er ist! Habt ihr doch gesagt! Und ja, es stimmt!«, sagte Tommy nervös. Er wurde rot, als *Güni* bedächtig sagte: »Heulen wie ein Weib? Ist das deine Masche? Willst du etwa so durchs Leben kommen?«

»Jeder muss überleben, wie er kann!«, sagte der *Baske*: »Anders geht es nicht. – Und zur Not kannst du immer noch betteln gehen. Ist doch klar.«

Güni schüttelte den Kopf und sah Tommy fest in die Augen: »Heul uns bloß nie was vor! Heult wie ein Weib! Und will damit noch angeben! Was sind das nur für Männer von morgen? Was ziehen unsere Frauen da bloß heran?«

»Alles ändert sich«, sagte Tommy leise. Er bereute jetzt schon, der Situation unterlegen gewesen zu sein. Jede andere Geschichte! Warum hatte er auf ihre Geschichten ausgerechnet mit dieser antworten müssen? Was war da nur in ihn gefahren. Für nichts! Der ganze gute Ruf dahin! Er drehte sich um und ging schnell zum Schott, als er den *Basken* rufen hörte. Tommy blieb stehen und wartete.

»Hat der Typ sich gemeldet, wegen dem Lack?«, fragte der *Baske* hinter der Schulter hervor.

»Nö!«

»Und das Fahrrad? Versicherung? Diebstahl?«

»Yepp!«

»Dann ist die Strategie ja aufgegangen. Auch wenn ich es nicht verstehe«, meinte der Chefharpunier: »Auf Mitleid machen, das hatte früher nichts mit Männern zu tun! Gar nichts! Es ändert sich an Land wohl wirklich was! Wird Zeit, dass wir uns mal wieder um unsere Söhne kümmern, was, *Güni*?«

Der Aushilfsmatrose nickte nachdenklich, ehe er antwortete: »Wäre vielleicht nicht die schlechteste Idee, mal eine Fangzeit zu Hause zu bleiben. – Soll einer verstehen! – ›Jeder, wie er will – und alle, wie sie müssen!‹ Oder was?«

Er sah Tommy ernst an, der aber nur nickte und machte, dass er aus der Messe kam. Verdammtes Gelaber! Wie hatte er sich nur hinreißen lassen können? Nur, weil die was aus ihrem Leben erzählt hatten! ›Fick die Henne und töte den Hahn! Peinlich!‹, dachte er: ›Die sind doch das Prügeln gewöhnt, und ich erzähle ihnen was vom Abheulen! Na klar, die leben doch noch im letzten Jahrhundert und kapieren gar nicht, was abgeht! Und ich stehe da und will ganz cool sein. Oh Mann, hoffentlich haben die Typen ein kurzes Gedächtnis.‹

Er ging freiwillig zum Bug, öffnete die Luke und arbeitete weiter daran, die Vorlast aufzuklaren. Der Sturm flaute ab, viel seltener flogen die Metallgegenstände und die vielen Bündel Tampen und Seile durch den Raum. Tommy arbeitete hart, räumte Stück um Stück die lange, schmale und dunkle Last auf. Ihn kümmerte der Seegang nicht, der immer weniger wurde. Ihn machte nur die Stille nervös. Die letzten Wale waren verarbeitet, aber kein Ruf von der Brücke: ›Walschule in Sicht!‹ Und kein Ruf vom Ausguck: ›Da bläst er!‹

Waren die Vorgaben erfüllt? Durften sie nicht weiter verölen? Er war wütend, in diesem Augenblick war er auf die

Fangquote oder auf irgendetwas anderes wütend. Tommy sah sich um, fand aber keine Unordnung mehr und fluchte auf sich selbst, zu schnell gewesen zu sein. Arbeit musste man sich einteilen, wenn sie reichen sollte.

Er stieg nach oben, verschloss die Luke wieder und ging ins Deck, wo er seine Schulsachen auspackte und einige der Berichte für die theoretischen Ausbilder schrieb. Die letzten Eintragungen in das Ausbildungsbuch waren von vor zehn Tagen. Er füllte die Spalten aus, setzte hier und da eine Anmerkung, um später alles vom *Sir* gegenzeichnen zu lassen.

Danach blätterte er das schmale Buch durch, kam auf vierundzwanzig Tage Seefahrt und konnte darüber schon wieder lächeln. Die anderen Azubis in seiner Klasse waren noch nicht volljährig, die saßen noch im Trockenunterricht fest, aber er hatte schon vierundzwanzig Tage Walfang auf dem Buckel!

Was kümmerten ihn da die blöden Proleten hier? Die war er in ein paar Tagen sowieso los! Das Buch hier, die Unterschriften des *Sirs*, der jeden Tag gegenzeichnen musste, das war doch sein wahres Gold! Das war doch, was blieb!

Und er hatte, wer hätte das gedacht, auf der *Rimbaud* die Liebe gefunden, die erste. Luise! Eine ausgebildete Kampfschwimmerin, die das Fangschiff vor *Greenpeace* bewachte; nicht schlecht, Herr Specht. War er hier nicht gleich zwei Mal zum Mann geworden? Er hatte die Härte des schwersten Jobs der Welt überstanden, und er hatte die Weiche der liebsten Frau dieser Welt erfahren, ganz recht, er war schon so ein *Doppelbläser*, verdammt noch mal!

Der Spitzname passte doch! Was als Verarschung gedacht gewesen war, hatte er in eine Belobigung umgewandelt. So veränderte man eben die Welt! Man tauschte die Vorzeichen ganz einfach aus.

Zeit war etwas, das man anderen stahl und das man selbst nicht aus der Hand gab!

Tommy freute sich zum ersten Mal auf die Heimkehr und legte das Ausbildungsbuch wieder in den Spind. Die Gesichter der Mitschüler und der Clique. Und das Gesicht des Vaters! Versonnen grinste er und musste zweimal hinhören, ehe er richtig verstand: »Da bläst er!«

Erleichtert, wie wohl alle Männer an Bord, seufzte er auf und zog sich die Arbeitsklamotten an. Als er schon fast fertig war, kam der *Baske* herein, und Tommy konnte es nicht unterdrücken, er musste des *Basken* Worte einfach sagen: »Beeil dich, Mann, mach hin!«

Der Chefharpunier sah ihn erstaunt an, ehe er sagte: »Auf den letzten Metern noch frech werden?«

Dann gab er dem Jungen einen freundschaftlichen Schlag auf die Schulter: »Mir ist egal, was du an Land treibst! Nur was du hier tust, das zählt! Und was du hier tust, das kann sich sehen lassen! Du *halber Hahn*, du!«

Tommy nickte und sagte: »*Doppelter Hahn*, bitte schön! Wenn schon, denn schon!«

Er half dem Decknachbarn und zweitmächtigsten Mann an Bord, sich arbeitsfein zu machen. Zusammen bekamen sie die vielen Druckknöpfe schnell zu.

»Noch acht Wale, dann ist mal wieder Feierabend!«, sagte der *Baske*: »Dann geht's heimwärts!«

›Acht Wale á vierzig Minuten‹, rechnete der Junge: »Nicht mal mehr ein Arbeitstag, was? Da können wir es ja langsam angehen lassen? Oder?«

»Machen wir auch«, sagte *Güni*, auf dem Flensdeck stehend: »Nur noch zwei Wale pro Tag, wobei wir schon wieder Richtung Spitzbergen schippern. – Du hast deinen ersten Törn bald überstanden, fünf Tage, schätze ich, du *Doppelbläser*, du!«

»Du, *Güni*, eines wollte ich dich noch fragen«, überwand Tommy sich: »Kannst du meine Geschichte vergessen? Sie war saublöd? Das muss wohl an dem ewigen Seegang liegen, dass man sich solche Sachen ausdenkt.«

»Ausdenkt?«

»Ja, klar! Was dachtest du denn? Dass ich wirklich? Mann, ich habe doch gar keine Fahrerlaubnis«, sagte Tommy, grinste, aber nicht sehr überzeugend.

Güni blieb skeptisch, als er sagte: »Na ja, ist ja eh deine Sache, was kümmert mich das Geschwätz von daheim.«

»Danke, alter *Haudegen*! Du bist doch in Ordnung. Weißt du, mein Vater sagt immer, lasse jedem seinen Glauben, dann wird die Welt schon nicht untergehen. Dann ist dieser *Ahab* für dich eben ein Missionar und Teufelsjäger, und der weiße Wal ist für dich eben ein Teufel! Ist in Ordnung für mich, wollte ich dir nur noch mal sagen. Solange du mich nicht missionieren willst.«

»Nicht, dass mich deine Meinung interessiert. Interessiert mich überhaupt nicht, aber trotzdem: Danke! So, und nun lass uns diesen Burschen da mal verölen!«

Es war ein langsames Arbeiten. Der Wind war eingeschlafen. Gemächlich tuckerte die *Rimbaud* Richtung Südost. Die Männer spürten plötzlich all die Wehwehchen, die sie in den letzten Tagen verdrängt hatten. Erfrierungen, Quetschungen, Verstauchungen, und einigen Männern kam es so vor, als wäre auch die Müdigkeit eine Krankheit, die sie befallen hatte. Ununterbrochen tränten ihnen die Augen beim Zerfetzen der letzten Tierleichen. Sie hieben und stießen, und es gab sogar einige, die sich erlaubten zu ächzen. Der erste der letzten acht Wale war so gut wie verölt, als *Sir* auf die Brücke kam und sich das müde Treiben einen Moment lang ansah, ehe er zum Megaphon griff: »*Doppelbläser!* – Auf die Brücke!«

Tommy ließ erschrocken den Flensspaten fallen, richtete

sich auf, sah ungläubig nach oben, wo der Kapitän ihm zunickte. Der Bootsjunge nahm den Deckspaten, brachte ihn zum Metallspind, der sich an der Heckwand des Decksaufbaus befand, und stieg wenig später die Nocktreppe hoch.

Er riss das Schott auf, schrie viel zu laut: »Auf die Brücke! – Auszubildender Rahr!«

Er blieb im Raum stehen und wartete, bis *Sir* sich zu ihm umdrehte. Der Mann bedeutete ihm, ihm in die *Rimbaudnische* zu folgen, und deutete dort aufs Sofa.

»Mein Junge«, schlug der Kapitän einen väterlichen Ton an, der Tommy sofort misstrauisch machte: »Du hast dich geprügelt? Warum? Lag ein Grund vor?«

Einen Augenblick lang war er geneigt, dem uneingeschränkten Herrscher die Wahrheit zu sagen, doch dann erinnerte er sich an die Worte, die ihm der Vater mitgegeben hatte. Tommy schüttelte den Kopf.

»Antworte!«, befahl *Sir.*

»Nein, *Sir,* ich habe mich nicht geprügelt. Da müssen Sie falsch informiert sein.«

»Ich bin bestens informiert! Das ist schließlich mein Schiff, Junge, also? Ich warte!«

»Nein, *Sir.* Ich habe mich nicht geprügelt.«

»Ich dulde auf meinem Schiff keine Disziplinlosigkeit, da bin ich verdammt altmodisch!«

»*Sir,* das freut mich zu hören, *Sir*!«

»Du willst deine Kollegen also nicht anschwärzen? Sie haben dir Unrecht getan! Wehre dich, verrate mir die Namen!«

»*Sir,* da bin ich verdammt altmodisch, bei allem Respekt, *Sir,* Verrat geht gar nicht.«

Und nun musste der Kapitän dem Bootsjungen doch schnell den Rücken zuwenden, weil er lächeln musste. Er befahl dem Steuernden, drei Grad backbord.

»Drei Grad backbord, verstanden, *Sir*!«, kam es aus dem Brückenhaus, während *Sir* sich wieder umdrehte. Er sagte, *Doppelbläser* solle sich noch einmal überlegen, welche Antwort er geben wolle. Er sei seinem Kapitän unbedingte Treue schuldig. Und Aufrichtigkeit! Also Wahrheit!

Tommy zögerte, hielt sich jedoch an die Worte seines Vater, der vor langer Zeit zur See gefahren war: ›Wahrheit entsteht aus der Summe aller ehrlichen Stimmen. Es ist daher eine Unmöglichkeit. Der spreche den ersten Schwur, der noch nie gelogen!‹

Er sagte: »*Sir*, es gab keine Auseinandersetzung körperlicher Art.«

»Also sprachlicher?«

»Ein bisschen, aber nichts Schlimmes, *Sir*! Eben so Gerede halt!«

»Wie auch immer! Du bist für den Rest der Fahrt vom Dienst freigestellt!«

»Aber *Sir*, das können Sie doch nicht machen!«

»Und ob! – Du wirst deine Ausbildungshefte auf Vordermann bringen und sie mir bis zum Vorabend der Hafeneinfahrt in die Kammer legen. Solltest du Freizeit haben, so stürze dich in die Theorie. Ich werde dich abfragen. – Eines sollen deine Ausbilder an der Berufsschule in Glücksburg wissen: Auf der *Rimbaud* kennt man sich auch im Theoretischen sehr gut aus! Verstanden? Abmarsch, jetzt!«

Der Junge nickte und stand auf. Der Mann zeigte zur Tür und wartete, bis Tommy sie von außen geschlossen hatte, ehe er zum Steuernden sagte: »Sehr guter Mann!«

»Ja, *Sir*!«

»Ich dachte schon, er wird *Bordschwein* und verrät mir die Namen von *Güni* und dem *Basken*.«

»Ich nicht, *Sir*. – Er ist der Sohn eines Seemanns!«

»Ja, stimmt! – Aber beide sind Bayern!«

»Dafür kann doch keiner was, wo einer herkommt. Wichtig ist nur, wo er hinwill! – Sogar Bayern können sich unterordnen, ab und zu!«, sagte der Steuernde: »*Sir!*«

»Kann sein! – Wie man an dir sieht.«

»*Sir*, Mannheim ist doch nicht …«

»Mannheim ist jetzt egal, verstanden? – Neuer Kurs! – Drei Grad steuerbord!«

»Verstanden! – Drei Grad steuerbord! *Sir*«, sagte der Steuernde, während Tommy den Längsgang entlang schlich, das Schott zu seinem Deck aufmachte, hineinging und über die Stille verwundert war, die ihn erfasste.

Er hatte es geschafft! Die Arbeit war tatsächlich erledigt! Er brauchte nicht mehr raus. Die paar Wale schafften die anderen Männer schon allein. Die anderen Männer, Tommy grinste; Männer wie er halt!

Er zog sich das Ölzeug aus, den *Norweger*, die Arbeitshose, das dicke Unterhemd und die wollene Unterhose, die drei Paar Socken fielen auf den Boden, und schließlich saß Tommy nur mit einem Slip bekleidet auf dem kleinen, quadratischen Tisch und musterte stolz die vielen Verletzungen, die sich auf seinem Körper fanden. Blaue Flecken waren lila geworden, andere Flecken wurden gerade erst blau. Rote Schrammen, vernarbte Schrammen und sogar ein flacher Einstich im linken Oberschenkel. Der Nagel des linken, großen Zehs war ganz schwarz, aber wie das gekommen war? Er wusste es nicht mehr. Er wusste nicht einmal mehr, wann er sich die Füße überhaupt zum letzten Mal angeschaut hatte.

Tommy stand auf, schlüpfte in die Badelatschen und schlurfte zum Gemeinschaftssanitär, das jetzt leer war. Der Junge stand vor dem großen, halbblinden Spiegel und musterte seinen mageren Körper. So viele Narben! Und immer noch so wenige Muskeln. Obwohl die Oberarme und die Oberschenkel schon dicker geworden waren. Das konnte man leicht auf den ersten Blick sehen! Er spannte die Muskeln an, entspannte sie wieder, um sie erneut anzuspannen. Fasziniert sah er dem Spiel seiner Muskeln zu. Das hatte er ja noch nie gesehen. Es erfüllte ihn mit einigem Stolz. Er musste lächeln, drehte sich halb und versuchte Posen, die er im Fernseher gesehen hatte. Sogar die Pobacke sprang hoch; ein wenig.

›Herrn Schwarzeneggers Abziehbild‹, dachte er, und sah sich noch einmal im Raum um, der sonst immer überfüllt war. Der Raum, in dem stets solch eine Hektik geherrscht hatte. Vor der Arbeit, nach der Arbeit, man hatte nicht mal genug Zeit gehabt, sich ordentlich auszuscheißen, aber so war das eben! Tommy nickte, ging in eine der Kabinen, verschloss sie, setzte sich und pfiff eine Weile vor sich hin. Er ritzte ein ›DB war hier‹ ins Holz der Tür und wollte schon ein ›DB + L‹ hinzufügen, unterließ es dann aber. Er stand auf und verließ die Kabine wieder, ohne gespült zu haben. Trotzdem wusch er sich die Hände, fuhr sich mit den nassen Fingern durch die blonden Haare, die vorne jetzt von links sogar bis zum rechten Wangenknochen reichten, und verließ die Nasszelle wieder.

Er schrak zusammen, als auf dem Längsgang plötzlich Luise vor ihm stand. Sie sah müde aus, erschöpft und durchgefroren. Er nahm sie sofort in den Arm. Sie sagten kein Wort und hielten einander fest.

Sie küssten sich leidenschaftlich. Lange.

Luise kam gerade von ihrem Dienst und wollte ihren Freund, von dem sie in den letzten Tagen nicht viel gehabt hatte, nicht mehr loslassen. Sie wurde schwach, was ihr so recht noch nie passiert war. Sie zitterte. Plötzlich hatte er vor ihr gestanden, halbnackt und wie ein Engel. Sie presste ihn wieder an sich, unfähig, etwas zu sagen. Doch Tommy verstand. Er ging mit ihr zu seinem Deck und verriegelte wenig später das Schott von innen, was streng verboten war, doch Luise hatte einen anderen Plan gefasst. Lächelnd öffnete sie die Tür wieder, zog Tommy auf den Flur und ging mit ihm in den Sanitärraum, der immer noch leer war. Sie öffnete die Hähne einer Dusche, schubste den Jungen in die Kabine und ließ alle Kleidung von sich abfallen.

Tommy schrie und fluchte, bis er die richtige Temperatur gefunden hatte. Luise drängte sich unter die Dusche, zog die Schiebetür zu und küsste Tommy wild aufs Gesicht. Die langen, blonden Haare klebten ihm an der Haut, Luise strich sie weg, seine Hände glitten über ihren Rücken und Po, und als sie in die Knie ging und die Eichel küsste, da sagte er gepeinigt: »Lieber nicht!«

Er kämpfte noch Sekundenbruchteile gegen die warmen, weichen, gegen die saugenden Lippen an, doch dann ließ er die Hände auf ihrem Kopf, drückte das Gesicht an die Hüfte und warf den eigenen Kopf in den Nacken, während er sich ergoss. Sie schluckte, er stöhnte, und massierte seine Pobacke. Er stieß einige Mal nach, doch dann gab er ihren Kopf frei und genoss Luises Küsse auf seinem Bauch, seiner Brust, seinem Hals.

Sie drang mit der Zunge in seinen Mund ein, und Tommy schmeckte plötzlich den eigenen Samen, und ihm war nicht klar, wie er das finden sollte. Er spürte, wie sie immer mehr Sperma in ihn hinein schob, gab den Widerstand aber auf und schluckte.

›Eigenartig‹, dachte er, doch dann drückte er Luise gegen die nassen Kacheln und griff mit beiden Händen nach den Brüsten, die er hart massierte. Luise stöhnte und biss ihm ins Ohrläppchen, als er die linke Hand zwischen ihre offenen Schenkel schob und mit den Fingerkuppen über die Schamlippen tastete. Drei Finger hatte er zwischen die Lippen geschoben, als Luise lauter stöhnte. Er hielt ihr mit der freien Hand den Mund zu, drückte ihren Kopf dabei gegen die Kacheln und leckte, saugte und biss an den steifen Warzen herum, die auf ihren Brüsten thronten.

Er streichelte Luise von innen. Er streichelte alles, was er erreichen konnte, es war ein Tasten, ein Suchen. Seine Finger füllten die Vulva aus, sie waren überall, Luise wurde fast wahnsinnig. Sie stieß mit dem Unterkörper gegen seine Hand, sie kreiste mit ihm um die Hand, Tommy leckte sie zwischen den Brüsten, nahm ihr die Hand vom Mund und hörte fasziniert ihrem Stöhnen zu, das er mit den Fingern steuerte. Er dirigierte eine Sirene, und grinsend schrieb er neben ihren Kopf auf eine der nassen Kacheln: ›DB + LR = SEX!!!‹

Tommy küsste sie wild und männlich, streichelte das Heiße, das Klebrige, das Fleischige, zog die Finger heraus, strich über die unteren Lippen und hatte die Finger schon wieder in ihr. Luise schrie schon fast, aber noch immer suchte Tommy tastend.

Noch hatte er es nicht ganz gefunden. Er glaubte sich dicht vor dem Ziel, ganz dicht, und auf einmal hatte er etwas unsagbar Zartes und Knubbliges zwischen Zeige- und Mittelfinger; doch schon war es wieder weg.

Er gab nicht auf, wusste jetzt, wie sich das Gesuchte anfühlte, und als er es erneut gefunden hatte, gab ihm Luises hemmungsloses Quieken-Stöhnen-Keuchen Recht.

Grinsend behielt Tommy es diesmal zwischen den Fingern und sah dem Erzittern ihres herrlichen und explodierenden Leibes fasziniert zu; ganz klar, ein Wal im Todeskampf.

Luise röhrte ein Keuchen-Stöhnen-Quieken, sie umklammerte mit beiden Händen seinen dünnen Unterarm. Für Sekunden wunderte sie sich über das ruhige Grinsen in seinem Gesicht, fast erhaben war es, dann rutschte sie mit dem Hintern an den Kacheln hoch und runter, sich mit seiner Hand, deren vierten Finger sie sich jetzt auch einverleibt hatte, befriedigend. Endlich!

Ein neuer Schauer durchfuhr sie, wieder überschwemmte die Vulva, Luise ertrank aus sich selbst heraus, sie schien in Auflösung begriffen, sie war die See, die alles verschlang. Aus der Mitte heraus kochte sie an der Hand des Liebsten über; so herrlich über!

Sie hörte nichts mehr, sah nichts mehr, existierte nur noch als überflutende und überkochende See; weit und breit, erleichtert, keine Arche in Sicht zu haben.

Tommy kämpfte tapfer gegen die Pein an, um dem Sirenengesang weiter zu lauschen, er durchlitt Höllenqualen, so lange er konnte, und brachte in ihrem Seufzen ein Bitten nicht unter. Sie hörte seine Qual nicht. Luise sah seine vor Schmerz schreienden Augen nicht; ganz klar, er hätte sich an den Mast binden lassen sollen.

Sie merkte auch nicht, dass sein Schwanz, an den sie sich klammerte, erneut alle Härte verlor. Der Jungmann biss sich die Unterlippe blutig, doch schließlich wurde der Schmerz in seinem verrenkten Handgelenk, den Luise durch die reitenden Bewegungen ihrer Hüfte immer wieder auslöste, zu groß; es knackte und er wusste sich nicht anders zu helfen, als das heiße Wasser ganz ab- und den Kaltwasserhahn noch ein Stück weiter aufzudrehen.

Teil 4

Wieder hatte es am Flughafen von Mailand während des Umsteigens Probleme mit dem Seesack gegeben, aber Robert Rösch hatte als Antwort auf die nervösen Aufforderungen des Sicherheitspersonals nur mit den Schultern gezuckt und gemeint, es gebe Menschen, die sich verstecken, und es gebe Menschen, die das nicht können. So einfach sei das.

Die Italiener hatten den Deutschen nicht verstanden, sie hatten nachgehakt, doch Robert hatte nur müde gelächelt und bedauernd auf die Uhr gesehen. So sei das nun einmal mit einem Seesack, er habe metallene Ösen, durch die ein eisernes Schloss gesteckt werde. Und nur wenn das Bügelschloss durch alle Ösen gefädelt sei, sei der Sack auch wirklich verschlossen, bequemte Robert sich schließlich, auf Englisch zu antworten. Immer das Gleiche.

Die Italiener sahen sich kurz an und telefonierten.

Er solle einen Strick um die Öffnung binden. Er solle einen guten Seemannsknoten schlagen, er sei doch Seemann, oder etwa nicht?

Robert Rösch nickte, schüttelte dann aber den Kopf und sah erneut zur Hallenuhr. Er könne mit so einem runden Bügelschloss keinen Menschen erstechen. Erwürgen gehe auch nicht. Erschießen auch nicht. Er könne damit noch nicht einmal drohen.

Ob er die Repräsentanten des italienischen Staates auf die Schippe nehmen wolle?

Worauf?

Auf die Schippe.

Welche Schippe?

Er verstehe schon!

Es komme kaum darauf an, ob er verstehe. Die Repräsentanten des italienischen Staates seien es, die begreifen müssten.

Daraufhin kippten sie den Inhalt des Seesackes noch einmal aus, wühlten darin halbherzig herum und bedeuteten ihm, er solle zusammenpacken.

Sie winkten ihn durch, und Robert stieg ins Flugzeug, um nach Aden zu fliegen. Wie vereinbart warteten *uralter Richard* und *Opernsänger* in der klimatisierten Halle des Flugplatzes auf ihn. Schweigend hielten sie ihm zur Begrüßung eine eiskalte Dose Exportbier hin. Er führte sie an die Lippen, merkte aber, dass sie noch nicht geöffnet war. *Uralter Richard* nahm sie ihm ab, riss die Lasche kopfschüttelnd auf und fragte: »Hat Mathilde dir ordentlich eingeheizt, oder? Bist ordentlich durch den Wind!«

Robert trank auf ex, knüllte die Büchse mit einer Hand zusammen und warf sie zu einer Pütz. Ein Wurf, der auch nicht glückte. *Uralter Richard* winkte nur ab. Dann sagte er aber doch: »Lass das Gequatsche deiner Frau besser hier!«

»Geht nicht«, sagte Robert: »Diesmal ist es anders. Ich werde euch mal um Rat fragen. Bei Gelegenheit.«

Opernsänger nickte: »Gut, bei Gelegenheit. Ich bin aber kein Experte in Sachen Scheidungsrecht. Ich weiß nur, man muss die wertvollen Gegenstände zuerst in ein Auto packen, das Auto zu Schrott fahren, die Gegenstände natürlich vorher herausnehmen und verstecken, und dann soll man sich erst mit dem Scheidungsantrag befassen.«

»Danke für den Tipp, es geht aber um etwas anderes.«

Sie standen vor der Flughafenhalle und winkten ein Taxi heran. Wenig später fuhren sie zum Liegeort des Trawlers *Saudade*, und wieder war es der alte Mann, der erleichtert seufzte, als er sein uraltes Heimatschiff sah.

Er seufzte und stieg noch vor den jüngeren Männern die steile Gangway hoch.

Sie grüßten die Kollegen, die den Eingang zum Schiff bewachten, und ließen die Seesäcke erst einmal fallen. Wie bei jeder Ankunft gingen sie zur gegenüberliegenden Reling und umfassten die Metallstange, um aufs brackige Wasser zu schauen. Im Hafen herrschte ein Gewirr von Pirogen, Dschunken und anderen Einmastseglern, deren Mannschaften um Plätze an den wenigen Piers stritten. Flüche, Beschwörungen und Verwünschungen wurden gebrüllt, alle Fischer hatten es eilig, ihren Fang in eines der Kühlhäuser der großen Fabriken zu bringen, die sich direkt am Hafen befanden.

Doch nach knapp einer halben Stunde herrschte Stille im Hafenbecken von Aden. Verlassen lagen die kleinen Schiffe und die Boote an den Leinen. Auf ihnen trockneten Netze und leere Holzkisten, und Robert rang der Küstenfischerei bei diesem Anblick zum ersten Mal etwas Positives ab: Noch keine zehn Uhr und schon war die Arbeit erledigt! Er sah zum Horizont und holte sich viel von der Luft, die die Lunge zum Schwitzen zu bringen schien.

Auch *Opernsänger* hielt die Luft lange an, ehe er wieder ausatmete. Mit dem Einatmen nahm er erneut den süßlichsauren Geruch der grauen Schutzfarbe auf, mit der der Anstrich des Schiffes wie bei jeder Hafenphase ausgebessert worden war. Einer Farbe, die bei intensiver Sonneneinstrahlung stets wie Klebstoff stank. Und deren Geruch auch so wirkte. Er drang ins Hirn, verursachte Kopfschmerzen und Übelkeit, aber auch ein Trägheitsgefühl, das schnell in eine Zufriedenheit mündete.

Süchtig nach dieser Zufriedenheit war *Opernsänger* schon vor Jahren geworden, als er auf einer Fregatte der Kriegsmarine seinen Wehrdienst ableistete, und noch heute fragte er sich manchmal, ob die Erfinder dieses Lacks das alles genauso geplant hatten. Ob die Seeleute so manipuliert wurden? Wurde ihnen so etwas vorgegaukelt, was gar nicht da war? Der Anstrich als Teil der Heuer? *Opernsänger* grinste und atmete erneut hörbar ein.

Er wusste ja, wer nicke, der brauche noch lange nicht gleicher Meinung zu sein.

Opernsänger ließ den Farbgeruch weiter durchs Hirn strömen, blieb im widerlich süßsauren Gestank kleben und seufzte zufrieden auf. Ihm sank der Kopf auf die Brust, ihm schlossen sich die Augen, und er ließ sich tief in den widerwärtigen Duft des Stillstands fallen; zufrieden.

Ein Zustand, aus dem er erst gerettet werden konnte, wenn die Dieselmotoren angeworfen wurden und wenn der erste Hol geschlachtet wurde. So lange herrsche die aufgeheizte Fäulnis des übermalten Rostes, die sich mit der grauen Farbe zur Bilge der letzten dreißig Jahre verbinde, meinte *Opernsänger*, und die während der Hafentage langsam hervorgekrochen komme, um das Kommando zu übernehmen. Und passe man in diesen motorlosen Zeiten nicht verdammt auf, so könne es leicht geschehen, dass ein gewisser Captain Jack Sparrow das Ruder in die Hand bekomme. *Opernsänger* schnüffelte, hob den Kopf um einige Millimeter, schniefte und erkannte ganz deutlich einen fremden, einen chemischen Geruch. Dieser Geruch erinnerte ihn an etwas. An eine Fährfahrt. Mit einer Frau. In seinem Arm. Und in ihrem Gesicht – eine Brille!

Es war der Geruch eines Brillenputztuches. Aber ganz sicher! Hundertprozentig, da brauchte *Opernsänger* noch nicht einmal die Augen zu öffnen.

Uralter Richard putzte sich die Lesebrille! Keine Frage.

Welch kostbare Erinnerung aber! *Opernsänger* dachte an das Ende jener Fahrt mit der Fähre zurück. Was für eine herrliche Zeit das gewesen war! Er atmete tief ein.

»Ich danke dir, alter Mann«, sagte *Opernsänger* und hörte *uralten Richard* antworten: »Bitte, bitte! Wofür auch immer.«

Jetzt blinzelte *Opernsänger* doch in die Sonne, die das wellenlose Meer mit vierzig Grad Celsius aufheizte, und suchte wenig später in seinem Seesack nach einer grünen Gurke. Er brach sie in drei Teile, und dann standen sie da, die Hochseefischer, und nagten an dem Gemüse, dessen frischer Geruch die vor ihnen liegenden Tage vergessen ließ.

Sie sahen in die Ferne, in der sich nichts regte. In der es flimmerte und flirrte.

»Der verdammten Flaute müsste mal einer die Fresse polieren!«, sagte *Opernsänger*: »All die Perlmuttzähne müssten mal rausgeschlagen werden. Mit denen könnte man dann gut Fußball spielen!«

»Es geht schon wieder los!«, sagte *uralter Richard* zu Robert, der kauend nickte: »*Opernsänger* komponiert schon wieder! Die Farbe wirkt schon wieder! Und der zweite Akt? Gibt es noch einen zweiten Akt?«

»Es gibt immer einen zweiten Akt: Gefängnisse sind so ähnlich wie Schiffe. Im Inneren drängen sich Männer von jeglichem Schlag, und ein paar schlendern oben frei herum. Aber allen ist klar: Es geht nach unten! – Und dann Arie: Du schreist wie ein Fisch!«

Uralter Richard lachte lauf auf: »Wie ein Fisch schreien, das ist gut!«

Opernsänger trat einen Schritt von der Reling weg, deutete einen Diener an und bedankte sich zurückhaltend: »Großartig, dieser Applaus! – Vorhang, große Pause.«

»Genau, Pause! – In der Messe ist noch Bierausschank!«, sagte Robert und spuckte ins Meer.

»Wie lange?«, fragte *Opernsänger*, der plötzlich den Sinn der Farbe Grau zu verstehen meinte: Es sei nicht ihr

Anblick, der wichtig sei, es sei ihr einzigartiger Geruch. Dieser Eigengeruch setze die buntesten Phantasien frei. Phantasie sei die Mischung aus Schwarz und Weiß! Er grinste und dachte: ›Wieder was gelernt!‹

»Bis um zwanzig Uhr. Wir fahren erst um Mitternacht raus«, sagte *uralter Richard*: »Mit dem Ausladen dürften sie auch noch ein paar Stunden beschäftigt sein.«

»Dann lasst uns mal einen guten Schluck nehmen, um uns auf die verdammte Dürrezeit vorzubereiten«, meinte *Opernsänger* und hob seinen Seesack auf. Den Gurkenstummel warf er über Bord.

Die Seesäcke nahmen sie mit in die Messe und warfen sie gegen eine der Wände, an der schon einige andere Säcke lagen. Etwa die Hälfte der Besatzungsmitglieder war schon da. Robert wusste, jetzt war niemand in seinem Deck. Diese kostbaren Stunden vor dem Auslaufen verbringe jeder Fischer in der Messe. Er grüßte stumm, indem er auf alle besetzte Backs klopfte, und nahm die erste Runde auf seinen Zettel.

Er stellte den beiden Kollegen die Litergläser frisch Gezapftes hin und setzte sich zu ihnen.

»Und Korn?«, fragte *uralter Richard*.

»Schon drin.«

»Prima!«

Das erste Bier könne man auf ex austrinken, das sei allgemeine Praxis, überall dort, wo Männer beieinander sitzen, hatte *uralter Richard* einmal gemeint. Seitdem hielten sie sich sklavisch daran. Dass auf dem Grund des Bierglases ein Schnapsglas stand, dessen Inhalt sich schon lange mit dem Bier vermischt hatte, wussten sie und tranken daher das letzte Drittel vorsichtiger.

Schließlich stand ihnen das kleine Glas auf den Zähnen, als ihnen der letzte Tropfen des wieder einmal ersten Glases herunterrann. Sie seufzten, und *uralter Richard* erhob sich, um eine neue Runde zu holen. »Männer berühren sich eben nicht, sie haben ja Biergläser, mit denen sie anstoßen können!«, dachte er laut.

»Ja, ja!«, sagte Robert. »Beeil dich lieber! Die Schlange wird nicht kürzer!«

»Ich jedenfalls habe schon genug Überraschungen erlebt«, meinte *Opernsänger,* dem es unter Deck wieder ein wenig klarer im Kopf wurde: »Egal, was du uns beichten willst, ich mag keine Überraschungen mehr, ich sorge lieber selbst für welche! – Das heißt aber nicht, dass ich für Überraschungen sorgen muss, du verstehst! Ein Tag ohne Überraschungen, das ist wie die Arbeit an einem Buddelschiff! Versteh mal richtig! Man weiß ganz genau, wo jedes Teil hinkommt und wie alles am Schluss auszusehen hat. Es ist nur eine Frage der Geduld, der eigenen Geduld. Zu jedem Zeitpunkt weiß man, was man getan hat und was man noch zu tun hat. Das Einklemmen der letzten Fäden zwischen Flaschenrand und Korken, das Abschneiden der Fäden und das Versiegeln, das wird immer gelingen. – Auch wenn man noch soviel Angst hat, die einem die Eier bis zum Hals schiebt, es gibt immer einen überraschungsfreien Moment von kompletter Leere im Kopf. Und das ist für viele ein Alptraum, weil er wie eine Flaute wirkt. – Vorerst für immer!«

»Von der Flaute muss man sich fernhalten«, sagte Robert, der nicht verstand, was *Opernsänger* von ihm wollte. Er sah sich nach *uraltem Richard* um, der noch sechs, sieben Männer vor sich hatte. Robert drehte sich wieder seinem Kollegen an der Back zu und sagte: »Ich meine, das wussten die Seeleute schon seit Anbeginn! Die Flaute tötet mehr als alle Stürme zusammen. Sie hungert aus. Da liegt das Schiff inmitten der Flaute, nur hundert Kilometer weiter ist Land, aber die Männer an Bord verrecken in der Hand der Flaute. Darüber müssen wir nicht groß reden! Wir haben es ja beim letzten Törn erlebt. Zum Glück fahren wir nicht mehr unter Segeln! Zum Glück ist wenigstens diese Zeit vorbei. Die Flaute in Verbindung mit der See, der alte Schwätzer da drüben würde sagen, das ist zu viel der weiblichen Macht. Selbst für den wildesten Orkan.«

»Ja, ja, und wieder würde niemand wissen, was der alte Sack damit genau meint!«, sagte *Opernsänger*.

»Wie bei dir!«, sagte Robert: »Deswegen hab ich dich ja dran erinnert: Du redest Stuss!«

Er machte *uraltem Richard* Platz, der die drei Gläser auf die Back stellte und wenig später sein Glas erhob: »Prost, ihr Säcke!«

»Prost, du Sack!«

Um zehn Uhr morgens an Bord gekommen, hatten sie bis zum Ausschankschluss durchgetrunken. Sie hatten einander viel Wahres gesagt, und sie hatten vieles wieder vergessen, aber Robert Rösch war nicht mit der Sprache herausgerückt, was ihn so sehr beschäftige.

Er hatte ein paar Mal abwehrend gewunken und gemeint, er werde es später schon sagen. Wenn er sich selbst im Klaren sei, werde er sich erklären. Ein Mann sei ein Mann, weil er Entscheidungen alleine treffe! Doch weil *Opernsänger* partout nicht warten wollte, hatte Robert das Gespräch schließlich auf die vergessene Doryfischerei gebracht.

Sofort war *uralter Richard* während der letzten Runde hellhörig geworden und prahlte nun mit einem berühmten Schriftstellers dieser Tage, der sein Freund geworden sei. Ein Handgriff und schon lag das zerlesene Taschenbuch auf der Back. Sie starrten alle drei auf den zerfledderten Umschlag: Ein im Packeis gefangener Trawler, über dem sich grünlichblau ein Himmel zeigte, wie sie ihn selbst schon so oft gesehen hatten.

»›Fänger und Gefangene‹, das ist doch mal ein Titel,

oder?«, fragte *uralter Richard* zur Einstimmung, wartete aber nicht auf eine Antwort. Er schlug das Buch zielsicher auf und war schon beim Vorlesen. Wenig später gab *Opernsänger* es auf, Robert zu löchern. Er nickte bei der leise lesenden Stimme des Alten ein.

»Jahrhundertelang fuhren Segelmutterschiffe mit spanischen, französischen oder portugiesischen Fischern über den Atlantik. Geladen hatten sie, außer den Fischern und ihren kleinen Dorybooten, einhundertfünfzig bis fünfhundert Tonnen Salz, stinkende Schnecken und Muschelköder, Dörrfleisch, Zwieback, Schwarzbrot, Sauerkraut und Branntwein. Am Fangplatz vor Neufundland wurden die Fischer mit ihren Booten ausgesetzt. Sie ruderten bis zu zehn Seemeilen, um ihre Grundangeln auszulegen. Am Tag darauf mussten sie fünfzig Angelschnüre, manche waren dreitausend Meter lang, wieder einholen, und wenn sie etwas Glück hatten, hing an jedem Haken ein Kabeljau und sie konnten zurückrudern. Kam jedoch Sturm auf oder legte sich der Nebel über das Meer, erreichten viele das Mutterschiff nicht mehr. Manche Doryfischer trieben fünf Tage oder länger auf dem Atlantik, bevor sie erfroren oder verhungerten.

Den französischen Doryfischern schickte die ›Société des Œuvres de Mer‹ neunzehnhundertfünfundzwanzig das Kirchenschiff ›St. Yves‹ vor die kanadische Küste. Auf diesem Schiff, auf dem gebetet und geheilt werden sollte, fuhr auch Pater Yvon vom Franziskanerorden, der nicht nur für die toten Fischerseelen betete, sondern auch für die Lebenden schrieb: Man muss also den Mut aufbringen, die Klischees der Literaten und Journalisten beiseite zu lassen und öfter zu reden, zu reden vom Schmutz, der unmenschlichen Pflege, der elenden Entlohnung, der Grausamkeit und Härte der Arbeit, wie sie kaum in einem Zuchthaus zu finden sein dürfte.

Die Arbeit sah so aus: Zuerst wurde der gefangene Kabeljau, manchmal viertausend Stück am Tag, auf dem Deck des Mutterschiffes unter freiem Himmel ausgenommen. Ob Schneestürme tobten oder das Thermometer unter minus zehn Grad sank, die Männer schlitzten die Fische auf, schmissen die Eingeweide ins Meer und warfen den Kabeljau in den Fischpark, eine anderthalb Meter hohe und vier Meter breite Bretterkoppel. Mitten in den tausend Fischleibern stand ein fünfzehn- oder sechzehnjähriger Anlernling, der Kopfabschneider, der Deibler genannt. Zwanzig Stunden lang – er aß in der Bretterkoppel – musste er mit einer Hand die oft zwanzig Kilogramm schweren Fische anheben und ihnen mit der anderen Hand den Kopf abschneiden.

Ein Deibler berichtete dem Pater: Hinter meinem Rücken wurde wieder der Stock geschwungen, der armdicke Griff einer Stechstange, um nur, wie man sagt, nachzuhelfen, falls mir das Armschmalz ausgehen sollte. Arbeite oder krepiere, diese Losung ist hier das Gesetz des Handelns. Der fürchterlichste Augenblick, nicht nur für mich, sondern für alle, ist das Aufstehen. Sonst hält einen das Arbeitstempo selbst oder der Branntwein aufrecht. Aber sich weiterschleppen auf seinem Kreuzweg nach einer Ruhepause, die zur Erholung, ja auch nur zur Erneuerung der Leidensfähigkeit zu kurz war, ist entsetzlich.

Nachdem der Deibler den Kopf abgeschnitten hatte, lösten Trancheure das Rückrat der Fische heraus und pressten die Hälften zu Fladen. Vor dem Einsalzen mussten die Fladen gewaschen werden. Das erledigten die Kinder der Fischer, manche von ihnen waren erst elf oder zwölf Jahre alt.

Der Pater schrieb: Oft habe ich ihnen mit Tränen in den Augen zugeschaut, wie sie den Kabeljau im eisigen Meerwasser umherschwenkten, die Hände infolge von Frostbeulen zum Umfang von Boxerhandschuhen aufgequollen, vom Salzwasser verätzt, Finger und Handrücken eine einzige offene, eiternde Wunde.

Durch eine Verladeluke wurden die Fische in den Kielraum – er war als einziger Raum auf dem Schiff geputzt und gescheuert – geschüttet, und die Einsalzer schichteten und bestreuten sie mit Salz. Nahmen sie zu viel Salz, vergilbte er und wurde zäh. Nahmen sie zu wenig, verfaulte er.

Dann gab es kein Geld.

Aber das Geld, die Not der Familien zu Hause, trieb die Doryfischer nach Labrador. Sie sagten: Vor Labrador gilt nur der Gewinn, da ist der Mann keinen Kabeljau wert.

Aus Arztberichten von Doktor Desprairies, der mit Pater Yvon auf der ›St. Yves‹ fuhr: Im Juni wurden wir zu einem Fischer geholt, der am Ende seiner Kräfte war und an einer schweren Albuminurie litt. Schnelle Einlieferung in ein Spital war nötig. Doch der Kapitän erklärte: Kommt nicht in Frage, der Mann taugt ohnedies nichts mehr; falls ich diese Tage nach St. Pierre fahre – und er fuhr tatsächlich dahin –, werde ich seinen Leichenkadaver im Marineamt abliefern, der Mann ist ja nur noch als Fischköder verwendbar. Später, auf einem anderen Segler, da fanden wir einen Mann, der seit fünfzehn Tagen nichts zu sich nahm. Täglich versprach der Kapitän, den Anker zu lichten und den Kranken an Land zu schaffen. Vergeblich klagte dieser: Kein Tier würde man so leiden lassen! Wir nahmen ihn an Bord, doch starb er, ehe wir ihn an Land bringen konnten.

Pater Yvon, der eigentlich nur beten wollte, kam zu diesem Schluss: Nie hat der Staat etwas für diese Fischer getan. Aus zwei Gründen: Der Labradorfahrer ist kein Wähler, er ist nie an Land, wenn gewählt wird. Als Nichtwähler ist der Labradorfischer für den Politiker uninteressant. Und dann: Niemand kennt das Leben an Bord eines solchen Schiffes.

Neunzehnhundertvierunddreißig musste auch das Kirchen- und Lazarettschiff ›St. Yves‹ seine Fahrten einstellen. Und die Toten wurden wieder ohne Gebet über Bord geworfen, denn ein Doryfischer vor Labrador war weniger wert als ein Kabeljau!«, endete *uralter Richard* und schlug mit der Faust hart auf die Back.

Opernsänger schreckte aus dem Schlaf und fragte mürrisch, ob der Vortrag endlich zu Ende sei, Robert Rösch jedoch war sehr nachdenklich geworden. Obwohl er diese Passage auch kannte, erschien sie ihm plötzlich in einem neuen Licht. Konnte sie ihm bei seiner Entscheidung helfen? Er trank den letzten Schluck des letzten Bieres aus und stellte das Glas behutsam auf die Back.

»Jedenfalls werde auch ich wie ein verdammter Doryfischer enden! Ohne Gebet, ohne Arzt, rüber über die Reling der *Saudade* und weniger wert als ein Kabeljau!«, sagte *uralter Richard* entschieden: »Wenn ich Glück habe, auch vor Labrador!«

Er wartete, aber niemand widersprach ihm. Verbittert trank auch er sein letztes Bier für die nächsten fünf Monate aus, steckte das Buch wieder weg und stand auf. Zu dritt wankten sie in ihr Deck und warfen sich auf die Kojen. Sie hörten das Rumpeln und Krachen noch, spürten das Erzittern des ganzen Schiffes und drehten sich auf die Seiten, während die Wachhabenden ihre alte *Saudade* von der Pier losbrachten.

Ein einsames Tuten hörten sie noch, dann schnarchten sie.

Die *Saudade* war seit sechs Stunden auf dem Weg ins Niemandsgebiet vor Somalia, um den Thunfisch zu jagen. Nachdenklich musterte der Dritte Offizier die Seekarte des riesigen Gebiets. Es gehörte niemandem. Noch nie hatte es jemandem gehört. Nur dem Thun, dem Fisch, der ihnen nun unter dem Kiel ausstarb. Der junge Seeoffizier wischte sich mit beiden Händen übers Gesicht, schon am Morgen erschöpft. Russische, spanische, portugiesische und japanische Trawler kreuzten hier zu hunderten und waren den heimischen Fischern seit Jahrzehnten übermächtige Konkurrenten, so dass aus den somalischen Fischern schließlich Piraten geworden waren. In diesem Niemandsland der See hatte die italienische Mafia Mitte der achtziger Jahre Giftmüll ins Meer versenkt, und der *Dritte* fragte sich erneut, während er auf den Sonarbildschirm schaute, ob sich das alles überhaupt noch lohne. Sollte er umsatteln? Dies war eine jener Fragen, die ihn schon seit längerem beschäftigten. Dazu die neue Gefahr! In der letzten Woche war zum ersten Mal ein Trawler von Piraten angegriffen worden! Trotz der Besatzungsstärke von fast neunzig Mann. Die Piraten konnten zwar aus eigener Kraft von der *Verlaine* vertrieben werden, aber zeigte dieser Versuch nicht, dass es wirklich zu Ende ging? Der junge, ehrgeizige Mann warf einen Blick auf den Radar. Er sah einen kleinen, grünen Punkt auf die *Saudade* zukommen. Was, wenn das jetzt ein Piratenschiff wäre?

Er befahl ›volle Kraft voraus‹ und ging auf die Nock. Mit dem Seestecher musterte er das Fischerboot sorgsam. Es war eine alte Piroge. Kein Bordmotor. Das einzige Segel war gesetzt. Ein Jugendlicher und ein alter Mann, keine weitere Besatzung. Keine Planen an Bord, unter denen Waffen und Männer versteckt sein könnten.

Der Junge stand am Bug und schwenkte etwas hin und her, das wie ein Lappen aussah, wie ein grauer Lappen. Fast dreieckig. Eine Fischsorte? ›Bloß was für eine?‹, fragte sich der wachhabende Offizier, bevor er plötzlich voll guter Ahnung war. Er kam ins Brückenhaus zurück, befahl, alle Maschinen zu stoppen, und machte über die Bordlautsprecher eine Durchsage: »Achtung! – Verarbeiter Robert Rösch sofort auf die Brücke! – Achtung! – Verarbeiter Rösch auf die Brücke!«

Verkatert saß Robert Rösch auf der Kante der Koje. Das erste, was ihm nach einem Fluch durch den Kopf ging, war die Vermutung, es wäre etwas mit Mathilde! Es wäre soweit. Die Botschaft, vor der er sich seit Jahren fürchtete, wäre eingetroffen. Dann aber wurde ihm klar, es war weder Mai noch war Mathilde ohne Hoffnung. Im Gegenteil! Sie hatte ihn ja gebeten, für immer an Land zu bleiben, und er hatte ja nicht sofort ›nein‹ gesagt. Er hatte den neu erwachten Lebensmut seiner Frau doch gestärkt. Vorerst jedenfalls.

Er hielt sie also mit Hoffnung im Leben, das beruhigte ihn zwar, dennoch näherte er sich dem wachhabenden Offizier im Eiltempo: »Auf die Brücke! – Verarbeiter Rösch.«

Der Dritte Offizier winkte ihn auf die Nock und hielt ihm den Seestecher hin: »Was sagen Sie dazu?«

Robert sah durchs Fernglas: »Auf jeden Fall eine Art Seefledermaus, die der Junge da schwenkt. Es kann eine Rote Seefledermaus oder ein verdammter Krötenfisch sein. – Es kann aber auch eine Kurznasenseefledermaus sein.«

Der Offizier nickte: »Ihr Ratschlag?«

Robert gab das Fernglas zurück: »Ansehen, prüfen. – Vielleicht haben sie mehr als nur den einen Fetzen da an Bord.«

Der Offizier nickte und sagte: »Ganz meine Meinung! – Gehen Sie mittschiffs auf die Backbordseite. Wir lassen sogleich einen Kutter ab.«

Robert nickte, stieg die Nocktreppe hinunter und hörte, wie durch die Lautsprecher die Kutterbesatzung aufs Oberdeck bestellt wurde. Wenig später saß er mit dem Zahlmeister und zwei Männern der Deckwache in dem kleinen Boot, das mit einem Kran heruntergelassen wurde. Es schlug hart auf die Oberfläche der stillen See auf, die Haken wurden ausgeklinkt, und der Motor wurde gestartet. Robert sah, wie der alte Mann das Segel der Piroge einholte und beidrehte.

Seefledermausspezialist Robert Rösch ging davon aus, er werde gleich eine Rote Seefledermaus sehen. Diese Art sei vom japanischen Ibaraki bis nach Korea und Indien bekannt. Sie werde bis zu dreißig Zentimeter lang, und die Haut werde bei einer Berührung am Bauch und am unteren Teil des Kopfes körnig. Entdeckt worden sei sie erst am vierundzwanzigsten April neunzehnhundertneunundneunzig, aber seitdem breite sie sich rasend schnell aus. Früher habe sie die tiefsten Stellen der Tiefsee bewohnt, aber irgendetwas treibe sie jetzt ins seichte Wasser. Ihr Fleisch sei ungenießbar und interessiere auch keinen anderen Fisch. Wie alle Arten der Seefledermaus gehöre auch sie zu den bizarrsten Meeresfischen. Sie war phylogenetisch mit den Fühlerfischen verwandt. Gut entwickelte Brustflossen, die sich funktionell zum Liegen auf einem Substrat hin entwickelt hatten. Der Körper war von oben gesehen dorsoventral stark abgeplattet und fast rund in seiner dreieckigen Form.

Wenn es ein Krötenfisch war, dann sei der Körper schmaler und die Haut rauer. Der Bauch sei breiter, und vor den Augen befinde sich ein Hautfortsatz, der dem Krötenfisch als Köder diene. Dieser Fisch bleibe immer am Boden und bewege sich kaum. Er lasse seinen Köder in der Strömung baumeln, und wenn ein kleinerer Fisch vorbeischwimme und aufmerksam werde, dann öffne der Krötenfisch lediglich das Maul, in das die Strömung den getäuschten Jäger unaufhaltsam hineintreibe. Der kleinere Fisch werde verspeist, und sogleich schließe der Krötenfisch das Maul wieder, um lethargisch auf neue Nahrung zu warten.

Dieser Köder war der große Unterschied zur Roten Seefledermaus, die sich nur ein wenig von der Kurznasenseefledermaus unterschied, deren Haut in Frankreich mit Gold aufgewogen wurde.

Beide Arten hatten große Brustflossen und eine Vielzahl von Stacheln auf der Rückseite. In diesen Stacheln befand sich ein Gift, das für den Menschen noch zehnmal tödlicher war als das von Schlangen. Alle Seefledermausarten lebten in sandigem Gebiet, oft bis zur Hälfte vergraben, so dass sich nur die obere Haut mit den Stacheln außerhalb des Sandes befand. Die Haut war das Jagdgerät dieser nachtaktiven Tiere, und diese Haut war es auch, derentwegen die Kurznasenseefledermaus gejagt wurde; erneut spähte Robert durch den Seestecher: Der Junge hatte das Tier noch immer in der Hand. Er hatte sich aber ein Tuch um die Finger gewickelt! Robert hielt das für ein gutes Zeichen.

Er winkte den fremden Fischern zu, die seinen Gruß stumm und neugierig erwiderten. Der Kutter wurde langsamer, und schließlich lagen die beiden Boote im Päckchen. Robert kletterte aufs andere Boot und reichte erst einmal dem alten Mann die Hand, der sie erstaunt nahm, ohne sie zu drücken, ehe Robert nach vorne zum Jungen ging, der den Fisch vor sich auf die Planken gelegt hatte.

›Eigentlich zu groß‹, ging es Robert durch den Kopf: ›Aber was heißt das schon!‹

Er drehte den träge zappelnden Fisch auf den Rücken und rieb ein wenig an der unteren Haut. Dann drehte er ihn wieder um und nickte. Kein Zweifel! Es war tatsächlich eine Kurznasenseefledermaus! Fast dreißig Zentimeter lang. Die Haut war in tadellosem Zustand, doch was das Wichtigste war: Der Fisch lebte noch!

Er war also nicht mit einem Schleppnetz hochgeholt worden, er war mit einer Grundangel langsam und mechanisch an die Wasseroberfläche gebracht worden, so dass er sich dem veränderten Druck anpassen konnte und nicht ertrunken war. Sie hatten also Zeit! Seefledermausspezialist Rösch nickte dem Zahlmeister zu. Im Stillen schätzte er den Wert dieser einen Haut auf zweihundertvierzigtausend US-Dollar.

Er bekam Atemnot, als der Junge ein Tuch von einem Eimer zurückschlug und ihm den Eimer zuschob. Sieben weitere Exemplare schwammen darin. Rösch genügte ein Blick, um sicher zu sein: Sie waren zwar kleiner, hatten zusammen aber bestimmt einen Marktwert von etwa einer Million US-Dollar!

So nachlässig wie möglich legte Rösch den größten Fisch in den Eimer zurück, beobachtete, wie dieser sich schnell erholte, und bedeutete dem Zahlmeister, er solle alle Exemplare aufkaufen.

Der gebürtige Inder nickte, und die beiden Küstenfischer waren froh, als sie merkten, dass sie ihn verstanden. Das Angebot stand bei hundert US-Dollar.

Der Alte schüttelte den Kopf, hatte er doch schon viel von diesen Hochseefischern aus den fernen Ländern gehört.

Der Inder erhöhte sofort auf zweihundert US-Dollar.

Der Alte sah seinen Enkel an, irgendetwas hatte ihn stutzig gemacht. War es diese eilige Erhöhung gewesen? Der Alte grübelte. Was sollte schon an diesen unnützen Plattfischen dran sein? Sein Volk verachtete sie doch wegen der giftigen Stacheln. Er schüttelte wieder den Kopf und hörte mit Erstaunen, wie der Inder den Preis auf eintausend US-Dollar festsetzte.

Zugleich wurde dem alten Fischer bedeutet, dies sei das letzte Angebot.

Der Alte nickte ein wenig und streckte drei Finger aus. Er sah dabei seinen Enkel an, und plötzlich erinnerte sich der alte Mann an seinen uralten Traum vom Meer! Das Meer war dabei, ihm seinen Traum zu erfüllen. Es wollte ihn reich machen, damit er seinen Enkel auf eine große und wichtige Schule schicken konnte! Sofort zeigte er mit der anderen Hand an, der Preis betrage nicht drei-, sondern achttausend US-Dollar.

Er behielt die acht Finger fordernd in der Luft, und zum ersten Mal lächelte er, als er das aufgeregte Gesicht seines jungen Verwandten sah. Er achtete nicht auf das Kopfschütteln des indischen Zahlmeisters, sah stur an dessen Gesicht vorbei und wartete.

Die acht Finger blieben, wo sie waren. Der alte Fischer wollte keinen Augenkontakt, er wollte den Preis bezahlt haben. Ruhig und stolz sah er in die Ferne.

Schließlich zuckte der indische Zahlmeister der *Saudade* mit den Schultern und zählte die achttausend US-Dollar auf die zitternde Hand des Jungen.

Zufrieden verbeugten sich die beiden Männer voreinander und verabschiedeten sich. Robert sah noch, er saß schon wieder im Kutter, zwischen den Beinen den Eimer mit den kostbaren Seefledermäusen, wie der alte Mann dem Jungen übers Haar strich und ihn auf die Stirn küsste. Robert Rösch drehte sich nach vorne um und ignorierte die geflüsterten Fragen der Kutterbesatzung.

Auch dem Zahlmeister verriet er die Summe nicht, auf die er den Wert der acht Fische schätzte. Er sagte lediglich: »Ihr wisst doch, dass ich euch das gar nicht sagen darf! Ich muss sie ja erst einmal häuten! Vielleicht geht ja etwas schief! Dann zerreißt ihr mich vielleicht in der Luft! – Nein, nein, ich werde es allein dem Kapitän sagen. Persönlich!«

Er warf noch einen Blick auf die Fische, ehe er das Tuch wie ein Zauberer über den Plastikeimer fallen ließ.

Häuten, die Kunst, die Kurznasenseefledermaus zu häuten, die Kunst, die keine zehn Männer auf der Welt beherrschten, Robert Rösch hatte zur Häutung alles vorbereitet. Er stand in der abgeteilten Ecke der Verarbeitungshalle vier, und während die anderen Verarbeiter den Thun köpften, entgräteten, ausnahmen und einfroren, sah Robert Rösch auf die größte der Kurznasenseefledermäuse, die er aus dem alten Eimer genommen und auf den Tisch gelegt hatte. Sie öffnete ab und an träge die Augen, riss das Maul auf, bewegte sich aber ansonsten nicht. Robert Rösch wartete, komme es doch auf den richtigen Moment an. Er dürfe nicht voreilig sein, er dürfe aber auch nicht zu lange warten. ›Man könnte versinken in der Stille, hätte man die nötige Ruhe dazu‹, dachte er und zog den Handschuh der linken Hand aus.

Die Tieraugen waren geschlossen, er legte zwei Fingerkuppen sacht auf die Lider des Fisches und spürte lange den eigenen Puls.

Dann das Zucken in den Fischaugen, als er den Druck nur ein wenig erhöhte. Er sah, wie sich die Giftstacheln aufrichteten und wie sich der Rücken ein wenig wölbte. Er nahm die Finger lächelnd weg.

Etwas lenkte ihn ab, und das gefiel dem Kurznasenseefledermausspezialisten gar nicht. Es waren Gedanken, die ihm nicht passten. Es war die Frage, ob dies seine letzten Seefledermäuse waren oder ob er auf dieser ›stählernen Insel aussterbender Männlichkeit‹ aushalten würde.

Rösch sah auf das Prachtexemplar vor sich, konzentrierte sich und wartete auf das letzte Fünkchen Leben. Nur im letzten Lebensmoment versteifte sich die kantige und raue Haut nicht, nur in diesem einzigen Moment richteten sich die Stacheln nicht auf. Nur im letzten Sterben blieb die abgezogene Haut geschmeidig und konnte so den enormen Marktwert erreichen. Rösch musste dem fast toten Tier zärtlich die Haut nehmen, um die einzigartige Farbe auf der Hautinnenseite zu bewahren. Dies war sein großes Geheimnis, das er niemandem verriet.

Sollte er es eines Tages jemandem verraten? Wenn er von Bord gehen sollte? Vielleicht dem jungen Ismael? Aber wie lange gab es die Welt der Hochseefischer noch? Für den jungen Ismael noch lange genug?

Wenn die Kräfte des Fisches fast abgestorben waren, wenn der Tod sich aber noch nicht gräulich über die Haut gelegte hatte, dann war jener letzte Lebensmoment gekommen.

Robert Rösch hatte es vor drei Jahren nur zufällig herausbekommen. Damals hatte er die Schnitte über die Augen der Seefledermaus zu früh gesetzt und so dieses fundamentale Ergebnis erzielt. Kein Zittern der Haut, kein Aufbäumen der Rückenmuskeln, sie durfte sich nicht mehr wehren, auch nicht mit dem Tod. Robert Rösch nickte vor sich hin: Die Kurznasenseefledermaus musste sich, quasi in Todestrance, bei sterbendem Leib häuten lassen.

Freiwillig.

Robert Rösch schloss nun selbst die Augen und strich mit den bloßen Fingern über die raue Haut, umkurvte die Knorpel mit den Stacheln, strich über den Kopf, betastete die Augenlider, unter denen es nicht mehr zuckte. Doch! Doch noch einmal! Was für ein starkes Tier! Rösch bekam Achtung vor dem Tier, Respekt. So einen langen Todeskampf hatte er auch noch nicht erlebt. Sollte er das Tier wieder in die Freiheit entlassen? Seine Kollegen würden ihn lynchen! Sie hatten die Anzahl der Tiere gesehen. Es mussten also am Ende auch acht Häute sein. Sie wollten alle ihren Anteil am unverhofften Zuverdienst.

Nichts zu machen!

Was für ein Glück er doch hatte, diese schmalen Mutterhände zu haben. Er sah kurz zu den anderen Männern, die mit ihren breiten und steifen Vaterhänden im Akkord arbeiten mussten, schwer arbeiten mussten. Rösch sah sich um, niemand beobachtete ihn. Er nickte dem Tier zu und nahm das kurze Schlitzmesser in die Hand, das *Haudegen* extra noch einmal nachgeschliffen hatte.

Zwei kurze Schnitte setzte Rösch oberhalb der Augen des Tieres und sah lächelnd, wie es nur ein einziges Mal mit dem Schwanz schlug. Perfekt. Ja! Er nahm dem Tier mit der Haut die Seele.

Langsam umkreiste er die Augen mit der Spitze des Messers, zog dann den Schnitt einmal um den Kopf herum und legte das Werkzeug wieder weg.

Mit beiden Zeigefingern drang er von vorne seitlich zwischen Haut und Fleisch ein. Er dehnte die Haut, die Stacheln standen starr in der Luft. Das Gift tropfte aus ihnen heraus. Geduldig dehnte Rösch die Haut immer mehr, umkreiste den Körper des Fisches dabei mehrmals, und war er dem Tier zuerst nur mit den Fingerkuppen unter die Haut gekommen, so befanden sich die Finger alsbald mit der gesamten Länge im Fisch. Rösch dehnte weiter, er war schon am Schwanzansatz angekommen.

Er spürte das mechanische Zucken des Fleisches und sah das Gift von der Haut rinnen. Schließlich hatte er den Leib von der Haut getrennt. Er absolvierte noch eine Prüfrunde, fand aber keinen Widerstand mehr.

Spezialist Robert Rösch öffnete die Augen wieder und zog die Finger heraus.

Fast kein Blut war an seinen Händen. Er hob das Tier am Schwanz hoch, spritzte den Arbeitstisch und den Tierleib mit einem dünnen Wasserstrahl ab, wobei das Fischgift herunterrann, und begann, den Kadaver mit kurzen Handbewegungen vom Schwanz her aus der Haut zu stoßen.

Wenig später fiel der schwere Kopf mit dem kompletten Leib auf die Tischfläche. Rösch hielt die kostbare Haut in Brusthöhe vor sich und musterte sein Werk. Nirgends eine Einkerbung oder ein Einstich. Sie war unbeschädigt und vollkommen leer.

Er hob sie ein wenig höher, stülpte sie am Rand um und staunte wieder einmal über die purpurne Farbe der Haut-innenseite. ›Schöner als jeder Papstmantel‹, dachte er und roch den Amberduft, der ihn betörte.

Was für ein Geschenk der Natur! Jahrtausendelang verborgen und nur zufällig gefunden. Robert Rösch überlief eine Gänsehaut, ehe er die Hülle an eine Klammer über sich hängte und drei Mal kurz durch die Halle pfiff.

Augenblicklich sahen sich alle Männer nach ihm um, johlten begeistert und schlugen freudig auf die Metallränder ihrer Fließbänder, von denen das Blut des Thuns tropfte. Die Männer zogen sich die Handschuhe aus, zeigten Rösch den erhobenen Daumen und machten sich wieder an die Arbeit. Minutenlang lächelten sie noch, war doch jeder von ihnen nun um Tausende US-Dollars reicher.

Rösch holte die nächste Kurznasenseefledermaus aus dem Eimer und legte sie vor sich auf die Verarbeitungs-fläche. Den gehäuteten und noch zuckenden Kadaver mit dem unbeschädigten und weiter nach Luft schnappenden Maul stieß er auf den metallenen Boden.

Von diesem ekligen Anblick hatte er schon oft geträumt. Der gehäutete aber für ein paar Minuten noch lebenstaug-liche Fisch mit dem offenen Maul und den lidlosen Augen, dieser Anblick war dem Kurznasenseefledermausspezia-listen schon oft im Traum erschienen.

Manchmal sogar sprechend.

Doch waren jene Sätze nie anklagend gewesen, sondern immer beratend. Rösch überlegte, während er auf die etwas kleinere Seefledermaus blickte, die gerade erst geschlechtsreif geworden war, wie er routiniert feststellte, und erinnerte sich, dass es immer gute Ratschläge gewesen waren, die ihm die Seelen der gehäuteten Tiere im Traum gegeben hatten. Manch einen hatte er sogar befolgt, sofern er ihn vom Niemandsland hatte mitbringen können.

Was würden ihm diese Seelen raten? Würden sie ihm im Traum erscheinen? Könnten sie ihm bei seiner bisher schwersten Entscheidung helfen? An Bord bleiben oder zum Fischwirt werden? Robert Rösch lächelte plötzlich, konnte er sich doch auf einmal ganz gut vorstellen, was sie ihm raten würden. Er solle unbedingt an Land bleiben, er solle unbedingt auf einer Fischfarm anheuern, er solle sie auf jeden Fall in Ruhe lassen, die See und die Fische.

»Ja, ja«, sagte er leise: »Das hättet ihr wohl gerne!«

Dann warf er den Fisch wieder zurück in den Eimer, war doch das Signal zur Mittagspause erklungen. Er nahm den Eimer und die erste Haut an sich und brachte beides zum Kapitän, der das Mitgebrachte sofort in die Minibar stellte und sie verschloss.

»Warum die Südfranzosen wohl so viel Geld für diese Lappen bezahlen?«, fragte der Kommandant der *Saudade*, ohne aber eine Antwort zu erwarten.

»Keine Ahnung«, sagte Robert: »Ich will es auch gar nicht wissen. – Vielleicht mischen sie es ja ihrem Teufelszeug bei?«

»Welchem Teufelszeug?«

»Einer hat es ›das dritte Auge des Dichters‹ genannt.«

»Ach so, du meinst Absinth!«, sagte der Kommandant, ehe er meinte, er habe gehört, das Purpur werde für Weltraumraketen gebraucht. Er brachte seinen Spezialisten zum Schott der Kabine. Diesen Rösch wollte er unbedingt an Bord behalten! Solange er selbst auf einem Trawler war, sollte auch Robert Rösch bleiben. Der Kapitän entschied sich, den Verarbeiter langfristig unter Vertrag zu nehmen. Dass er daran nicht schon eher gedacht hatte! Er schlug Robert zum Abschied freundschaftlich auf die Schulter, schloss wieder das Schott hinter ihm, um sogleich zum Schreibtisch zu gehen und einen Vertrag zu entwerfen, während Robert sich zur Messe aufmachte, um seine Mittagsportion zu holen. Er wurde mit einem Ständchen begrüßt. Die fast siebzig Männerkehlen der Backbordwache krächzten: »Eine geht noch, eine geht noch, eine geht noch ab, ab, Käp'ten: ahab!«

Und da sollte er Fischwirt werden? Bei solch einem Ständchen, das ihm seine Kollegen vor drei Stunden dargebracht hatten? Robert Rösch stand wieder vor seinem blanken Metalltischchen in der Verarbeitungshalle vier und beobachtete die letzte Kurznasenfledermaus.

Die anderen Häute hingen über seinem Kopf, eingehüllt in die Kälteschwaden der Halle.

Zwar hatte er für die Entscheidung noch fünf Monate Zeit, sie waren ja erst seit ein paar Stunden auf See, aber Rösch glaubte, je eher er sich entscheide, umso besser sei es für alle.

Doch konnte er es? Wie sollte er vorgehen? Aus seiner Zeit als *ewiger Student* wusste er, er musste sich eine Liste machen.

Eine Liste war zwar hilfreich, aber hieß das nicht, die See gegen die Frau auszuspielen? Oder die Frau gegen die See?

Und genau das war es ja, was er keiner von beiden antun konnte! Er konnte doch nicht Gefühle zu Gedanken machen, um diese dann durchzustreichen. Oder doch? Ein *ewiger Teufelskreis*, der ihm schon die Diplomarbeit gekostet hatte.

Vom Verstand her sprach natürlich eine ganze Menge dafür, an Land zu bleiben. So bestand wenigstens nicht die Gefahr, so verrückt wie *uralter Richard* oder so ein Wirrkopf wie *Opernsänger* zu werden. So müsste Robert die letzten Törns der *Saudade* nicht miterleben. Er bräuchte die letzten Hols nicht zu verarbeiten. Er hätte abgemustert und könnte sich das Ende der internationalen Hochseefischerei von außen ansehen, waren die Ozeane doch ohnehin bald leergefischt. So wäre er bereits ein Fischfarmer, wenn die anderen Fischer arbeitslos wurden, und so hätte er Mathilde an seiner Seite, Tag für Tag, Stunde um Stunde.

Sie könnten sich an langen Kaminabenden ihre Kindheitsgeschichten erzählen. Sie könnten mit dem Verschweigen und Verdrängen aufhören und auch die letzte Barriere überwinden: Sie könnten sich endlich einmal den Dreck der Kindheits- und Jugendtage aus den Seelen klopfen und vor die Tür kehren. Bis zur Steilküste! Und den Rest würde dann der Ostseewind schon erledigen, auf den wäre schon Verlass, da hatte Robert überhaupt keine Sorge. In drei Jahren war er vierzig Jahre alt, aber wollte er so ein Leben von Herzen? War so ein Leben für ihn erstrebenswert? Für einen echten Kerl? Wäre solch ein Leben nicht das Dasein eines Amputierten? Eines Seemannes, dem man bei lebendigem Leibe die Seele abgezogen hätte, diese dicke und verlässliche Salzkruste, durch die keine Küchentischpsychologie drang?

Robert Rösch tastete, doch noch bewegten sich die Augen der Seefledermaus viel zu hektisch.

›Die See ist die Seele‹, dachte der Verarbeiter: ›Und die Seele ist die See.‹

Vom Gefühl her sprach natürlich eine ganze Menge dafür, auf der *Saudade* zu bleiben. Eben nicht in diese Aquakultur einsteigen zu müssen, das war wohl der wichtigste Grund. Auf der *Saudade* wussten die Männer, was er wert war. Das war eine Lebensleistung, eine echte Leistung!

Hier konnte er auch seine Jungenträume vom wilden Meer ausleben. Er musste sich nicht verstellen, er konnte ehrlich bleiben. Ja, verdammt, er hatte den Luxus, zwei Heimstätten zu haben, von denen die eine unentwegt unterwegs war. Er war von Kollegen umgeben, die ihm vertrauten. Das war eine Ehre, eine große Ehre. Hier musste er alles andere als erwachsen sein. Er hatte die Freiheit, ein verdammter Junge unter Jungs zu sein, ein Pirat unter Piraten, ein Peter Pan, der unbesiegbar war, solange er eben an Bord des Trawlers blieb. Er musste nicht selbständig sein, er brauchte keine Verantwortung für andere zu tragen. Seine einzige Aufgabe waren das Häuten und das Verarbeiten. Verdammt, es war trotz der harten Arbeit ein bequemes Leben. Frei von Entscheidungszwang war es bisher gewesen, doch nun war er doch in die Ecke getrieben worden. Er hatte ein verdammtes Privatproblem mit an Bord gebracht, obwohl sie sich auf dem Trawler doch immer wieder warnten: Lass deinen Scheiß zu Hause, bring ihn bloß nicht die Gangway mit hoch, sonst gehen wir alle drauf!

Dagegen hatte er nun also verstoßen. Eine verdammt clevere Ehefrau, die er da hatte! Ihm diese Fischfarm zu zeigen, das war verdammt geschickt gewesen, hatte er so doch nicht sofort ablehnen können, als sie ihn kurz vor der Abreise fragte, ob er nicht Fischwirt werden wolle.

Und nun?

Nun ja, es half nichts. Es war wie es war. Verarbeiter Robert Rösch versuchte, die Herzensdinge herauszuhalten, denn das wollte er auf keinen Fall auf dieser blöden Liste wissen: die Liebe zu Mathilde und die Liebe zum Meer mit Plus- oder Minuszeichen versehen.

»Verdammt noch mal«, sagte Robert zu seinem vorerst letzten Opfer: »Was waren das noch für Zeiten, von denen *uralter Richard* so oft erzählt. Dieses Funkerehepaar auf der *Jungen Welt*, die zusammen im Funkraum arbeiteten. Das wäre doch die Lösung! Damals, in dieser DDR, als die Frauen an den Fließbändern arbeiteten und die Männer auf dem Oberdeck. Die hatten sich nie groß entscheiden müssen. – Nun ja, es ist wie es ist.«

Ihm grauste davor, sich diese Fragen nun Tag für Tag stellen zu müssen und sich fünf lange Monate nicht entscheiden zu können. Gäbe es doch eine dritte Möglichkeit!

Robert Rösch zog erneut den Handschuh aus, prüfte kurz und hielt den richtigen Moment für die Häutung für gekommen. Als er jedoch die Schnitte setzte, stutzte er. Die Stacheln richteten sich nicht auf.

Robert Rösch erledigte die Häutung zwar, war aber vom Resultat nicht überrascht: Schwarz wie Teer war die Innenseite der Haut. Und sie stank auch wie Teer.

Er hatte soeben einige Hunderttausende von US-Dollar in den Sand gesetzt. Sichergeglaubte Prämien seiner Kollegen.

Wegen Privatproblemen!

Robert Rösch war knapp davor, mit der nackten Hand auf die stachlige Haut zu schlagen. Er starrte auf das reflektierende Metall des Arbeitstisches.

War das ein Zeichen?

Hoffte er jetzt schon auf Zeichen? Vielleicht sollte er zum Betraum gehen? Der dreiseitige Schrein dürfte jetzt doch leer sein, an dessen einer Seite das Kreuz hing. An der anderen Seite befand sich der Stern und an der dritten der Halbmond. Den ganzen Schrein hatte *Haudegen* auf ein Rolllager montiert, so dass auch die Moslems unabhängig von der Fahrtrichtung immer nach Mekka beten konnten. Robert war unschlüssig, dachte dann aber: ›Nein, ich werde allein entscheiden müssen. Diese Entscheidung muss ich selbst treffen.‹

Robert Rösch zog auch den anderen Handschuh aus, warf die wertlose Haut und den Kadaver auf den Hallenboden und ging wortlos hinaus. Er geisterte durchs Schiff und hörte nicht auf die Aufforderung, sich sofort zu melden, die durch die vielen Bordlautsprecher drang.

In jedem Winkel des Trawlers klang der Satz nach, Verarbeiter Rösch habe sich sofort zu melden, und alle hundertsechsundsiebzig Besatzungsmitglieder verstanden die Bedeutung: Rösch, dieser Versager, hatte sich verpisst! Die schönen Dollar!

Doch dann brach das erneute Kommando des jungen Dritten Offiziers, Rösch solle sich melden, mitten im Satz ab, und überall auf dem Schiff runzelten die Männer kurz die Stirn. Sie machten sich jedoch keinerlei Sorgen und arbeiteten weiter, während Rösch durchs Außenschott stieg, um aufs Oberdeck zu treten.

Der kleinwüchsige Pirat stand so plötzlich vor ihm, dass Robert überrascht auflachte, ehe ihm, bedingt durch den Unterleibstritt, die Luft wegblieb.

Erschrocken starrte sie auf die Fotos. Mathilde hörte dem Meeresforscher zu, der im Auftrag von *Greenpeace* und der Partei ›Bündnis 90/Die Grünen‹ einen Vortrag über die globale Fischzucht hielt. Eingeladen worden war er vom Verein ›Societät Rostock maritim‹.

Der Veranstaltungsraum des Rostocker Schifffahrtsmuseums war brechend voll, so dass Mathilde in der vorletzten Reihe nach vorn gebeugt dasaß und mit offenem Mund dem Bericht des Wissenschaftlers folgte, der gerade über die Lachsfarmen in Südchile referierte:

»Noch vor dreißig Jahren gab es in den Flüssen und Fjords von Chile keine Lachse. Dieser Fisch war dort gänzlich unbekannt. Er wurde aus dem Atlantik eingeführt. Aus Ländern wie Schottland, Kanada oder auch Norwegen. Die ersten Fische waren kräftige und gesunde Exemplare, sie gediehen gut in der fremden Landschaft, weil sie damals noch, ganz wie es ihre Natur ist, zum Laichen gegen den Strom der Flüsse anschwimmen konnten.

Das änderte sich jedoch bald.

Heute schwimmen die Lachse träge im Kreis, eingesperrt

in schwimmende Gefängnisse vor der Küste Chiles. Im Gedränge dieses Käfigs wartet nichts als der Tod, und der Sog dieses Sterbens zieht die Menschen mit sich.

Ehemalige Hochseefischer, Männer und Frauen wie Sie, die sich eine neue Existenz aufbauen wollten, haben die Rechnung ohne die Fischfabrikbesitzer gemacht; ohne Giganten wie ›AquaChile‹ oder ›Pacific Star‹, weltweit operierende Unternehmen, die lediglich profitorientiert vorgehen.

So entstanden in den Kanälen und Buchten vor Südchile neue Monokulturen, umgrenzt von Bojen, Zäunen und Kontrollstationen. Diese Gehege reichen mindestens fünfundzwanzig Meter in die Tiefe. In ihnen tummeln sich zwischen fünfzig- und hunderttausend Zuchtlachse, von denen nur noch wenige überhaupt einmal aus dem Wasser springen. Ihnen ist all ihre Natürlichkeit genommen, nur damit die Menschen in Europa billigen Kunstlachs verzehren können, der eigentlich gar kein Fisch mehr ist wie wir ihn kennen.

Wie Schneekanonen verteilen Mastmaschinen dabei tonnenweise Fischmehl. Um ein Kilogramm Lachs zu erhalten, müssen fünf bis acht Kilogramm Fisch verfüttert werden; Beifang, oder wie Sie, liebe Hochseefischer, es früher genannt haben, Müllfisch. Mittlerweile wird aus den Ozeanen alles geholt, was irgendwie fischähnlich ist, um es zu Mehl für die Kunstfische zu verarbeiten. Das Problem ist, dass nun auch ein Abnehmer für den Beifang gefunden ist. Dies heißt, dass in den Ozeanen immer mehr Fischarten aussterben, die wir eigentlich gar nicht zum Ernähren der Menschen brauchen. Vielleicht steckt schon in diesem Fischmehl die Ursache für die vielen Epidemien, von denen gefangene Fische immer wieder heimgesucht werden.

Die aktuelle Krankheit, an der diese Lachse hier leiden, nennt sich ›infektiöse Salmanämie‹, kurz ›ISA‹. Die Fischverarbeitungskonzerne, die von Chile aus Verbraucher rund um den Globus versorgen, behaupten, dass ›ISA‹ für Menschen ungefährlich ist, dabei liegen noch keinerlei Langzeitstudien vor. ›ISA‹ ist ein Killer, der den Fisch innerlich verbluten lässt. Schon Millionen von Fischen sind an ›ISA‹ qualvoll zugrunde gegangen, und so steht die zweitgrößte Zuchtwirtschaft der Welt, die von Chile nämlich, heute am Rande des Kollaps. Dabei ist ›ISA‹ nicht der erste Notfall. Vor ›ISA‹ war es ›SRS‹, eine pestähnliche Infektion. Davor war es ›IPN‹, ein entzündlicher Ausschlag, verursacht durch Seeläuse namens Caligus, die auf den Fischen Geschwüre hinterlassen. Ähneln diese armen Fische, die Sie hier sehen, nicht dem Glöckner von Notre Dame, meine Damen und Herren?

Ich finde, ja.

Doch die Bedrohung kommt auch von den Algen, die bakteriell vergiftet sind und geradezu wuchern. Diese Bedrohung wird Rote Flut, ›Marea Roja‹, genannt.

Bekämpft wurden all diese Epidemien mit Unmengen von Antibiotika und Pestiziden, was aber alles nur noch schlimmer machte. Die Zeitschrift ›Visión Agrícola‹ nennt dies alles: ›die sieben Plagen‹.

Vor dreißig Jahren war die Zuchtindustrie für Chiles südliche Region eine Verheißung, ehe der Exzess zur Katastrophe wurde. In der strukturschwachen Region entstanden Tausende von Arbeitsplätzen, ganze Städte wurden aus dem Boden gestampft. Die Fische aus den importierten Lachseiern wurden für das Land zum wichtigsten Exportschlager. Milliardengewinne und noch einmal Zehntausende neuer Arbeitsplätze.

Investoren standen Schlange; ›Marine Harvest‹, ›Aqua-Chile‹, ›Aguas Claras‹, ›Mainstream‹, ›Pacific Seefoods‹, ›Multiexport Foods‹, ›Salmon Pacific Star‹; und besonders die Norweger, die zu Hause eine so strenge Qualitätskontrolle haben, tobten sich in Chiles Region der Fjorde aus. Die Landschaft ist hier ähnlich wie in Norwegen, jedoch hat Chile zwei enorme Vorteile: lasche Umweltgesetze und billige Arbeitskräfte.

Dies sorgte für traumhafte Gewinne. Alles schien gut zu laufen. In Chile brach eine Goldgräberstimmung aus, und noch heute wirbt am Flughafen der Regionalhauptstadt Puerto Montt ein Plakat der Firma ›Supersalmon‹ mit dem Slogan: ›Geerntet, verarbeitet und eingefroren in weniger als vier Stunden‹.

Sie, liebe Rostocker Hochseefischer, sind Experten, Sie wissen, dass kein Trawler damit konkurrieren kann.

Fünfundfünfzigtausend Mitarbeiter produzierten im Jahr zweitausendacht sechshundertsechzigtausend Tonnen Lachs. Das meiste ging als Lachssteaks, Räucherlachs oder Lachssushi in die USA, dreißigtausend Tonnen gingen nach Deutschland, der Luxusartikel Lachs wurde zum Billigfisch; eine Art Masthuhn der Meere.

Doch das hat seinen Preis.

Der Lachsvirus vermehrte sich rasend schnell, und heute gibt es nur noch ein Fünftel der Lachsfirmen in Südchile. Als Folge unmenschlicher Profitgier wurde der Lachs dort wie in Legebatterien gestapelt.

In den Käfigen sanken Abfälle, Kadaver und Kot auf den Meeresboden, wo die giftigen Algen wucherten. Die Tiere wurden vom Stress in den engen Käfigen, von den Krankheiten, verursacht durch die Enge und den Dreck, dahingerafft.

Heute ist die Lachswirtschaft mit zwei Milliarden Dollar verschuldet. Der halbe Ort ist arbeitslos geworden, weil die Tiere sterben und mit ihnen der Fortschritt.

Viren, Bakterien und Pleiten kennen keine Grenzen, und der ›WWF‹ warnt schon lange vor den ökologischen Auswirkungen dieser Zuchtbetriebe und vor der Gefahr für die Gesundheit beim Verzehr solcher Kunstlachse.

Das sind Langzeitaussichten.

Wenn man mit dem Bau von Fischfarmen vorschnell beginnt und mit dem Betrieb von Lachsfarmen allzu lax umgeht, dann rächt sich der Fisch.

Eine der größten Tierquälereien ist neben der Enge und der nichtartgerechten Haltung das künstliche Unterwasserlicht. Mit Scheinwerfern werden die Wachphasen der Fische künstlich verlängert, um ihr Wachstum zu beschleunigen. Sogar Sauerstoff wird in die Fluten gepumpt, weil Algen und Bakterien die Atemluft verschlingen.

Die Fabrikbesitzer sind reich geworden, sehr reich. Sie müssen zu einer artgerechten Haltung gezwungen werden: Die Käfige müssen weiter auseinander! Es dürfen nicht so viele Fische in einen Käfig! Doch vorerst bleibt alles, wie es ist.

Die wenigen Fließbandarbeiter töten vierzig Lachse in der Minute. Acht Stunden an sechs Tagen.

Einige Arbeiterinnen schaffen vierundvierzig Filets in der Minute, doch schon nach einigen Monaten haben sie vom Schneiden Sehnenscheidenentzündungen.

Stinkende, angefaulte Lachse werden trotzdem geputzt, filetiert und verkauft; jedoch nicht mehr nach Norwegen, nach Deutschland oder an die USA.

Die reichen Industrieländer haben die Einfuhr aus Chile generell verboten. Dieser Müll, der angeblich nicht krank macht, wird in die armen Länder geliefert.

Angesichts der Überfischung der Meere argumentieren die Fischfarmbesitzer mit der Tatsache, dass es immer mehr Erdenbürger und immer weniger freien Fisch gibt. Wir brauchen also Fischzucht, wenn die Menschheit überleben soll, dagegen sage ich ja auch nichts.

Aber wenn Sie sich, liebe ehemalige Hochseefischer, ein

neues Standbein in der Fischzucht aufbauen wollen, dann erliegen Sie bitte nicht den schnellen Gewinnen der Anfangsphase. Sorgen Sie für eine artgerechte Haltung, sonst wird auch Ihr Betrieb bald den Bach runtergehen.

Trotz allem steckt die Fischzucht immer noch in den Kinderschuhen. Die Aquakultur wird noch viele Rückschläge einstecken müssen, weil der Fisch nicht so genügsam wie das Huhn ist. Er ist kein Haustier. Noch nicht.

Der Fisch braucht in der Meeresströmung schwimmende Käfige, keine verankerten – nur einmal als Beispiel –, und das ist kostenintensiver!

Machen wir in Osteuropa nicht die gleichen Fehler wie in Südamerika. Ich will Ihnen nichts ausreden, ich will Ihnen nur eines einreden: Schaffen Sie die natürlichen Umgebungen, die die Fische gewöhnt sind. Und denken Sie bitte langfristig. Ein mit Antibiotika voll gestopfter Fisch ist auch nicht gut für den Esser, das liegt ja auf der Hand.

Vielen Dank, meine Damen und Herren«, sagte der Meeresbiologe und schaltete den Beamer aus.

Der Applaus war verhalten, und auch Mathilde stand neben sich. Wie viele Fragen sich doch in ihr auftürmten! Aber keine an den Experten. Mathilde verließ den Saal schweigend und ging am Museumspersonal vorbei, das ihr Werbematerial mitgeben wollte. Sie hatte auch während der Heimfahrt noch die vielen Fotos im Kopf. Fischwirte, die verfaulten Fisch töten mussten. Lebendige Fische, denen die Gedärme heraushingen. Ungesunde Arbeitsbedingungen, die doch so ganz anders als die waren, die sie in der hiesigen Fischfarm gesehen hatte. War ihr vielleicht auch hier nicht alles gezeigt worden? Durfte sie Robert so etwas überhaupt zumuten?

Jeden Morgen Krepierte aus dem Schwarm zu sortieren und später im Akkord die Fischleiber zu zerhacken? Das war doch alles andere als romantisch. Sie hätte doch noch dableiben und die Männer fragen sollen, was die davon hielten! Roberts Kollegen, die hatten auch nicht glücklich ausgesehen. Wozu wollte sie da ihren Mann überhaupt überreden? Mathilde bog in die Seitenstraße ein und parkte den Peugeot wenig später in der Garage. Sie blieb noch einen Moment sitzen und überlegte, ob sie Robert anrufen und ihm sagen solle, er brauche sich nicht zu entscheiden. Er solle sich nicht entscheiden. Es solle alles bleiben, wie es sei.

Doch dann stieg sie aus, warf die Fahrertür zu und dachte: ›Aber andersrum: Typisch *Greenpeace*! Denen kann man doch auch nicht alles glauben. Die überspitzen immer. Das ist ihr Job. So schlimm wird es schon nicht werden.‹

Sie entschied, nichts zu entscheiden. Robert Rösch solle ruhig mal zeigen, wozu er fähig sei. Sie trank auf dem Nordbalkon ein Glas Rotwein und sah übers Meer, das ruhig vor ihr lag. ›Als wäre es auf meiner Seite‹, dachte Mathilde: ›Als wäre die See nun meine Freundin. Dabei sind wir doch nur Geschäftspartner, die über Robert und Luise verhandelt haben.‹

›Geschichten von Häfen, von Stürmen, von Fischzügen, von Piraten, von Kindern, von Liebenden, Geschichten ohne Ziel und Zweck wie das eigene Leben.

Wie schwebend zwischen Himmel und Meer: nicht um zu vergessen – was kann man schon vergessen –, sondern um die Erinnerung nichtig zu machen, unschädlich, damit dies alles vorübergleite wie ein flüchtiger Reflex.

So ist sie: alles oder nichts. Aus Furcht, nicht alles zu bekommen, hat sie das Nichts gewählt, denn sie ist stolz.

Sie haben ihm zwar Dampf gemacht, aber zwingen kann man nur die Fischer, die Künstler mögen das nicht.‹

Erstaunt klappte Mathilde das Tagebuch ihrer Tochter zu und schob es wieder ins Regal, zwischen die Bücher

›Letzte Haut‹ und ›Letztes Schweigen‹. Sie war in die Rostocker Wohnung ihrer Tochter gekommen, um die Blumen zu gießen, und während sie die Post sortierte, fragte sie sich, wen Luise mit ›ihm‹ damals gemeint habe? Und mit ›ihr‹?

Wer war zu stolz, um alles zu verlieren? Und wer war ein Künstler, und was gewann dieser Künstler? Und was war das für ein Gedanke, etwas nicht zu vergessen, um die Erinnerung unschädlich zu machen? Mathilde schüttelte den Kopf, warf den Berg Werbepost weg und legte die wenigen Briefe auf den Küchentisch. Auch in dieser Wohnung stünden die Zimmer leer, auch hier gähne die Heimatlosigkeit ungeniert vor sich hin. Genau wie in ihrem Haus, stellte Mathilde fest und fragte sich zum ersten Mal, ob ihre Tochter glücklich war. Ohne Mann? Ohne Kinder? Hatte sie überhaupt Freunde? Oder nur Kollegen? Jetzt war Luise dreiundzwanzig Jahre, doch wie die Wohnung einer erwachsenen Frau sehe es hier nicht aus, meinte Mathilde. Außer dem Tagebuch fand sie kaum persönliche Sachen ihrer Tochter. Keine Mitbringsel von den vielen Reisen, aber jede Menge Plastiktüten von diversen Flughäfen. Mathilde nahm noch einmal das Tagebuch in die Hand, blätterte darin, blieb wieder auf der gleichen Seite hängen und las erneut die Sätze, die sie gerade gelesen hatte. Dann entdeckte sie unten die kleine Notiz und war auf der Stelle enttäuscht. Zitate! Es waren nur Zitate! Aus einem Buch von einer Annette Pehnt. Und aus dem Buch ›Der Goldsucher‹, das ein Nobelpreisträger geschrieben hatte. Mathilde entschied sich trotzdem für das Buch der Frau. ›Weibliche Solidarität‹, dachte sie, grinste und schrieb sich den Titel auf.

›Wollen doch einmal sehen, was meine liebe Tochter so alles gelesen hat‹, dachte sie und stellte das Tagebuch wieder zurück.

Sie nahm ihre Reisetasche und stieg wenig später in den Wagen, um zum nahen Lerncamp zu fahren, in dem sie einigen Kindern Nachhilfestunden geben sollte. Es war die letzte Woche der Großen Ferien, erste Herbstkühle hatte sich am Vorabend eingenistet. Mathilde fuhr die wenigen Kilometer vom Stadtrand Rostocks zum Camp, das sich östlich der Hansestadt befand. Ruhig steuerte sie das Auto und überlegte erneut, ob sie ihrem Ehemann ein Leben als Fischwirt zumuten solle. Oder dürfe. Oder könne.

Sollte sie mit Luise darüber reden? Noch einmal und ernsthaft? Aber die Meinung ihrer Tochter kannte sie ja schon. Die Meinung *Staggs* auch. Und die Meinung des Meeresbiologen, der letzte Woche den Vortrag gehalten hatte, sowieso. ›Nein‹, dachte sie, ›genug Meinungen eingeholt.‹

Fast wäre sie am kleinen, handgemalten Schild mit der Aufschrift ›zum Lerncamp‹ vorbeigefahren. Sie musste auf der leeren Landstraße, die von alten Kastanien gesäumt war, stark bremsen, um die Abfahrt noch zu kriegen. Wenig später zuckelte sie über Kopfsteinpflaster, das von zwei Reihen Betonplatten abgelöst wurde, an die sich ein Feldweg anschloss. Es war erst acht Uhr morgens, aber der Vorplatz des Gehöftes war schon voll mit Autos, in denen Eltern saßen, die ihren Nachwuchs abliefern wollten. Auch der andere Nachhilfelehrer und die Organisatorin waren schon da. Mathilde fuhr den Wagen an den Rand, stieg aus und schüttelte sich, plötzlich von Morgenfrische umhüllt.

Die Organisatorin sammelte die Kinderausweise und die schriftlichen Badeerlaubnisse ein, sichtlich nervös, und der Lehrer für Mathe, Chemie und Physik, der im Hauptberuf Sachbücher verfasste, unterhielt sich mit einigen Eltern. Mathilde ging zu den Kindern, Schüler im Alter zwischen zehn und achtzehn Jahren, und begrüßte sie.

Während die Kleinen putzmunter zurückgrüßten, nickten die Älteren hauptsächlich stumm.

»Eine Woche, dann seid ihr schlauer!«, sagte Mathilde. Und ein Junge um die achtzehn sagte: »Hoffentlich!«

»Klar«, sagte Mathilde, und die Kinder lächelten höflich. Ein Junge meinte, bei ihm sei sowieso alles verloren.

»Alles?«, fragte sie.

»Na ja«, sagte der etwa Zwölfjährige ernst: »Nicht alles, bloß Hopfen und Malz.«

Sie nickte ihm ermunternd zu: »Wir haben hier eine ganze Woche wirklich genug Zeit. Hier kommt keiner zu kurz.«

Die letzten Eltern verabschiedeten sich von Mathilde, stiegen in ihre Autos und fuhren wieder nach Rostock. Die Kinder blieben zurück und musterten sich, ehe die Organisatorin alle zusammenrief und die wichtigsten Regeln erklärte.

›Regeln, zuerst Regeln‹, dachte Mathilde: ›Erstmal Regeln aufstellen, der Rest kommt dann schon.‹

Sie unterdrückte ein Lächeln und half den Kleinen wenig später, die großen Koffer in das alte Nebengebäude zu bringen.

Das Camp befand sich auf dem Gelände eines ehemaligen Bauernhofes am Ende des ungepflasterten Weges. Zwei alte Eichen markierten den Eingang, von dem aus sich ein geflochtener Weidenzaun durch Wiesen und Wäldchen bis hinunter zum Ufer der ›Recknitz‹ schlängelte, die Vorpommern von Mecklenburg trennte.

Das Gelände erstreckte sich weitläufig um drei zweistöckige Gebäude herum. Im ehemaligen Bauernhaus wohnte der Betreiber, der auch einen Streichelzoo mit Kaninchen, Rehen, Hühnern und sogar zwei zahmen Füchsen unterhielt.

Links vom Haupthaus fanden sich die ehemaligen Stallungen, in denen sich jetzt der Essenssaal und die Zimmer für die Kinder befanden. Auch die Betreuer wohnten in den spartanisch eingerichteten Zweibettzimmern. Mathilde stellte die zwei schweren Koffer zweier Kinder in den ersten Raum und bedeutete ihnen, dass sie hier untergebracht waren. Die Kinder nickten und sahen sich an.

»Na, sagt euch mal eure Namen und was ihr am liebsten macht«, sagte Mathilde und schloss die Tür hinter sich.

Erneut stieg sie die Treppe hinunter, die für zwei Menschen zu schmal war. Unten stieß sie die schwere Haustür auf und nahm sich wieder zwei Koffer, die sie für zwei Mädchen nach oben schleppte, die sie erst auffordern musste, ihr zu folgen. Sie quartierte sie ins nächste Zimmer ein und ermahnte sie, sofort mit dem Einräumen zu beginnen. Es gebe einen Zeitplan.

Die Mädchen nickten, saßen aber schon auf einem der Betten und unterhielten sich weiter im Flüsterton. Mathilde schloss lächelnd die Tür und machte sich wieder auf den Weg nach unten. Auf halber Treppe musste sie umkehren, weil ihr sechs Teenager mit riesigen Taschen entgegenkamen.

»Na, wird's?«, fragte sie.

»Muss«, sagte eines der Mädchen, ohne hochzusehen.

Mathilde nickte, ließ die Truppe vorbei und ging nach unten, wo sie aber kein Gepäck mehr vorfand. Sie schlenderte übers Rondell, das der Mittelpunkt des Gehöfts war. Alles in allem sei es hier ziemlich ranzig, sie sah an dem Gebäude hoch, in dem sie untergebracht waren. Große Brocken des Putzes waren heruntergefallen, bloßer Backstein war zu sehen. Der Rasen zwischen den Gebäuden war braun und löchrig. Überall schimmerte die Erde durch. Das Haupthaus hatte man nur bis zur ersten Etage verputzt und übermalt. Es besaß eine weitläufige Terrasse, durch die man ins Haus kam. Vor der Terrasse stand allerdings ein Schild mit der Aufschrift ›privat‹.

Mathilde schlenderte weiter und fand einen Seiteneingang, dessen Tür offen stand. Hier ging es an der ersten Etage vorbei in die obere, wo sich Zimmer befanden, die notdürftig zu Seminarräumen umgebaut worden waren. Betten waren hochkant aufgerichtet worden, Schränke waren in die Ecken geschoben worden, und in der Mitte der Räume standen Tische mit wackligen Stühlen. Hier sollte sie den Kindern also den Deutsch- und Englischunterricht verständlich machen. Mathilde wurde skeptisch. Auf den Tischen sei kaum Platz für das Material von vier oder fünf Kindern. Sie ging zur Fensterfront, schob eine alte Gardine zur Seite, von der der Staub rieselte, um hinauszusehen. Die Scheiben waren lange nicht geputzt worden. Sie wischte ein Loch in den Schmutz und sah in ein verwachsenes Wäldchen, in dem sich Schaukeln und Klettergerüste befanden.

Sie drehte sich um, verließ das Zimmer wieder und wenig später das Haus. Sie umkreiste das alte, imposante Gebäude, ging durch das Wäldchen, vorbei an den Schaukeln, und sah wenig später einen Abhang vor sich, auf dem sich Getreidefelder ausdehnten; bis hinunter zum breiten Fluss. Er hatte eine starke Strömung und viele Biegungen. Mathilde fand ihn schön.

›Hauptsache Wasser‹, dachte sie: ›Eine Woche ist ja auch nur eine Woche.‹

Sie blieb im Schatten der Bäume und blickte versonnen nach unten, als sie ihren Namen hörte. Als sie sich umdrehte, sah sie die Organisatorin auf sich zukommen: »Ach, hier stecken Sie, Frau Rösch. Mein Name ist übrigens Frau Schmitt mit doppelt t. Wir hatten noch nicht das Vergnügen. Darf ich Sie bitten, mir zum Speisesaal zu folgen? Wir wollen uns den Kindern vorstellen und danach den Stundenplan besprechen. – Ist es nicht eine schöne Ecke hier? Ich finde gerade das Natürliche so gut. Noch nicht alles totsaniert hier. Wo hat man das heute noch? Und der Preis ist auch in Ordnung. Wir wollen den Familien ja nicht das letzte Hemd abknöpfen. – Was meinen Sie, die Kinder werden sich hier doch wohlfühlen, oder?«

»Kinder achten meist nicht auf die Umgebung. Sie haben zu viel mit sich selbst zu tun«, sagte Mathilde, worauf Frau Schmitt unsicher lächelte: »Wenn Sie meinen!«

»Ja, aber ich bin ja keine Pädagogin.«

»Aber doch! Und ich danke Ihnen und Herrn Schneider! Ohne Ihre Hilfe könnte der Nachhilfeunterricht ja gar nicht stattfinden. Wir sind zwar ein angesehener Verein mit vielen Mitgliedern, aber trotzdem haben wir kaum Geldmittel.«

Die beiden Frauen stiegen die wenigen Stufen zum Esssenssaal hoch und öffneten die Tür. Drinnen erzählte Herr Schneider den Nachhilfeschülern gerade von seinem neuen Sachbuch. Die Kinder hingen fasziniert an seinen Lippen.

Erstaunt blieben die Frauen stehen und hörten den Mann sagen: »Neue Kinder also. Es gibt bald auch neue Kinder. Die werden dann hergestellt, ganz einfach. Wenn die Eltern dann zu alt fürs Kinderkriegen sind, weil sie ja vorher Karriere machen mussten, dann bestellen sie ihre Kinder einfach beim Lageristen. Der sucht dann die eingefrorenen Säfte heraus, taut sie auf, mischt sie, schickt sie zur Brutaufzuchtsanlage und neun Monate später können die Eltern dann ihr neues Kind abholen, fabrikneu! Die Säfte stammen natürlich von den leiblichen Eltern persönlich. Sie haben sie früher selbst eingelagert, und so kommt es, dass die Geburt wegfällt. Unsere neuen Kinder werden also aus jungen Zellen sein und alte Eltern haben. Die Großeltern werden dann schon tot sein. Diese fabrikneuen Kinder werden es gar nicht mehr kennen, Großeltern zu haben. Kinder werden also aus Samenspenden und Teilen der Eierstöcke und der Gebärmutter, die zuvor entnommen wurden, gemacht. Eingefroren hält sich ja fast alles unbegrenzt. Das Gewebe bleibt in matt glänzenden Metallregalen, und um die Beine der Lageristen sammeln sich Kälteschwaden, während sie die neuen Babys herstellen. Wer von euch weiß, welche Temperatur Kälte mindestens haben muss, um als Nebel sichtbar zu werden? – Na? – Na?«

Diese Kinder, Hüter so vieler Misserfolge, reagierten reflexartig, beobachtete Mathilde. Sie sah, wie die Blicke vom Männergesicht losgerissen und versteckt wurden, während der Sachbuchautor immer weiter nachhakte.

»Herr Schneider, so interessant das Thema Ihres neuen Buches auch sein mag«, sagte Mathilde, »vielleicht ist es nichts für Kinder?«

Herr Schneider nahm die beiden Frauen wahr, nickte nachdenklich, entschuldigte sich und meinte, er habe einfach keine Erfahrungen mit Kindern. Er habe sie unterhalten wollen, weil er mit ihnen plötzlich alleine gewesen sei. Wo denn die werten Kolleginnen nur gewesen seien? Man könne ihn doch nicht so allein lassen, er sei doch völlig unerfahren im Umgang mit Kindern.

»Nun sind wir ja hier«, sagte Frau Schmitt und setzte sich ans Kopfende der u-förmigen Tischreihe. Sie bedeutete den Lehrern, sich neben sie zu setzen, und begrüßte die Kinder, die sie von den wöchentlichen Nachhilfestunden her kannte.

Nachdem Frau Schmitt und Herr Schneider sich vorgestellt hatten, stand auch Mathilde auf und gab Bruchstücke ihres Lebens preis, anschließend räusperten sich die Kinder nach und nach und nannten ihren Namen und ihre Klasse. Mathilde zählte siebenundzwanzig Kinder, die nach der Vorstellungsrunde entlassen wurden, um draußen etwas zu spielen, ehe der Unterricht losging.

Der Stundenplan überraschte Mathilde doch sehr. Sie hatte jeden Tag fünf Stunden mit verschiedenen Altersklassen. Es waren immer nur zwei Kinder pro Stunde eingeplant.

»Also ist immer bis etwa vierzehn Uhr Unterricht«, sagte Frau Schmitt: »Sie sind aber auch als Betreuer engagiert. Ich bitte Sie also, auch bei den Freizeitaktivitäten mitzumachen. Wir brauchen Sie einfach.«

»Was ist denn alles geplant?«, fragte der Sachbuchautor: »Das ist alles so spannend!«

»Eine Kanufahrt. Das ist der Höhepunkt. Lagerfeuer, ein Fasching mit Kostümen, ja, das sind ja schon drei Nachmittage und Abende. Für die anderen beiden Tage fällt uns sicher noch etwas ein.«

»Ich könnte über den Sternenhimmel erzählen. Sternbilder zeigen, wenn es nicht bewölkt ist«, bot sich Herr Schneider an: »Kinder mögen doch Sterne?«

»Das klingt nicht schlecht«, sagte Frau Schmitt, und Mathilde grübelte, was sie anbieten könnte. Ihr fiel lange nichts ein, ehe sich ihre Miene dann doch aufhellte: »Von Bäumen weiß ich alles! Und Bäume gibt es hier ja genug. Ich könnte zum Beispiel von Riesenmammutbäumen erzählen, die schon fast dreitausend Jahre auf der Erde sind.«

Frau Schmitt nickte und notierte: ›Freitag: Bäume‹.

Mathilde hatte bis Freitagmittag kaum bemerkt, wie rasch die Woche vergangen war. Sie saß zwischen den Kindern und unterhielt sich mit ihnen.

»Nein, da gab es eine Aktion im Jahre zweitausendacht, da wurden drei Komma sechs Milliarden Bäume gepflanzt, auf der ganzen Welt. Ziel war es, für jeden Menschen einen Baum zu pflanzen«, sagte sie und sah die sechs Schülerinnen und Schüler der sechsten Klasse an, mit denen sie am Tisch saß. Sie löffelten einen kräftigen Eintopf, in dem Kartoffel-, Möhren- und Fleischstücke schwammen. Die Landluft hatte die Kinder so hungrig gemacht, dass sogar jene Fleisch aßen, die Zettel der Eltern mitgebracht hatten, auf denen lange Listen von Lebensmitteln standen, die ihre Kinder nicht aßen; angeblich nicht aßen. Mathilde lächelte, über ihren Eintopf gebeugt, und hörte einen Jungen sagen, er werde auch Bäume pflanzen, vier Stück: für den Vater, für die Mutter, für die Schwester und für sich selbst.

»Und welche Sorte?«, fragte ein Mädchen.

»Birken«, sagte der Junge sofort.

»Aber Birken sehen doch so komisch aus, mit den weißen Stämmen und den ganzen Flecken.«

»Na und? Die muss es auch geben«, sagte der Junge und fragte: »Und welche Art willst du pflanzen? Das heißt nämlich Art und nicht Sorte, stimmt doch, Frau Rösch?«

Mathilde nickte, als dem Jungen noch etwas einfiel: »Und in der Nacht sind die Stämme besser zu sehen, wenn man sich mal verirrt hat. Wie gestern Nacht eure Gruppe!«

Er grinste, und das Mädchen gab zurück, sie hätte sich mit ihren beiden Freundinnen nicht verirrt, bloß beinahe, und fragte: »Oder Frau Rösch?«

»Keiner hat sich von euch verirrt, wir haben ja nur so getan, als ob. In Wirklichkeit standen die großen Jungs am Weg und haben euch im Augen behalten«, sagte Mathilde.

»Ja, ja, und immer haben sie Geräusche gemacht, dass man sich erschrocken hat. – Das war cool«, sagte der Junge und grinste wieder.

Mathilde hatte ihn die ganze Woche nicht lächeln sehen, doch jetzt, da die Nachhilfeaufgaben abgearbeitet waren, schien er sich endlich zu entspannen. Sie sagte: »Na, Jurek, geht's dir jetzt gut?«

Er nickte beim Löffeln.

»Ist doch schön, wenn man die Schulaufgaben verstanden hat, oder?«

Wieder nickte er.

»Ich wohne ja im Ostseebad Nienhagen, da kann ich öfter mal rüber nach Lichtenhagen kommen. Ich frage mal Frau Schmitt, ob sie mich in ihrem Verein als Nachhilfelehrerin fest anstellt, dann werde ich dir bis zum Abitur helfen.«

Der Junge sah hoch, seine Augen strahlten, als er fragte: »Soll ich denn was studieren? Meine Mutter sagt, studieren ist Quatsch mit Soße.«

Die Mädchen kicherten und sahen Mathilde an. Sie antwortete: »Studieren ist gut. Wenn man studiert hat, dann verdient man im Leben dreimal so viel Geld wie jemand, der nicht studiert hat.«

»Mein Vater verdient sechshundert Euro. Mal drei sind das dann ja tausendachthundert Euro! So viel?«

Mathilde nickte und fragte, was er studieren wolle.

»Na, was mit Bäumen. Man kann doch alles studieren, oder?«

»Ja, das kann man«, sagte Mathilde: »Du bist ein fixer Bursche! Bloß bisschen faul manchmal, oder?«

Jetzt lachte er mit den Mädchen mit, hob die Schultern und wischte den Teller mit einem Kanten Brot sauber, den er sich in den Mund steckte, ehe er die Tasse kalten Tee austrank. »Das war lecker! – Und was machen wir nun?«

»Die Jungs spielen Fußball, und die Mädchen nehmen von den Tieren des Streichelzoos Abschied. – Na ja, und dann werden eure Eltern auch bald kommen. – Geht schon raus, heute übernehme ich den Tischdienst.«

Sie wischte Jurek noch schnell über die dunkelblonden Haare und sah den Kindern versonnen hinterher. Dann nahm sie die Teller, das Besteck und die Plastiktassen und brachte sie zum Regal.

»Pechvögel haben immer Glück«, sagte Herr Schneider zu ihr: »Ganz im Ernst.«

»Na, hoffentlich.«

»Kommen Sie mit auf die Raucherinsel? Als wären wir auch noch Teenager? Heimlich rauchen? Erinnern Sie sich, wie aufregend das damals war? Man gab sich natürlich ganz locker!«

Mathilde lächelte und nickte. Zusammen gingen sie zum Holzpavillon, in dem die älteren Mädchen und Jungs standen und rauchten. Wie dieser Autor sich doch verändert hatte! Er war ganz aufgedreht, als hätte er Vaterpflichten für all die Kinder übernommen und wäre gleichzeitig ihr bester Kumpel. Mathilde musterte ihn von der Seite, als er sofort ein Gespräch mit den Heranwachsenden anfing. Er hatte ihr im Vertrauen erzählt, er sei zwar Junggeselle, aber jetzt überlege er es sich noch einmal. Kinder seien ja so etwas Erfrischendes. So etwas Verjüngendes. Und so etwas herrlich Nervendes. Da könne doch kein Buch und kein Job der Welt mithalten. Ob Mathilde denn verheiratet sei?

Verheiratet und zum Gebären zu alt.

Er war knallrot geworden, erinnerte sich Mathilde und dachte: ›Diese Künstler! Wenn wir unsere Künstler nicht hätten! Die reinsten Kinder.‹

»Na, dann geht es gleich mit dem Fußball los, oder?«, fragte er die Jungs, die zwischen sechzehn und achtzehn Jahre alt waren: »Werdet ihr doch schaffen, oder? Vier fast Erwachsene gegen zehn Steppkes?«

»Naja, wird knapp«, meinte einer der Jungs: »Wäre schon gut, wenn Sie uns helfen würden!«

»Meint ihr? Im Ernst? Ich bin doch zu alt dafür?«

»Quatsch, Sie sind doch auch noch jung!«

»Also, wenn ihr mich haben wollt, dann sagt einfach Bescheid.«

»Bescheid!«, rief der Junge und fügte hinzu, Herr Schneider sei voll in Ordnung. Mathilde sah zu dem Mann, der Geheimratsecken und einen dicken Bauch hatte, und dachte: ›Der geborene Helfer! Wie er die Kinder in seinem Unterricht motiviert hat! Ganz ohne pädagogische Ausbildung hat er das ewige Wechselspiel zwischen Anforderung und Vermittlung hervorragend gemeistert. Die heranwachsenden Mädchen waren mit dem Chemieunterricht sogar eine ganze Stunde früher fertig geworden. Ein Naturtalent, nur schade, dass Frau Schmitt ihn nicht mag.‹ Er sei ihr zu quirlig, teilweise zu kindisch, und ganz geheuer sei ihr der Mann auch nicht, der so verrückte Geschichten erzähle. Mathilde hatte geantwortet, Frau Schmitt trage nur die Last der Verantwortung, und leider nehme sie alles persönlich. Der Schneider tue dies nicht und habe daher mehr Erfolg. Ein Kind wolle schon ernstgenommen werden, aber es wolle nicht gleich der beste Freund des Lehrers werden. Das spüre Herr Schneider, so bleibe er immer auf Abstand, aber Frau Schmitt leider nicht. Für Herrn Schneider seien die Kinder mehr Kameraden, Kameraden, die das Abenteuer Wissen erleben, für Frau Schmitt sei es mehr Ernst, Last und Theorie, und das spüre der Schüler, die Schülerin. Und natürlich war Frau Schmitt, die Biologie und Geschichte unterrichtet hatte, verstimmt gewesen, aber das hatte Mathilde nichts ausgemacht. Sie ließ die Kippe fallen und sagte: »Herr Schneider! Sie müssen dann aber Stürmer sein!«

»Ja!«, grölten die Teenager auf, die mit untrüglichem Gespür eine Gaudi witterten.

»Ja, wenn ihr wollt, Jungs, ich meine, für ein Viertelstündchen wird es bestimmt reichen.«

Die Jungs klopften ihm sogar auf die Schulter, als sie die Raucherinsel verließen, und der letzte meinte, er zähle auf ihn!

Ein strahlender Herr Schneider blieb zurück, der sich neben Mathilde auf die Holzleiste setzte, die als Bank diente.

Er sagte: »Mein Gott, was für eine Woche! – Können einen ganz schön schaffen, so viele Kinder, was, Frau Rösch!«

»Auf jeden Fall. Sie haben aber gut gekämpft, Herr Schneider! – Ich fand es sehr gut, dass den Kinders so wenig Freizeit blieb. Immer beschäftigt waren sie doch, oder?«

»Ja, die Kanufahrt, das war wohl der Höhepunkt. Wie sie die langen Boote zum Ufer schleppen mussten, und dann immer ein Teenager und zwei Kleine in ein Boot. Schwimmweste um und los! Da haben die Älteren gut Verantwortung gelernt. Und gar kein Streit zwischen den Altersgruppen, also ich dachte ja, es gibt bei fast dreißig Kindern immer nur Streit. Aber überhaupt kein Gemecker. Und der Fasching war auch toll, wie wir alle auf den Tischen getanzt haben! Und das Basteln der Kostüme, da waren sie ja zwei Tage mit beschäftigt. – Und dann die Nachtwanderung, davor das Holzsuchen, als Sie den Kindern alles über Bäume beigebracht haben! Also, sehr interessant! Fand ich. Wirklich.«

»Ja, aber ihr astronomischer Vortrag war viel interessanter. Da lagen doch die Kinder auf den Decken und haben die Sternbilder gesucht – und sogar gefunden! Ich ja nicht. Ich bin dafür zu kurzsichtig, aber das hat bei den Schülern richtig reingehauen. – Sagen Sie mal, Herr Schneider, Sie sind doch ein Mann.«

»Ja, kann man so sagen«, sagte er und lächelte unsicher: »Haben Sie ein Problem, Frau Rösch? – Männer lösen Probleme, wissen Sie ja. Vom Seemannsknoten bis zur Raumstation.«

»Mehr eine Frage«, sagte sie und sah dem Mann ins Gesicht. Er nickte, ernst geworden, und wartete. Mathilde brauchte noch einen Augenblick, ehe sie sagte: »Es ist so. Was halten Sie von Fischfarmen?«

»Gute Sache!«

»Nun, mein Mann ist Hochseefischer. Und ich habe ihm nahegelegt, dass es mir gefallen würde, wenn er der See den Rücken kehrte und als Fischwirt in meiner Nähe arbeitete. – Meinen Sie, Sie als Wissenschaftler, man kann heutzutage mit gutem Gewissen in die Fischaufzucht einsteigen?«

Herr Schneider senkte den Blick und überlegte eine Weile. Er sammelte die Informationen zusammen, die er über Fischfarmen im Kopf hatte, und nickte schließlich: »Wir sind ja nicht in Chile! Oder? Da soll es ja schlimm sein. Ich las kürzlich einen Artikel über Südchile. Infektionskrankheiten und völlige Ausbeutung, das ist sicher nichts. – Aber hier in Deutschland sehe ich keinen Grund dafür, es nicht zu tun. So ein Betrieb darf nur nie zu groß werden. Das ist ja in der Wirtschaft immer das Problem. Wenn ein Betrieb zu schnell wächst, dann bricht er zusammen. – Was ich Ihnen raten würde, wäre, gut auszusortieren. Wählen Sie für Ihren Mann einen Kleinbetrieb. Vielleicht zwanzig Angestellte. Vergewissern Sie sich, dass die Betreiber nicht um jeden Preis wachsen wollen, dann bleiben auch die Fische gesund.«

»Über den Aspekt habe ich noch gar nicht nachgedacht. Das stimmt, ich finde, da haben Sie Recht. Weniger Stress für die Fische, das heißt auch, weniger Stress für die Mitarbeiter.«

Herr Schneider lächelte: »Ja, vielleicht.«

»Und sagen Sie: Die Fischzucht im Allgemeinen, kann man da mit gutem Gewissen arbeiten?«

»Ich bin auch kein Experte. Aber bis auf die Ernährung mit Fischmehl scheint das alles ziemlich ökologisch und zukunftsorientiert zu sein, nein, nein, suchen Sie Ihrem Mann ruhig so eine Arbeitsstelle. Ich halte das für eine gute Idee!«

»Na ja, in Wahrheit habe ich das schon!«

»Und warum fragen Sie mich dann? – Nein, nein, diese Frauen! – Keine langen Reden, erst einmal anfangen und sich dann den Rat suchen, den man braucht, oder?«

»Nennt man das nicht ein wenig altmodisch: ›Erfolg haben‹?«

Herr Schneider lächelte: »Also haben Sie schon einen Arbeitsplatz gefunden?«

»Und ich bin sehr froh darüber. Sie haben doch gesehen, dass ich in jeder freien Minute am Handy hing. Da habe ich alle betreffenden Firmen angerufen. Bei vielen kam ich gar nicht bis zum Chef durch, aber ja: Bei Demmin in Vorpommern, da würden sie meinen Mann mit seiner Erfahrung gerne einstellen, sehr gerne. Ich solle pro forma eine Bewerbung schicken, und nun überlege ich, ob ich das tun soll, ohne vorher mit Robert gesprochen zu haben. – Wissen Sie, ich würde es sehr gerne machen und ihn überraschen.«

»Frau Rösch, tun Sie das! Überraschen Sie Ihren Mann! Machen Sie gleich Nägel mit Köpfen. Gleich einen Vorvertrag unterschreiben, handeln Sie schon mal das Honorar aus, und dann zeigen Sie ihrem Mann die Papiere, und dann wird er schon nicht ›nein‹ sagen. Bestimmt wird er froh sein, dass Sie aktiv geworden sind. Denn Sie haben es doch aus Liebe zu ihm getan. Ach ja, die Liebe, die Frauen, die Kinder, ich fühle mich zwanzig Jahre jünger. Und Sie wollen nun auch noch meinen Rat als Mann, herrlich! – So, aber nun ist Schluss mit der Träumerei! Ich muss mein Sporttrikot holen! Mich aufwärmen, ich darf dann keine Zerrung bekommen. Ich will ja meine Jungs nicht blamieren. Frau Rösch, sind Sie Fan? Wir brauchen laute und agile und vitale Fans!«

»Aber natürlich, Herr Schneider! Ich bin da, verlassen Sie sich auf mich! Und: Ich will Sie siegen sehen!«

»Okay! Ich gebe mein Bestes. – Und Sie, Sie schicken

noch am Wochenende die Bewerbung für Ihren Mann ab. Kann ja auch sein, der Job ist nächste Woche schon weg, wenn Sie sich jetzt nicht melden! Fischzucht ist Zukunft! Schweine und Kühe waren gestern, jetzt kommt die Fischzucht!«, sagte Herr Schneider, joggte los, drehte sich beim lockeren Laufen um und winkte Mathilde zu.

Mathilde hielt ihm grüßend beide Daumen hoch und dachte: ›Und dieser Mensch ist nun ein erfolgreicher Geschäftsmann! Man würde es nicht glauben!‹

Sie hatte einige der Mädchen überzeugt, sich das Fußballspiel anzusehen, so dass eine neunköpfige Fantruppe am Feldrand stand und die Teams anfeuerte. Die Mädchen vergaßen schnell ihre Gespräche, und besonders wenn Timo, ein sechzehnjähriger Blondschopf, den Ball verteidigte, gab es laute Begeisterungsrufe. Immer wieder passte Timo zu Herrn Schneider, der sich an der Mittellinie aufhielt und dann versuchte, durch das dichte Bollwerk der kleineren Jungs zu gelangen, die ihre Überzahl voll ausspielten: Von allen Seiten stürmten sie auf Herrn Schneider zu, der ein ums andere Mal ins Stolpern geriet und den Ball verloren geben musste.

»Diese kleinen Rabauken!«, brüllte er dann in Richtung Mathilde und musste sich mit den Händen auf die Knie stützen, um wieder zu Atem zu kommen.

Die anderen drei Mitspieler seiner Mannschaft blieben in der Abwehr, und so gelang bis zur Halbzeit keiner Mannschaft ein Tor. Als Frau Schmitt zur Halbzeitpause pfiff, waren alle Jungs und Mädchen guter Laune. Die kleineren Jungs fielen auf die Rasenfläche und sahen sich mit großen Augen an, stolz, den Großen etwas entgegengehalten zu haben. Die großen Jungs verdrückten sich zur Raucherinsel, und Herr Schneider ließ sich pustend neben Mathilde auf die Holzbank fallen.

»Harter Gegner«, sagte er: »Keine Chance!«

Mathilde nickte und blickte zu den kleineren Jungs, die auf der Spielfläche verstreut herumlagen und das Erfolgserlebnis genossen. Wie wenige von ihnen solche Erlebnisse wohl kannten? Mathilde, die Vertrauen zu Herrn Schneider gefasst hatte, sagte: »Viel Druck in der Partie! Positiver Druck. Immer vollführt der Größere den Druck, den der Kleinere dann aushalten muss. Einfach, weil der Größere mehr Platz braucht. So übt zum Beispiel die Sonne da oben gerade massiven Druck auf die Erde aus, weil Hitze beständig mehr Platz braucht als Kälte. Die Luft wird erwärmt, die kältere Luft immer weiter verdrängt, und was entsteht, das ist der viel gerühmte Wind. Der Wind ist ein Ergebnis der Verdrängung, dabei tut er so, als würde er verdrängen! Dieser Charmeur.«

»Ach, Wind! Der würde jetzt richtig gut tun! Ja, jetzt einen starken Wind in der Pause«, keuchte Herr Schneider und trank gierig aus einer Wasserflasche.

»Der Wind kann einfach alles, Herr Schneider. Er bringt die Erde zum Drehen, dabei existiert er nur um seiner selbst willen. Woher nimmt er nur diese bezaubernde Naivität? – Doch wohl, weil er keine Eltern hat. Er hat keinen Vater. Er war einfach da. Seit Anbeginn. Er ist eine Geburt der Sonne, aber einen Vater hat er nicht. – Und wer will die Sonne schon als Mutter? Kein Wunder, dass er immer auf den Beinen ist.«

»Dann muss er sehr unglücklich sein«, sagte Herr Schneider.

Mathilde drehte sich erstaunt zu ihm um: »Warum?«

»Weil er die Zuversicht der Kinder nicht kennt. Das Urvertrauen nicht nachvollziehen kann. Vaterlose Kinder suchen den Sinn ihrer Existenz nicht woanders, immer nur bei sich selbst. Wer das Urvertrauen als Kind nicht kennengelernt hat, im Schoße einer vollständigen Familie zu leben, der wird die Verantwortung für die eigene Existenz niemals in unsichtbare Hände legen. Auch nicht in fremde Hände. In gar keine Hände, Frau Rösch! Von wem reden Sie? Von Ihrem Ehemann?«

Noch erstaunter musterte Mathilde den Sachbuchautor: »Ja. Ich dachte gerade an Robert. Der ist ohne Vater aufgewachsen, dabei war ihm die eigene Mutter so weit weg, wie die Sonne vom Wind.«

»Und Sie meinen nun, Robert flieht noch immer vor der Verantwortung. Das klingt vielleicht bitter, aber als vaterloser Sohn nimmt er für seine eigene Existenz viel mehr Verantwortung auf sich, als er bräuchte. Allerdings lässt das keinen Platz, für andere Menschen Verantwortung zu übernehmen. Zum Beispiel für die kleinen Racker hier. Glauben Sie mir, ich spreche aus Erfahrung. Es ist keine böse Absicht Ihres Mannes, wenn er mehr an sich als an andere denkt. Es ist nur der erlernte Trott. ›Überleben‹ genannt.«

»Ich hatte immer die Hoffnung, dass sich das mal ändern könnte …«

»Die Verantwortung macht aus dem Reden ein Sprechen und Sagen. Wer spricht, dem hört man zu. Wer redet, den verlacht man nur.«

»Soll heißen?«

»Soll heißen, der Ausweg aus der Misere gelingt, wenn Ihr wortkarger Ehemann das Kommunizieren lernt. Das ist die Rettung. Er soll nicht das Lamentieren lernen, sondern das Sprechen und Sagen. So wie ich es gelernt habe, oder hören Sie mir etwa nicht interessiert zu, Frau Rösch?«, fragte Herr Schneider und lächelte, während er sich den Schweiß abtrocknete: »Ich glaube, ich habe eine Zerrung.«

»Doch, Sie lassen sich auf ihr Gegenüber ein und können etwas präsentieren, über das Sie sich erkundigt haben.

Über das Sie nachgedacht haben. – Das meinen Sie doch! Das eigene Denken so formulieren zu können, dass es andere interessiert.«

»Interessiert und weiterhilft! Ich bin Optimist.«

»Also, dann könnte aus einem vaterlosen Sohn doch noch etwas werden, wenn er die Last der eigenen Existenz nicht so sehr spürt und Verantwortung für andere übernimmt? Ja, ich verstehe. Als Robert bei seiner Mutter aufwuchs, musste er fast alle Pflichten übernehmen, die sonst der Ehemann erfüllt. Das kann so einen kleinen Buben schon fertig machen!«

»Oh, eine ganz fiese Sache, wenn das Kind der Ersatzmann der Mutter werden soll! Das ist schon fast Missbrauch und fies von der Mutter! Das überfordert den Jungen ja. Meine alleinerziehende Mutter hatte noch ein Kind gekriegt, als ich fünfzehn war, da musste ich auch noch den Ersatzvater spielen, mitten in der Pubertät! Das hatte mir den Rest gegeben: Alkohol, Depression, die ganze Packung. – Um alles Familiäre habe ich immer einen riesigen Bogen gemacht, aber jetzt bin ich irgendwie drüber weg. Ich hab versucht, Verantwortung für die Kinder hier zu übernehmen. Und ein Urvertrauen zum Leben zu finden. Hab ich mich sehr lächerlich gemacht?«

»Für einen Anfänger, der kein väterliches Vorbild hat, waren Sie auszuhalten. Ein bisschen überbesorgt.«

»Ich danke Ihnen! Für mich war diese Woche hier wichtiger als jede Therapie. Ich meine, Demenzkranken gibt man ja auch Haustiere!«

Sie lachten, ehe Mathilde sagte: »Sie haben Recht, Roberts Mutter hat von Robert immer nur erwartet, dass er funktioniert. Und er funktionierte. Er bekam Taschengeld und kaufte sich davon die Klamotten selbst. Er kaufte sich auch Lebensmittel selbst, während sie auf Arbeit war. Er bekam Geld, um sich allein zurecht zu finden und kennenzulernen.

Keinerlei Hilfe bei der Suche, ein ewig Suchender. Keine Elterngefühle, keine helfenden Gedanken, er hat seine Entwicklung allein und selbst nach vorne treiben müssen. Dafür brauchte er länger als andere Kinder, denen alles vorgesetzt wurde, die mit Fragen in bestimmte Richtungen gelenkt wurden, deren Eltern interessiert waren, moderne Erziehung eben. Robert dagegen war für jeden Schritt, den er tat, selbst verantwortlich, und daher fragte er sich dann irgendwann, ob er diesen oder jenen überhaupt noch machen sollte. Das hemmt Entwicklung zwangsläufig.«

»Zwangsläufig. – Keine Diskussion! Ich werde mit Ihrem Mann mal ein unverbindliches Bier trinken, wenn er wieder zu Hause ist! Keine Diskussion!«

»Keine Diskussion.«

»Wenn Sie mal zuhören, viele Mütter fragen ihre Kinder andauernd, wollen wir dies oder das machen. Das ist falsch, damit überlassen sie die Entscheidung Kinderköpfen, Köpfen, die noch gar nicht entscheiden können. Sie wollen aber helfen. So überfordert man sie. Die Mutter muss doch die Richtung bestimmen, nicht das Kind. Die Mutter muss mutig voranschreiten und darf sich nicht feige hinter dem Kind verstecken. Dann heißt es immer, das Kind wollte doch dies oder jenes. Und die Mama steht strahlend da. Falscher Glanz! Katzengold!«

»Und das Kind ist von der ganzen Fragerei irgendwann nur noch genervt. Mein Gott, Herr Schneider, Sie erstaunen mich immer mehr. – Schade, das Spiel geht weiter«, sagte Mathilde: »Ich freue mich, Sie kennengelernt zu haben. Aber nun zeigen Sie es dem übermächtigen Gegner der Zwerge und schießen Sie endlich ein Tor!«

»Ich versuche es«, sagte Herr Schneider, stand mit einem Stöhnen auf, biss die Zähne aufeinander und humpelte aufs Spielfeld.

»Meine Jungs brauchen mich doch!«, rief er und lachte.

Mathilde nickte und feuerte ihn an, als Frau Schmitt das Spiel wieder anpfiff.

›Und der Wind wird dir helfen‹, dachte sie: ›Der Wind verbindet alles. Dem Wind ist jeder alles. – Wenn der Wind mal nicht da ist, wird jedes Leben apathisch. Man glaubt an den brüllenden Wind, vor der Flaute hat man eine Höllenangst. Stillstand ist der Tod. Man hofft immer auf den Wind. Man liefert sich ihm aus, die Flaute will man immer umschiffen. Man sehnt bei seiner Abwesenheit seine Rückkehr herbei, um ihm das eigene Leben anzuvertrauen. Man ist froh, wenn er entscheidet und einen von der ewigen Selbstverantwortung ein paar Stunden erlöst. Hingabe und Demut sind die Gesten, mit denen das Leben dem Wind begegnet. So hält man Zwiesprache mit dem Übersinnlichen, Flaute jedoch macht apathisch und will das Leben nur abtöten. – Müssen das nicht auch Roberts Erfahrungen sein? Könnte er eines Tages vielleicht wirklich sprechen, wie Herr Schneider das nennt? – Aussagen formulieren und nicht einfach nur Zeit dehnen?‹

Sie schreckte auf, weil Lärm einsetzte. Mit hochgerissenen Armen stolzierte Herr Schneider übers Spielfeld. Kurz darauf ließ er sich auswechseln und musste tatenlos mit ansehen, wie die gegnerische Mannschaft kurz vor Schluss ausgleichen konnte.

Das aber ließ Luise nicht mit sich machen. Sofort drehte sie auch den Kaltwasserhahn zu, sah Tommy gespielt vorwurfsvoll an, zeigte ihm das nackte Gesäß und streckte es weit nach hinten. Sie spreizte die Beine und präsentierte sich.

Luise spürte die Hände, die sich erst zart auf ihre Hüfte legten, sie dann aber packten. Die schmalen Hände wanderten über ihren Rücken, ergriffen ihre Pobacken, und endlich spürte sie ihn tief in sich. Erleichtert stöhnte Luise auf, sie genoss auch die festen Griffe an den Hüften und legte die Wange an die feuchten Fliesen der Dusche. Sie keuchte, wollüstig setzte sie spitze Schreie, während er ihre Brüste liebkoste, die Spitzen rieben sich hart an den Handflächen, das Weiche fügte sich überquellend den Händen, und Luise drückte den Kopf in den Nacken und ließ sich von Tommy anheben.

Ihr Gesicht wischte zwar über die Duschwandfliesen, regelmäßig und immer heftiger, aber es störte sie nicht. Luise fügte sich Tommys Bewegungen und ließ sie tief in sich nachschwingen. Die festen Liebkosungen der Brüste verschwanden, er zwirbelte die Brustwarzen, und Luise drückte Tommy den Hintern noch weiter entgegen. Jetzt hatte er eine Hand an ihrem Nacken, die andere in den Haaren, bald waren sie nur noch mit den Unterleibern vereint. Luise erlag Tommys Stößen und vergaß sich, und er stützte sich mit den Händen an den Fliesen ab, dicht neben ihrem Gesicht. Sein Biss in ihre Schulter. Sein Verkrampfen. Seine selige Erschöpfung.

Luise drückte die Stirn gegen die Wand, griff hinter sich und streichelte den schmalen Körper, wo sie ihn zu fassen bekam.

»War das Hammer!«, hörte sie ihn nach Atem ringen: »War das Hammer!«

Er lag halb auf ihr, keuchend, streichelte sie vorne, rieb ihren Nabel, und Luise strich mit den Fingerspitzen über die Gänsehaut seiner Nierengegend.

»Hammer! – Ich bin total leer!«

Sie flüsterte: »Ich bin deine *Erste*, oder?«

Seine Wange streichelte ihr Schulterblatt, dann flüsterte er zurück: »Ja, ich bekenne mich schuldig! Entschuldige!«

»Nein, brauchst du nicht.«

»Was denn?«

»Dich zu entschuldigen«, sagte sie und drückte ihn mit

dem Hinterteil leicht von sich weg, um sich umdrehen zu können. Sie umarmte ihn fest und drang mit der Zunge tief in seinen Mund ein. Es dauerte zwar einen Moment, ehe er Kraft fand, sie auch zu umarmen und zu küssen, doch dann war er wieder voll bei der Sache, und Luise hätte endlos so weitermachen können, doch sie erinnerte sich an die Umgebung, die ihr plötzlich absurd vorkam.

In der schmierigen Duschkabine einer Männermannschaft, die Walen hinterherjagte! Wie oft war sie doch bei der Marineausbildung solchen Situationen ausgewichen! Und erst als paramilitärische Sicherheitsfrau verfing sie sich! Mit diesem schmalbrüstigen Jüngling, dessen einzige Waffen ein feminines Gesicht und ein langer, blonder Pony waren! Mit ihnen hatte er sie in einer schmierigen Männerduschkabine überrumpelt! Ihr Herz raste plötzlich, sie bekam eine trockene Kehle, es war mehr, und noch inniger küsste sie ihn. Er hatte ja noch viel mehr Waffen dabei.

»Aua«, er kniff ihr in die Pobacke.

Sie ließ von seinen Lippen ab und sagte: »Keine Angst, ich zerbreche dich schon nicht.«

»Hättest du aber beinahe. Mein armes Handgelenk!«

Sie befreiten sich voneinander, und Luise befühlte Tommys Hand. Das Gelenk war tatsächlich geschwollen, ließ sich aber noch bewegen.

»Nicht so schlimm«, sagte sie: »Morgen sind wir im Hafen, dann haben wir alle Zeit der Welt. Dann pflege ich dich, mein süßer Fisch.«

Er lächelte und wischte sich die schweißnassen Haare aus dem Gesicht, ehe er an ihr heruntersah und sagte: »Brüste sind ja sowas von Hammer! – Du hast die schönsten!«

»Und du musst es ja wissen«, sagte sie und lächelte.

»Von null bis zwei«, sagte er: »Wie viele Männer hattest du schon? Du bist doch auch nur vier Jahre älter als ich.«

»Mit dir oder ohne dich?«

»Mit.«

»Dann waren es zwei.«

»Wirklich? – Du verarschst mich!«

»Ja. Schlimm?«

»Nein«, sagte er, zog die Kabinentür zurück und begann mit dem Anziehen, als er sagte: »Du musst jetzt aber sagen, dass ich der Löwe unter den Katzen bin! Der Königstiger unter den Plüschtieren!«

Sie sah seine Entscheidung: er lächelte. Tommy zeigte ein so offenes, strahlendes und stolzes Lächeln, dass Luise schon wieder das Herz überquoll. Es raste erneut los und stürzte davon. Sie musste tief aus- und einatmen, um es in diesem Moment nicht zu verlieren. Luise senkte den Blick, eine Geste, die ihr noch nie passiert war. Sie schluckte heftig.

Sie nahmen die restlichen Klamotten in die Hände, öffneten die Zimmertür und standen unmittelbar vor dem *Basken*, der sie fassungslos anstarrte.

»Was geht denn hier?«, fragte er wütend: »Was habt ihr denn hier gemacht? Was geht hier?«

»Alles, was nicht steht«, sagte Luise, schob den Jungen am Mann vorbei und fügte hinzu: »Und behalten Sie es bitte für sich, Kamerad! Sie können doch schweigen?«

»Schlampe!«, zischte er und ging in den Sanitärraum. Die Tür fiel hinter ihm ins Schloss. Erstaunt sah er sich um. Überall beschlagene Scheiben und Spiegel, und roch es hier nicht nach Sex? Nach heimlichem Sex? Sex auf einem Walfänger! Sex auf seiner *Rimbaud*! Und er war nicht einmal dabei gewesen. Dieser Bursche! Dieses *halbe Hemd*! Dieser *halbe Hahn*! Was erlaubte der sich?

Sein Zimmergenosse, ein Auszubildender. Dieser verlogene Bengel, der sich sein Vertrauen erschlichen hatte und der ihn nun so hinterging!

Alle wussten, dass er der Chef war, und alle hielten sich daran. Nur dieser Junge nicht.

»Verdammter Schlappschwanz«, flüsterte er: »Wenn hier einer auf meinem Schiff fickt, dann bin ich das!«

Er rieb einen Kreis in einem der beschlagenen Spiegel frei und starrte wütend in wuterfüllte Augen.

Sollte er das mit sich machen lassen? Musste er tatsächlich zum Komplizen dieser zwei notgeilen Schwuchteln werden? Wenn sich herumsprach, dass sie es miteinander trieben, dann stand er wirklich ziemlich blöde da. Er hatte doch geprahlt, er lege das Mädchen flach; und nun das! Eine verfahrene Kiste. Der *Baske* drehte den Hahn fürs kalte Wasser auf und hielt die Handgelenke in den Fluss, um das pulsierende Blut zu kühlen, wie er es immer tat, wenn sein Herz raste.

Er war doch nicht etwa eifersüchtig? Auf wen denn? Auf diese Mimose etwa, die die Zähne nicht auseinanderbekam? Der Harpunier versuchte zu lachen, was ihm aber vorerst misslang.

Was sollte er auch mit diesem *Mannsweib*? Er hatte doch Frau und Kinder und ein Zuhause, und eines galt doch noch immer: Ein Seemann war treu, erst recht, wenn er Hochseefischer war, und erst recht, wenn er Walfänger war.

Der Harpunier nickte seinem Spiegelbild zu, aber so ganz traute er sich selbst nicht. Sein Herz raste noch immer, und das lag garantiert nicht nur an seinem Jähzorn. Nein, es liege daran, dass Naschen nichts mit Sattwerden zu tun habe, rein gar nichts.

Er dachte: ›Die Alten haben doch wie immer Recht! Eine Frau an Bord, das bringt Unglück, Unglück für die Besatzung. In diesem speziellen Fall wird es Unglück für den Lehrling bringen. – Dieser Weiberheld! Der soll erst einmal ein Arbeiter werden, bevor er hier die erste Frau abschleppt, die die *Rimbaud* je gesehen hat. – Der Lehrling muss weg, das war seine erste und letzte Fahrt auf der *Rimbaud*, klarer Fall! Diese Schwuchtel!‹

Inzwischen waren immer mehr Männer in den Waschraum gekommen, um sich den Dreck vom letzten Schlachten abzuspülen. Sie zogen sich aus und verschwanden nach und nach in den Duschkabinen, doch der *Baske* hatte keine Eile. Die Männer machten einen Bogen um ihn und ließen die hinterste Duschkabine für ihn frei. Lieber standen sie an und warteten, bis sie an der Reihe waren, während *Heini* mit einem großen, blauen Sack kam, die dreckigen Klamotten einsammelte und sie zu den beiden Waschmaschinen brachte, die sich unten im Heizergang befanden.

Er nickte dem Heizer zu, der vor den Reglern saß, und drängte sich zu den Waschtrommeln. Der erste Durchgang war gerade fertig. *Heini* nahm die nasse Wäsche heraus und stopfte sie in den riesigen Trockner, der sofort zu rumpeln begann. *Heini* drückte die nächste Ladung in die Maschinen, stellte ›40 Grad pflegeleicht‹ ein und setzte sich neben den Heizer.

»Das war es dann wohl«, sagte *Heini*: »Morgen um diese Zeit sind wir schon wieder auf Spitzbergen und sitzen bei *krumme Erna* in der Kneipe!«

Der Heizer nickte.

Es dauerte eine Weile, ehe er sagte: »Da kommt aber noch was auf uns zu! Das ging alles viel zu glatt, mein Lieber!«

»Was soll denn noch kommen?«, fragte *Heini* und sah den Heizer an, mit dem er schon seit zwanzig Jahren zur See fuhr. Noch immer hatten dessen Vorhersagen gestimmt, noch immer! *Heini* blickte betroffen zur Seite.

»Weiß nicht. Wenn ich es wüsste, wäre mir wohler, kannst du glauben.«

»*Moby-Dick* wird es jedenfalls nicht sein, der uns einen

Strich durch die Rechnung macht. Da liegt *Güni* falsch. Dieser Höllenhund ist um diese Jahreszeit immer unten bei Neuseeland.«

»Ich weiß. Was anderes kommt auf uns zu! Nichts Gutes, gar nichts Gutes, denk an meine Worte!«

Heini nickte und saß eine Weile stumm da. Er starrte auf die Metallnieten des Bodenblechs und nickte von Zeit zu Zeit. Endlich schleuderten die Waschmaschinen, *Heini* stand auf und sah dem Treiben zu.

Die Trommeln wurden immer langsamer, schließlich piepten die Maschinen, und *Heini* riss schnell die Luken auf, damit der Heizer mit seinem Hörsturz nicht so leiden musste. Er stopfte die warme Wäsche in den blauen Sack, packte die nasse Wäsche um und stellte den Trockner wieder an.

»So«, sagte er: »Letzter Durchgang! Wenn jetzt noch wer was zu waschen hat, dann ist es sein Privatzeug.«

»Privat heißt privat, weil es privat ist«, sagte der Heizer nachdenklich: »Das ist mir alles viel zu glatt gegangen. Dieser Törn ist noch lange nicht zu Ende, mein Junge!«

Heini nickte, stand auf und blieb lieber vor dem Trockner stehen. Informieren, das war ja gut und schön, aber doch nicht ständig! Er hatte ja verstanden. Er wollte ja auch gleich eine leere Flasche mit drei-, viermal übereinander gelegten Achterknoten hinterrücks in die See werfen und siebenundsechzig Mal in den Wind spucken, aber erst mal das eine und dann erst das andere!

Er nahm die Wäsche heraus, stopfte sie in den dritten Sack und wuchtete die Plastiksäcke durch den schmalen Gang, über den Niedergang, zurück zum Waschraum. Er stieß die Tür auf, warf die Säcke in die hintere Ecke und sah sich um. Der Raum war leer, nur noch der *Baske* stand an einem der Wasserhähne und starrte sein Spiegelbild an. Immer noch oder schon wieder?

Egal! *Heini* drückte sich an dem jähzornigen Kollegen vorbei, zog sich aus und stieg in die erste Duschkabine. Zum Glück! Der Ofen hatte schon wieder Wasser aufgeheizt. Dampfend prasselte das Wasser auf seinen blassen Leib. Er blieb einige Minuten einfach nur stehen und atmete.

Dann nahm *Heini* das Duschgel und rieb sich ein, ohne das Wasser abzustellen. Zuletzt schäumte er die Flüssigseife in die Haare und warf schließlich den Kopf in den Nacken. Da wurde das Wasser aber kalt, und *Heini* schrie auf. Panisch tastete er nach den Wasserhähnen und drehte sie zu.

»Scheißdreck, immer!«, fluchte er, schob die Tür ein wenig zur Seite, holte das Handtuch und rubbelte sich ab. Als er es sich um die Hüfte gebunden hatte und durch den Waschraum ging, sah er kurz zum Harpunier.

Noch immer stand der *Baske* vor dem Spiegel, schweigend und mit einem Blick wie ein kampfwütiger Stier. So geräuschlos wie möglich machte *Heini*, dass er aus dem Raum kam. Der Heizer hatte Recht, mal wieder! Da lag noch etwas in der Luft! Irgendeine Scheiße, aber welche? *Heini* ließ die Tür auf dem Längsgang los und ging in sein Deck.

Die Tür fiel ins Schloss und holte den Harpunier aus der Starre. Er blinzelte ein paar Mal, sah sich um und fand den Waschraum gänzlich leer.

Auch gut! Langsam zog er sich aus, kickte die Arbeitskleidung zur Seite und schlurfte mit den Badelatschen zu seiner privaten Dusche. Wenigstens etwas, das ihm hier ganz und gar allein gehörte! Er hatte sie vor Jahren extra kacheln lassen, als er zum Chefharpunier auf Lebenszeit ernannt worden war. Seitdem war die *Rimbaud* sein Schiff, und das sollte sie auch bleiben, egal, welcher Bürohengst hier gerade als Kapitän seinen Job machte.

Diese Dusche war als einzige an den Boiler angeschlossen, der das heiße Wasser für das Abwaschen des Geschirrs bereithielt. So hatte er als einziger Mann an Bord immer genügend heißes Wasser. Er lächelte, ein bisschen dumm sei man ja auch nicht.

Der *Baske* zog die Duschkabinentür auf und trat in seine einzige wirkliche Privatsphäre ein.

Erst merkte er gar nicht, dass die Dusche nass und feucht war. Er hatte schon das Wasser angestellt und sich ein paar Mal gedreht, als er es wieder abstellte, sich einseifte und sein Blick zufällig auf die Kacheln in Kopfhöhe fiel. Wild brüllte er auf. Im Dunst des heißen Wassers war eine Schrift sichtbar geworden: ›DB + LR = SEX!!!‹

Er schrie, ehe er auf die Zeichen spuckte und sie mit dem Unterarm wegwischte. In seiner Dusche! In seiner persönlichen und privaten Dusche! *Doppelbläser*, dieser Hurensohn, dieser dreckige Kojote, dieser Krebs mit Entenarsch!

Der Harpunier stieß die Duschkabinentür zur Seite, warf die offene Duschgelflasche durch den Raum, stolperte aus der Kabine und musste sich an zwei Waschbecken abfangen, um nicht lang hinzuschlagen. Na, warte!

Für den Bruchteil einer Sekunde trocknete er sich ab, doch dann stürmte er mit dem Handtuch um die Lenden aus dem Waschraum und brüllte mit der ganzen Kraft seiner Stimme durch den Längsgang: »*Doppelbläser*! Zu mir!«

Nichts rührte sich.

Alle Schotts blieben geschlossen, noch einmal brüllte der Harpunier: »*Doppelbläser*, zu mir! Marsch, marsch, du Arsch!«

Der *Baske* zog den Knoten seines Handtuchs enger, ging zu seinem Deck und stieß das Schott auf.

»Was gibt's, alter Mann?«, fragte Tommy freundlich von seiner Koje aus: »Hast du schlecht geschissen?«

Der *Baske* traute seinen Augen nicht. Neben *Doppelbläser* lag die Sicherheitsfrau. Arm in Arm. Nackt! Schwuchteln!

»Schlecht geschissen?«, fragte er, der einen Moment brauchte, um die Situation zu erfassen. Dann aber brüllte er nur ein einziges Wort: »Raus!«

»Bleib ruhig, Alter«, sagte Tommy, konnte aber nicht verhindern, dass der Mann ihm die Bettdecke wegzog und wenig später auch ihn selbst.

Er landete mit dem Hintern auf dem Boden und hatte im nächsten Augenblick einen Tritt zwischen den Beinen. Tommy keuchte, krümmte sich und versuchte, unter den festgeschraubten Tisch zu kriechen. Er wurde am Fuß gepackt und zurückgezogen. Einen Tritt im Hintern, einen im Bauch, er spürte einen Fausthieb am Kinn und schrie vor Schmerzen auf.

Dann endlich hatten die Schläge aufgehört. Tommy krümmte sich, ließ die Schmerzen abklingen und nahm plötzlich ein unterdrücktes Keuchen wahr.

Er öffnete die Augen, lugte unterm Oberarm vorbei und sah Luise, die auf dem *Basken* saß und ihn Mal um Mal ohrfeigte.

Die Arme des *Basken* hatte sie mit den Knien fixiert. Sie versuchte, einen wütenden Stier zur Räson zu bringen, doch der Stier beruhigte sich nicht.

Der Mann bäumte sich unter der Frau auf und schließlich warf er sie über sich nach hinten. Sofort drehte er sich um und fing einen Schlag Luises ab. Er behielt das Handgelenk in der Hand und verdrehte den Arm, da aber hatte er schon einen Tritt gegen das Knie abbekommen und brüllte vor Schmerz auf.

Kein Wort war zu hören. Die nackten Leiber wälzten sich, Tommy versuchte, hochzukommen, aber sein Unterleib war wie gelähmt. Er keuchte noch immer, während der *Baske* Luise gegen das Schott schleuderte. Sie schrie auf, hatte den Griff ins Kreuz bekommen, und konnte den Kopf gerade noch zur Seite drehen.

Der *Baske* jaulte auf, als seine Faust das Metall getroffen hatte, dann jaulte er noch einmal auf. Luise hatte ihm in die Niere geschlagen.

Sie drängte ihn zurück, jetzt hatte er das Bettgestell im Nacken, sie versuchte ihn aufs Bett zu drücken, als er ihre Hände wegschlug und sie mit beiden Armen umfasste. Er hob sie aus dem Stand, sie schlug mit den Füßen gegen die Schienbeine, biss ihm in die Wange, und mit einem Mal sah *Doppelbläser* den steifen Schwanz des Kollegen.

Der *Baske* schleuderte Luise auf den Boden, er hob sie hoch, drehte sie um und drückte sie im nächsten Augenblick auf die Tischplatte. Er hielt ihren Kopf unten, Luise schlug wild um sich, der *Baske* aber schlug ihr die Beine auseinander, als Tommy sich aufrappelte.

Gerade wollte der Harpunier zur Vergewaltigung ansetzen, als er einen heftigen Schlag am Hinterkopf spürte. Er sackte auf die Knie, und *Doppelbläser* stellte den Metallstuhl wieder auf den Boden. Auch er sank auf die Knie, als Luise den Tisch zwischen sich und den *Basken* brachte und sich ebenfalls auf den Boden sinken ließ.

Alle drei keuchten, und eine ganze Weile lang waren nur noch die ächzenden Geräusche der *Rimbaud* zu hören.

»Raus hier!«, sagte der *Baske* schließlich mit leiser aber fester Stimme: »Raus!«

Doppelbläser nickte, holte die Kleidungsstücke von seinem Bett und ging zu Luise.

»Komm!«, sagte er.

Sie schüttelte den Kopf: »Er soll gehen.«

»Lass gut sein«, sagte Tommy: »Lass gut sein! Das verstehst du jetzt nicht.«

»Verstehe ich auch nicht.«

»Raus!«

»Komm.«

Tommy zog Luise zu sich hoch, sie gingen an dem nackten und vor sich hin starrenden Mann vorbei und schlossen wenig später das Schott von außen.

Schnell zogen sie sich auf dem Längsgang an; eine schwere Stille liege hier, Luise fehlten die Worte. Sie ließ sich von *Doppelbläser* zur Messe ziehen und setzte sich an eine leere Back.

Sie fragte nicht, wie Tommy das geschafft hatte, sie nahm einfach das Colaglas mit dem Schnaps in die Hand und kippte den Doppelkorn in einem Zug hinunter.

Auch Tommy schüttelte sich, ehe er sagte: »Noch zwanzig Stunden, dann sind wir runter von der *Rimbaud*. Dann ist die Zeit in der Hölle vorbei.«

»Du bleibst in meinem Deck und rührst dich nicht aus dem Zimmer!«, sagte sie ernst: »Von uns sind immer zwei auf Wache. Die anderen beiden passen auf dich auf.«

Tommy nickte, langte über die Back und wollte Luises Gesicht streicheln. Sie aber entzog sich seiner Hand.

»Ich danke dir«, sagte sie: »Du hast mich gerettet.«

Tommy nickte wieder, ehe er leichthin sagte: »Du wirst mich auch noch retten, keine Sorge.«

»Du hast mich vor dem Schicksal meiner Mutter bewahrt«, sagte sie leise.

Er fragte nicht nach.

Nach einer Weile sagte sie: »Und *Sir* hat mich gewarnt. – Ich habe die Situation falsch eingeschätzt. Als Chefin eures Bewacherteams habe ich völlig versagt.«

»Aber du warst keine Chefin, du warst eine Frau! Du bist meine Freundin.«

»Ich darf aber nicht Arbeit mit Privatem vermischen, niemand, kein ehrlicher Arbeiter und keine ehrliche Angestellte darf das je tun, verstehe doch. Die Folgen sind Lügen und Leiden! Immer!«

»Nicht einmal ›Im Namen der Liebe‹?«

»Hör auf mit dem Kitsch, Junge! Wir brauchen wieder einen klaren Kopf. Ich habe gleich Wache, und du gehst in meine Koje und verschließt das Deck von innen. Ich sage den Zwillingen, sie sollen ein Auge auf dich haben. Wir dürfen nichts mehr riskieren.«

Luise stand auf, zog Tommy mit sich und brachte ihn in ihr Zimmer.

»Hier bleibst du, Junge, wenn dir dein Leben lieb ist! Das ist kein Spiel mehr«, sagte sie und ging ohne ein weiteres Wort hinaus.

Als die Zwillinge ins Deck kamen, lag *Doppelbläser* schon in Luises Bett und starrte auf seine Hände.

Er inhalierte Luises Duft und erinnerte sich grinsend. Alles andere war ihm egal.

Zweiunddreißig Walfänger hatten ganze Arbeit geleistet. Luise fand das Fangdeck aufgeklart. Auch auf dem Mittelschiff lag nichts mehr herum. Der Bug war gewienert, die Bugkanone war zusammengebaut und verstaut worden. Überall glänzten frische Farbflecke. Die Heckklappe war nach oben gezogen und vertäut worden. Nirgends lag mehr ein Netz, und ums gesamte Schiff herum war die Reling hochgeklappt worden, deren Laufleine Luise durch die Hand gleiten ließ, während sie das Oberdeck inspizierte. Die Fender lagen schon bereit, an die Reling geknotet, so dass sie nur noch außenbords geworfen werden mussten. Luise sah nach oben, auf der Brücke stand nur der Steuernde, der mit mürrischem Gesicht nach vorne sah. Er trug eine Sonnenbrille. Die *Rimbaud* wiegte sich um die Mittagszeit in einem seichten Wellengang, weit und breit sah Luise kein Schiff, keine Insel, nichts, was die Wellen brechen konnte. Nur das eigene Schiff.

Auf dem Brückendach suchte Thomas den Horizont

mit einem Seestecher ab, Luise hatte sich schon wieder beruhigt, der Kampf war ihr ja nicht mehr als ein Geplänkel gewesen. Sie hatte sich doch jederzeit unter Kontrolle gehabt. Wie leicht hätte sie den *Basken* töten können, aber als er sie dann auf dem Tisch gehabt hatte! Wäre der kleine Tommy nicht gewesen! Ihre alte Schwäche, den Gegner zu unterschätzen, ihre alte, dumme, blöde Schwäche! Luise umklammerte die Laufleine und zerrte an ihr.

Als Chefin hatte sie versagt, in dem Augenblick, in dem sie den Jungen geküsst hatte. Sie war im Dienst gewesen, an Bord eines Schiffes war man immer im Dienst, vierundzwanzig Stunden an sieben Tagen die Woche, dafür hatte man dann ja diese viele Freizeit am Stück. Was für ein Mist!

Wegen Thomas oder den Zwillingen brauchte sie sich keine Sorgen zu machen, die hatten schon dicht gehalten, als sie sich in Leonard verliebt hatte, das Küken der Kampfeinheit, dessen schöner Leib jetzt in den Bergen von Afghanistan verfaulte. Leo, auch so ein Löwe in Jünglingsgestalt, alles wiederholte sich doch immer nur! Luise ging langsam zum Mittelschiff, die nähere Umgebung im Auge behaltend, und zog sich die wetterfeste Kleidung zu. Sie nahm die Jacke des Ölzeugs vom Haken, der sich unter der Brückennock befand, und warf sie sich über. Die Kapuze drückte ihr der eiskalte Wind von Spitzbergen fast von selbst auf.

Sie streifte die Handschuhe über, stieg die Treppe zur Brücke hoch, um von da aus über die wenigen Stufen aufs Brückendach zu gelangen. Die letzte Wache lag vor ihr. Mal wieder. Luise lächelte, als sie oben ankam, wo Thomas in sich versunken im Schneidersitz auf einer Pappe saß und vor sich hinträumte.

»Die letzten zwölf Stunden«, sagte sie.

Thomas schreckte auf und nickte: »Der Kapitän meint, wir sind schon in neun Stunden an der Pier.«

»Neun Stunden, zwölf Stunden, ist doch egal.«

»Für die Fischer nicht! Da zählt jetzt jede Minute! *Krumme Erna* soll schon fleißig am Zapfen sein.«

Luise nickte und nahm den Seestecher. Unendlich groß war der blaue Teppich mit den weißen Kronen. Gischt verlor sich und kam im selben Moment wieder hoch. Luises Blick blieb an einer einzigen Welle hängen, die immer wieder neue Gischt produzierte. Immer größer wurden diese Schaumkronen, als sich ihr Blick plötzlich an einer Stange der Reling stieß. Die See habe ihr den Blick zurückgebracht, sie habe aus dem Schweifen ein Erinnern gemacht, ein Erinnern an das eigene Schiff, an die eigenen Beine, an die eigenen Gedanken: an die Gegenwart.

Luise lächelte und dachte: ›Die See lässt uns niemals im Stich. Sie lacht sich eines über die Romantiker an den Ufern, sie wirft alles Sehnen sofort wieder zurück ins eigene Auge. Fernweh ist Heimkehr.‹

»Das Meer ist der größte Realist, den wir kennen«, sagte sie zu Thomas, der nur wieder nickte. Er kannte diese Anwandlungen schon. Luise werde am Ende eines Einsatzes immer wehmütig, die Zwillinge seien dann abgestumpft, und er selbst neige zur französischen Philosophie des siebzehnten Jahrhunderts, weil sie so schön übersichtlich sei. Thomas lächelte, drückte das Kreuz durch und sagte in den Wind: »Realität ist nur der Teil des eigenen Lebens, den wir in der Gemeinschaft mit anderen Menschen verbringen, aber: Wie viele einsame Stunden kennen wir doch!«

»Zu viele«, sagte Luise und fügte an: »Oder zu wenige.«

»Darüber muss ich nachdenken! Über das Oder! Warum nicht ein Und?«

»Weil der Witz so geht: ›Was ist tiefer: Teller, Oder, Tasse? – Die Oder!‹«

»Ja, ich weiß«, sagte Thomas: »Ich weiß.«

Er drehte sich halb auf die Seite, zog die Beine hervor und stand auf. Mit ein paar Armbewegungen wärmte er sich auf, ehe er eine Serie Kniebeugen machte und ein paar Liegestütze anfügte. Er zweifelte langsam am Sinn seines Jobs. Wie viele Stunden verbrachte er doch damit, herumzulungern und auf Feinde zu warten? Würde er nicht hundertzwanzigtausend US-Dollar im Jahr verdienen, ja, was dann? Würde er dann in der *goldenen Stadt* seiner Heimat herumlungern? Ohne Honorare? Sei der Sinn des Lebens das Herumlungern? Nachdenklich ließ er die See seinen Oberkörper schaukeln.

Eine Antwort wollte er sich nicht vorschnell geben. Er setzte sich wieder hin und nahm den Seestecher in die Hand.

Aus den Augenwinkeln sah er das Außenschott aufgehen. Der Harpunier kam mit brennender Zigarette heraus, ging zum Bug und hantierte an der zusammengelegten Harpunenkanone herum. Thomas sah, wie der Mann sich zu ihnen umdrehte und ihnen den gestreckten Mittelfinger zeigte.

»Was ist denn mit dem los?«, fragte er.

Luise winkte ab: »Ich hatte eine Auseinandersetzung mit ihm. Eine kleine.«

»Mit ihm? Was für eine? Prügelei?«

»Ja.«

»Weswegen? Jetzt sag nicht, wegen des Schiffsjungen. Das wäre ja verrückt!«

»Genau deswegen.«

»Mensch, Luise! Hat dir nicht schon Leo gereicht? Du musst dich disziplinieren.«

»Das habe ich mir auch gesagt.«

»Der Feind steht außerhalb des Schiffes! Immer.«

»Ja ja, du hast ja Recht, du hast immer Recht! Du mit deiner verkümmerten Libido, aber es gibt auch andere Menschen. Menschen, die das nicht können.«

»Du meinst, Frauen!«

»Ich meine Frauen.«

»Dann lernt es! Je schneller, desto besser für uns alle«, sagte Thomas und gab dem Harpunier den Fingerzeig zurück: »Ruhe ist die erste Bürgerpflicht! Denke nicht, was die Firma für dich tun kann, denke, was du für die Firma tun kannst!«

»Wie hast du das gelernt? Das Ignorieren des Selbst?«

»Männer wachsen schon so auf. Das eine ist Arbeit, das andere ist Freizeit. Das lernt man schon als Junge, aber keine Sorge, es ist gar nicht so kompliziert. Es hat einen großen Vorteil. Man kann besser arbeiten, wenn man nicht ständig von seinem persönlichen Zeug unterbrochen wird. Es ist einfacher, gut zu arbeiten. Und die anderen nervt man so nicht. Nichts persönlich nehmen, was im Job passiert, das ist die Formel. Wie die Walfänger hier sagen: ›Privates heißt privat, weil es privat ist.‹ Na ja, jetzt, wo auch Frauen endlich zur normalen Arbeitswelt gehören, müssen sie sich auch anpassen. Nicht mehr aufs Besondere bestehen, einfach nur den dreckigen Job mitmachen und abends wie all die alten Kerle stinken«, sagte Thomas und lachte.

»Vielen Dank!«, sagte Luise und versuchte, es nicht persönlich zu nehmen. Oder hatte er gar nicht sie im Besonderen gemeint? Sie stank doch nicht? Oder doch? Und wenn schon! Fast hätte sie gefragt, wie Thomas das gemeint habe, konnte sich aber gerade noch zurückhalten, nicht in dieses weiblichste aller Fettnäpfchen zu treten.

Sie nickte nur und sagte, sie habe den Auszubildenden Rahr bei sich unterbringen müssen. Für die letzten paar Stunden.

»Was heißt hier, bei dir? Im Bett?«

»Wo sonst.«

»Das macht es nur noch schlimmer! Wenn das die Walfänger zu hören bekommen. Du kannst doch nicht, ich hab doch gerade erklärt, man darf das nicht vermischen, Job und das andere. – Ach, Luise, aber du bist eine der ersten Frauen in diesem Job! – Gebe es Gott, dass jene, die dir folgen, es besser verstehen.«

»Wo sollte ich mit Tommy sonst hin? Es gibt keine andere Möglichkeit. Wir müssen ihn vor diesem Stier da unten beschützen. Dem gehorcht doch die Mannschaft, und für den Harpunier ist Tommy gerade das rote Tuch. – Sein Zimmernachbar.«

»Und dazu ein *halbes Hemd*. Du verstehst nicht viel von Männern. – Ich denke, er würde dem Jungen nichts tun, er würde nur wütend herumschreien. Würde er den Jungen zusammenschlagen, dann würde er doch auch den Respekt der anderen Männer verlieren, glaube mir. – Und dieser Respekt auf seiner *Rimbaud*, der ist ihm das Wichtigste in seiner kleinen Welt.«

Thomas stand wieder auf. Die ersten vier Stunden waren vergangen, allmählich wurde es schon wieder dunkel. Die Sonne war so plötzlich verschwunden, dass er es gar nicht mitbekommen hatte, dabei hatte er doch an diesem letzten Tag ein Handyfoto vom Untergang machen wollen! Immer diese Privatgespräche, sie waren das Einzige, was er an Luise nicht mochte. Allzu oft zog sie alles ins Persönliche. Könnte sie das doch nur abstellen, sie wäre ein Toppkamerad. – Und er müsste sich nun anhören, wie seine Chefin über ihm poppte? Toll! Thomas schritt das Brückendach ab und stellte sich schließlich mit dem Rücken zum Wind. Er steckte sich eine Zigarette an und nahm einen tiefen Zug.

Dann drehte er sich zu ihr um und sagte: »Schon komisch, wie sauber das Deck jetzt wieder ist. Fast hundert Wale haben dran glauben müssen, und was ist übrig geblieben? Ein paar Fässer im Vorschiff.«

Luise nickte. Auch sie dachte an das blutige Treiben zurück, das sie mit angesehen hatte, und einen Moment lang blieben die beiden Beschützer stumm, versunken in der jüngsten Vergangenheit. Abgerissene Walhäute, zerfetzte Gedärme, Kot und Urin spritzende Fontänen, gespaltete Schädel, das schreiende Baby an der Seite der toten Mutter, stinkender Tran und überall das Walblut, das bei den meisten Männern einen Rausch ausgelöst hatte. Am meisten beim *Basken*, wie der am Ende gestiert hatte, als er nicht mehr hatte töten dürfen! Luise schüttelte sich.

Es war ein Blick, den sie von ihren Kameraden schon kannte. Sie selbst war diesem Rausch nie erlegen gewesen. Sie wusste, er befalle immer nur Männer. – Verdammt, wie sollte das denn gehen, kritisiert zu werden und sich dabei noch schön brav Notizen machen? Ohne mit der eigenen Persönlichkeit zu arbeiten; was redete Thomas da überhaupt? Luise erhob sich ebenfalls und sagte: »Ich gehe mal kurz auf die Brücke. Ich muss dringend meine Mutter anrufen. – Ja, es ist etwas Persönliches! – Was dagegen? – Irgendwie habe ich die ganze Zeit so ein komisches Gefühl. – Als wäre etwas mit Robert, meinem Stiefvater.«

Thomas nickte und dachte nur: ›Geh du mal, du mit deinen Ahnungen!‹

Luise ging an ihm vorbei, sie stieg die Stufen nach unten und stieß das Brückenschott auf.

»Auf die Brücke!«, sagte sie, der Steuernde sah sich halb um und nickte müde: »Bin allein hier.«

»Ich telefoniere mal kurz, in Ordnung?«, fragte Luise und ging mit dem Bordtelefon in die *Rimbaudnische*. Sie ließ sich aufs weiche Polster fallen und wählte Mathildes Festnetznummer.

Sie erzählte der Mutter, sie sei auf dem Rückweg, ihr Flugzeug gehe übermorgen und schon in drei Tagen sei sie wieder auf dem Flugplatz in Laage. Dann fragte sie, ob zu Hause alles in Ordnung sei.

»Alles bestens«, hörte sie aus dem Rauschen heraus: »Ich bin gerade vom Lerncamp zurück. Du hast keine wichtige Post. Robert will tatsächlich Fischwirt werden. Ich habe schon eine Stellung für ihn gefunden. Die Bewerbung tippe ich gerade ins Reine. – Ich freue mich, dass du bald wieder da bist!«

»Und sonst ist mit Robert alles in Ordnung? Da unten? Die fischen doch mitten im Piratengebiet?«

»Alles in Ordnung. Er hat sich nicht gemeldet, und du weißt ja, wenn er sich nicht meldet, dann ist alles gut. Nur wenn er anruft, dann hat die See die Heimwehfesseln festgezurrt!«

Luise nickte und legte wenig später auf. Komischerweise war sie keineswegs beruhigt. Sie überlegte einen Moment, ob sie die *Saudade* anrufen sollte, unterließ es dann aber.

Sie stellte sich neben den Steuernden, sah durch die verschmierten Scheiben in die Nacht hinaus und schwieg.

Die Positionslampen waren gesetzt, die Bugleuchte war eingeschaltet, die Armaturen blendeten in der Scheibe.

»Nicht viel zu sehen«, sagte sie.

»Mir reicht's«, sagte der Steuernde.

Luise nickte, ging wieder hinaus, um aufs Dach zu steigen, und setzte sich neben Thomas.

»Und?«, fragte Thomas: »Lebt Robert noch?«

»Ja«, sagte Luise: »Noch, ja.«

Sie sah sich auf dem winzigen Dach um und schob die Pappe, auf der sie gesessen hatte, in Thomas' Windschatten. Mit gekreuzten Beinen setzte sie sich und hielt ihm die offene Hand hin. Er legte den Seestecher hinein und sagte: »Nichts Genaues sieht man nicht.«

Luise nickte und schraubte die Infrarotlinse vor die normale der Lupe. Vor die Linse der rechten knipste sie die Oberflächenwarmbildkamera, obwohl der Vollmond und die Milliarden von Sternen hier oben eine gute Sicht ermöglichten.

»So wenig los in dieser Ecke«, sagte sie: »Oder? – Ich meine, nicht mal irgendwelche Trawler! Die verlassenste Ecke der Welt, scheint mir. – Na ja, gut für die Wale.«

Thomas beugte sich vor, um sich eine Zigarette anzuzünden. Luise bekam Rauch in die Nase. Sie hustete, ohne den Seestecher vom Gesicht zu nehmen: »Da hinten blasen wieder zwei! Ich vermute, Finnwale, aber ich werde einen Scheiß tun, es dem Kapitän zu melden.«

»Die Quote ist eh durch.«

»Quoten! Stelle dir vor, wir hätten auf dem Balkan eine Quote gehabt! Pro Tag sieben Gegner und keinen einzigen mehr«, sagte sie und lachte.

Thomas grinste, die Zigarette zwischen den Lippen: »Der saubere Krieg sozusagen. – Scheiße, wir fangen an, einen Seekoller zu bekommen, glaube ich. – Hast du keine Rätsel mehr da?«

»Gar nichts. Alle gelöst. – Neulich habe ich von der Enkelin der großen Lai Choi-san geträumt. Sie nannte sich zwar Wung Lee, *Schlange von Afrika*, war aber eine Vietnamesin.«

»*Berg des Schicksals* hatte keine Verwandten. Sie operierte auch nur in der Bucht von Bias.«

»*Berg des Schicksals* heißt aber auch *Berg des Glücks*.«

»Und?«

»Was ist das größte Glück der Menschheit? – Kinder! – Sie hat ihre Kinder nur versteckt. Ich sage dir, es gibt sie! Es gibt die *Schlange von Afrika*, und wir werden noch von ihr hören!«

»Zusammen mit *Goldener Anmut* war *Berg des Glücks* aber die letzte Piratin in Südostasien. Die eine verschwand kurz nach dem Ende des Zweiten Weltkriegs und die andere wurde achtunddreißig zu lebenslangem Zuchthaus verurteilt. – Bisschen lange her, findest du nicht? Und heute gibt's doch nur noch Piraten aus Afrika.«

»Ich habe sie aber im Traum gesehen. Ich habe mit ihr gekämpft! Auf einer Yacht! Fast drei Tage lang habe ich mit ihr um das Leben von Robert und Mathilde gekämpft. Soviel ist sicher: Ich bin vorbereitet! Wenn mir jemand sagt, die Piraten vor Somalia werden von einer Frau aus Vietnam angeführt, die sich *Schlange von Afrika* nennt, dann sage ich, gut so, gebt mir das Kommando, ich weiß, wie man afrikanische Schlangen tötet.«

»Wie denn?«

»Man hackt sich den Fuß von einem Elefanten ab und wirft ihn auf die Schlange!«

Skeptisch sah Thomas zur Seite und bemerkte unter dem Seestecher ein ganz leichtes Zucken der Oberlippe. Er grinste, dann lachte er vor sich hin.

Luise aber erzählte nicht, dass sie im Traum nicht nur Mathilde und Robert gerettet hatte. Sie hatte ja auch Tommy gerettet. Überhaupt, sie hatte alle Menschen gerettet, die ihr wichtig waren. Es war für sie der erste Traum dieser Art gewesen, und genau das bereitete ihr jetzt auch Sorge. Was bedeutete dieser Traum? Sie drehte den Seestecher schärfer, fand aber wieder nur den dunklen Leib eines Wals, an dem sich das Gischtwasser brach.

»*Berg des Schicksals* hatte es damals auf vierundsechzig seetüchtige Dschunken gebracht«, sagte Thomas: »Dazu kamen noch zwölf andere Schiffe. Bis zum Ende des Weltkrieges beherrschte sie die Bucht von Bias, durch die eine der wichtigsten Seestraßen führte. Sie griff immer nur kleinere Frachter an, ihre Piratenschiffe hatten Kanonen von Bronzemörsern aus der portugiesischen Kolonialzeit, Festungsgeschütze von Napoleon und Maschinengewehre der Roten Armee an Bord. Sie kam nie an Land, lebte an Bord ihrer Schiffe immer einfach und in Soldatenuniform. Ihr Ruf als hervorragende Schützin war fast so gut wie der als glänzende Geschäftsfrau. Sie plagte sich nicht groß mit den Gütern der Frachter ab, sie kidnappte die Besatzungsmitglieder und erpresste Lösegeld im ganz großen Stil. Die Gefangenen wurden grausam misshandelt, und genau das sollte sich auch herumsprechen. Wurde das Lösegeld auch nach der zweiten Mahnung nicht gezahlt, wurde den Familien ein abgetrennter Finger zugeschickt. Oder ein Ohr. Zahlten die Verwandten der Gefangenen dann immer noch nicht, wurden die Opfer erstochen und nach Hause geschickt. Es gab ja genug andere«, sagte Thomas: »Kann man nur froh sein, wenn man mit der lieben Verwandtschaft nicht verkracht ist.«

Luise nickte und hörte Thomas weiter zu, der jetzt von der anderen großen und letzten Piratin sprach: »*Goldene Anmut*, das war die Schönste. Für ihre Schönheit war sie berühmt. Sie kaperte an den Küsten des Ostchinesischen Meeres. Ihre Flotte, die sich dezentral in den vielen Grotten versteckte, war schon motorisiert. *Goldene Anmut* war die kaltherzigste Frau, die die See je gesehen hat. Besonders hasste sie alles, was von Westen her kam. Nachdem sie achtunddreißig ins Zuchthaus kam, soll sie wenig später freigekommen sein. Zuletzt soll man sie in Kanton gesehen haben, wie sie Reiskuchen verkaufte.«

»Siehst du«, sagte Luise: »Dann ist Wung Lee nicht die Enkelin vom *Berg des Schicksals*, sondern von *Goldener Anmut*. Dann habe ich das im Traum nur verwechselt. – In Asien gibt es doch seit jeher mehr weibliche als männliche Piraten. – Warum sollte sich das geändert haben?«

»Keine Ahnung«, sagte Thomas und schwieg. Er lehnte sich zurück und überließ seine Chefin ihren Gedanken.

Es sei nicht nur der Kampf mit dem *Basken* gewesen,

bei dem sie Tommy habe beschützen müssen, es stecke noch mehr dahinter, weshalb sie sich ausgerechnet jetzt an diesen Traum erinnere. Er machte sie nervös. Dazu noch das Gerede von Thomas über diese Asiatinnen! Würde er doch bloß nicht so viel wissen! Zu fast jedem Thema präsentierte er Fakten, die er gelesen hatte, aber was sagten diese Fakten schon aus? Gab es nicht so schon genug Informationen in der Welt? Diese große Sinnlosigkeit, sich ständig über alles zu informieren und fraglos informiert zu werden, Luise glaubte, dies sei die Geißel der modernen Menschheit. Am Ende wisse niemand mehr etwas, weil nichts mehr selbst erkannt oder erfahren worden sei, aber das sei der Information alles egal.

Sie sagte: »Ich habe Robert immer die wichtigsten Regeln eingeschärft: Nach Einbruch der Dunkelheit hat stets ein Mann Wache in alternierendem Turnus auf dem Achterdeck zu halten. Abschreckungsmaßnahmen auf dem Achterdeck: Mindestens vier Löschkanonen sind ständig im Einsatz. *Dummys* werden an der Reling festgelascht. Zwei der Feuerwehrschläuche sind stets in Einsatzbereitschaft. Maßnahmen gegen Enterungsabsichten von Piraten: Zwei Trockenfeuerlöscher sind stets einsatzbereit zu halten. Das Gleiche gilt für Drahtscheren. Die Crew hält außerdem Messer bereit, um eventuelle Enterleinen zu durchschneiden. Alle Maßnahmen dienen in erster Linie dazu, Überfälle zu vermeiden oder abzuwehren. Sind Piraten erst einmal an Bord, soll jedes Blutvergießen vermieden werden. Niemand spielt den Helden. – Hoffentlich erinnert er sich daran, wenn er in so eine Situation kommt! Hoffentlich!«

»Weil das riesige Seegebiet vor Somalia nicht den Somalis gehörte, fischten da über Jahrhunderte hinweg die Russen, Spanier und Engländer. Sie waren den heimischen Fischern übermächtige Konkurrenten, und diese Fischer begannen irgendwann, die Fremden zu überfallen, weil sie selbst nicht genug Fisch abbekamen, der vor ihrer Haustür schwamm. Dazu kamen die Italiener, die Mafia. Sie hat in diesem Niemandsgebiet riesige Mengen von Giftmüll abgeladen. Das machte die Somalis natürlich noch wütender, und heute gibt es keinen Staat Somalia mehr, keine Regierung und keine Staatsbank, nur Hunger und Totschlag. All das hat aus den somalischen Fischern somalische Piraten gemacht!«, sagte Thomas, und Luise fragte: »Was soll mir das sagen? Behalte doch deinen Mist für dich. Er interessiert mich nicht!«

Überrascht sah Thomas zur Seite, dann nickte er; es sei sowieso gleich Wachablösung. Dann sei der Dienst geschafft.

Luise aber stellte den Seestecher erneut schärfer. Ganz deutlich konnte sie am Horizont zwei Positionslichter ausmachen, rot und grün, als die Zwillinge aufs Dach kamen, um die letzte Wache zu übernehmen.

»Positionslichter in Nordnordost. Kleines Schiff, vielleicht ein Küstenfischer, vielleicht aber auch ein Schlauchboot«, sagte Luise zu Bolek, ehe sie hinter Thomas vom Dach stieg.

»**Weißt** du«, flüsterte Tommy Luise auf ihrer Koje ins Ohr, »es gibt da nicht nur die Libellen, die einen waaghalsigen Liebesakt vollziehen. Bei den Walen ist es ähnlich kompliziert.«

Er umarmte sie, schmiegte sich an ihren Körper und ignorierte Thomas, der leise schnarchte. Der Walfänger wiegte sich in der Dünung, und Tommy war glücklich, hatte er doch den Kopf seiner Freundin auf der Brust und den eigenen auf dem freien Arm. Er sah zur Metalldecke, die sich nur wenige Zentimeter über ihm befand. Jemand hatte aus Aktbildern sorgfältig die Frauenfiguren geschnitten und sie dort angeklebt. Es waren großbrüstige Frauen mit breiten Hüften, die alle keine Haare, Füße und Hände mehr hatten. Tommy sah zur Seite.

»Weißt du, es gibt da auch die Buckelwale«, sagte er, »die ziehen vom Nordpol bis weit in den Süden, wo sie sich paaren. Sie nutzen dabei die Rotationskräfte des Planeten. Weißt du, für sie ist der Ort das Wichtigste. Erst der richtige Ort versetzt sie in Stimmung. Und das ist der Scheitelkreis der Sonne. Sie brauchen den richtigen Geschmack des Wassers und die richtige Temperatur. Die richtige Kontur des Meeresbodens, eben die Gräben, die es dort gibt, die Ebenen und Gewölbe, die die See in bestimmte Schwingungen versetzen. Die Wale brauchen die höchste Erhebung des Atlantikrückens, der zweimal so breit wie die Anden ist und sich über zehntausend Meilen von Island bis nach Patagonien erstreckt. Wo er sich mit dem Äquator kreuzt, wo die Risse der Erdkruste die richtige Temperatur erzeugen, da schimmern ihre Heckwellen, groß wie Schiffe, im Kreis. Dabei ist selbst die Topographie der Korallenriffe wichtig, weißt du, die Buckelwale haben nur den einen Ort, an dem sie sich paaren. Seit über fünfzig Millionen Jahren! – Und erst wenn der Mond für sie richtig steht, wenn sein Einfluss richtig ist, dann navigieren sie mit einem Flüssigkompass im Hirn um diese Stelle herum und werden zu Kindern. Ein sagenumwobener Ort, der von den Ripptiden abgeschnitten ist. Dort hat derjenige Walbulle den größten Erfolg, der das betörendste Lied singt. Er fesselt das Weibchen mit seinem Lied! Und dabei muss er noch die wildesten Körperbewegungen vollführen. Wie ein Messer durch die Gischt. Wie ein Bohrer um sich selbst. Wie ein Brett auf der Welle. Kopfstand unter Wasser, dabei mit der Schwanzflosse lustig wedeln. Herausschießen aus der See und mit der Fluke die Oberfläche krachend peitschen. Sich überschlagen. Beim Springen die Figuren zeigen, die Bodenturner so gut können. Sich flatternd durchs Wasser schlängeln, wie eine Ente in der Luft. Aneinander vorbeigleiten, nachdenklich plätschern. Und die ganze Zeit eindrucksvoll singen. Dabei bewerten die Walweibchen immer wieder die Geschmeidigkeit der Bewegung des anderen, prüfen dessen Gefühl, sanft und kritisch mit der Schnauze. Das Werben dieser Riesen ist ein sehr feinsinniges, behutsames Spiel. Weißt du, Walbullen, die können ja ihr Teil nach freiem Willen erigieren. Wenn sie wollen, schießt es aus der Bauchfalte. Sie präsentieren es im erigierten Zustand, dann verbergen sie es wieder. Und dabei ist so ein Schwanz bis zu drei Meter lang, da muss man natürlich sehr diszipliniert sein, doch schließlich nähern sich die beiden Wale, die sich ausgespäht haben, fächeln einander zu, und dann streicheln sie sich zärtlich mit den Brustflossen. Unter Wasser öffnen sich die gewaltigen Schamlippen, die beiden Wale vereinigen sich in einer Umarmung und haben dabei die Gesichter einander zugewandt; wie bei uns Menschen! Und wie bei den Libellen natürlich. Die Wale schlagen rhythmisch ihre riesigen Schwanzflossen und steigen dann auf! Bis ihre gewaltigen Häupter, Gesicht an Gesicht, aus dem Wasser ragen. Sie halten sich mit den langen Brustflossen fest umschlungen. Sehr fest!«

»So fest?«

»Noch viel fester! Ja, so, genau so fest! – Die Akkordeonfalten ihrer gefurchten Bäuche sind verwoben, ihre Schwanzflossen schlagen den gleichen Takt, ihre Körper pressen sich fest und fester aneinander, so steigen sie schließlich auf. Aus den Untiefen der See. Sie durchstoßen die Wasseroberfläche, kommen aus den schimmernden grünen Schatten der Tiefe ins helle Leuchten des blauen Himmels. Mit einem einzigen letzten Schwung, unter dem mächtigen Taktschlag der Schwanzflossen fünfzehn

Meter unter ihnen, schnellen sie aus dem Meer und sind für Sekunden frei in der Luft. Zusammen im Orgasmus! Auch sie, wie deine Libellen, ficken beim Fliegen oder fliegen beim Ficken, leben jedenfalls den Menschheitstraum! – Wasserfälle, die von ihrer Haut stürzen, so schweben die Wale für Sekunden in fester Umarmung und erleben gemeinsam einen gewaltigen Höhepunkt der Lust! In der Luft!«

»Wahnsinn!«

Doppelbläser lächelte, während er fortfuhr, zärtlich zu flüstern: »Das Meer selbst bäumt sich dabei auf und schwappt gewaltig, weil das Liebespaar es so aus der Fassung gebracht hat. Es reißt alles im nahen Umkreis unwiderstehlich mit sich. Das Meer feiert die Vereinigung der mächtigsten Tiere. – Die aber tauchen nach dem Höhepunkt ab. Nach einem Salto tauchen sie eine Meile tief hinab. Sie verlangsamen den Herzschlag, sie pressen die Lungen zusammen, sie falten die Rippen an bestimmten Gelenken, sie wirken so dem Tiefenrausch entgegen, sie gleiten fröhlich durch fünfhundert Bar Atmosphärendruck. Unten auf dem Meeresgrund lastet eine Viertelmillion Tonnen dichtes Wasser auf ihren Leibern, doch es stört sie kaum, sie schwelgen noch im Erinnern an den luftigen Fick. Sie schwelgen eine halbe Stunde lang, manche auch eine ganze, ehe sie wieder auftauchen und triumphierend eine riesige Blaswolke absetzen, begleitet von einem Seufzer, der um die Welt geht. Nur zwei Sekunden dauert der Ausstoß aus den Spritzlöchern. Federbüschel warmen Nebels, gute sechs Meter hoch, kochen aus den Blaslöchern und stehen als gigantische Ausrufezeichen mitten im leuchtenden Azur. Das Geräusch, das um die Seewelt geht, verdrängt gewaltsam die Luft. Ein Seufzer, der wie ein Donner klingt! – Dann aber atmen sie ein. Und wenn die Luft dann langsam in die langen, verschlungenen Korridore ihrer Körper dringt, dann klingt es wie ein widerhallender Glockenschlag, der erst nach vielfachem Echo leiser wird und leise. Bis alles wieder still ist. So schwimmen sie fort, erfüllt von der Magie des Ortes, der für die Wale heilig ist.«

»Die Eskimos sagen, sie mögen die Art, wie die Wale denken, und es tue gut, an einen Wal zu denken«, sagte Luise und umschlang Tommys schlanken Leib. Sie legte ein Bein auf seine Schenkel, küsste ihm das Gesicht und flüsterte: »Libelle und Wal.«

»Libelle und Wal!«, sagte Tommy ernst: »Auf immer und ewig!«

»Auf immer und ewig«, sagte Luise.

Nach einem langen Schweigen fragte sie ihn, wie er gelernt habe, so gut zu erzählen.

»Wie?«, fragte *Doppelbläser* und dachte nach, ehe er sagte. »Als ich Halbwaise wurde und meine Schwester verlor, als mein Vater noch ein halbes Jahr zur See fahren musste, da habe ich angefangen zu erzählen. Zuerst nur ausgedachte Sachen, halbe Lügen, eben die Phantasie habe ich aufgebracht, um mich wegzureden, weg vom Tod meiner Mutter, weg von der Umgebung, weg vom Hintergrund, der einen nie in Ruhe lässt. Einige trauern mit Schlägen, andere mit Reden, denke ich mir.«

»Du meinst, das Reden war deine Rettung? Das Sprechen und Sagen und Kommunizieren?«

»Nein, das Erzählen! Es war das Erzählen, das mich gerettet hat. Erzähler brauchen ja nicht unbedingt Zuhörer. Ehrlich gesagt bist du der erste Mensch, dem ich etwas erzähle. Sonst habe ich immer irgendwo Geschichten erzählt, wo ich gerade war, Hauptsache, ich war dort allein. Erzählen ist Ausscheren, ist frei sein ohne Freiheit. Ist Flucht.«

»Bei meiner Ausbildung habe ich gelernt, wenn man ein Entführungsopfer geworden ist, wenn man in Gefangenschaft geraten ist, dann soll man unbedingt eine Beziehung zum Entführer oder zum Gefängniswärter aufbauen. Das geht am besten durch Reden. Man soll sich dem Feind so interessant wie möglich machen. Mit Geschichten, mit Lebensweisheiten, mit Fragen«, sagte Luise: »Aber Erzählen ist wohl noch etwas anderes?«

»Es ist zweckfrei. Ich habe keine Feinde. Ich habe nur gehört, dass der erste erzählende Text von einem Fischer verfasst worden ist. Heute soll er in der Eremitage in St. Petersburg zu sehen sein. Darin wird von einem Schiffbruch und von der sagenhaften *Insel des ka* erzählt, weißt du, einfach erzählt, nicht als Gleichnis oder Belehrung oder so, einfach nur erzählt. Die ersten Erzähler waren Fischer, und auch der letzte Fischer wird ein Erzähler gewesen sein. Er wird vom Ende der Fischerei erzählen.«

»Das ist also dein Lebenstraum?«

»Ja, wenn ich genug Erfahrungen auf See gemacht habe, wenn ich alles über den Fischfang weiß, dann erzähle ich es der Welt, damit nichts verloren geht. Okay, also doch nicht ganz zweckfrei. Wenn es den Fischfang nicht mehr gibt, sondern nur noch Fischfarmen, dann wird es immer noch die Romane über den Fischfang geben. Die Romane des verrückten Tommy Rahr, genannt *Doppelbläser*, der so dumm war, sich auf seiner ersten Reise in seine Beschützerin zu verlieben.«

»Aus dir wird ein großer Mann werden, Tommy!«

»Es gibt keine großen Männer, es gibt nur Männer.«

»Während meiner Ausbildung wurde uns aber auch gesagt, dass das aktive Zuhören wichtiger Bestandteil des Redens ist. Das konntest du dann ja noch nicht üben, wenn du beim Erzählen immer für dich warst, mein Liebster.«

»Wie geht das?«

»Sich interessant machen, charmant sein, zuvorkommend; versuche, Verbindungen zu schaffen, Ähnlichkeiten herauszufinden. So schafft man es doch durchs Reden, Beziehungen aufzubauen. Beziehungen funktionieren über Gefühle. Gefühle zeigen und Gefühle provozieren. Und immer der Herr des Gespräches zu bleiben, das heißt, jederzeit fähig zu sein, Gefühle zu Gedanken zu machen, die man zur Not durchstreichen kann. So beherrscht man die Gefühle, sonst beherrschen sie dich, und du wirst konfus.«

»Reden als eine Art Handlung? Heute arbeitet man nicht mehr mit den Händen, sondern mit dem Mund?«

»Vielleicht, vielleicht bist du ja wirklich auf dem richtigen Weg in die Zukunft. Bald braucht kein Mensch mehr Handarbeiter. In Europa jedenfalls. Artikulierte Gefühle werden immer wichtiger, und das ist ja ein Naturgesetz: Wenn du Gefühle zeigst, dann macht sich auch das Gegenüber nackig. – Das ist immer so.«

»Man muss reden lassen, wenn man reden will?«

Luise nickte und wunderte sich immer mehr über diesen Jungen; wie anders als Thomas doch, der doch immer nur tote Theorien aus Büchern zur Verfügung hatte!

Sie sagte: »Rede, wenn du leben willst. – Die letzten Männer in ihren alten Rollen, deine heißgeliebten Hochseefischer, die müssen das Reden lernen, wenn sie auf dem Kontinent nicht untergehen wollen. Wenn sie weiter gebraucht werden wollen, müssen sie das Reden und Gegenreden lernen. Das Schweigen war gestern, das Erleiden war gestern, jetzt kommt das Reden. Arbeit als Freizeitbeschäftigung, als Hobby, mit dem man Geld verdient. Wer leben will, muss reden können, wer überleben will, der muss mit Worten überzeugen können, nicht mehr mit Taten. In Europa müssen Erzeugnisse nur noch vermarktet werden, hergestellt werden sie ganz woanders. Tja, und das Vermarkten haben Frauen ja schon siebenhunderttausend Jahre lang geübt, grob geschätzt. Wenn ›Männer vom alten Schrot und Korn‹ nicht aufholen, dann werden sie zum neuen Schrott und greifen zum Doppelkorn. Frauen haben schon immer die Marktplätze der Welten beherrscht. Bald aber gibt es keine Werkstätten mehr, um Geld zu verdienen. Nur noch Märkte. Am Fließband zu stehen, ist bald ein Hobby, das man sich nur leisten kann, wenn die Frau einen gut bezahlten Marketingjob hat. Kohlekumpel, Stahlkocher, Hochseefischer, all das wird ja jetzt schon subventioniert.«

»Aber das Schweigen, das Schweigen unter Männern, das Schweigen während der Arbeit, das hat doch so viel Gutes gestiftet. Das Schweigen ist das höchste Gut der Fischer. Das Schweigen ist die Krönung der gleichgeschlechtlichen Freundschaft.«

»Über Bord damit!«

»Niemals!«

»Doch!«

»Dann springen die Fischer hinterher. Ich kenne sie. Sie werden verrückt, wenn sie andauernd Worte um sich herum haben.«

»Ich glaube, all deine Geschichten über die letzten Fischer werden so oder so ähnlich enden.«

»Einen Fischer bringt nichts und niemand zum Reden. Er findet das Reden unnatürlich. Wozu andere Menschen überzeugen? Warum sie nicht leben lassen, wie sie leben wollen? – Das ist die Weisheit, die sie die See gelehrt hat. Das ist der Deal! Nur nicht mit der See in ein Gespräch geraten. Es würde doch nur ein Streitgespräch werden. Sie lässt den Fischer, der Fischer lässt die See. Und wenn doch jemand mit der See sprechen will, dann wird er verrückt und wird mit dem Tod bestraft. Siehe das Märchen ›Vom Fischer und seiner Frau‹. – Glaubst du wirklich, da haben Sirenen gesungen? Die See hat Odysseus verhöhnt, weil er in Gedanken bei ihr war, weil er sich nicht, verdammt noch mal, auf seine Arbeit konzentriert hat. Die See ist tückisch, ihr zu vertrauen heißt, enttäuscht zu werden. Die See kann nicht zuhören. Sie gaukelt nur vor, du hättest schlaue Gedanken. Doch wenn du die Tiefe dieser Gedanken auslotest, dann merkst du, für wie dumm sie dich gehalten hat. Die Gefahr besteht immer, mitten auf der See verrückt zu werden. Dagegen hilft nur das eiserne Schweigen. Das ist die Weisheit der Hochseefischer.«

»Aber es wird die Fischer bald nicht mehr geben, weil es den Fisch bald nicht mehr geben wird. Sie müssen an Land kommen. Mehr wollte ich doch gar nicht sagen. Die Lösung ist, die Konversation zu erlernen. Sie ist eine Kunst mit klaren Regeln, die nicht mal so kompliziert sind.«

»Konversation für Hochseefischer und andere Handarbeiter. Ein Sachbuch««, sagte Tommy lachend: »Das wird mein Bestseller! Aber nur der erste!«

»Ich bleibe dabei, das Reden ist die Arbeit von morgen. Wer auch morgen noch Arbeit haben will, lernt besser heute die Regeln des Redens und Gegenredens.«

»Die Menschen seien die Sprache, mit der Gott und die Natur kommunizierten, meinte mal ein Franzose. Eine Sprache aber, auch wenn sie noch so lebendig sei, habe immer den Nachteil, sich selbst nicht verstehen zu können. Sie könne sich zuhören, sie könne ausdrücken, was sie im tiefsten Inneren verborgen habe, aber sie könne sich nicht selbst begreifen. Der Mensch könne es also schaffen, die Alltagssprache abzulegen, er könne in lyrischen Ergüssen nachplappern, was Natur und Gott sich einander zu sagen haben, aber der einzelne Mensch könne das Gespräch nicht verstehen, das geführt werde. Zwischen Schöpfer und der erschaffenen Natur. Er erkenne höchstens das Ausmaß einzelner Worte, vielleicht mal einen Halbsatz, aber nur das Wissen aller Menschen zusammen könne das Gespräch offenbaren. Nur alle zusammen, aber kein einzelner Stellvertreter oder so. – Ich weiß nur nicht, warum ausgerechnet die Menschen allein mit dieser Intelligenz ausgestattet sein sollen. Vielleicht sind es die Libellen und die Wale ja auch? Vielleicht muss alles Lebendige zusammenarbeiten, um diesen Dialog zu entschlüsseln?«

»Vielleicht gibt es diesen Dialog aber auch nicht?«, unterbrach Thomas mürrisch: »Vielleicht haltet ihr beide da oben besser für heute die Klappe? Vielleicht hört ihr mit dem sinnlosen Gerede mal endlich auf? – Danke! – Ihr *Halbzeitphilosophen*!«

»*Halbzeitphilosophen*?«, fragte Luise spöttisch, beließ es dann aber dabei. Sie ließ sich von Tommy zu sich ziehen und deckte ihn mit sich zu.

Tommy dachte über die Sätze nach, während Luise nach der langen Schicht rasch einschlief. Er aber fiel in eine jener Stunden der tausend Gedanken, die er so hasste. An alles dachte er zeitgleich und an nichts konnte er sich festhalten; die Fülle einer riesigen Leere in seinem Kopf, Flaute im Zentrum eines Orkans: sprachlos.

Doppelbläser schlief unruhig, immer wieder erschienen ihm Münder, ganze Gesichter und dann wieder nur Lippen. Redende Köpfe, die sich ausgezeichnet zu unterhalten schienen; er selbst belustigt inmitten der illustren Runde, die sich so ernst nahm.

›Was ihr auch tut, Jungs‹, sprachen da zwei alte Lippen: ›Immer schön die Spannung halten.‹

›Geschichten sind es, wenn es nicht mehr wehtut‹, kam es aus einer anderen Ecke.

›Aus dem stillen Raume, aus der Erde Grund, hebt mich wie im Traume dein verliebter Mund. Wenn sich die späten Nebel drehn, werd’ ich bei der Laterne stehn, wie einst Lilli Marleen.‹

›Der kleine Sklave: in dieser äußerst – schmalen küche schnitt – mir meine mutter — das haar, zuerst – musste ich immer – nach links rücken für — die rechte seite und – dann nach rechts für – die linke seite.‹

›Kastrieren: Erst pack bei den hinteren Läufen den Borschen – sehr kraftvoll und heb ihn mit Schwung aus der Box – wobei du die Sau auch beachtest, damit – sie zubeißend oder auch quetschend dich nicht – behindre beim Greifen des männlichen Kindes – von ungefähr vier Kilo. Nun schwinge – das kreischende panikgestärkte Geschöpf – mit Wucht in die Schwinge der Knie und presse – dieselben so fest an den Hals des Objektes – bis dass seine hälsernen Adern dich pulsen – spreiz auch gleich die hinteren Läufe, die rappeln – und drücke sie bäuchlings mit würgender Hand – und quetsch mit der freien behutsam doch kräftig – die reifenden Murmeln, gefährlich dem Herdbuch – der planvollen Zucht immer essbaren Fleisches – heraus, und nun musst du mit winziger Klinge – und schnell die zwei Schnitte anbringen. Bevor noch – das Blut dich bespritzt, sieh das gelbe Geschläuch – um das es dir geht, denn draus käme die Schöpfung – die uneingeplante, die lösche mit Durchschnitt – Dann stopf, was noch blutet, hinab in den Leib – und lockre die Knie und wirf nun das Schwein – und nach dem Prinzip der Trapezkunst, herum – und fang es am vorderen Hufpaar, damit – nun nochmals getan sei die fesselnde Schwingung – doch diesmal umarmst du den heulenden Kastraten – und gehst in die Hocke, auf dass aus der Beuge – des Arms blickt das kurzgeschlossene Schwein.‹

›Sie kommen, hörst du, ich fürchte sie kommen, sie kommen in ihren zarten Körpern, die nur zart scheinen. Sie trotten, blind, über die Gehöfte, ich fürchte fast, sie kommen schon wieder. Kamerad, wieder eine schmerzvolle Nacht, gespickt mit ihrem grellen Lachen, greller als die Neonlampen in unseren alten Kasernen, in die wir vor ihnen flüchten, ich fürchte fast, sie kommen, mit ihren Brüsten, mit ihren Blicken. Kamerad, sie werden uns wohl gefunden haben. In unseren Panzern, wo wir uns vor ihnen verstecken, sie bleiben uns an den Fersen, sie lassen uns nicht mehr allein, sie wollen Männer sein mit ihren Brüsten. Und ihren Blicken. Kamerad, wohin mit unserer Einsamkeit, die nicht ist, weil nichts ist in ihrem Palaver. Hörst du? Sie wollen: reden.‹

›Von der Treue.‹

›Vom Glück.‹

›Die Schlauen, eins.‹

›Falsches Reden.‹

›Alte Pornos.‹

›Die Schlauen, zwei.‹

›Farbe beiseite.‹

›Vom Stottern.‹

›Farblose Stille.‹

›Tiefste Trauer. Höchste Wut. Tote Stimmen. Die Klugen, eins. Geilstes Poppen. Er bläst! Er bläst nicht mehr. Wortloses Reden. Die Klugen, zwei.‹

›Neustes Ficken.‹

›Mut und Geduld.‹

›Der Weise, eins.‹

›Geduld und Mut.‹

›Freundschaft wie Liebe.‹

›Reden vom Reden.‹

›Ehre des Seemanns.‹

›Beweis der Treue.‹

›Der Weise, zwei.‹

›Er sagte: Auch sie haben Gefühle. Ihre Gefühle wirken zwar wie Parodien auf die normaler Menschen … aber letzten Endes macht wohl gerade das sie menschlich.‹

›Das Geheimnis der Zeit steckt in den Worten. Wellen sind die Worte des Windes und der See.‹

›Das Land hört der See zu, alles Lebende hört dem Wasser zu.‹

›Der Wind ist auch der Sprechende. Er ist Kenner aller Hoffnungen und Ängste. Durch ihn kommt jeder Gedanke und jedes Gefühl in den blauen Schlund der Hölle. Gehalt ohne Gestalt. Wort ohne Ort. Wesen ohne Thesen.‹

›Wellen sind die Worte, die Gischt ist der Ton.‹

›Das ist die Geschichte von der Freundschaft des Sherlock Holmes und des Doktor Watson. Sie waren mitten im Aufklären eines Falles, als sie zu Mittag aßen. Holmes' Teller war leer, auf dem von Watson lag noch eine einzige Erbse. Der eine grübelte, der andere versuchte, die Erbse aufzuspießen. Immer wieder schlug Metall auf Porzellan. Schließlich nahm Sherlock Holmes die Gabel seines Freundes und zerquetschte die Erbse, ohne ein Wort zu verlieren. Doktor Watson jedoch sagte zornig, man zerquetsche nicht die Erbse eines Freundes. – Da war der große Detektiv zum einzigen Mal sprachlos. Ein Mann nimmt seinem Freund nicht den Erfolg. Ein Mann hilft seinem Freund nicht bei leichten Aufgaben. Ein Mann verbessert seinen Freund nicht. Ein Mann unterstützt einen Freund, auch wenn er Fehler macht. Bügle nicht den Fehler deines Freundes aus, unterstütze ihn bei seinen Taten. Gehe mit ihm seinen Weg bis ganz zum Ende. Und wenn er seinen Fehler erkennt, dann gehe mit ihm zurück und beginne gemeinsam mit ihm von vorne.‹

›Lange Zeit sagte sie nichts. Sie stöhnte mit unterdrückter Stimme, sobald er eine der vielen Wunden berührte. Er bemühte sich, die Wunden so sanft wie möglich zu reinigen. Am Oberschenkel hatte sie einen Schnitt, der bis zum Knochen ging. Vorsichtig hob er den Fleischlappen, reinigte die Ränder der Wunde und drückte ihn schnell wieder zurück. Sie stöhnte herzzerreißend. Auf dem Rücken war eine Wunde, die von einem Widerhaken stammte. Der Enterhaken war ihr ins Schulterblatt gehauen worden. Ein handtellergroßer Fetzen Fleisch fehlte. Hier war nichts zum Zurückklappen oder zum Draufdrücken. Am meisten aber bereitete ihm der abgerissene Zeh an ihrem linken Fuß Sorge. Der Stumpf des großen Zehs, den hatte er nicht verbinden können. Blutrot war der viele Mull, immer wieder blutrot. Er seufzte und streichelte die verklebte Stirn. Sie fixierte den Masttop, wohl um sich abzulenken und sich wegzutragen vom Schmerz. Er nahm die Flasche Whisky und goss ihn ihr in den Mund. Viel, sehr viel. Er sagte, er werde sie auf keinen Fall dem Wundbrand überlassen, sie habe schließlich die *Schlange von Afrika* besiegt und ihre Eltern gerettet.‹

›Lektion eins für angehende Kriegsärzte: Wundbrand ist heilbar durch sofortige Amputation.‹

›Doch nicht für einen Seemann. Die Ehre eines Seemanns, sich erst von der See geschlagen zu geben, wenn die Planken zerfetzt auf der Wasseroberfläche treiben. Das Schiff ist nicht aufzugeben. Der Mann neben dir ist nicht aufzugeben. Nicht aufzugeben, das ist die Ehre des Seemanns. Schließlich gibt ja auch die See niemals auf. Nie! Niemals.‹

›Es sind die Engländer, die in ihrer Volksdichtung vom Beowulf schon gefordert hatten: Teile die Beute, wenn du die Macht behalten willst.‹

›Die Westliche Geisterlibelle jedenfalls wurde erst neunzehnhunderteinundneunzig auf Kreta entdeckt. Es gibt sie nur auf dieser Insel, nirgendwo anders. Wir sind also bald am Ziel‹, orakelte ein Mädchengesicht, das zwei lange Zöpfe hatte. Tommy sah es sich drehen, ehe es im Dunkeln verschwand, das erst schwarz wurde, dann aber weiß, weißgrell.

Tommy schlief unruhig und wusste erst nicht, wo er sich befand, als Luise das Kojenlicht einschaltete und über seine schweißnasse Stirn wischte.

»Du hast mich geschlagen«, sagte sie.

Er hörte sich keuchen.

»Entschuldige! Ich habe geträumt, ich hätte dich gerettet! – Aber nein, nicht gerettet, gepflegt! Du lagst schwer verwundet auf einer Yacht, und ich habe deine Wunden gepflegt und dir viel Whisky eingeflößt«, sagte Tommy.

Sein Herz hämmerte gegen die Rippen, und es kam ihm vor, als halle das Geräusch in seinem Schädel wider: »Ich muss mal raus! Entschuldige, ich muss jetzt mal raus hier.«

»Gut, ich komme mit«, sagte Luise.

»Nein, nein, lass mich mal. Nur eine Stunde, ja? Sei nicht sauer, bitte«, sagte *Doppelbläser*, kletterte aus der oberen Koje und zog sich ein paar Sachen über.

Er lächelte Luise an, sie nickte stumm und legte sich wieder auf den Rücken.

Thomas warf sich auf die Seite, als Tommy das Schott von außen schloss. *Doppelbläser* ging durch den Längsgang, stieg innenbords den Niedergang zur Brücke hoch, klopfte und sagte: »Auf die Brücke!«

Der Steuernde sah sich um und sagte gutmütig: »Ach, das *Küken mit dem Hahnenschwanz*!«

»Ich will mal in die *Rimbaudnische*, ja?«

»Klar, hol das Schott dicht! Ich sag, ist besetzt!«

Tommy schwirrten noch immer Gesprächsfetzen durch den Kopf, die er geträumt hatte. Er verschloss die Tür und ließ sich stöhnend auf das Sofa fallen. Was für Träumereien! So viel Unsinn auf einem Haufen. Was sollte das nur? Wirres Gequatsche! Er hatte das Gesicht seiner toten Mutter gesehen. Es war alt gewesen, es war das Gesicht einer uralten Frau gewesen. Er solle vorsichtig sein, hatte die hohe Stimme gemeint, er schwebe in Lebensgefahr. Ihr Junge solle sich vor dem Oberdeck hüten. Er solle im Bauch des Schiffes bleiben, bis das Schiff anlege.

Aber warum?

Träume antworteten nie. Sie setzten nur immer Möglichkeiten in die Welt, die doch alle nicht nötig waren. Der

Junge runzelte die Stirn; noch nie habe er in Worten geträumt. Er stand auf und stellte sich vor die Bordhymne, deren Text der junge Arthur Rimbaud aus Frankreich einst verfasst hatte. Tommy las zwar, konnte sich aber mit den Strophen nicht ablenken. War es Angst? Er glaubte seiner Mutter, natürlich glaubte er ihr, auch wenn sie tot war.

War es nicht eine große Gefahr, wenn sie ihm im Traum erschien? Aber was sollte denn da draußen groß sein? Warum sollte er denn nicht aufs Oberdeck gehen? Merkwürdig; an dieser Träumerei war fast alles schwebend und mehrdeutig gewesen, nur dieses eine Wort nicht: Oberdeck.

›Oberdeck ist Oberdeck‹, dachte er, drehte sich um, musterte die Nische und ging zum Sofa zurück. Tommy kniete sich hin und öffnete die Schranktüren, die sich unter dem Polster befanden. Er nahm die Trophäe heraus. Sie war aus Silber und war auf einem Marmorsockel befestigt. Tommy stellte sie auf den niedrigen Tisch, setzte sich und starrte sie an. Um einen Kreis herum waren Dreiecke, und zwischen Sockel und Kreis war ein schmaler Stiel. Auf dem Kreis stand: ›Du bist kein anderer.‹

Tommy nickte und dachte: ›Bin ich nicht. Natürlich nicht. Das wäre ja auch noch schöner. Aber diese Träume!‹

Er beugte sich auf dem Sofa etwas nach vorne und nahm den Sockel zwischen Daumen und Zeigefinger. Der Stein war kühl, Tommy drehte die Trophäe langsam, strich über den Stiel und stellte sie wieder so hin, dass er sich den Triumphspruch ansehen konnte. Wer hatte da über wen gesiegt? Was für eine Regatta war das gewesen, bei der man mit solchen Sprüchen belohnt worden war? Tommy fand nirgends ein Datum eingraviert, aber war ihm das nicht auch egal? Jetzt stand sie da und meinte, er sei kein anderer Mensch. Eigenartig. Warum aber nicht aufs Oberdeck?

Der Junge lehnte sich zurück, stellte die Fersen auf die Sofakante und umschlang die Beine mit den Armen. Er legte das Kinn auf die Knie und nagte an der Unterlippe.

Könnte er doch nur seinen Vater anrufen! Diese verfluchte See! Bei allem behinderte sie einen! Ihr Rhythmus stahl einem die Energie und die Kraft, dass man wie ein Halbtoter auf einem stinkenden Sofa saß und sich auf einmal nicht mehr bewegen konnte! ›Sag mal, *Doppelbläser*, was mache ich hier eigentlich? – Du machst Erfahrungen, Tommy Rahr, du machst Erfahrungen! – Ach ja? – Ja! Ein Mann kann man nur unter Männern werden, weißt du doch!‹

Tommy nickte und sah wieder auf das Silber, das überall fleckig war. Er könnte es putzen, dann hätte er etwas zu tun. Er könnte unter Deck bleiben und hätte trotzdem etwas zu tun. Er könnte sich hier in der Nische verstecken, wie ein Muttersöhnchen, und Putzarbeiten machen. Doch Tommy schüttelte den Kopf, er atmete tief durch und stellte die Trophäe zurück.

Der Junge blieb noch einen Moment am Schott stehen, ehe er es öffnete und wieder auf die Brücke trat.

Vor ihm lag das Meer, breit und tief.

Er stellte sich neben den Steuernden und antwortete nicht, als dieser fragte: »Na? Wie fühlt man sich als Mann? – Hat sie gestöhnt oder hat sie gequiekt?«

Doppelbläser nickte und ging zum Außenschott, um sich von der Nock aus die See anzusehen. Sie lag ruhig da. Unter den ersten Ausläufern der Morgendämmerung. Ein grüner Schimmer, eingeklemmt zwischen einem Schwarz und einem Dunkelblau. Vereinzelt letzte Sterne.

Oberdeck, er stand draußen! Und nun? Neugierig blickte er sich um.

Erstes Rot in einem milden und milchigen Gelb. Tommy sah die Sterne verschwinden. Einer nach dem anderen, bis nur noch der Nordstern übrig blieb. Aber wie der leuchtete! Tommy streckte sich ihm ein wenig entgegen und schrak zusammen, als eine schwere Hand auf seiner Schulter landete.

»Hier steckst du also«, sagte der Chefharpunier: »Ich hab dich schon gesucht.«

»Warum?«

»Warum, warum. – Weil. – Was weiß denn ich, warum! – Hättest ja auch über Bord gesprungen sein können, ist alles schon vorgekommen!«

»Ja, klar.«

»Wie war sie denn im Bett? – Du kleiner Dauerficker! Hat sie denn deinen Winzling überhaupt gespürt?«, fragte der *Baske* und lachte gutmütig.

»Sie meint, ich soll mich vor dir verstecken, die letzten Stunden. Sie meint, du könntest durchdrehen, weil du. – Ja, warum? – Ich hab keine Ahnung. – Warum bist du denn so durchgedreht?«

»Ach, Schwamm drüber! Ein Weib bringt echte Freunde niemals auseinander! Schon gar nicht, wenn die beiden Schwänze zu echten Seemännern gehören.«

»Du willst mich also nicht wie ein Stück Walfett in der Luft zerfetzen?«, fragte *Doppelbläser* und schaute weiter zum Nordstern, der aber kaum noch zu sehen war.

»Ich würde mich freuen, wenn du den nächsten Törn wieder mitmachst. Es gab schon miesere Anfänger.«

Tommy zögerte mit der Antwort. Er sah nach unten, übers Oberdeck, und wollte gerade sprechen, als der Kapitän von der Brücke auf die Nock kam und sagte: »*Doppelbläser*!«

»Ja, *Sir*!«

»Ich warte noch immer!«

»Worauf, *Sir*?«

»Worauf, worauf! – Auf dein verdammtes Ausbildungsheft! Damit ich jede Seite ansehen und unterschreiben kann. Auf der *Rimbaud* kommt die Theorie nicht zu kurz!«

»Jawohl, *Sir*! Ich wollte nur noch …«

»Der Kleine musste mir noch bei einer Sache helfen«, sagte der Chefharpunier: »Er bringt das Heft aber sofort vorbei, Kapitän!«

Sir nickte und sah *Doppelbläser* an: »Ich bin in meiner Kammer! Mach mir auf den letzten Metern keine Schande mehr! – Du kannst doch schreiben?«

»Der kann sogar lesen«, sagte der *Baske*, legte den Arm um den Jungen und zog ihn mit sich von der Nock. Sie schlenderten zum Bug, stellten einen Fuß auf die untere Strebe der Reling und sahen vor sich ins Fahrwasser.

»Jetzt vergiss mal das *Weibsstück*«, sagte der Harpunier schließlich: »Ich habe über das nachgedacht, was du vor ein paar Wochen gesagt hast. Das mit dem Reden, mit dem Erzählen, dass alle guten Fischer auch gute Erzähler sein müssen, damit sie ihre Familien satt bekommen, wenn sie mal ohne Fang nach Hause kommen. Darüber habe ich nachgedacht.«

»Die Sprache kennt die Geheimnisse der Zeit«, sagte Tommy so gelassen wie möglich: »Alle anderen Geheimnisse kennt sie ja auch. Die deutsche Sprache besteht aus ›Buchstaben‹, also aus Stäben der Buche, aus den Ästen eines Baumes also. Die Urform der deutschen Sprache sind Zweige, die auf den Boden gelegt worden sind. Die Zweige der Buche. Darum ist die Buche heilig.«

»Komm mir doch jetzt nicht mit Bäumen und Büchern.«

»Mit Buchen und Büchern! Unsere Sprache kennt alle Gemeinsamkeiten!«

»Oder so.«

»Die Sprache selbst ist das Archiv, deswegen genügte es lange Zeit auch, ein paar Zweige auf den Boden zu legen, um Gedanken zu lesen. Lesen und legen! Buchen und Bücher! Da hört man doch, wie verwandt das alles ist.«

Tommy bemerkte, dass der *Baske* immer nervöser wurde, aber er konnte nicht aufhören, im Ton eines Lehrers fortzufahren. Vielleicht war das ja seine Art, zurückzuschlagen?

Er sagte: »Die Sprache braucht kein Archiv, weil sie selbst eines ist. Aber sie ist auch absolut gegenwärtig! Die Sprache ist das Gegenwärtigste, was es gibt. Kaum hast du ein paar Buchenzweige zu einem Satz zusammengelegt, schon pfeift der Wind durch die Wipfel und reißt sie mit sich fort. Schon unsere Vorfahren konnten lesen und schreiben, sie wollten ihr Wissen nur nicht archivieren. Warum auch? – Darüber habe ich so nachgedacht.«

»Aha, na gut. – Und was mich angeht, ich denke immer über den Satz eines Filmhelden nach. Er ist ein Profikiller in einem französischen Film. León sagt: ›Man kann einen Menschen nicht töten, wenn man mit ihm geredet hat. Ein Profi spricht niemals bei der Arbeit!‹ – Ich glaube, da hat er Recht! – Und du hast Unrecht: Man muss der Sprache misstrauen. Man muss schweigen, wenn man handelt.«

Tommy nickte. Es war eben die Lebenserfahrung dieses alten Seekämpfers. Sollte er ihm sagen, es sei eine überholte Erkenntnis? Lieber nicht. Er nickte noch einmal und versuchte, den Kurs so unauffällig wie möglich zu ändern: »Da ist was Wahres dran, verstehe mal richtig. Ich meine ja auch nicht das Reden während der Arbeit, sondern das Reden als Arbeit. Ich zum Beispiel, ich werde ja mal der letzte deutsche Walfänger sein, weil nach mir niemand mehr ausgebildet wird. Also werde ich bald keine Arbeit als Walfänger mehr haben. Weißt du, was ich einmal tue? Ich werde Bücher über das Leben der letzten Hochseefischer schreiben. Romane, in denen von unserem Leben erzählt wird. Von unseren Schiffen, von unseren Abenteuern, von unserer Arbeit, aber auch von unseren Gedanken, Gefühlen, Visionen und Erinnerungen. Erfahrungen, Erkenntnisse, das wirst du alles in meinen

Büchern wiederfinden. Die ganze See wird in meine Bücher passen, wenn es die Hochseefischerei schon gar nicht mehr gibt.«

»Angeber! – Man muss die Arbeit kleinmachen, man muss sie aufteilen, nur dann kann man sie bewältigen. – Vergiss, was ich gesagt habe, du bist doch noch ein Grünschnabel. Es ist noch zu früh, mit dir über die großen Sachen zu reden«, sagte der *Baske* und stieß sich von der Reling weg.

Er spuckte in die See.

»Welche großen Sachen?«

»Ach, vergiss es, Junge! – Träum weiter!«, sagte der Chefharpunier und ließ den Lehrling stehen, der die Stirn runzelte und dem Mann nachdenklich nachsah. Was hatte er denn schon groß gesagt?

Vielleicht war er doch kein so guter Redner und Erzähler? Wenn ihm die Zuhörer wegliefen, für die er doch die Mühen auf sich nehmen wollte, was war denn dann groß gewonnen?

Er dachte an den Satz eines Mannes, der mit einem dünnen Buch über einen Riesenfisch weltberühmt geworden war: ›Ein Roman kann einem schon ein paar Lebensjahre versauen.‹

Doppelbläser nickte und drehte das Gesicht wieder in den Wind. Was soll's? Nichts soll's!

Die Sonne stand zwei Fingerbreit über dem Horizont, als ein durchdringendes Geräusch aus der See emporstieg. Tommy lächelte und hörte der Musik zu, als sich Luise neben ihn stellte und nervös fragte, was das für ein Krach sei?

Tommy legte den Arm um sie und sagte: »Wenn vor hundert Jahren solche Töne die hölzernen Laderäume durchweht haben, dann hatten die Fahrensleute geglaubt, auf dem Schiff spuke es.«

»Und? Was ist es wirklich? Es klingt bedrohlich, dann wieder anmutig; fast wie Musik.«

»Es ist eine Musik, meine Liebste. Da singen Wale!«

»Ach! – Wirklich?«

»Aber ja. Lyrische Litaneien, gespeist aus mündlich überlieferten Unterwassersongs, abgerufen von einer lebenden Datenbank aus Erinnerung, gegründet vor über fünfzig Millionen Jahren. Dieses Netz umspannt den Globus! – Vielleicht unterhalten sich gerade jetzt der Schöpfer und das Geschöpfte, Gott und Natur, nicht mit den Hirnen der Menschen, sondern mit den Hirnen der Wale? – Die Wale haben verschiedene Dialekte, verschiedene Themen, verschiedene Kombinationen von Noten, Sequenzen, Phrasen, Subphrasen. Sie singen mit unterschiedlichen Kadenzen und Modulationen, um unterschiedliche Botschaften zu senden. Sie haben verschiedene Lieder! Tag um Tag, Jahr um Jahr, entwickeln sie ihre Lieder weiter, wie wir unsere Reden. Ihr Wissen verfügt über Millionen von für uns geheimnisvollen Tönen. Die Wale lernten und lernen sie auswendig, sie entwickeln sich, wie wir, fort! Von Generation zu Generation werden die fortentwickelten Lieder weitergegeben. Im Gedächtnis gespeichert. Ihr ganzer Körper, jeder Knochen, jede Membrane, jeder Hohlraum, schwingt mit und ist Teil eines gewaltigen Ohres. Walfamilien, Walstämme, alle haben eigene Gesänge und können sich so unterscheiden! Eine Lautsprache in Bildern. Lebendige Schwingungen, die sich im Wasser fünfmal schneller als der Schall in der Luft ausbreiten. Wale können so komplexe Gefühle weitergeben, kulturelle Einzelheiten, Geschichten, Neuigkeiten; ein einzelner Buckelwal veranstaltet manchmal ein Solokonzert, das mehrere Tage dauert! Vielleicht hören wir gerade eines? Doch selbst wenn er nur eine halbe Stunde singt, dann ist es trotzdem ein Lied mit hundert Millionen Bytes! Eine Million Frequenzwechsel! Eine Million tonale Variationen! Eine Odyssee aus prachtvollen Informationen, fünfzig Millionen Jahre alt, die in knapp dreißig Minuten vorgetragen wird. Unvorstellbar, was wir gerade an Wissen hören, uraltem Wissen! Berichte von Naturgewalten. Gemeinsam Erfahrenes. Walträume! Ein einziges Raunen von ausgestorbenen Urahnen. Ja, meine Liebste, das hören wir jetzt gerade!«

Luise nickte, während Tommy weiterredete: »Die Finnwale halten in der Nähe ihrer Brutlagunen zum Beispiel Meetings ab. Sie gruppieren sich wie in einem Stadion im Kreis. Sie stehen senkrecht, ein Drittel des Leibes ragt aus dem Wasser. Ihre Fluke peitscht rhythmisch, so atmen sie im gleichen Takt! Sie sprechen in Ultraschall, dann wieder schweigen sie lange, als träumten sie gemeinsam. So stehen sie da, unheimliche, lebendige Steinsäulen, die Informationen in höchster Auflösung austauschen.«

»Und das hören wir gerade?«

»Nein, es ist ja nur eine Stimme. Eine Walstimme. Vielleicht sucht der Wal etwas? Wale bewegen sich in einem Ozean von Tönen. Garnelen knacken, Plankton zischt, Fische quaken, würgen, trommeln ihre Schwimmblasen, und so werden sie alle vom Wal mit einem Echolot geortet! Als eine sanfte akustische Massage, die die Walhaut berührt. Mit diesem Lot können sie sogar den Mageninhalt anderer Wale bestimmen. Sie können den Blutkreislauf des anderen verfolgen. Sie können das näherkommende Gehirn abschätzen. Sie können Frequenzen verändern, Schallwellen verlängern und verkürzen, bis die akustische Zentrale die gewünschte Information empfängt. Aufgesammelt von der Haut. Luise, verstehst du? So kann ein Wal einem anderen Wal nichts vormachen. Sie können sich nicht anlügen, weil sie sich zwar nicht durchschauen, sich aber durchhören!«

»Wie meinst du das?«

»Beim Lügen verändert sich doch der Herzrhythmus. Das können sie hören. Wale sind uns weit voraus, weil sie das Lügen unmöglich gemacht haben. Sie sind ehrlich zueinander, wenn sie sich begegnen. Da versteckt niemand das Wissen um einen guten Weidegrund, weil sein Mageninhalt ihn ja doch verrät. Da maßt sich niemand an, die Erinnerung eines Fremden für die eigene auszugeben, weil man das Falsche heraushören würde!«

»Und das hören wir gerade, auch wenn wir nichts sehen? Mein Gott, was für Geräusche!«

»Vielleicht kann man Wahrheit sowieso nicht sehen, sondern nur hören«, sagte Tommy mit einem Lächeln: »Ein Gesicht kann eine Lüge verstecken, aber eine Stimme vielleicht nicht.«

Luise nickte: »Das ist wahr! Bei Verhören ist das auch immer so. Da ist das Gesicht egal.«

»Da heißt es ja schon so: Verhör! Nicht Verseh! Manchmal glaube ich, wir müssen nur dem Sinn der Wörter folgen, um weiterzukommen. Dem hörbaren Sinn!«

Sie neigte sich zu ihm, sie küssten sich, als der Walgesang mit einem tiefen Ton endete. Ungeniert umfasste Luise ihren Freund, sie küssten sich wild auf dem Bug des Walfängers, ehe sie leise zu ihm sagte: »Und was machst du? Du tötest diese Geschöpfe! Obwohl du um ihre Einzigartigkeit weißt!«

»Da bin ich wohl nicht besser als du! Du tötest Menschen«, sagte *Doppelbläser* und stürzte sich erneut auf die Lippen seiner Freundin.

Als Luise die Augen wieder öffnete, erstarrte sie.

Sie drückte Tommy weg und starrte über seine Schulter hinweg zum Horizont. Deutlich sah sie grüne und rote Positionslichter. Sie drehte sich nach vorn. Auch vor den Umrissen Spitzbergens waren diese Lichter plötzlich knapp über der Wasseroberfläche. Schlauchboote! Auch backbord! Sie kamen auf den Walfänger zu. Aus allen vier Himmelsrichtungen.

Luise sagte: »Mein Schatz, geh sofort unter Deck und bleibe dort, bis ich dich rufe!«

»Aber!«

»Tu es, bitte! Sofort!«

Luise schob ihn übers Vordeck, und Tommy erinnerte sich an seinen wirren Traum. Er solle nicht aufs Oberdeck gehen, hatten die toten Lippen seiner Mutter gefleht. Er solle unter Deck bleiben. Und nun? Was war?

Er sah in Luises Gesicht. Die Augen waren weit aufgerissen, sie sah zur Brücke hoch, sie winkte ihren Kameraden zu, die auf dem Dach Wache hielten.

Die Zwillinge gestikulierten zurück, ihre knappen Handbewegungen konnte Tommy noch sehen, ehe sich das Außenschott hinter ihm schloss. Er ging nach unten, folgte dem Längsgang und war schon in seinem Deck, als *Sir* durch die Lautsprecher befahl: »An alle! Dies ist keine Übung! An alle! Dies ist keine Übung! – Einnehmen der Gefechtspositionen! Ab sofort hat Luise Rösch das Kommando!«

Es knackte, dann hörte Tommy die Stimme seiner Freundin: »An alle! Sofort Sicherheitsteams wie besprochen bilden und Stellungen einnehmen. – Warten Sie auf weitere Befehle!«

Teil 5

›Als hätte Luise Regie geführt‹, dachte Robert Rösch und erinnerte sich an die vielen Vorträge und Warnungen, die ihm seine Tochter so oft mit auf den Weg gegeben hatte. Er solle sich immer vor Piraten in Acht nehmen. Er solle vor Einbruch der Nacht kontrollieren, ob immer alle Außenschotts verschlossen seien. Er solle die Zwischenschotts nachts mit Vorhängeschlössern versehen. Er solle nach Sonnenuntergang die Beleuchtung der tiefer gelegenen Decks einschalten. Die Spots der Brückennock und die Aldislampe seien bereitzuhalten, um näher kommende Boote zu blenden. Feuerlöschschläuche, Hydranten und Wasserrohre seien ständig einsatzbereit zu halten. Die Türen zu den Mannschaftsunterkünften seien verschlossen zu halten. Die Wache – es solle jede Nacht eine Wache auf dem Oberdeck sein – solle ein besonderes Augenmerk auf sich vom Heck her nähernde Boote haben. – Ja ja, hatte er immer geantwortet, es werde schon nichts passieren. Sie seien ja nur auf einem Trawler. Einer von fast zweihundert, da müsse es schon mit dem Teufel zugehen.

Es war mit dem Teufel zugegangen. Robert schwamm im Frischwasserbunker drei und spürte die Anwesenheit vieler seiner Kollegen. Es war bis auf die kleine, grüne Notlampe, die sich etwa zwölf Meter höher befand, finster hier unten. Über dem einzigen Schott, dessen Zugang hochgezogen war.

Unter ihnen drehten Tausende von Thuns ihre Runden, die sie wenige Stunden vorher gefangen hatten, um sie später zu verarbeiten.

Robert hielt sich mit Zeigefinger und Daumen an einer

Schweißnaht fest und strampelte mit den Füßen. Er wusste, dass es hier unten nur glatte Wände gab. Er brauchte keine Fluchtmöglichkeit zu suchen, weil es sie im Tank nicht gab. Immer wieder vertrieb er neugierige Fische.

Erneut öffnete sich das schmale Schott unter der Notlampe, und wieder wurde ein Kollege ins Wasser geworfen.

»Hundertsiebenundsechzig«, sagte der Dritte Offizier in die Dunkelheit: »Es fehlen also noch zehn Männer.«

»Aber wer fehlt noch?«, fragte der *Knirschende*, der dank seines vielen Fettes auf dem Rücken trieb und nur ab und an die Arme bewegen musste.

»Ich bin da«, sagte der junge Ismael: »Diese Dreckstypen, wenn ich die in die Finger bekomme! Die haben mich aus der Dusche gezogen, diese Schweine! Man zieht einen Mann nicht aus der Dusche, das ist eine Sünde!«

»Ja, das stimmt«, sagte der *Knirschende*, und auch *Väterchen* pflichtete dem Jungen bei, obwohl er sich wegen seines langen Bartes, der sich vollgesogen hatte, kaum noch über Wasser halten konnte. Er dachte an seine Fischfamilie, die sich immer noch im Aquarium befand. Würde er sie je wieder füttern können?

Väterchen holte tief Luft und ließ sich sinken. Er spürte, wie sein Bart über ihm schwebte, er spürte auch, wie die Fische durch ihn hindurch schwammen. Auf dem Boden stieß er sich mit den Füßen kräftig ab und hörte an der Oberfläche gerade noch den Befehl des Dritten Offiziers.

Nach und nach sagten die Männer ihre Namen. Am Ende fehlten die Stimmen des Zweiten Offiziers, des Kapitäns, des Funkers, sechs aus der Abteilung der Deckbesatzung und die von *uralter Richard*, was alle verwunderte, nur Robert und *Opernsänger* nicht.

»Also bin ich der ranghöchste Offizier«, stellte der junge Marokkaner fest, der als Kind nach Frankreich gekommen war und sich dort hochgearbeitet hatte: »Ich habe schon viele knifflige Situationen durchlebt. Also werde ich auch diese überstehen! – Und Sie, meine Herren, mit mir!«

Niemand antwortete.

Nach einer Weile war aber doch die Stimme des jungen, nackten Ismael zu hören: »Wirklich?«

»Ja, wir schaffen das, Junge«, sagte der Dritte Offizier, der nur vier Jahre älter war.

»Wir lassen das Wasser ab«, sagte *Kroatischer Riese*, der besonders wütend war: »Dann stapeln wir den Fisch übereinander, und zur Not trage ich euch alle auf meinen Schultern, bis einer von uns das verdammte Schott da oben erreicht hat. – Das lasse ich doch nicht mit mir machen!«

»Was?«, fragte Pawel, der hoffte, die Piratenbrut bringe seine Eisenbahnfahrpläne nicht durcheinander.

»Ach, nichts!«, antwortete *Kroatischer Riese*, dem es peinlich war, von zwei weiblichen Piraten ausgekontert worden zu sein. Er hatte schon drei Männer am Boden gehabt, als eine dieser Kampfsäue einen Sprung machte und ihn mit dem Fuß am Kinn traf, während die andere ihm zeitgleich in die Kniekehlen trat. Diese elenden Bräute, die wussten doch noch gar nicht, dass sie schon tot waren! *Kroatischer Riese* schlug mit der Faust aufs eisige Wasser und sagte: »Warten ist tödlich!«

Sie wussten es alle. Ihre Chancen standen schlecht. Dunkelheit, Kälte und glatte Wände, fieberhaft überlegte der Dritte Offizier, ehe er sagte: »Verhungern werden wir nicht. Genug frischer Fisch ist da, aber trinken können wir nichts. – Dass mir niemand das Salzwasser trinkt! Diese Plörre wurde das letzte Mal vor fünf Tagen ausgetauscht. Es dürfte hier vor Bakterien nur so wimmeln.«

»Wir können das Wasser nicht ablassen«, sagte *Haudegen*, der Chefmechaniker und Oberste Heizer der *Saudade*. Ihn störte die Dunkelheit nicht, er hatte beim Überfall ohnehin seine Brille verloren.

»Warum nicht?«, fragte *Kroatischer Riese*.

»Darum nicht«, sagte *Haudegen*, der den gesamten Schaltplan des Schiffes im Kopf hatte, aber nicht wusste, wie er diesen Plan erklären sollte.

»Was ist das für eine bescheuerte Antwort? Sind wir im Kindergarten, oder was?«, mokierte sich *Kroatischer Riese*.

»Wenn *Haudegen* meint, es geht nicht, dann geht es nicht«, sagte *Opernsänger*, der vom Dilemma des Heizers wusste, zu wenige Worte zu kennen.

»Also, was machen wir?«, fragte Robert Rösch.

Niemand antwortete.

Vereinzelt waren Flüche zu hören, aber mehr und mehr breitete sich eine Stille aus, die bedrohlich wie Nebel werde, meinte der Kurznasenseefledermausspezialist.

Ismael begann damit, herumzuschwimmen und sich zu vergewissern, dass andere Menschen wirklich anwesend waren. Immer nur Stimmen zu hören, wurde ihm unheimlich. Mit weit aufgerissenen Augen versuchte er die Schwärze zu spalten, aber wenn er etwas Helles sah, war es zumeist nur ein Thun. Die Fische wurden so zutraulich, dass der Junge damit begann, ihnen Kinnhaken zu verpassen.

»Spinnst du?«, brüllte Robert auf.

»Oh, sorry, bitte, das wollte ich nicht«, sagte Ismael und schwamm schnell weiter.

»*Uralter Richard*, wo ist der?«, fragte *Opernsänger*: »Der holt uns raus hier!«

»Stimmt, der kennt das Schiff wie kein anderer«, meinte auch der Smutje: »Der hat eine Ecke gefunden, aber wird er aktiv werden?«

Allen gingen auf einmal die Monologe durch die Köpfe, mit denen *uralter Richard* sie immer genervt hatte. Er werde eines Tages auf seiner ex *Jungen Garde* verrecken, er werde auf ihr sterben. Aber war dieser Tag heute?

»Das wird er nicht wagen«, sagte Robert: »Er wird uns erst retten, dann wird er vielleicht krepieren. *Uralter Richard* ist kein Idiot! Auch er will in den Himmel!«

»Ja, und der stammt auch noch aus dem Ostblock, aus der DDR! Der weiß noch, was Kameradschaft bedeutet. Und was er noch kann: Er kann aus einem Stück Draht ein ganzes U-Boot machen, atombetrieben! Ohne es geklaut zu haben!«, sagte *Opernsänger.*

Vielstimmig wurde ihm Recht gegeben, und manch einer meinte sich zu erinnern, *uralter Richard* habe im Vietnamkrieg auf Seiten der Überfallenen nordamerikanische Marinesoldaten geköpft, lautlos wie ein Urwaldaffe beim Schlafen. *Uralter Richard* sei früher einmal ein hoch dekorierter Kriegsheld gewesen.

»Auf jeden Fall, Männer, werden wir jetzt nicht wie die Fischweiber auf dem Markt in Salerno herumwettern! Wir werden weiterhin dafür sorgen, dass wir die Situation beherrschen. Wir lassen es nicht zu, dass uns die Situation beherrscht. Wir hoffen nicht, wir handeln!«, sagte der Dritte Offizier: »Vorschläge?«

Wieder wurde es still in der eisigen Dunkelheit.

Ismael fragte: »Das mit dem Wasser ablassen, das geht wirklich nicht?«

»Wirklich nicht!«, sagte *Haudegen.*

Wieder stießen zwei Thuns gegen *Opernsänger*s Beine, und einer von ihnen zupfte an der Jogginghose. Der Mann gab dem Tier einen Schlag auf den Kopf, das sofort flüchtete, und zog sich die Hose wieder hoch.

»Wir müssen Ruhe bewahren«, sagte *Haudegen.*

»Du hast gut reden, dir fressen diese elenden Viecher ja auch nicht den Bart ab!«, sagte *Väterchen*: »Dreiundsiebzig Jahre ist der gewachsen! Tag für Tag! Und nun? – Eigentlich hasse ich Fische.«

»Du liebst Fische, vergiss das nicht!«, sagte *Kanadier*, der nicht glauben wollte, dass der alte Russe dabei war, seine Beherrschung zu verlieren. Er sagte: »Es gibt Schlimmeres!«

»Ach ja, was denn?«, fragte Ismael aus der Mitte des Tanks heraus, während die Männer sich alle an den Rändern hielten.

Kanadier war kurz davor, die Geschichte vom alten Mann und dem Meer zu erzählen, die er so gut wie auswendig konnte. Wenn sogar dieses Wrack überlebt hatte!

Doch schließlich sagte er: »Keine Ahnung.«

»Na, bitte!«, sagte der Junge triumphierend und schwamm eine neue Runde. Vorbei an den Männern, die an den Wänden hingen und sich ab und an nach oben stießen.

Ismael sagte: »Mir ist verdammt kalt. Ich friere wie ein verdammter Doryfischer im Trog!«

Darauf gab es nichts zu antworten. Auch *Opernsänger* schwieg.

Wieder wurde oben das Schott geöffnet, die Männer hielten den Atem an, doch sie sahen nur, wie der Kapitän und der *Zweite* ins Wasser gestoßen wurden. Schon war der Lichtspalt wieder verschwunden. Sie hatten nicht einmal ein Gesicht eines Piraten gesehen.

Robert hatte sich in den wenigen Minuten auf die glatten, meterhohen Wände konzentriert, die das Licht überall nur reflektiert hatten. Nirgends war es gebrochen worden, nirgends fand sich ein Spalt, ein Absatz oder gar eine Stufe. Er versuchte, sich an Luise zu erinnern, an das, was sie ihm alles gesagt hatte, aber die Kälte der See, die durch das Metall drang, war zu groß, um sich konzentrieren zu können.

Der *Dritte* schwamm sofort zu seinen Vorgesetzten, die er in schlimmer Verfassung vorfand. Sie mussten aus ihren Kammern geholt und verhört worden sein. Der *Dritte* versuchte, die beiden Männer über Wasser zu halten, begriff, dass sie bluteten und sich kaum bewegen konnten.

»Sieben Mann zu mir!«, befahl er: »Zwei Verletzte bergen und betreuen!«

Sofort schwammen dreißig Männer los und hielten die Verletzten wenig später mit einem Arm, während sie mit dem anderen und mit strampelnden Beinen für Stand im Wasser sorgten.

»Lange geht das aber nicht«, keuchte einer der Verarbeiter.

»Muss aber«, sagte der *Dritte*: »Scheiße, ich weiß doch auch nicht weiter. – Wer denkt schon an so etwas? Hochseefischer, gefangen im eigenen Frischwassertank? Inmitten von Unmengen an Thun? Wozu sollen hier auch Notausstiege sein? Wir sind in einem perfekten Gefängnis.«

»Und was ist mit dem Hebekran, mit dem wir die Fische immer hoch holen? Das Netz muss doch noch dranhängen«, sagte eine Stimme, die Robert nicht kannte.

»Kann nur von der Schalttafel aus bedient werden«, sagte *Haudegen*: »Befindet sich im Längsgang vier, wisst ihr ja so gut wie ich!«

»Also«, sagte *Opernsänger*, der unbedingt etwas für die Moral der Truppe tun wollte: »Muss *uralter Richard* nur an die Tafel kommen, den Kran runterlassen, und dann kann er meinetwegen verrecken, wenn wir nur hinaufklettern können. – Das ist sein Plan!«

Haudegen sagte nicht, dazu müsse die Luke geöffnet werden, was von der Brücke aus zu sehen sei, auf der sich garantiert ein Trupp der Piraten befinde. *Haudegen* schwieg lieber und hörte den plötzlich euphorisierten Kollegen traurig zu.

Gerede und Geplätscher von überallher. Schwache Echos, die schließlich verstummten.

Sie hatten lange gekämpft, die Arme hatten ihnen gezittert, sie hatten die bewusstlosen Körper immer wieder an die Oberfläche gestemmt, sie hatten geflucht und gebetet und keinen Rat mehr gewusst. Sie hatten den Kapitän und seinen Stellvertreter geohrfeigt, und niemand war der Erste gewesen, der losgelassen hatte.

Nach vier Stunden hatten die Verarbeiter und die Hochseefischer die Körper sinken lassen, und klar war nur, dass *Kroatischer Riese* sie zuletzt allein gehalten hatte. Der *Dritte* hatte ihm befehlen müssen, damit aufzuhören.

Viele hielten sich jetzt nur noch mühsam an der Wasseroberfläche, und sie alle wussten, dass sie alsbald ein Fraß des Thuns werden würden, den sie so lange gejagt und zerlegt hatten. Es schien ihnen auf einmal nur logisch.

Sie warfen nur noch vereinzelt Sätze in die absolute Dunkelheit. Niemand hatte eine Idee, auch *Haudegen* nicht.

Wo blieb nur *uralter Richard*?

Warum unternahm er nichts?

Er brauchte doch nur den verdammten Hebel umlegen und den Zündschlüssel nach rechts drehen! War doch egal, wenn der Kran mitsamt dem Netz herunterkrachte! Der Kranarm würde schon nicht am Gelenk brechen, der Kranarm würde schon halten!

Haudegen war sich sicher.

Wo also blieb *uralter Richard*?

Der Schwätzer! Dieser nutzlose Parasit! Dieser Hungerleider, den sie all die Jahre mitgeschleppt hatten und der zum Sterben zu faul gewesen war! ›Arschloch, du verdammter Kommunist! Mach hin‹, dachte der Hauptmaschinist und Oberste Heizer, während der Dritte Offizier sich fragte, ob die Geschichte von der *Fu Tai* stimme, die er vor langer Zeit gehört habe.

Es sei ein schönes Schiff mit einem schlanken und grauen Rumpf und mit einem gelben Schornstein. Daran sei es heute noch zu erkennen, obwohl es schon lange andere Papiere und einen ganz anderen Namen habe.

Es habe vor der Batam-Insel jenseits der Singapur-Straße vor Anker gelegen, als eine Piratenbande es am fünften August neunzehnhundertachtundneunzig geentert habe. Man habe die Besatzung zusammengetrieben und ihr befohlen, über Bord zu springen. Die meisten seien ertrunken, einige wenige seien bis ans Land gekommen. Der Chief des Schiffes aber sei an Bord festgehalten worden.

Der Eigner habe zwar eine Belohnung auf die Wiederbeschaffung seines Schiffes ausgelobt, das Schiff sei aber da schon umbenannt und mit neuem Anstrich versehen worden. Nur der Schornstein sei immer noch gelb; ein gelber Schornstein unter Tausenden von gelben Schornsteinen weltweit.

Das Schiff sei zu einem Drogenfahrzeug geworden, das niemals einen Hafen anlaufe und sich immer nur in internationalen Gewässern aufhalte.

Ständig fahre es hin und her, das Heroin werde mit Booten geliefert oder abtransportiert. An den Rändern des Südchinesischen Meeres.

Der Kahn stoppe nur, um die tödliche Fracht zu verschiffen oder um Lebensmittel zu bunkern.

Das Schiff sei für niemanden greifbar, solange es sich auf offener See befinde, wo Rechtsfreiheit mangels eines Richters und eines Staatsanwaltes herrsche.

Diese ewige Fahrt werde so lange andauern, bis das Schiff vom Rost so zerfressen sei, dass es sinke. Es sei zu einem modernen *Fliegenden Holländer* geworden, auf dem der einstige Chief ein Sklave geworden sei und Tag und Nacht schufte. Entführt und für immer lebendig begraben, versklavt von Mördern.

Denn die See gehöre niemandem.

Aber jeder Seemann gehöre ihr. Mit Leib und Seele. Mit Leben und Tod. Die See sei die Seele, und die Seele sei die See.

Das System der Billigflaggen habe die moderne Piraterie begünstigt, stellte der *Dritte* fest, ehe er sich ausmalte, wie es wäre, für immer als Sklave auf einem Piratenschiff zu leben.

›Dann lieber sofort tot‹, dachte er, ›dann lieber gleich tot! – Vielleicht war dieser ehemalige Frachter ja gesunken? Vielleicht wird nun die unauffällige *Saudade* zum neuen Drogenkurier?‹

Wieder sank der junge Offizier und hielt die Luft an. Zwei Thuns glotzten ihm direkt in die Augen und zupften ihm am Ohr, als er sich wieder nach oben stieß.

Sie waren so ausgekühlt, dass sie die Bisse der hungrigen Fische gar nicht mehr bemerkten. Sie wunderten sich zwar über die warme Flüssigkeit, die nach oben stieg, aber ihre Gehirne waren so sehr auf Minimalleistung geschaltet, dass sie nicht begriffen, dass es das eigene Blut war, das ihnen das Gesicht wärmte. Sie hörten dieses harte Geräusch im Inneren, das ihre Zähne schmerzhaft verursachten. Die Körper warnten mit allem, was sie hatten, aber den Hirnen fiel nichts ein. Die Hochseefischer, die härter als andere Männer arbeiten konnten, die Orkanen getrotzt hatten, die walgroße Fänge mit bloßen Händen aufs Heck ziehen konnten, die im Sekundentakt dreißig Kilogramm schwere Thuns stemmen und ausweiden konnten, wurden müde und müder. Und er trug die Verantwortung. Er war zum Kapitän geworden, und damit hatte er die wichtigste Pflicht übernommen: Er musste die Leben seiner Männer retten. Er musste!

Der *Dritte* räusperte sich und befahl mit heiserer Stimme und mit zitternden Lippen: »Durchzählen!«

›Sie gehorchen, wenn auch nur mühsam‹, freute er sich, ehe er erschrak, hatte das Durchzählen doch nur eine knappe Minute gedauert.

Von der einhundertsechsundsiebzig Mann starken Besatzung meldeten sich noch sieben Männer: *Kroatischer Riese*, Ismael, *Opernsänger*, Robert Rösch, *Knirschender*, der indische Zahlmeister und er selbst sagte schließlich: »Dritter Offizier des Trawlers *Saudade*, ehemals Fang- und Verarbeitungsschiffes ROS 317 *Junge Garde*. Unentschuldigt fehlen *uralter Richard* und der Funker.«

Alle anderen Männer waren lautlos gestorben und zum Fraß der gefangenen Thuns geworden. Niemand von ihnen habe gejammert, getobt oder geschrien, ging es Robert durch den Kopf: ›Sie haben das Sterben als bisher größtes Abenteuer genommen, diese verrückten Peter Pans. – Sie haben *echte Kerls* gespielt. Und verloren.‹

Er versammelte sich mit den anderen Überlebenden zu einem Kreis. Sie wärmten sich gegenseitig, so gut sie konnten.

Opernsänger flüsterte zähneklappernd: »Die *glorreichen Sieben*, über die wollte ich auch mal eine Oper schreiben.«

»Wirst du!«, sagte Robert: »Nur wird es eben keine Westernoper werden.«

»Genau«, meinte der nackte Ismael, der glaubte, seine ganze Haut sei dunkelblau geworden. Er wollte aber nicht sterben! Verdammt noch mal, er wollte es einfach nicht! Er wollte Geld verdienen, schnell viel Geld, mehr wollte er gar nicht. Was sollte daran denn falsch sein? In seinem Kopf ging alles drunter und drüber, eine lange Reihe von Bildern, die einfach nicht aufhörte. Es waren lauter Bilder aus seinem eigenen, kurzen Leben. Ismael begriff sie nicht mehr. Die Abfolge wurde immer schneller, und immer heller wurden die Bilder; immer milchiger.

Der *Dritte* sagte: »Es wird eine Fischeroper! Die beste Fischeroper, die die Welt je gehört hat! – Und wir werden bei jeder verdammten Vorstellung in der ersten Reihe sitzen und sehen, wie die Schauspieler beim Singen spucken! Das wird lustig!«

»Es wird die erste Fischeroper überhaupt«, meinte *Opern-sänger*: »Die erste, die beste und zugleich auch die letzte!«

Er dachte: ›Nur, wer sie schreiben soll, das weiß allein das Altwasser.‹

Knirschender legte sich erneut auf den Rücken, so dass sein dicker Bauch aus dem Wasser ragte. Er sagte zum jungen Ismael: »Los, Junge, leg deinen Kopf auf meinen Bauch! Ich kann gar nicht untergehen, mach schon, bevor ich es mir anders überlege.«

Ismael, im Begriff zu sinken, spürte eine Hand in seinen Haaren. Er merkte, wie er gezogen wurde, wie sein Kopf und sein Oberkörper auf irgendetwas gelegt wurde, doch sprechen konnte er nicht mehr. Er röchelte. Die Bilder waren jetzt nicht mehr milchig. Sie waren auch gar nicht mehr da. Das einzige, was noch da war, war ein Weiß, ein leuchtendes Weiß.

Wenig später wurde er ohnmächtig, während *Knir-schender* wieder mit den Zähnen malmte und ab und an eine Schwimmbewegung machte.

»Hat sich *uralter Richard* schon jemals soviel Zeit gelassen?«, fragte *Opernsänger* und antwortete sich selbst: »Ich meine, nein!«

»Die fehlenden Deckleute haben sie beim Entern be-stimmt getötet«, sagte *Kroatischer Riese*: »*Uralter Richard* hat sich gut versteckt, aber was ist mit dem Funker? Hat schon einmal einer von euch Leuchten an den Funker ge-dacht?«

»Den werden sie sich als Sklaven halten«, sagte der *Drit-te*: »Den brauchen sie, damit er den Funkverkehr aufrecht erhält und die Kaperung noch geheim bleibt.«

»Ich kenne den Funker gut«, sagte *Kroatischer Riese*: »Ich habe ihn im Fitnessraum studiert. Er ist zäh! Wenn man ihm ein paar Gewichte mehr auf die Stange legt, dann stemmt er diese blöde Stange trotzdem hoch. Und wenn ihm dabei auch die dürren Schenkel durchbrechen! – Er wird ein ›SOS‹-Signal absetzen können! Das wird er tun. Der Funker holt Hilfe, und wenn er dabei draufgeht! – Ich meine, was ist das schon groß? Drei kleine Fingerbewegungen zwischendurch, das bekommt er hin!«

Niemand antwortete, und *Kroatischer Riese* wusste ja selbst, es seien Piraten! Es seien Kidnapper! Der Funker sei wahrscheinlich gefesselt und geknebelt. Und wenn er noch Kraft gehabt hätte, *Kroatischer Riese* hätte jetzt dieses elende Brackwasser aufgepeitscht, als wäre er ein Orkan mit dem Namen ›Rache‹!

Er sagte: »Der Funker schafft das! – Der ist auch aus dem Ostblock! – Der ist ein waschechter Sachse!«

Robert meinte: »Wir haben also zwei Optionen. Entweder schafft es *uralter Richard* oder der Funker, aber wie ich die beiden kenne, gehen beide Optionen auf.«

»Das ist doch mal ein Wort«, antwortete *Kroatischer Riese*, der sogleich zehn Dollar auf den Funker setzte. *Opernsänger* hielt dagegen: hundert Dollar auf *uralter Richard*!

Knirschender ohrfeigte Ismael, aber der Junge wehrte sich nicht mehr.

»Verdammter Bengel, wirst du wohl hier bleiben!«, flüsterte *Fetter*, bekam aber keine Antwort mehr.

»Lass ihn sinken«, sagte der Dritte.

»Einen Scheiß werde ich tun!«

»Das ist ein Befehl!«

»Und mein Befehl ist: Halt's Maul, Kamerad! – Nichts für ungut.«

Der Dritte Offizier erwiderte nichts. Er wusste ja, die Zeit sei auf seiner Seite, auch wenn er darauf gut und gern verzichtet hätte. Er fragte sich, ob die Sache mit dem Funker vielleicht doch nicht so aussichtslos war. Das war wirklich ein zäher Bursche! Ein Mann der bei Windstärke zehn seelenruhig in einer winzigen Kammer sitzen und Signale durchgeben konnte, während ihm das Wasser schon bis zu den Knien stand, so ein Mann musste doch einfach der geborene Retter sein!

Der junge Offizier räusperte sich. Hätte er beim Studium doch nur diesen Kurs ›Motivation der Mannschaft in gefährlichen Situationen‹ belegt, den er vor zwei Jahren so albern gefunden hatte. Er räusperte sich noch einmal.

Weil er es einfach nicht mehr für sich behalten konnte, sprach *Kroatischer Riese* die Demütigung endlich aus, die ihn schon die ganze Zeit quälte. Leise sagte er: »Mich haben zwei weibliche Piraten fertiggemacht! Mitten auf dem Längsgang c sieben. – Was für eine Welt ist das nur geworden?«

»Eine Welt, in der wir keinen Platz mehr haben«, sagte *Opernsänger*: »Stellt euch das bloß vor: Wie *uralter Richard* toben wird, wenn er erfährt, dass seine gute, alte *Saudade* von Frauen auf den Grund des Meeres geschickt worden ist! Unser alter *Frauenhasser* würde sofort einen *Herzkasper* kriegen!«

Sie stellten es sich vor, alle sechs, aber zum Lachen fehlte ihnen die Kraft.

»Und schuld an all dem Mist bin ich«, sagte Robert Rösch plötzlich und genauso leise wie *Kroatischer Riese*.

»Ich wusste es! Ich wusste es! Wir wurden verraten! Anders konnte es ja auch gar nicht sein. Wir haben einen Schläfer der Piraten an Bord, der sie hergelockt hat!«, wetterte der *Dritte*: »Wo warst du die ganze Zeit, als man dich über die Bordlautsprecher gerufen hat? Wo denn? Du bist der Schläfer! Los, *Kroate*, leg ihn um!«

»Und warum ist er dann hier unten?«, fragte *Knirschender*, dem der junge Schnösel allmählich auf die Nerven ging.

Diese Frage hielt *Kroatischen Riesen* mitten in der Bewegung zurück. Er wartete in der Finsternis mit weit aufgerissenen Augen auf eine Antwort.

Aber sie kam nicht.

»Ich meinte es anders«, flüsterte Robert Rösch, genannt *Filigraner*, ruhig weiter: »Ich war raus gegangen, weil ich eine Seefledermaushaut versaut hatte. Hatte den richtigen Moment verpasst, und schon war sie dahin. Das hat mich so geärgert.«

»Und darum bist du an dem Mist hier schuld?«, fragte *Opernsänger*.

»Ja, weil ich zuvor gegen unsere eiserne Regel verstoßen habe. Ich habe ein persönliches Problem mit an Bord gebracht. Und daher habe ich die Haut verpfuscht, weil ich dauernd an mein Problem denken musste. Und weil ich daran denken musste, wurde es ruchbar. Und das haben die Aasgeier der See sofort gerochen! Darum haben die Piraten uns gefunden! Ich habe die Spur gelegt. Unbewusst, aber ich habe sie gelegt.«

Niemand widersprach.

Sie dachten an all die unglaublich erscheinenden Dinge, die ihnen aber doch auf See schon passiert waren. Sie hielten auch diesen Aberglauben für möglich, und *Knirschender* schlug vor, zu beten.

Das aber machte den Dritten Offizier wütend: »Beten? Du Idiot! Ich bin Moslem. Wie soll ich denn hier beten? Ich brauche Allahs Boden unter den Füßen, ich brauche einen Teppich zum Beten, du Dummkopf!«

Knirschender schwieg, doch am liebsten wäre er explodiert. Als wenn es ihm leicht fallen würde, ohne Tora zu beten! Aber er würde es eben versuchen! Wer hier wohl der Dummkopf war! Gott war doch nicht blind! *Knirschender* streichelte noch einmal über Ismaels totes Gesicht, ehe er den Leichnam sachte von sich schob. Er hielt die Hand des Jungen noch einen Moment, aber auch die musste er dann loslassen.

»Welches Problem?«, fragte *Opernsänger* in die ratlose Stille hinein. Unter keinen Umständen durfte das hier so enden! Er wollte hier auf keinen Fall auf den letzten Metern noch einen Religionskrieg erleben. ›Auf den letzten Metern‹, dachte der Atheist.

»Welches Problem? Es war nichts anderes als das Problem der Zukunft«, sagte Robert: »Der nahen Zukunft.«

»Rede nicht drum herum. Vielleicht können wir dir einen Rat geben«, sagte auf einmal der indische Zahlmeister, den die anderen schon für tot gehalten hatten. Als Buddhist war ihm diese Situation dank seines Glaubens an die Wiedergeburt um ein Vielfaches erträglicher als seinen Kollegen, so dass er sich auch die ganze Zeit zurückgehalten hatte. Er hatte sich vorbereitet, und nun war er vorbereitet.

»Einen Rat?«, fragte Robert. »Jetzt noch?«

»Jetzt noch«, sagte der Inder so ruhig wie möglich: »Für später!«

»Für später«, höhnte der *Dritte*, schwieg dann aber.

»Na gut. – Ich muss auf dieser Fahrt eine Entscheidung treffen. Auf See bleiben oder bei meiner Ehefrau«, sagte Robert.

»Immer die alte Frage!«, sagte *Opernsänger*: »Was soll ein Seemann auf dem Land? Und was soll ein Ehemann auf der See? Es geht nur beides zusammen, man kann sich für keine Seite entscheiden. Das Wasser gehört zum Land, das Land gehört zum Meer. Die Frau gehört zum Mann, der Mann gehört zur See, die See gehört zur Frau. – Sie hätte dich niemals vor diese Entscheidung stellen dürfen.«

»Hat sie aber. Aus Liebe. Aus Sehnsucht. Aus Gegenwartsangst«, sagte der indische Zahlmeister: »Ihre Seele ist auch geschunden.«

»Das stimmt«, sagte Robert: »Sie wollte es ja auch nicht. Sie hat sich gegen diesen Wunsch so lange gewehrt. Sie wusste ja auch, was dieser Schritt für Gefahren birgt. Sie hat mir ja auch fünf Monate Zeit gegeben. Ich sollte mich in Ruhe entscheiden, hier, bei euch, die ihr mir doch noch so ein blödes Ständchen gehalten habt.«

»Was hat sie angeboten? Als Gegenleistung? Welche Idee?«, fragte *Knirschender*.

»Dass sich bei euch immer alles nur ums Geld dreht«, sagte der *Dritte* und entschuldigte sich gleich darauf für diese Bemerkung.

»Ich soll Fischwirt werden. In einer Fischfarm«, sagte Robert: »Bei uns in Norddeutschland schießen sie gerade wie Pilze aus dem Boden. Sogar in Mecklenburg, sogar vor den Toren Rostocks, also keinen Hühnerschiss weit von unserem Haus entfernt.«

Niemand antwortete, und gerade das klang in Roberts Ohren verächtlich.

Er sagte: »So könnte ich weiter Fischer bleiben und trotzdem immer an ihrer Seite sein. Kein Hochseefischer mehr, aber eben so eine Art Küstenfischer.«

»Küstenfischer, schön wäre es«, sagte *Kroatischer Riese*: »Fischfarmen nehmen uns doch nur die Arbeit weg.«

Opernsänger sagte: »Unsere Arbeit ist schon so gut wie weg. Da hat *uralter Richard* Recht. Es gibt kaum noch genug Fisch in den Ozeanen. Die Riesenschwärme, wie wir sie noch kennen, die gibt es schon lange nicht mehr. Die Trawler verschwinden doch schon.«

»Aber noch sind sie da!«, sagte *Kroatischer Riese*.

»Ja, noch! Vielleicht reicht es für uns noch bis zur Frührente, aber viel länger doch nicht mehr. Wir sind wirklich die letzten Fischer«, sagte *Opernsänger*.

»Ja, so habe ich auch hin und her überlegt. Diese Fischfarmen, das ist die Zukunft. Und ich bin ja noch keine vierzig Jahre alt. Aber kann ich euch verraten? Kann ich gegen euch ankämpfen?«, fragte Robert. »Und wenn ihr diese Farmen gesehen hättet! Ich war in einer, das hat mit dem Fischfang gar nichts mehr zu tun. Das ist Kunst, alles nur Kunst. Künstlich wie Kunstkäse, künstlich wie Kunstschinken, das sind doch alles nur noch Kunstfische. – Kennt ihr den Film mit Louis de Funès? ›Brust oder Keule‹? Da wird gezeigt, was passiert, wenn Lebensmittel synthetisch hergestellt werden. Fische, Hähnchen, einfach alles! Heute ist das Realität«

»*Haudegen* hat immer gesagt: Man nimmt einem Mann nie, niemals, die Arbeit weg!«, sagte der Inder.

»Ja, einem Mann, aber sind diese Sprüche nicht auch schon tot? Kann man denn heute noch als Mann so leben wie vor hundert Jahren? Wenn es keine Arbeit mehr für unsere Art von Männern gibt, dann gibt es unsere Art von Männern auch bald nicht mehr«, sagte Robert Rösch, der sich auf einmal in einer Diskussionsrunde seiner Studienzeit wähnte.

»Das ist mir zu hoch«, sagte *Kroatischer Riese*: »Unsere Arbeit wird gebraucht. Unsere Arbeit wird gut bezahlt. In unserem Job können nur die härtesten Männer überleben.«

»Ja, aber«, sagte der Inder gelassen, »werden wir überleben? – Mir scheint, lieber Kurznasenseefledermausspezialist Robert Rösch, genannt *Filigraner*, du hast da eine sehr, sehr schlaue und vorausblickende Frau an deiner Seite. Sie will dich vor der verdammten Seesucht retten, die uns alle zu Süchtigen gemacht hat. – Und die uns nun am Schlafittchen hat.«

»Meinst du?«, fragte Robert.

»Ja, auf jeden Fall«, sagte der Zahlmeister.

»Und?«, fragte *Opernsänger*: »Wie hast du dich denn nun entschieden?«

»Gar nicht, noch gar nicht«, sagte Robert: »Ich hatte mich gerade erst entschlossen, diese blöde Pro-und-Contra-Liste nicht zu machen. – Dann gab es einen Tritt in die Eier. – Ich glaube, bei mir war es auch eine Frau. Eine Asiatin, aber das ist ja Quatsch, wir sind hier vor Somalia. – Ist ja auch egal. Jetzt.«

Niemand bemerkte, dass der Atheist sich aus der Gruppe löste. Er schwamm geräuschlos, ließ sich mehr treiben, als dass er sich bewegte, und atmete durch den Mund.

Er hatte ein Büschel Barthaare in die Hand bekommen und hielt es fest.

›Sie müssen *Väterchen* abgefressen worden sein‹, ging es *Opernsänger* durch den Kopf: ›Ehe sich die Thuns an seine Haut gemacht haben.‹

Opernsänger behielt das Büschel in der Hand, während er zur Mitte schwamm, und befingerte es sorgsam. Es war doch eher ein Bündel. Es war tatsächlich zu einem Strick gespleißt worden, an dessen Ende sich eine Schlaufe fand. *Opernsänger* hing im Wasser und staunte über den Russen.

›So also hat der Alte immer die Schnapsflasche verstecken können!‹, dachte *Opernsänger*, ehe ihm noch einmal ein Lächeln gelang: ›Dieser *Tausendsassa!*‹

Opernsänger holte tief Luft. Er spürte den Körper schon nicht mehr. Es war nicht seine Entscheidung. Genauso wenig, wie Robert Rösch sich entschieden hatte, so blieb auch er entscheidungslos. Sein Blut war es, das entschieden hatte. Es gab den Kampf auf, *Opernsänger* merkte es: Es zirkulierte so gut wie nicht mehr. Er fühlte sich wie in einem hautengen, geschmeidigen Sarg. In einem bleiernen Sarg. Er stöhnte und sah noch einmal zur grünlich schimmernden Notlampe, unter der das einzige Schott aber weiter verschlossen blieb. Er stöhnte wieder.

Es blieb für ihn nicht mehr viel zu tun. Nichts mehr.

Worauf sollte er denn warten? Auf was für ein Wunder? Das Wunder des Sterbens hatte doch schon lange begonnen. Es zog sich doch schon seit Stunden hin. Nein, beileibe, hier brach kein Kran mehr durch das Dach des Frischwasserbunkers!

Und nein, hier stürmte auch keine Befreiungsarmee mehr! Keine gesprengten Wände! Nichts!

Für wen denn? Für ein paar überflüssig gewordene Kerle? Für ein paar Hochseefischer, die sowieso schon kein Heimatland mehr hatten? *Opernsänger* schüttelte den Kopf. Noch immer waren Fischer für Politiker unwichtig, wie schon vor hundert Jahren. Nichts änderte sich, niemals. Ja, wenn er in Japan zu Hause wäre, ja dann!

Er tauchte für einen Moment unter und spürte die Anwesenheit der vielen Fische. Sie umlagerten ihn. Er verstand, nicht alle seien satt geworden, und meinte, es gebe doch immer zu wenig Essen. Zur Not könne der Schwache ja immer noch betteln gehen. Wenigstens in der Natur funktioniere dies.

Luftblasen blubberten an seinen Schläfen vorbei. Er kam wieder an die Oberfläche, träge und so unendlich müde.

Seine letzten Kollegen hielten sich mit Worten über Wasser, aber was sie da murmelten, konnte er nicht verstehen. Er wollte es auch nicht verstehen, nicht mehr.

Wozu noch Worte? Hatten sie an Bord nicht seit jeher Angst davor gehabt, dass einer von ihnen wirklich mal mit dem Reden anfangen könnte? War das Schweigen nicht auch eines ihrer heiligen Gesetze, durch das sie es an Bord überhaupt aushielten? Nur ja niemals die reflektierende Täuschung durchbrechen, mit der sich der Einzelne sich aufrecht hielt. Nur ja niemals jemanden zwingen, den Saal mit den Spiegeln zu verlassen, in den er in seiner Jugend geflüchtet war. *Opernsänger* seufzte. Gar nicht erst die Last loswerden wollen, die einem als Junge aufgebürdet worden war. Immer nur weiter im Filetieren, gar nicht daran denken wollen, Last zu Lust zu machen.

Sich mit dem Reden zu befreien, das war doch all die Jahre tabu geblieben! Und ausgerechnet jetzt fing *Filigraner* an, schwach zu werden! Zu plappern wie ein Fischweib in Südfrankreich! War das nicht das deutlichste Zeichen, dass sie zu Ende ging, die Ära der schweigsamen und gestählten Männer? Für *Opernsänger*, der manchmal bis zu acht Fließbänder dirigiert und bis zu zwölf Motoren in einen harmonischen Einklang gebracht hatte, war Roberts Gerede zu viel geworden. Man entblößte sich nicht, nur weil man Angst hatte! Angst vor einem Haufen wilder Piraten, die sich feige an Bord geschlichen hatten. Diese *Saubande*, diese!

Noch nie hatten Piraten einen Fischtrawler überfallen. Und dann gleich den größten! Hundertsiebzig Mann Besatzung, aus aller Herren Länder, wer hätte damit rechnen können? Zehn, zwanzig Piraten, die fast zweihundert Männer überfallen und getötet hatten. Das war doch kaum möglich! Auf einem Frachter bestand die Besatzung aus siebzehn Mann, das war doch nichts im Gegensatz zur *Saudade*.

Was war das nur für eine Welt geworden? Eine Welt jedenfalls, in der er nichts – aber auch gar nichts mehr – zu suchen hatte. *Opernsänger* stieß erneut die Luft aus, ließ sich sinken, war schon auf dem Boden, stieß sich dann aber doch wieder ab und kam an die Oberfläche zurück.

Er schaffte es nicht. So auf keinen Fall.

Eine bleierne Stille lag um ihn. Nicht einmal Schwimmbewegungen der Kollegen hörte er mehr. Er wollte schon rufen, unterließ es dann aber.

›Doch merkwürdig, wie leise Welten einstürzen‹, dachte er: ›Nicht einmal die Fische ändern ihre Richtung!‹

Er nahm *Väterchens* lange Barthaare in die Faust und lauerte.

Er lauerte lange und oft schlug er daneben.

Dann aber hatte er doch einen Thun betäubt. Der Fisch schwamm mit dem Bauch nach oben neben seinem Gesicht.

Opernsänger schlug den nächsten Fisch k.o.

Jetzt kam er besser klar. Er schlug ihnen mit der Faust auf die Köpfe, so dass sie bewusstlos wurden.

Immer mehr wurden es. Viel mehr, als er brauchte. Und woher plötzlich die viele Kraft kam? Er konnte lange nicht aufhören, und lange hörte er die Rufe der anderen Männer nicht.

Die ersten Fische kamen schon wieder zur Besinnung. *Opernsänger* ergriff sie, steckte die Zeigefinger in ihre Kiemen und riss sie ihnen auseinander.

Er spürte das warme Blut und hörte plötzlich eine Stimme dicht neben sich: »Was machen Sie da?«

Er antwortete dem *Dritten* nicht, der seine Frage wiederholte.

»Geh weg!«, flüsterte *Opernsänger*: »Geh weg!«

»Nein, hören Sie auf damit! Wir kommen hier raus! Beruhigen Sie sich.«

»Ich bin ganz ruhig. Ich war noch nie so ruhig!«

Er war selbst über die Melodie in seiner Stimme verwundert. Fast war es ein Singsang!

»Lassen Sie ihn«, sagte der indische Zahlmeister, dessen Stimme von weit her zu kommen schien: »Lassen Sie ihn!«

Der Inder hatte den Ton in *Opernsänger*s Stimme verstanden: »Lassen Sie ihn! Er hat sich entschieden!«

»Es ist aber meine Aufgabe, zu entscheiden«, sagte der *Dritte*, der kurz darauf einen Faustschlag auf den Schädel bekam. Benommen trieb er ab und schwamm wenig später stumm zu den anderen Männern, die sich fest umarmt hielten. Er kehrte in ihren Kreis zurück, in dem sie sich mittlerweile mit dem Strampeln abwechselten.

Opernsänger aber schlug in den Barthaarstrick so viele Achterknoten wie möglich. Er zog sie nicht ganz zu.

Zuletzt legte er sich den Strick um den Hals, steckte das lose Ende durch die Schlaufe, in die *Väterchen* früher die Hälse der Schnapsflaschen geschoben hatte, und zog die Schlaufe dann so fest, dass er sich würgte.

Er rang nach Atem, paddelte herum und suchte blind die bewusstlosen Fische.

Er steckte sie mit den Schwänzen durch die Augen der Achterknoten und zurrte die Knoten fest.

Immer schneller arbeitete er, bis er endlich keine offenen Knoten mehr fand.

»Immer nur Anfänge!«, sagte er: »Bis zum Ende immer nur Anfänge! So sieht das Leben eines einsamen Mannes aus. – Angefangen, aufgehangen!«

»*Opernsänger*?«, fragte *Knirschender*.

»Ja?«

»Wie ist dein Name?«

»Carmelos Àlvarez aus Gran Sol.«

»Gut«, sagte *Fetter*: »Ich merke ihn mir.«

Carmelos Àlvarez nickte, er nahm sich den ersten der etwa fünfzehn Kilogramm schweren Fische, tastete ihn kurz ab und biss ihm dann kraftvoll in die Schwimmblase.

Der Fisch sackte nach unten weg.

Carmelos Álvarez spürte es im Genick.

Er nahm den nächsten Fisch und biss auch ihm die Luft aus dem Leib.

Zwei weitere Fische schaffte er noch, dann wurde er nach unten gezogen. Und wenig später verstarb er im Altwasser des Frischwasserbunkers vier.

Lautlos, wie es sich für einen richtigen Hochseefischer gehöre, meinte *Knirschender*, füge sich der Wille dem Körper und stelle die Beinbewegungen schließlich ein. Am Ende entscheide nicht der Wille.

»Carmelos Àlvarez, Sohn aus Gran Sol?«, fragte der Inder.

Nichts als Stille.

»Feigling!«, sagte *Kroatischer Riese.*

»Also«, sagte der Inder: »Der Seele die See, der See die Seele!«

»Der Seele die See, der See die Seele«, murmelten die Männer, und der *Dritte* sagte pflichtgemäß: »Carmelos Àlvarez aus Gran Sol, genannt *Opernsänger*, war ein so feiner Kerl, dass die See nicht anders konnte – als ihn zum *ewigen Suff* zu bitten!«

Sie schwiegen eine ganze Minute lang, in der *Knirschender* merkte, wie der Mann neben ihm zu zittern und zu sinken begann. Immer wieder packte er den *Dritten* am Genick, und schließlich legte er sich wieder auf den Rücken und zog sich den Kopf des jungen Offiziers auf den fetten Bauch.

»Wenn das meine israelischen Geschäftsfreunde sähen, wie ich einen Moslem rette«, flüsterte *Knirschender*: »Dann müsste ich wohl nach Deutschland auswandern.«

»Na, und! Du hast doch schon Ismael im Leben gehalten«, sagte *Kroatischer Riese*: »Und übrigens bin ich Katholik. – Und wenn dir der Bursche zu schwer wird, dann werfe ihn rüber zu mir!«

»Wir werden uns jetzt etwas überlegen. Es wird langsam Zeit«, sagte Robert Rösch mit einer Stimme, die die anderen nicht kannten: »Auch wenn Flaute die Natur des Seemanns ist.«

Kein Kran, der durch die Decke brach, kein Befreiungskommando mit Nebelbomben, das Schott in zwölf Meter Höhe wurde zwar aufgerissen, aber was Robert im Dahinsiechen sehen konnte, waren nur wieder maskierte Gestalten, die den Funker ins Wasser stießen.

Die Hochseefischer hatten nicht mehr die Kraft, ihrem Funker zu helfen. Selbst *Kroatischer Riese* blieb im Kreis und starrte hasserfüllt nach oben. Er sah, wie sich auf dem Längsgang eine der Gestalten an der Schalttafel zu schaffen machte. Ein gurgelndes Geräusch durchdrang den Frischwassertank, Neonlicht blendete plötzlich und die Treppe wurde ausgefahren, auf die die Männer so gehofft hatten. Sie registrierten es nur langsam. *Knirschender* holte den *Dritten* noch einmal aus der Bewusstlosigkeit zurück.

Wenig später spürten sie den Boden unter den Füßen. Stehen jedoch konnten sie nicht. Sie fielen auf die Knie und Arme, während das letzte salzige Altwasser abgesaugt wurde. Überall zappelten die Thuns, die in mehreren Schichten übereinander lagen. Dazwischen all die Toten, die bereits aufquollen. Überall Kollegen, die sie mit hässlichen Grimassen anlachten. Robert sah um sich: Allen Leichen waren die Augen herausgefressen worden. Er übergab sich röchelnd, während der Dritte Offizier sich wankend hinkniete und mühsam zu den lachenden Piraten sagte: »Ich bin der ranghöchste Offizier. Ich bin für die Sicherheit meiner Leute zuständig. Ich trete mit Ihnen in Verhandlungen ein. Meine Bedingungen sind: sofortige Freilassung, Versorgung der Verletzten und – alles Weitere behalte ich mir vor! – Ich bin der Dritte Offizier des Fischtrawlers *Saudade*. – Wir haben siebenundsechzig verschiedene Nationalitäten an Bord! Ergeben Sie sich, so lange Sie es noch können! – Die Welt ist gegen Sie!«

Die sieben Piraten kamen langsam die Treppe herunter. Sie hielten Maschinengewehre im Anschlag, und dem Zahlmeister wurde es jetzt doch mulmig. Er begriff, dass die Kidnapper die Versorgungslast aufgebrochen haben mussten. Sie hielten Schnapsflaschen in den Händen: der zwölf Jahre alte Whisky des Kapitäns, der Gin zum Mixen, *Väterchens* Wodka, all die Flaschen hatten sie aufgeschraubt und kamen lachend und johlend mit ihnen herunter.

Nur eine einzige Gestalt blieb oben am Schott. *Kroatischer Riese* hatte sie fixiert. Zu ihr wollte er. An ihr musste er vorbei. Er achtete gar nicht auf die Betrunkenen und kroch so unauffällig wie möglich zum Ende der Treppe, auf deren unterstem Absatz die Hijacker stehen geblieben waren. *Kroatischer Riese* robbte über Leichname, schlängelte sich durch Fischberge, er wusste aus seiner Zeit als Balkankrieger, er dürfe die Feinde niemals direkt ansehen. Er müsse immer an ihnen vorbeisehen, so werde niemand auf ihn aufmerksam.

Er gelangte tatsächlich bis zur untersten Stufe der Treppe, wo er sich hinlegte. Er stellte sich tot. All seine Muskeln waren angespannt. Er horchte und witterte seine Chance.

Der *Dritte* kniete immer noch inmitten seiner vielen toten Kollegen. Neben ihm hockten der indische Zahlmeister, *Knirschender* und Robert Rösch.

Robert reichte dem jungen Offizier ein weißes Tuch, das vor ihm gelegen hatte. Der *Dritte* nahm es und schwenkte es, während die betrunkenen Piraten in den Bunker sprangen, über *Kroatischen Riesen* hinweg, und zur Gruppe der Überlebenden kamen. Sie umkreisten die Fischer und lachten immer noch.

Sie zogen den Kreis immer enger und begannen damit, auf die umliegenden Toten zu schießen. Kurze Feuerstöße, aus der Hüfte heraus, ohne zu zielen. Sie tranken aus den Flaschen, und plötzlich stürzte *Knirschender* nach vorne, riss drei von ihnen mit sich und begrub sie unter sich. Er hatte ein Gewehr in der Hand, ballerte schreiend auf die liegenden Piraten und merkte erst spät die vielen Kugeln, die ihm in den Leib gedrungen waren. Fluchend fiel er auf die Knie und sackte zur Seite weg.

Niemand achtete derweil auf *Kroatischen Riesen*, der schon auf dem zweiten Treppenabsatz war. Nur noch zwölf Stufen. Er sah schon die Stiefelsohlen der Gestalt, die schweigend im Schott stand und auf den Zehen hin und her wippte.

Robert ließ sich bei den ersten Schüssen sofort fallen. Ein Brennen im Oberschenkel, und während er sich auf den Bauch drehte, sah er den Inder und den *Dritten* sterben. Robert Rösch schloss die Augen und hoffte, übergangen zu werden. Er hielt den Atem an, sah durch einen Spalt, wie die Afrikaner Leiche um Leiche durchsuchten. Sie nahmen Bargeld, Ketten und zogen die vielen Eheringe von den Fingern.

Zwischendurch ballerten sie zur Decke, als plötzlich ein Rumpeln zu hören war. Robert sah, wie das Schott zuschlug und betete, während *Kroatischer Riese* im Längsgang c vier mit dem Piraten kämpfte. Er hatte ihm die Waffe aus der Hand geschlagen und johlte auf, als er merkte, dass er einen weiblichen Piraten vor sich hatte.

»Mein Name ist ›Rache‹!«, brüllte er und schlug nach der wendigen Frau. Sie wich Mal um Mal seinen Schlägen aus, aber er hatte sie in die Enge getrieben. Sie konnte ihm nicht entwischen. Er brüllte wild, fing sie ab, als sie mit den Füßen voran auf ihn zusprang.

Die Maske fiel ihr ab. Er sah ein asiatisches Gesicht und brüllte: »Mein Name ist ›Rache‹!«

»Und mein Name ist Wung Lee! Ich bin die *Schlange von Afrika*!«, sagte die Frau eiskalt, und *Kroatischer Riese* stutzte kurz, als er hörte: »Und wer mein Gesicht gesehen hat, der stirbt!«

Von innen wurde gegen das Frischwasserbunkerschott gehämmert. Wenig später waren weitere Piraten im Längsgang c vier. Mit einer Handbewegung hielt Wung Lee sie zurück. Sie sagte: »Der ist für mich!«

Sie kämpften lange. Es war ein erbitterter Kampf. Der stark geschwächte Mann von ›verbrauchtem Schrot und Korn‹ bekam die durchtrainierte und flinke Frau von ›frischem Mut und Können‹ nicht unter Kontrolle. Aber auch sie gewann nicht die Oberhand.

Es war mehr als ein Kampf zweier Menschen. Es war ein Kampf zweier Zeiten. Die afrikanischen Piraten warteten schweigend ab, auch sie schienen etwas Erhabenes zu ahnen, etwas Großes, meinte *uralter Richard*, der in seinem Versteck in der Lüftungsanlage über dem Längsgang lag und den Kämpfenden zusah. Er blicke auf das Ende seiner Zeit.

Uralter Richard konnte sich lange nicht rühren, er wollte diesen Moment des Wechsels nicht unterbrechen. Er sah den kämpfenden Gewalten fasziniert zu; endlich habe sich der feige *Moby-Dick* dem *Kapitän Ahab* zum Kampf gestellt!

Doch schließlich drehte er sich auf die Seite, holte die Pistole aus dem Hosenbund, lud sie mit der Leuchtmunition, schob eine Metallplatte weg und zielte.

Er zielte lange, während *Kroatischer Riese* stöhnte.

Dann drückte er ab.

Als der Rauch sich im Längsgang c vier wieder gelegt hatte, der die Sprenkelanlage ausgelöst hatte, war *Kroatischer Riese* verschwunden. Die Piraten ballerten um sich, sie zerschossen auch die Lüftungsschächte über sich, aber die waren schon seit Minuten leer.

›**Vom** Tod des Gatten aus der Zeitung zu erfahren, das muss das Schlimmste sein, was es gibt‹, dachte die Ladenbesitzerin, während sie Mathilde heimlich musterte.

Der Tante-Emma-Laden des Ostseebads Nienhagen war an diesem Montagvormittag leer. Die Besitzerin war hilflos, während sie Mathilde ansah. Was sollte sie nur tun? Nervös räumte sie die frischen Backwaren um und merkte erst spät, dass sie alle Brötchen übereinander gestapelt hatte.

Die Schlagzeile der BILD hatte sie mit den Röschs gar nicht zusammenbekommen. Erst jetzt, als Mathilde das Titelblatt anstarrte, begriff sie, dass auch Robert Rösch mit den vielen Ausrufezeichen gemeint war.

Die Besitzerin sah zum Zeitungsständer; sie hätte ihn doch sonst leergeräumt! Auf die paar Euros kam es doch auch nicht an! Was für ein Elend! Die Frau starrte auf die blutroten Lettern:

›GRÖSSTER FISCHTRAWLER DER WELT EXPLODIERT! – VERMUTLICH VON PIRATEN ÜBERFALLEN! – EXPLOSION VERMUTLICH VON DER BESATZUNG AUSGELÖST. – KEINE ÜBERLEBENDEN! – AUCH DEUTSCHE AN BORD! – SOLLTE DIE *SAUDADE* ZUM MUTTERSCHIFF FÜR SOMALISCHE PIRATEN WERDEN? – HABEN FISCHER DEN PLAN VEREITELT UND IHR EIGENES SCHIFF IN DIE LUFT GESPRENGT? – WAS PASSIERTE AUF DEM ALTEN SCHIFF? – SIEBENUNDSECHZIG PROZENT DER DEUTSCHEN MEINEN: SOMALIA ENDLICH AUFLÖSEN! – VERTEIDIGUNGSMINISTER DEMENTIERT EINEN ARMEEEINSATZ! – WIR SIND PIRATENOPFER!‹

Die Ladenbesitzerin sah Mathilde auf einmal wanken und war schon um die Theke herum, als Mathilde in die Knie ging. Sie stieß ein tiefes Stöhnen aus, und die Besitzerin fing sie gerade noch auf. Vorsichtig setzte sie sie auf die Kacheln des Ladenbodens, ging sofort zur Tür, schloss ab und ließ die Jalousie herunter.

Dann nahm sie die Zeitungen aus dem Ständer und warf sie in den Papiermüll.

Mathilde saß noch immer auf dem Boden, an die Fußstange der Einkaufstheke gelehnt, und flüsterte: »Gib mir eine Zeitung, Tina! Mach schon.«

Die Besitzerin schüttelte den Kopf: »Lieber nicht.«

»Doch! – Jetzt.«

Tina zog eine der Regionalzeitungen aus dem Ständer, die weniger reißerisch berichteten, und las vor: »Rostock. Wie Satellitenaufnahmen zeigen, wurde bereits vor einer Woche der neunzehnhundertsiebenundsechzig in Wismar gebaute Fischtrawler *Saudade*, der zuletzt einer portugiesischen Reederei gehörte, Opfer eines Piratenüberfalls. Großaufnahmen zeigen deutlich, wie vier Schnellboote mit mehr als siebzig km/h aufs Heck des Fischfängers zufahren. Ein gutes Dutzend somalischer Piraten entert daraufhin das Schiff und besetzt sofort die Brücke. Daraufhin bricht der Funkkontakt ab. Noch bleibt es ein Rätsel, warum es die Piraten auf dieses alte Schiff abgesehen hatten, aber Spekulationen zufolge könnte es sich dabei um den Versuch handeln, die unauffällige *Saudade* zum Mutterschiff umzurüsten. Tatsächlich hätte man an Bord viele kleine Schnellboote nehmen können, um sie über das offene Heck des Fangdecks schnell zu Wasser zu lassen. Stunden später explodiert das Schiff, und als Hubschrauber der Fregatten ›Bremen‹ und ›Mecklenburg-Vorpommern‹ an der Unglücksstelle eintreffen, finden sie nichts mehr, was auf die Existenz des Schiffes hinweisen könnte. Es war mit Mann und Maus gesunken. An Bord befanden sich auch neun Deutsche, darunter der im Landkreis Bad Doberan wohnende Robert R. Er lässt eine Frau und eine Tochter zurück. – Warum diese Satellitenaufnahmen erst jetzt auftauchen, kann der Verteidigungsminister nicht erklären. Die Oppositionspartei fordert den sofortigen Rücktritt des Ministers. Für eine Stellungnahme war er nicht zu erreichen.«

Mathildes Handy klingelte. Sie reagierte nicht. Tina nahm es und schaltete es kurzerhand aus. Jemand klopfte an die Ladentür, ging aber wieder. Tina ließ die Zeitung fallen, hockte sich hin und strich Mathilde die Haare aus der Stirn. Mathildes Blick war leer. Sie starrte vor sich hin, reagierte nicht auf Tina, die sich neben sie setzte und ihr einen Arm um die Schulter legte.

Tina umfasste den rechten Oberarm und flüsterte: »Mathilde! Bleib nicht hier sitzen, Mathilde!«

Mathilde schüttelte den Kopf. Sie wandte den Blick zu Tina und fragte: »Was?«

»Du darfst jetzt nicht einfach sitzen bleiben!«

»Lies mir bitte den Artikel vor. Ich muss alles wissen.«

»Aber das habe ich doch gerade.«

»Wirklich? Ich hab nichts gehört.«

»Ich bringe dich besser nach Hause! Dann hole ich den Arzt. Doktor Ohlbaum wird dir was zur Beruhigung geben!«

»Ich bin ruhig«, sagte Mathilde, und Tina dachte: ›Ja, noch.‹

Sie half der Frau auf, legte sich ihren Arm um die Schulter und sagte: »Zu Hause koche ich dir einen schönen starken Pfefferminztee!«

In diesem Augenblick knickten Mathilde wieder die Knie ein. Sie fiel halb auf den Boden zurück, während Tina an ihr zog. Nach einigen Sekunden ließ sie es und setzte sich erneut neben Mathilde.

»Wir haben keinen Pfefferminztee! Robert hat den ganzen Vorrat mitgenommen«, flüsterte Mathilde. Doch dann schrie sie auf. Sie kreischte, raufte sich plötzlich die Haare. Wild schlug sie auf die Bodenkacheln und demolierte die Tresenverkleidung. Mathilde kroch zum Papiermüll. Stumm zerfetzte sie alle Zeitschriften und Zeitungen, machte sich auch über die Groschenromane her, und Tina dachte: ›Endlich!‹

Immer mehr Fetzen wirbelten durch die Luft, bis Mathilde erschöpft inne hielt und stöhnte: »Das kann doch nicht wahr sein!«

Sie lachte Tina an: »Die spinnen! Die lügen! Alle! Sie

lügen alle! Diese Lügner! Lügner, das sind alles Lügner! – Weißt du, wie viele Schiffe es da unten gibt? Tausende! Die haben sich vertan! Diese Lügner haben sich geirrt! Die sollten sich mal lieber nicht so irren! – Da irren die sich einfach! – Die lügen doch immer!«

Mathilde kroch zum Handy, schaltete es wieder ein, öffnete das Register und drückte auf die Eins. Sie lauschte und grinste Tina wenig später überlegen an: »Na, bitte! Es klingelt! Gleich geht Robert ran! Warte, warte.«

Tina schüttelte zwar den Kopf, ließ Mathilde aber im Glauben, ihr Mann gehe gleich ans Telefon. Sie stellte sich vor, wie das Handy in Roberts aufgeschwemmter Hand liege, tausend Meter unter der Wasseroberfläche. Wie es blinke und wie ein Schwarm Fische es neugierig beäuge, ehe ihn ein Hai auseinanderstiebe.

»Geh doch schon ran! – Er hat wahrscheinlich Schicht! – Er muss bestimmt wieder am Fließband aushelfen, weil es gerade keine Seefledermäuse gibt. – Mein Mann ist der beste Spezialist auf seinem Gebiet. Die ganze Hochseefischereiflotte kennt ihn! – Aber diese Kurznasenseefledermäuse sind leider so selten«, sagte Mathilde, nickte und stellte das Handy wieder aus, nachdem sich irgendwo in der Welt der virtuelle Anrufbeantworter eingeschaltet hatte: »Ich meine, wenn es wahr wäre, dann hätte mich doch irgendein Beamter aufgesucht. Ich meine, dafür muss es doch auch Beamte geben. Es gibt doch Beamte für alles Mögliche. Irgendwie würde man doch von Rechts wegen informiert werden, das ist doch klar!«

Mathilde erhob sich: »Entschuldige bitte! Immer fällt man auf diese *Zeitungsenten* herein! – Also Tina, schau doch mal nach, ob ich beim Lotto gewonnen habe. Die Samstagsziehung.«

Aber die Ladenbesitzerin schüttelte den Kopf. Sie war auch aufgestanden und ging um den Tresen, als sie mechanisch sagte: »Dann gib doch mal den Schein her, damit ich ihn kontrollieren kann.«

Sie nahm ihn, sah Mathildes Hand zittern, und sie verfluchte sich dafür, diese Komödie mitzuspielen, aber was könnte sie sonst tun? Sie wusste es nicht.

Der Schein ratterte durch die Maschine und ungläubig sah Tina auf das Display. Sie versuchte zu lächeln, was ihr aber nur schief gelang, wie sie spürte.

»Was?«, fragte Mathilde.

»Du hast einen Gewinn.«

»Na, bitte!«

»Einen satten!«

»Wie hoch?«

»Neuntausendvierhundertachtundsechzig Euro und vierzig Cent.«

»Vierzig Cent? Was kann ich mir schon groß für vierzig Cent kaufen? Also, diese Lottofritzen, die betrügen einen aber auch irgendwie, oder? Luise! Ich muss jetzt mit meiner Tochter telefonieren. Behalte die vierzig Cent einfach! Ich komme Mittwoch wieder spielen«, hatte Mathilde gesagt, während sie die Tür aufgeschlossen hatte. Sie war schon auf der Straße, als Tina rief: »Ja, aber! Was ist mit den neuntausend und?«

Die Ladentür schlug automatisch ins Schloss.

›Arme Mathilde‹, dachte Tina, während sie den Lottoschein in einen Umschlag steckte und ihn zu den Quittungen legte: ›Ich werde alle Zeitungen abbestellen!‹

Dann ging sie ins Hinterzimmer und setzte sich an den alten Küchentisch, den sie von zu Hause mitgebracht hatte. Sie strich mit der flachen Hand über das abwaschbare Tischtuch und sah aus dem Fenster. Auf der neuen Straße, die gegenüber vom Gemeindezentrum von der alten Hauptstraße abging und diese mit der neuen Hauptstraße verband, bewegte sich nichts. Die Parktaschen gegenüber dem langen und schmalen Container auf einer kleinen Anhöhe waren leer. Tina sah auf die Blumen, die sie am Eingang gepflanzt hatte. Dann sah sie auf die Uhr. Wieder strich sie über die Plastiktischdecke und dachte erneut: ›Arme Mathilde.‹

Sie erhob sich und setzte Wasser auf, als die Türglocke ging. Tina schaltete den Wasserkocher wieder ab und kam in den Laden, wo die sorgsam geschminkte Freundin eines Fußballspielers einen Ladenrundgang machte. Ihr Freund spiele bei ›Hansa Rostock‹, wusste Tina, und sei Stammspieler. Sie grüßte die junge Frau und wurde beim Anblick der blonden, glänzenden Haare neidisch.

Fast alle Spieler des Fußballclubs wohnten im Ostseebad und kauften jeden zweiten Samstag die Brötchen bei ihr. Tina grüßte sie immer, als wären sie einfache Menschen, und sie merkte auch, dies gefalle den Millionären irgendwie. Die meisten stammten ja auch aus einfachen Verhältnissen, dagegen deren Frauen und Freundinnen! Tina seufzte leise und fragte: »Was kann ich für Sie tun?«

»Gibt es denn gar keine Zeitungen?«

»Heute leider nicht!«

»Ich brauche aber meine ›Bild‹ zum Frühstück! Sonst bin ich gar kein richtiger Mensch!«

»Das tut mir leid«, sagte Tina und sah verstohlen auf die Uhr: zehn Uhr zweiundfünfzig. Sie sagte: »Das passiert sehr selten mit den Zeitungen!«

»Beschweren Sie sich doch! Also, ich würde mir das nicht gefallen lassen.«

»Ach, jeder macht mal Fehler«, sagte Tina und nahm den kleinen Plastikkorb, den die Blondine ihr hinhielt: drei Diätjoghurts, zwei Apfelsinen und einen Piccolo.

»Macht dann neun Euro achtundsechzig«, sagte Tina und nahm den Zehneuroschein, den die Frau ihr wortlos gegeben hatte.

»Ist etwas mit Ihnen?«, fragte die Fußballerfreundin: »Sie sehen so geschockt aus?«

»Nein, es ist nichts. Entschuldigen Sie bitte!«

»Ach was! – Ist mit Ihrem Sohn etwas? – Also, wenn ich helfen kann? – Soll ich ihn irgendwohin fahren? Sie müssen wissen, ich habe mal Krankenschwester gelernt. Ich habe zwar nie in dem Beruf gearbeitet, aber ich kann mit Kranken doch recht gut umgehen!«

»Mein Sohn ist nicht krank! – Was wollen Sie?«

»Ja, sicher. Entschuldigen Sie! Offensichtlich bedrückt Sie etwas. Das sieht man Ihnen doch an, meine Liebe!«

›Ich bin nicht Ihre Liebe‹, wollte Tina zuerst aufbrausend erwidern, doch dann stützte sie die Arme auf die Verkaufstheke, und obwohl sie sich fest vorgenommen hatte, nicht zu tratschen, sagte sie: »Ach, es ist so furchtbar! Sie kennen doch die Familie Rösch?«

»Die auf der Klippe wohnt? In diesem eleganten Riesenhaus? Skandinavischer Baustil? – Aber ja! Was ist mit denen?«

»Der Mann ist doch Hochseefischer …«

»Da verdient man so viel?«

»Das weiß ich doch nicht!«

»Entschuldigen Sie! – Was ist mit dem Mann?«

»Umgekommen! Auf See! Von Piraten ermordet! Wie man es sonst nur im Fernseher sieht!«

»Oh, mein Gott, die Ärmste!«

»Ich habe es eben erst erfahren. – Da fragt man sich doch, ob das alles einen Sinn hat, das ganze Abmühen!«

›Was heißt hier abmühen?‹, wollte die blonde Frau erst fragen, unterließ es dann aber und meinte, man dürfe die Fischerfrau jetzt nicht alleine lassen.

»Meinen Sie?«

»Aber ja! – Wenn Sie Mittagspause haben und wenn ich eine Kleinigkeit gefrühstückt habe, dann gehen wir sofort zu ihr! Aber sofort! – Wohnt die Ärmste nicht ganz alleine in diesem Riesenhaus? – Ich glaube, es hat zwei Balkone und eine Terrasse!«

»Ja, sie wohnt zur Zeit allein.«

Angefangen hatte es mit zwei mal zwei Klingelzeichen, die Mathilde aber ignoriert hatte. Sie hatte am runden Küchentisch gesessen und wenig später die Stimme der Ladenbesitzerin durch das offene Fenster gehört, ehe sie es geschlossen hatte. Eine Blondine im Schlepptau, war Tina um das Haus herumgeschlichen, und Mathilde hatte sich gewundert: ›Wie leise doch Welten einstürzen. Nicht einmal die Grashalme richten sich auf!‹

Männerstimmen, irgendwann, viele laute Stimmen, mit denen Einlass gefordert wurde. Ausweise wurden an die Fensterscheiben gehalten, da war Mathilde noch einmal aufgestanden und hatte die Rollos heruntergelassen. Da waren die Grashalme im schweren Novembernebel schon gar nicht mehr zu sehen gewesen, und sie hatte gedacht: ›Komisch. Sehr komisch.‹

Festnetzgebimmel, Handygeklingel, dann war plötzlich Ruhe gewesen, und Mathilde war zum Baum *Stagg* gegangen, hatte ihm gutmütig aufs Glas gehauen, wie einem alten Hund auf den Rücken, und allmählich waren die Tränen gekommen, die ihr den Schock fortgespült hatten.

Aber um welchen Preis!

Mathilde stand barfüßig im feuchten Nebel. Hier auf der Festwiese hatten sie sich über Lagerfeuer unterhalten. Eine ganze Nacht lang, und Robert hatte die beste Geschichte abgeliefert. Sie hielt sich an der Reling fest, die sich am Ende der Wiese auf der Steilküste befand, und sah in der Ferne das hell erleuchtete Deck des Tankers, der dort immer lag. Die nach oben gerichteten Kräne mit den Schläuchen waren in der Dämmerung gerade noch zu erkennen. Menschen sah Mathilde aber nicht.

Hinter ihr die Lichter des Dorfes, die nach und nach eingeschaltet wurden. Wie viele Ferienwohnungen doch belegt waren! Seesucht im November. Die letzten Hunde wurden in die Häuser befohlen, kurze und müde Rufe. Mathilde behielt das isolierte Drahtseil in der Hand, ließ es durch den Griff laufen und ging langsam zum Niedergang, der sie an der großen Standuhr vorbei zum Wasser hinunterführte. Sie hielt auf allen Treppenabsätzen und ließ den leuchtenden Tanker nicht aus den Augen. Er wurde zur einzigen Lichtquelle.

Als Mathilde auf der Betonbrüstung stand, die als kleine Promenade die Steilküste vor dem Wüten des Januarmeeres schützte, sah sie links die andere Lichtquelle: Heiligendamm.

›Verlorene Orte‹, dachte sie: ›Verloren in der Vergangenheit der eine und verloren in der Zukunft der andere. Was bangt ihr euch? Ich habe auch keine Leiche zum Betrauern.‹

Sie ging die letzten vier Stufen, die aus Beton waren, hinunter und blieb im Sand stecken.

Als würde sie sinken. Als würde sie der Sand immer weiter nach unten ziehen, als müsste sie ständig schaufeln, damit der Sand nicht über ihr zusammenbräche. Als würde da oben Robert durch das Wirrwarr der Sterne schwimmen. Ach, würde er doch nur aus all dem Nebel einen Strick drehen! Und wenn er ihn doch nur zu ihr herunterwerfen würde! Sah er denn all den Sand nicht, der seine Frau immer weiter nach unten zog? Mathilde fiel auf die Knie. Sie kroch zum Ende des Strandes und krallte sich in der Feuchte fest. Das Meer säuselte leise, doch trösten wollte es nicht.

Mathilde begriff, es könne nicht zuhören, es wolle nicht zuhören, es brauche nicht zuzuhören. Es sei eben das

Meer. Sie fiel auf den Schenkel und spürte die Kälte des Sandes an Händen und Füßen. Ihr Gesicht aber glühte. Es brannte. Es verdampfte die Tränen und ließ nur das Salz zurück, das sich in die Falten grub, die ihr der Kummer einmeißelte. Welch genialer Künstler doch! Genialität durch Brutalität; erschöpft fiel Mathilde auf den Rücken. Der Nebel umhüllte sie. Er dämpfte die Rufe, die plötzlich vom Dorf herüberdrangen. Nur dumpf war ihr Name zu hören. Sie war versteckt, sie war gut versteckt. Sie wurde zum Meisterwerk des Kummers. Mathilde hielt die Stiche aus, das mechanische Schaben, das Nachbessern und auch das Pusten. Der Kummer war ein gütiger Künstler: Er polierte die Werke wenigstens nicht noch.

Er gab ihnen keinen Glanz. Er verrenkte nichts, gehorchte man ihm. Er liebte es, den Augenblick zur Ewigkeit zu machen. Den Augenblick solle man ewig sehen, Mathilde begriff zum ersten Mal das bestialische Ringen Runges. Der Maler müsse sich mit dem Kummer anlegen, der Kampf entscheide, werde der Maler ein Schaffender oder ein Geschaffener. Der Künstler müsse auch mit der Liebe ringen, mit der Angst, mit der Wut, mit all dem Natürlichen, das die Seele ausmache. Er müsse, wenn er gleichberechtigt schaffen wolle, als Sieger dastehen. Ein Sieger ohne Haut, denn die Seele wohne in der Haut, und eine Seele könne sich ein Meister nicht leisten. Mathilde sah den Nebel aufreißen, spürte, wie sich ein Wind erhob, und sagte den Kampf ab. Sie wolle keine Schwester Runges werden, sie bleibe eine Geschaffene, der Kummer dürfe ihr aber gern zur Hand gehen, wenn sie den Schattenriss des großen *Stagg* in Angriff nehme. In jenen Scherenschnitt könne der Kummer die Trauer um Robert versenken. Sie werde auf ihn hören, sie werde sich die Hand von ihm führen lassen. Sie werde seine Ratschläge annehmen, versprach sie, indes der Wind immer weiter auffrischte, ihr das Salz schließlich aus den Falten blies, und der Kummer sich vorerst zufrieden gab. Mathilde stützte sich auf einen Ellenbogen, hörte die Rufe zwar, aber zum Antworten fehlte ihr die Kraft. Sie grub die Finger tief in den feuchten Sand und ballte die Hände zu Fäusten. So viele Sterne waren da oben! Und doch einer weniger als gestern noch. Als was Robert da oben wohl nun erschien? Als Schattenstern oder als Sternschatten? Mathilde drückte sich den feuchten Sand ins Gesicht und rieb sich mit immer festeren Bewegungen die Ohren, bis sie sich schließlich auf die Ohren schlug; wütend und machtlos. Sie konnte die Rufe nicht ignorieren. Dabei wollte sie doch gern noch ein wenig allein sein! Warum nur wollten diese Menschen, die ihr doch nichts bedeuteten, ihr die Arme um die Schultern legen und sie zurück zum Wohnplatz führen? Gar zum Arbeitsplatz? Warum nur konnten die Menschen die Menschen nicht allein lassen? Sie hörte Stimmen von der Treppe her. Sie kamen. Sie kamen immer näher. Sie wollten sie holen. Und Wut stieg in Mathilde auf. Sie schloss die Augen, damit die Pupillen nicht reflektierten. Zwecklos, warum nur gab es keinen Ort zum Trauern? Warum nur wurde man überall aufgespürt?

»Mathilde! Komm, steh auf!«

»Geht!«

»Mathilde, du wirst dir eine Erkältung holen.«

»Nein.«

»Wir bringen dich nach Hause. Wir legen dich ins Bett. Wir geben dir Tee zu trinken. Oder Schnaps. Wir halten zusammen. Wir sind ein Dorf.«

»Geht.«

»Öffne doch wenigstens die Augen, Mathilde.«

»Nein.«

»Du musst schlafen. Das ist die beste Medizin!«

»Geht.«

»Du musst dich ablenken. Besser, du fängst sofort an. Du musst wieder in die Gänge kommen. Der Alltag darf dich nicht verlieren.«

»Nein.«

»Sollen wir sie lassen? – Ich glaube, es wäre besser.«

»Das können wir nicht. – Wir haben jetzt Verantwortung.«

»Geht.«

»Ich mag sie nicht zwingen.«

»Ich ja auch nicht.«

»Geht.«

»Lass uns gehen, wir kommen später wieder.«

»Meinst du?«

»Geht«, sagte Mathilde und hörte die Schritte im Sand, die sich entfernten. Sie flüsterte: »Danke.«

Sie stand auf und ging, die Lichter des heiligen Damms hinter sich lassend, nach Osten.

Sie kam zum Findling, den sie in der Dunkelheit kaum ausmachen konnte. Seit Jahrtausenden pralle die See an ihm ab. Die Steilküste weiche Millimeter um Millimeter, der Findling aber bleibe, wo er sei. Mathilde streichelte ihn, ihn, der doch ohne Haut sei. Sie spürte der vom Wind gerundeten Form nach, umkreiste den mannshohen Stein und fragte sich, wo dessen Seele sich wohl befinde.

Kalter Stein, der ihre Wange kühlte. Sie hielt ihm auch die andere Gesichtshälfte hin und umarmte ihn, so gut sie konnte. Gut ging es nicht. Wie oft sie an ihm doch schon vorbeigelaufen war? Hundert Mal? Tausend Mal? Nein, so oft dann wohl doch nicht. Tausend Mal, das wäre sehr häufig gewesen. Wann kam sie hier schon mal lang? Nicht oft und nie mit Luise. Und nie mit Robert. Mit ihnen war sie immer nur nach Westen gegangen, dem Sonnenuntergang entgegen. Als wäre das ein Gesetz für Spaziergänge! ›Gehen Sie abends immer nach Westen, wenn Sie sich an einem Meer befinden‹, dachte Mathilde und entschloss sich, auf den Stein zu klettern.

Er war wegen des feuchten Nebels glitschig. Die Wellen reichten heute nicht bis zu ihm. Mathilde brauchte viele Versuche, sie probierte es von verschiedenen Seiten aus, und schließlich entwickelte sie einen Ehrgeiz, auf diesen Stein zu kommen, immer verbissener versuchte sie es: ›Schmerz, lass nach! – Verdammt!‹ – Aber sie schaffte es nicht. Nicht einmal das schaffte sie allein. Wie sollte sie denn dann alles andere allein schaffen?

Sie drehte sich um, sah Richtung Osten in die Dunkelheit und lehnte sich mit dem Rücken an den mächtigen Findling. Sie legte den Hinterkopf an den Stein und hörte auf ihren Atem.

»Das also ist der Atem einer Witwe«, flüsterte sie: »Und das ist der gequälte Atem einer jungen Witwe. Einer frischen Witwe. Einer jungen und frischen Witwe. – Einer Witwe ohne Grab.«

Was hatte Witwentum ohne Grab schon für einen Wert? Doch wohl keinen großen. Ein paar Pennys. Ein paar Dollar. ›Für eine Handvoll Dollar‹, das war Roberts Lieblingsfilm gewesen. Das musste sie sich merken, das durfte sie niemals vergessen. Mathilde schlug mit den flachen Händen gegen den Stein und flüsterte: »Lieblingsfilm: ›Für eine Handvoll Dollar‹.«

Dann hatte sie die rettende Idee, als sie einen Stern verschwinden sah, einen Stern, der sich bewegte. Ganz sicher! Er bewegte sich, und er hatte sogar Farben an den Flanken: ein leuchtendes Grün und ein schönes Rot! So ein herrlicher Stern! Mathilde löste sich vom Findling und suchte Steine zusammen. Sie legte sie neben den Findling auf einen Haufen, der immer größer wurde. Sie musste lange suchen, sie musste hart arbeiten, sie musste immer weitere Wege zurücklegen, sie musste Pausen einlegen, doch schließlich war der Steinhaufen halb so hoch wie der Findling und doppelt so breit. Eine schiefe Angelegenheit zwar, sicherlich, aber ›Mut‹ war nun mal der zweite Vorname des Erfolges. Der erste war ›viel‹.

Sie wagte den ersten Schritt, die Steine bewegten sich, schoben sich zusammen, Mathilde kniete mit einem Bein auf ihnen, und sie erinnerte sich an den einzigen gemeinsamen Ausflug in die Alpen. Damals hatte sie Robert alleinlassen wollen, doch er hatte es nicht zugelassen. Damals war sie vom Kamm der *Großen Klammspitz* gerutscht, immer tiefer, immer schneller, weil sie sich nicht festgehalten hatte. Weil sie damals hatte fallen wollen, doch heute wollte sie nach oben. Und sie wollte oben bleiben. Sie wollte auf dem Findling sitzen, im Schneidersitz. Mathilde hob das andere Knie, der Steinhaufen begann zu rutschen. Er fiel auseinander, obwohl er doch zusammensackte. Aber war sie nicht eine Tochter der Bayerischen Berge? Mit kühnen Tritten erklomm sie schnell den Haufen, umklammerte den Rand des Steins und zog sich hoch, hielt sich fest, als die Steine unter ihr wegrollten, und sie erklomm mit einer letzten Anstrengung das abgeplattete Ende des Findlings. Sie war oben, auf dem winzigen Plateau! Wenig später saß sie im Schneidersitz, keuchte, drückte den Rücken durch und legte sich die Hände mit den Handflächen nach oben auf die Schenkel. So blieb sie sitzen.

So fand das Meer sie, als der Wind ihm die Oberfläche genug gekrault hatte. Der Alte schlief ein, das palavernde Meer aber kam der Trauernden zu Füßen, und Mathilde hörte es höhnen: *Manntje, manntje, Timpe te! – Buttje, buttje in der See!*

Mathilde hörte das Echo und senkte den Kopf.

Aber wie sollte die See es ernst meinen können, wenn sie gar nicht zuhören konnte? Wenn die See immer nur am Nuscheln war?

Die See konnte immer nur schwafeln, und das Ufer war ein verlorener Ort zwischen Land und Meer; unwirklich, verharrte man hier, wurde man selbst unwirklich.

Mathilde rieb sich die Schenkel, wippte mit dem Oberkörper und lauschte.

Deshalb kamen die Trauernden doch so gern hierher. Und all die Einsamen, die von ihrer Trauer nichts wussten; rein gar nichts.

Mathilde hob die Hände, drückte sie gegen die Ohren, verbat sich das Rauschen, das Säuseln, das Lamentieren, aber sie hörte deutlich: *Meine Frau, die Ilsebill – will nicht so, wie ich wohl will! – Ha, ha, ha, ha. Ha, ha, ha, ha.*

Mathilde sah sich im hellen Dunkel um. Sie war allein, kein Zweifel! Und bis auf das Meer befand sich alles im Stillstand. Bis auf das Meer und die Sterne, die matt wurden und matter.

Ein Grau dämmerte. Könnte so ein Grau zu Licht werden? Mathilde hörte im Gefasel: *Man macht keinen Deal mit dem Tod, ich weiß es, denn ich bin der Tod, dem Noah entkam, aber nicht seine Söhne! Du entkamst mir, aber nicht dein Mann. Du wolltest mich zwingen, ein Geschäft zu machen. Siehe, ich lache darüber, denn ich verschlinge die Seelen der Welt. Ich bin das Meer, und das Meer ist alles.*

»Du bist nur farblos!«, flüsterte Mathilde.

Sie spürte den Schmerz kommen, tief aus dem Blut stieg er empor. Drückte hinter den Augen alles zusammen. Zu einem Klumpen. Vermutlich weiß, aber das konnte sie ja nur ahnen.

Vom Soldaten und Seemann Elpenor hat dir niemand etwas erzählt. Nur Homer berichtete vom jüngsten Gefährten Odysseus und auch nur das eine: Er erwachte, als die Männer die Insel Kirke verließen, aus einem Weinrausch, stürzte ihnen hinterher, stolperte und starb. ›Da geschah es, dass der Matrose Elpenor zu Tode kam. Die einzige Gelegenheit, ihn zu erwähnen, denn nie tat er sich hervor, weder durch Mut noch durch Klugheit.‹

»Mein Mann war weder feige noch dumm! Robert Rösch war nicht feige und auch nicht dumm!«

Horaz gab dem Vergil die Warnung mit. Es sei Frevel, etwas zu verbinden, was eine Gottheit getrennt habe. Über das Meer zu fahren, sei Frevel, ein Frevel, wie der des Prometheus und der des Ikarus. Luftfahrt, Seefahrt und Feuerraub, das sei von den Göttern verboten worden. Wer hielt sich nicht an dieses Gebot? Dein Robert Rösch! Und Zenon von Kition meinte, erst als Schiffbrüchiger sei er glücklich zur See gefahren. Hinab, wie ich anfügen darf, denn ich bin das Meer, und das Meer ist alles.

»Was kümmert mich das!«

Es ist das Gesetz von der Unverletzlichkeit der Erde, ›terra inviolata‹ genannt. Keinen Durchstich durch Landengen, kein Anlegen künstlicher Häfen, keine einschneidenden Veränderungen im Verhältnis von mir und dem bisschen Land, das ich euch als Zuflucht lasse. Ich bin das Meer, und das Meer ist alles.

»Was mich das kümmert?«

Höre nur deinem Vergil zu, er schreit, das Ende der Seefahrt sei der Anfang aller Glückseligkeit. Und höre deinem Johannes nur zu, er sieht, im messianischen Zustande sei kein Meer mehr. Er sieht, ich sei der Ort des Bösen! Ich aber bin das Meer, und das Meer ist alles. Hesiod misstraut mir, weil ich nicht unter der Fuchtel des Zeus stehe. Mein Gott ist der Erderschütterer Poseidon. Er wird dir als sprechender Fisch erscheinen, erschien er dir doch so schon!

Der Klumpen in ihrem Kopf schien sich zu bewegen. Schmerz hinterließ er in jeder Zelle des Gehirns, die er grausam spaltete. Mathilde schrie, hörte aber ihre Stimme nicht.

Es gibt Küsten. Es gibt Inseln. Es gibt Häfen. Es gibt Riffe, Stürme, Untiefen, Windstillen, Segel, Steuerruder, Steuermänner, Ankergründe, Kompasse, Leuchttürme, Lotsen! Und was es noch gibt, das ist das hohe Meer. Es nimmt sich, was sich ihm anvertraut. Es dankt nicht, denn ich bin das Meer, und das Meer ist alles.

»Stille!«

Stille? Du meinst, Windstille wäre die Glückseligkeit? Frage die Segler, frage die Fischer, die in den Windstillen verhungert sind, das Ufer in Sichtweite vor sich. Mein Arm ist der Wind, und der Wind gehorcht mir. Ach! Vorsicht! Tausende sind noch im Hafen gescheitert.

»Du meinst mich damit?«

Sich auf dem Schiff einzurichten, als sei man bereits auf dem neuen Land, es sich auf dem Schiff heimisch zu machen, das ist zweifelsohne sehr schlau! Wer auf ein Schiff geht, der ist schon ein Schiffbrüchiger. Wer auf dem Meer treibt, der ist schon verloren. Dein Mann wusste es! Und du weißt es auch. Alle wissen es, denn ich bin das Alles, ich bin das Meer, denn das Meer ist das Nichts. Das Alles ist das Nichts, und ich bin die See.

»Ich habe getan – nichts!«

De la Porte hat seinem Schüler, dem Prince de Ligne, alles beigebracht, nur das Schwimmen nicht. Der Prince schrieb, aus Angst vor einem Schiffbruch sei er keiner einzigen Klippe ausgewichen, trotzdem sei er niemals untergegangen, habe er sich doch stets auf irgendeine Planke retten können, und dabei habe er sich immer sehr wohl gefühlt.

»Sei doch still!«

De la Porte ist also ein sehr weiser Lehrer gewesen. Er brachte dem Schüler etwas bei, ohne es ihm beizubringen. Was der Prinz lernte? ›Heroischer Nihilismus‹! So einer war dein Mann auch! Ich kenne diese Art von Menschen. Sie bevölkern die Schiffe. Sie gleichen sich doch alle! Über all die Jahrtausende hinweg. Sie stürzen sich ins Meer, weil sie nicht leben können. Naiv träumte einer von einem Hüttchen und bekam ein Schlösschen, und als sein Traum in Erfüllung ging, da flüchtete er aufs weite Meer.

Entsetzen stieg in Mathilde auf und verdrängte den Schmerz. Endlich verstand sie das Gesäusel des Meeres. Endlich dämmerte ihr das Unglaubliche!

Nein!

Nein, soweit durfte es nicht kommen!

Sie nahm die Hände von den Ohren und schrie: »Lüge!«

Was den Menschen auf die hohe See treibt, ist die Überschreitung der Grenze seiner natürlichen Bedürfnisse. Derselbe Reiz, der allmählich das Leben auf die See hinausführt, bewegt auch das Aufbranden der Kriege. Der Frevel der Seefahrt bestraft sich selbst schon durch die Angst vor den übermächtigen Gewalten, denen der Mensch sich ausliefert und die er übersetzt in Bilder seiner Götter. Dass er mit solchen Mächten nicht im Bunde stehen kann, mit mir, erfährt er gerade an der Vergeblichkeit seines Aufwandes, durch mich, sie zu beschwören. Reine Vernunft, das wäre Windstille auf dem Meer, auf mir, und das wäre tödlich. Reine Vernunft, das wäre, auf einem Stuhl zu sitzen, in einem Zimmer. Das wäre tödlich.

»Du lügst!«

Ich spreche die Wahrheit: Der Hafen ist keine Alternative zum Schiffbruch; er ist der Ort des versäumten Lebensglücks! Du aber wolltest Robert Rösch im Hafen haben. Er aber wollte den Schiffbruch! Und den gab ich ihm! Denn ich bin alles, ich bin das Meer. Ich bin das Böse, und ich fresse die Seele und mache sie zu Plankton, das meine Höllenhunde dann zerfetzen. Die ›Moby-Dicks‹, sie jagen eure Seelen, so lange ich es will! Du! Nicht ich!

Mathilde schüttelte den Kopf, wollte nicht wahrhaben, dass das Meer ihr nun die Schuld zuschob, wollte sich wehren, aber: Hatte sie nicht von der See die Freigabe ihres Mannes gefordert? Hatte sie damit die See nicht wütend gemacht? Hätte sie nicht demütig bitten sollen? Hatte sie die See gegen ihren Mann aufgebracht? Sie sah von Gischt zu Gischt, und in diesem Augenblick wuchs aus der Mitte der See eine riesige Welle heraus und donnerte auf das Land zu. Mathilde sah sie, beobachtete, wie sie immer größer wurde, und warf sich im letzten Moment rücklings hinter den Findling. Das Wasser brach über ihr zusammen, prallte gegen die Steilküste hinter ihr, riss Lehmbrocken ab und spülte faustgroße Steine weg. Mathilde zitterte am ganzen Leib. Sie hatte Robert die Entscheidung aufgedrängt, doch nicht er hatte entschieden, sondern das Meer. Es hatte die Schergen geschickt! Sie war schuld am Tod ihres Mannes! Sie hatte den sprechenden Fisch, sie hatte Poseidon gerufen! Und Poseidon hatte gehört. Aber er hatte keinen Deal machen wollen. Es durchfuhr sie wie ein Blitz: Luise! Ihre Tochter war auch auf dem Meer gefangen!

Der Mensch ist so sehr ein gaffendes Wesen, dass ihm in der Neugierde sogar die Sorge um sich selbst vergeht.

»Was?«

Du nimmst das Gegenwärtige nur als Verlust und Verstellung jeder Orientierung wahr, während dieser den gegenwärtigen Zustand trügerischer Ruhe nach dem Sturm als die unabwendbare Hilflosigkeit für jede künftige Probe erkennt.

»Was denn erkennt?«

Alles, was auf dem Meer, auf mir, geschieht, ist, als wäre es nicht geschehen. Es ist mein großes Nichts, vor dem ihr euch ängstigt und das euch doch anzieht. So klammert euch ruhig an den Felsen, an dem ihr doch scheitern solltet. Oder wolltet? Robert Rösch gewiss. Der Wille, das ist schon seine klassische Bestimmung, geht ins Unendliche und könnte nur enden, indem er sich aufhebt. Das waren Robert Röschs letzte Gedanken. Stille sei tödlich für das Leben, und vor der Stille in eurem Hause hatte er Angst gehabt. Lebensangst.

›Nein! Das waren nicht seine letzten Gedanken. Sie galten mir! Und sie galten seiner Tochter! Sie galten Luise. In der Antike wurde mit dem Tode bestraft, wer einen Delfin getötet hatte! Du dämonisierst mich nicht, verschwinde! Das Grau ist doch zu einem Licht geworden. Schwafle am anderen Ende der Welt, wenn du willst‹, dachte Mathilde, stand auf und kam hinter dem Findling hervor: ›Aber mich halte da raus! Und lass ja Luise in Ruhe! Nimm ihr ja nicht, was sie liebt! Und nimm ihr nicht den Atem!‹

Sobald wir uns unserer Lage bewusst werden, befinden wir uns auf einem brüchigen Schiff, das auf einer von Millionen Wellen dahintreibt. Ich bin das Meer, und das Meer ist alles. Sich bewusst zu werden, heißt, Angst zu bekommen, heißt, den Mut sinken zu lassen. Folge also deinem Mut, ich bin das Meer, und das Meer ist das Nichts. Komm mit deinen nackten Füßen! Komm!

Mathilde sah, wie die Wellen sich zurückzogen, hörte einen Landwind auffrischen und trat einen Schritt nach vorne. Sie blickte zur Seite, spuckte ins Wasser, stieß mit den Füßen Sand gegen die See, äffte sie nach und spürte auf einmal einen starken Arm auf den Schultern. Sie beugte sich ein wenig.

»Mathilde, beruhige dich!«, sagte der pensionierte Kapitän: »Ich weiß genau, was du durchmachst. Ich will dich mit meinen Worten nicht quälen. Ich weiß, dass du jetzt wirr denkst. Ich will dich nur mitnehmen, weg vom Meer! Wir müssen uns hüten vor dem Meer. Wir dürfen der See nie unsere Schwäche zeigen. Dann verhöhnt sie uns und beutet uns aus. ›Die See ist die Seele, und die Seele ist die See‹, wie wir Seeleute sagen, die wir entkommen sind. Niemals, hörst du, Mathilde, niemals darf man dem Meer Gehör schenken, wenn man fällt. Komm! Alles ist ein Steigen im Fallen.«

Mathilde nickte, schmiegte sich in den Arm des alten Mannes und merkte plötzlich, wie erschöpft sie war.

Und durchgefroren. Sie zitterte ja!

»Ich habe nur keinen Pfefferminztee mehr«, flüsterte sie und spürte den festen Griff des Alten am Oberarm: »Nur Mut! Nur Mut, Mathilde, nur Mut!«

»Robert hat den ganzen Pfefferminztee mitgenommen. Die ganze Ration, weil sie doch an Bord nur Schwarzen Tee haben und der doch auf Dauer nicht gut fürs Herz ist.«

»Schon gut«, sagte der Kapitän a.D., steckte die freie Hand in die Tasche, drückte mit dem Daumen auf dem Display seines Handys herum und sagte: »Ja, doch! Na klar! Gefunden! – Du, wir brauchen Pfefferminztee! – Die große Kanne!«

Der Alte steckte das Telefon wieder weg. Er wusste ja, dass die See kaum jemanden entkommen ließ, und hörte sie hinter sich höhnen. Er drehte sich nicht um, schob Mathilde die Stufen hoch und dachte: ›Ich komme zwar nicht los von dir, wie alle, die dich überlebt haben, bin ich verdammt, auf immer seesüchtig zu sein, aber diese Frau hier, die bekommst du nicht! – Halt die Fresse!‹

»Erster Kuss, zweiter Frühling, dritte Zähne, das ist die Banalität der Liebe«, sagte Mathilde zu *Stagg*, nachdem ihr in der Nacht erneut die Tränen gekommen waren: »Ich dachte, ich könnte das alles doch noch erleben.«

Erneut versuchte sie, Luise anzurufen, aber wieder schaltete sich nur die Mobilbox ein. Sie hatte auch schon den Leitstand des Walfängers *Rimbaud* angerufen, aber der Funker hatte ihr nur erklärt, es sei Fangsaison, jetzt werde kein einziges Privatgespräch durchgestellt. Und wenn es sich sogar um einen Todesfall handeln solle, jetzt werde erst einmal Geld gescheffelt. Da hatte Mathilde sprachlos aufgelegt.

›Immerhin‹, dachte sie, ›gibt es die *Rimbaud* noch.‹

Sie saß am runden Küchentisch, sah durch die Jalousienlamellen die Kinder im Garten des Kindergartens spielen – wie immer hielt sich der dickliche Junge abseits – und hörte, wie sich der Wasserkocher abschaltete. Mathilde blieb sitzen, unendlich froh, dass es da einen klugen Menschen gegeben hatte, der den Abschaltmechanismus erfunden hatte. Was sollte sie denn schon wieder Kaffee trinken? Wozu denn? Wozu das alles?

Es klingelte schon wieder an der Haustür. Diesmal jedoch stand die Hausherrin auf und ging langsam zur Tür.

»Ach, Frau Rösch, endlich erwische ich Sie mal«, sagte der Blumenbote, den sie von der Nachhilfe kannte. Er wirkte unsicher und wollte seine Unsicherheit mit einem breiten Lächeln überspielen. Wie diese jungen Augen doch leuchteten! Mathilde senkte den Blick. Wäre doch Luise jetzt nur hier.

»Ich habe da sieben Blumenarbeiten für Sie.«

»Warum sagst du nicht Kränze? Beerdigungskränze?«

»Ich weiß nicht. Sehen doch fast gar nicht mehr wie Kränze aus, so schön.«

Da hatte der Junge wohl Recht. Nicht einmal Kränze sahen mehr wie Kränze aus. Bunt, viel zu bunt. Und gar kein Immergrün!

»Ja, ich bräuchte dann sieben Unterschriften auf dem Display hier, Frau Rösch. Es tut mir leid, mit Ihrem Mann. Soll ich die Blumen vielleicht ins Haus tragen?«

»Was?«, fragte Mathilde, während sie die Unterschriften setzte: »Nein, danke. Gib schon her, Matthias.«

Sie sah dem Jungen zu, wie er die Heckklappe herunterschlug, den Helm aufsetzte und den Roller elektronisch zündete. Mit einem Schwung aus den Schenkeln gab er zusätzlich Anfahrgeschwindigkeit und tuckerte vom Hof.

Zurück blieb sie. Mit Kränzen im Arm. Fast hätte sie vergessen, die Haustür zuzuschlagen. Mathilde ging in die Küche zurück, legte die Kränze auf den Tisch und zog die Beileidskarten heraus. Mit ihnen setzte sie sich auf die weiße Ledercouch des großen, leeren Wohnzimmers. Sie sah zum Bild von *Stagg*, dann zum Apfelsinenbäumchen, das sie heute noch aus dem Topf nehmen und in den Garten pflanzen wollte. Die erste Karte war von der Reederei aus Portugal. Ein sehr schlechtes Deutsch. Die zweite war vom Bürgermeister. Nicht einmal persönlich unterschrieben. Die dritte war von der Direktorin der Schule. Sehr aufrichtig. Die vierte von der Leiterin des Lerncamps. Sie habe es aus der Zeitung erfahren. Ja, nicht nur sie! Die fünfte war vom ›Verein der Seemannsfrauen‹. Sie solle doch einmal zu einem Treffen kommen. Bei der sechsten zitterten ihr die Hände. Sie ließ die sechste Karte fallen und starrte minutenlang auf die ihr so verhasste Schrift; auf die Schrift, die sie doch schon so gut wie vergessen hatte. Dieses Schwein! Sie erkannte die Schrift ihres ersten Ehemannes sofort. Wenn er etwas tun könne, würde er helfen. Er habe ihr Foto in der Zeitung gesehen, sie sei noch immer eine wunderschöne Frau. So ein Schwein!

Die letzte Beileidskarte war von einem Rechtsanwaltsbüro, das sich auf Schadenersatzklagen spezialisiert hatte. Unschlüssig hielt Mathilde sie in der Hand, zerriss sie schließlich nicht und ließ sie einfach auf den Boden fallen.

Doch was sollte sie mit den Kränzen machen? Einer Seemannswitwe schicke man keine Kränze, eine Seemannswitwe habe ja keine Grabstätte. Mathilde schüttelte den Kopf und dachte: ›Der Verein der Seemannsbräute hätte das eigentlich wissen müssen!‹

Ratlos stand sie in der Küche vor den aufgetürmten Beerdigungskränzen mit den bunten, teilweise in Fraktur bedruckten Schleifen. Sie schüttelte den Kopf.

Wieder schaltete sie den Wasserkocher ein. Und wieder schaltete er sich aus, als Mathilde noch neben ihm stand. Sie goss das Wasser in die bauchige Tasse mit dem Kaffeepulver und rührte mechanisch um. Es schien, als starre ihr der dickliche Junge durch die Jalousiespalten direkt in die Augen. Sie drehte am Stock, bis sein Gesicht hinter den Lamellen verschwand.

Mit dem Hintern lehnte sie sich gegen die Arbeitsfläche und sah wieder auf die Kränze. Wohin nur mit ihnen? Sie schlürfte vom Kaffee. Sie wollte den Exkapitän fragen. Er wisse schon einen Rat. Er habe schon so viele Seeleute sterben sehen. Hatte er das nicht selbst gesagt?

Kaum hatte sie das Radio angestellt, dröhnten ihr die Ohren: »Die *Saudade* wurde …«

Mathilde stellte das Radio sofort wieder aus, ging durch das Wohnzimmer zur Terrassentür und sah rüber zur See, ohne das schützende Heim zu verlassen. Das Meer lag ruhig da. Es schien zu warten, glaubte Mathilde. Es sei sich seiner Magie bewusst. Seiner Stärke. Die Urkraft, in Menschen eine unbestimmte Todessehnsucht zu wecken. Mathilde hatte die See durchschaut. Und froh wäre sie, wenn alle Menschen begreifen würden, was schon die Leute vor dreitausend Jahren verstanden hatten: Das Meer fraß sogar ganze Städte auf und ließ nicht einen Holzbalken übrig.

Mathilde trank noch einen Schluck und riss sich vom Anblick des endlosen Wellens los. Dieser ewige Wunsch des Lebenden, nur für einen Moment in die Todeshölle blicken zu dürfen. Diese absurde Idee, mit der man geboren werde. Das Sterben beginne mit der Geburt.

Sie ging einige Schritte auf die Terrasse, hielt sich jedoch im Schatten. Erneut sah sie eine Riesenwelle aufs Ufer zukommen, ausgelöst durch die Mittagsfähre, die in die Warnowmündung einfuhr und vor dem Leuchtturm von Warnemünde immer stark abbremsen musste. Mathilde wusste es, aber erschrocken hatte sie sich heute Nacht trotzdem, als der *Kaventsmann* so plötzlich vor ihr gestanden hatte. Sie massierte sich den Nacken.

Und wieder schrak sie zusammen, als sie zur Seite sah und den dicklichen Jungen erblickte, der sie fragend anstarrte.

»Was hast du gesagt?«, fragte sie.

»Nun ist dein Mann doch draufgegangen, oder? Hab ich doch gesagt, stimmt doch!«, sagte der dickliche Junge, dessen gestelzten Doppelnamen sie vergessen hatte. Sie wollte ihn aber nicht noch einmal fragen. Stattdessen meinte sie: »Was du nicht sagst.«

»Na ja, wie böse der immer auf die See geguckt hat, wenn er mal da war. Hab ich doch gesehen.«

»Schon gut, schon gut!«, sagte Mathilde und musterte den Jungen, der wieder hinter dem Zaun stand, der ihr Grundstück vom Kindergarten trennte: »Bisschen verrückt bist du aber auch, oder?«

»Ein bisschen!«, sagte der Junge, lachte und sagte: »Aber ich vergesse wenigstens nichts!«

»Ist doch schon mal was«, sagte Mathilde und ließ sich erschöpft in einen der Terrassenstühle fallen, denen die Polsterungen fehlten. Sie spürte es sofort, erhob sich aber nicht noch mal.

»Ja«, sagte der Junge: »So, wie du!«

»Wie ich?«

»Du wolltest mit mir Scherenschnitte machen. Hast du aber nie, obwohl du es versprochen hast. Wie alle Erwachsenen redest auch du nur dummes Zeug.«

Warum nur ließ sie sich das gefallen? Hatte sie nicht schon genug um die Ohren? Jetzt noch ein verrücktes

Kind! Aber war es nicht auch so, dass Verrückte immer Verrückte anzogen? Mathilde lächelte mit heruntergezogenen Mundwinkeln und stellte die Lehne nach hinten. Immer weiter beherrschte das Grau den Himmel.

»So, so«, sagte sie.

»Ja«, sagte der Junge: »›Schattenschnitte‹ sind ja sowieso was für Mädchen. Wollte ich gar nicht lernen.«

»›Schattenrisse‹ oder ›Scherenschnitte‹, aber ›Schattenschnitte‹ gibt es nicht. – Ich glaube, du willst es doch lernen! – Du kannst mir helfen.«

»Will ich aber gar nicht.«

»Du wirst mir jetzt helfen«, sagte Mathilde, auf einmal voller Elan. Sie stand auf, ging zur Gartentür des Kindergartens und rief die Erzieherin zu sich, die ihr Mitleid ausdrücken wollte, aber schnell schnitt Mathilde ihr das Wort ab: »Es geht um etwas anderes! Kann der Junge mir mal zur Hand gehen? Ich brauche seine Hilfe. Solange sie hier Pause im Garten machen?«

»Wir machen hier keine Pausen, weil wir keinen Unterricht haben. Die Kinder sollen einfach nur spielen. Das ist einfach Freizeit, Freizeitbeschäftigung.«

»Ach so, na ja, war nur eine Frage.«

»Aber sicher kann er Ihnen helfen. Er steht sowieso nur am Zaun und lässt Sie nicht aus den Augen. – Vielleicht ist unser kleiner *Pepe* verliebt?« Die Erzieherin sah den dicklichen Jungen an, der unwirsch den Kopf schüttelte.

»Hör aber auf Frau Rösch!«, sagte die Erzieherin ernst: »Sie ist Lehrerin!«

Pepe nickte und ging durchs Tor. Mathilde durchlief ein Schauder, als sich seine kleine Hand in ihre schob. Sie sagte: »Aber *Pepe*, das ist nicht dein richtiger Name?«

»Nur ein Spitzname. – Was soll ich denn helfen?«

»Nicht ›was‹, sondern ›wobei‹.«

»›Wobei‹?«

»Und nun im ganzen Satz.«

»Wobei soll ich helfen?«

»Sehr gut. Beim Paketauspacken.«

Sie ging mit *Pepe* zum Flurschrank und holte aus dem obersten Fach das Paket aus der Ukraine heraus. Der Junge war von den Briefmarken fasziniert, und Mathilde versprach ihm, er dürfe sie später mitnehmen.

Mit dem Paket in der Hand ging sie zum runden Küchentisch und sah auf die vielen Kränze. Unschlüssig stand sie da, als der Junge die Blumengebinde nahm, sie auf die Terrasse legte, und schließlich sagte er: »So, jetzt ist Platz!«

Mathilde nickte und stellte das Paket ab. Sie gab dem Jungen eine Schere und sah zu, wie er auspackte.

Auch sie war enttäuscht von den vielen Holzleisten, die zum Vorschein kamen.

Die Bauanleitung konnten sie zwar nicht lesen, aber die Abbildungen waren sehr einfach gehalten.

Ohne abzuwarten, machte *Pepe* sich daran, das Raster zusammenzubauen. Er brauchte nur einige Minuten, dann sah er auf das fertige Werk und fragte: »Und was kann das?«

»Damit haben die Maler früher ihre Scherenschnitte gemacht. So konnten sie den Schatten des Realen ausschneiden und ihn behalten, wenn der reale Gegenstand schon längst verschwunden war.«

»Oder wenn der Mensch gestorben war. Dann hatte man immer noch seinen Schatten«, sagte *Pepe*.

»Oder so. – Hol doch mal irgendeine Blume aus einem der Gebinde. – Wir stellen dann hier den Rahmen auf und spannen das Papier. Davor kommt die Blume. Und davor kommt eine Kerze. Dann gehen wir auf die andere Seite und zeichnen einfach die Umrisse ab, die auf das Papier geworfen werden. Dann schneiden wir aus, und ich habe mein Versprechen gehalten. Was meinst du?«

Pepe nickte. Er ging hinaus und kam wenig später mit einer weißen Rose wieder.

»Gleich die schwierigste Blume, was?«, meinte Mathilde und dachte an den Riesenmammutbaum *Stagg*, den sie so wohl doch nie auf ein Papier bringen konnte. Den echten Schattenriss konnte man nur vom wirklichen Baum anfertigen, aber so eine riesige Leinwand gab es ja nicht. Sicher, man könnte die Lichtquelle vom Baum und den Baum von der Leinwand so weit wegstellen, dass der Schatten schließlich ganz klein aufs Papier fiel, aber wie sollte das gehen? Könnte es nicht mit der Sonne funktionieren? Dann müsste sie selbst zum alten *Stagg* gehen, um seinen Schatten zu fangen und auszuschneiden. Es dürfte nichts zwischen ihr und ihm sein, gar nichts, am besten nur Wasser. Nein! Kein Wasser.

Mathilde kam mit einer weißen Kerze zurück und stellte sie ans Ende des Tisches. In der Tischmitte stand die Blume und am anderen Ende das Raster mit dem Krepppapier, das auch im Paket gelegen hatte.

»Du versuchst es zuerst«, sagte sie und sah den Jungen lächeln. Sie schlossen alle Türen, zogen alle Jalousien herunter, und der Junge sagte: »Schade, dass dein Robert nicht hier ist. Sonst könnte er hier sitzen, und du könntest seinen Schatten festhalten. Und ihn ausschneiden. Und wenn dein Robert dann sterben würde, dann hättest du immer noch seinen Schatten!«

»Ja«, sagte Mathilde und versuchte, ihre Tränen zurückzuhalten: »Das wäre wirklich schön. – Fang an jetzt.«

Sie zündete die dicke, kurze Kerze an, die *Filigraner* ihr aus Asien mitgebracht hatte: Sie warf ein lebendiges Licht.

»Sicherheitsteams: Bereitschaftsmeldung! Team Eins?«, fragte Luise durchs Walkie-Talkie: »Fertig?«

Sie lag flach, die Hacken nach innen gekehrt und fest auf dem Boden, auf dem Brückendach und sah nach vorn. Thomas hatte die Heckseite übernommen, und die Zwillinge hielten backbord und steuerbord Ausschau.

Neben den Sicherheitsleuten lagerten die schussbereiten Gewehre, an den Hüften trugen sie Pistolen und zweischneidige Messer mit Blutrinne.

»Team Eins: ready for dead«, hörte Luise *Sirs* ruhige Stimme: »Kapitän, Steuernder und zwei Mann Brückenabwehrwache auf der Brücke. Brückenschotts sind verriegelt. Fenster werden gerade mit Sperrholz gesichert. Ich wiederhole: Team Eins: ready!«

»Team Zwei: auf Position«, hörte Luise den Ersten Offizier sagen: »Das Heck ist backbord mit dem Bootsjungen, mit zwei Walfängern und mit dem Ersten Offizier besetzt. Ich wiederhole: Team Zwei: fertig zum Kampfeinsatz.«

»Team Drei hat den Bug gesichert. Hier ist der Chefharpunier mit drei Walfängern. Auch ich wiederhole: Team Drei ist fertig zum Abschuss!«, hörte Luise die Stimme des *Basken* und war sofort besorgt. War auf diesen Mann wirklich Verlass? Hatte er sich unter Kontrolle? Bereit zum Abschuss, das klang doch ganz und gar nicht gut! Luise runzelte die Stirn. Hatte er die Finger schon am Abzug der wieder zusammenmontierten Harpunenkanone?

Sie sagte: »Team Drei: Unbedingtes Warten auf weitere Befehle! Keine Alleingänge! Bestätigen Sie!«

»Bestätigt!«

»Bestätigen Sie im Ganzen!«

»Ich bestätige, unbedingt den Einsatzbefehl abzuwarten und keinen Alleingang zu machen. Ich hoffe, der Befehl folgt so schnell wie möglich!«

Luise grinste; am Ende werde dieser Mann sie noch alle retten.

»Team Vier unter Deck und einsatzbereit. Chefmaschinist ist mit Hilfsmaschinist und Smutje klar zum Schutz des Funkraumes. Funker befindet sich im Funkraum und hat die Finger gespitzt«, hörte Luise die Stimme des Heizers. Sie klang müde und gereizt. Luise hielt sich den Seestecher vor die Augen.

»Team Fünf: Steuerbordseite des Hecks unter Kontrolle! Stärke: vier Mann.«

»Team Sechs: Steuerbordseite unter Kontrolle! Stärke: vier Mann.«

»Team Sieben: Backbordseite unter Kontrolle! Stärke: vier Mann.«

»Team Acht: Auf dem Mittelschiff in Reservestellung. Stärke vier Mann.«

Luise stellte den Seestecher schärfer und sagte: »An alle Teams! Bereitmachen zur Abwehr. Warten Sie auf meine Befehle!«

Das Schlauchboot, das von vorne aus dem Windschatten Spitzbergens kam, peitschte eine hohe Bugwelle vor sich her. Luise schätzte die Geschwindigkeit auf dreißig Knoten. Sie konnte sieben Mann ausmachen. Sie trugen Kampfanzüge, sie hatten Bärte, sie hantierten auf dem Boot herum, sie bauten etwas zusammen. Luise wurde unruhig und versuchte zu erkennen, was der Gegner vorbereitete.

Doch dann beschrieb das Schlauchboot einen Halbkreis und drosselte vor dem Walfänger die Geschwindigkeit. An der Seite des Bootes waren Parolen angebracht worden, aber Luise hatte kein Auge für diese Sätze.

Sie sagte: »Team Eins: hart backbord!«

Das Schlauchboot, mit dem die *Rimbaud* zum Stoppen gezwungen werden sollte, wurde vom Walfänger elegant im letzten Moment umschifft.

Sofort gab *Sir* wieder Knoten dazu, bemerkte Luise zufrieden. Jetzt wurde auf dem Schlauchboot die Fahne gehisst. Luise sah die bärtigen Männer auf dem wackligen Boot stehen, die Regenbogenflagge in den Händen, als das Schiff vorbeifuhr.

Sie drehte sich halb herum und fragte: »Bei euch?«

»Alles in Ordnung«, sagte Thomas: »Es sind die Regenbogenkrieger! Leichte Bewaffnung.«

»Leichte Bewaffnung? Von wegen? Ich hab ein Maschinengewehr mit Zielfernrohr gesehen!«, sagte Oleg.

»Auf meiner Seite gibt es wenigstens zwei Panzerfäuste!«, sagte Bolek ruhig.

»Bist du dir sicher?«, fragte Luise.

»Absolut! Die Plane wurde vom Wind für einen Moment zurückgeschlagen.«

»Panzerfäuste? Das ist aber eher ungewöhnlich«, sagte Thomas und kontrollierte sein Gewehr noch einmal.

»Wenn die es so wollen, dann wollen die es so!«, sagte Luise und sprach danach ins Walkie-Talkie: »Team Eins: Schlingerkurs beibehalten! Auf keinen Fall die Geschwindigkeit drosseln!«

Die vier Schlauchboote waren mit starken Motoren aufgerüstet worden. Sie erreichten die alte *Rimbaud* schnell, und die Mannschaften begannen damit, den Walfänger in entgegengesetzten Richtungen zu umkreisen. Sie versuchten, ihn vom Kurs auf die Insel abzudrängen, aber der Kapitän eroberte sich die Gradzahlen immer wieder zurück. Luise lächelte.

Seit Minuten palaverte ein Regenbogenkrieger durchs Megaphon. Luise hörte nicht hin, argwöhnisch beobachtete sie den Sicherheitsabstand, den die Aktivisten einhielten; noch einhielten. Luise war misstrauisch. Panzerfäuste?

»Lasst sie reden«, sagte sie zu ihrem Team: »Je länger sie reden, umso besser für uns.«

»Ich verstehe sowieso kein Wort«, sagte Thomas: »Was ist das denn überhaupt?«

»Schwedisch.«

Luise schätzte die Entfernung zum Hafen auf zwei Meilen. Sie wunderte sich, dass die *Rimbaud* innerhalb der Drei-Meilen-Zone angegriffen wurde, ging *Greenpeace* damit doch ein großes Risiko ein.

Sie könnte die norwegische Küstenwache alarmieren, überlegte Luise, oder gab es bei Spitzbergen gar keine Küstenwache?

»Wir informieren Sie über den Verlauf der Aktion«, sagte ein anderer Regenbogenkrieger plötzlich auf Deutsch: »Weltweit werden in diesem Moment siebenundneunzig Walfänger von eintausendachthundertsechsundzwanzig Booten verschiedener Umweltschutzorganisationen angegriffen. Die Kaperung der *Rimbaud* ist Bestandteil einer weltweit koordinierten Operation zur Verhinderung von Walfang. Wir werden Ihr Schiff jetzt in unsere Gewalt bringen, wir werden Ihren Ertrag vernichten, wir werden Ihr Schiff zu einer Sammelstelle vor den Azoren bringen. Dort werden wir alle siebenundneunzig Walfangschiffe vernichten. – Kapitän der *Rimbaud*, wir fordern Sie auf, sich umgehend zu ergeben. Die Besatzung wird auf eines unserer Boote gebracht und zum Hafen transportiert, wo Sie alle planmäßig Ihre Fahrt nach Hause antreten können.«

Humor habe *Sir* ja, stellte Luise fest, als über die Bordlautsprecher plötzlich die Melodie eines uralten Seemannsliedes erklang: »»Auf der Reeperbahn, nachts um halb eins, ob du'n Mädel hast oder ob keins …'«

Sie sah Thomas grinsend an, der zurücklächelte.

Dann sagte sie zu ihm: »Sie wollen uns kapern. Das ist mehr als nur heiße Luft! – Haltet euch bereit!«

Luise stand auf, stellte sich breitbeinig auf dem Brückendach hin, justierte ihr Maschinengewehr auf Dauerfeuer und gab einige kurze Feuerstöße in den Himmel ab.

Sie sah, wie der Gegner sich auf den Bauch fallen ließ und sofort Deckung suchte, dann legte sie sich selbst wieder hin und sicherte das Gewehr.

»Hoffen wir, dass sie das abschreckt«, sagte Luise zu den Zwillingen, die skeptisch nickten.

»Wenn sie allein wären, dann vielleicht«, sagte Bolek: »Aber du weißt ja selbst, was Gruppenzwang ist.«

Oleg nickte: »Die müssen bestimmt Termine einhalten. Also müssen wir verhindern, dass sie diese Termine einhalten.«

Luise nickte und überlegte, sofort zum Gegenangriff überzugehen oder weitere Abwehrmaßnahmen einzuleiten.

»Team Acht«, befahl Luise: »Ans Heck! Unterstützen Sie Team Fünf. Sichern Sie die Heckklappe. Umwickeln der Relingstangen mit Stacheldraht. Er liegt dem Gepäck bei, das wir ausgehändigt haben.«

»Verstanden, Heck mit Stacheldraht sichern«, kam die Stimme des *alten Schmeißers* durchs Sprechgerät. Luise hörte deutlich, wie er stöhnte, als er aufstand, und musste grinsen. Sie bekam bessere Laune; die Warterei habe endlich ein Ende. Jetzt werde sie für einen bleibenden Eindruck dieser Reise sorgen können.

Die vier Schlauchboote hatten abgedreht, nachdem Luise in die Luft geschossen hatte, aber noch traute sie dem Frieden nicht.

Die Zwillinge behielten Recht, die *Bunten* da unten waren Teil eines Ganzen, und als Teil konnte man nun mal nicht selbständig handeln. Wären sie allein, wären sie jetzt bestimmt, da sie gemerkt hatten, dass die *Rimbaud* bewaffnet war und beschützt wurde, nach Hause gefahren. Sie hätten still und leise ihre Kameras ausgeschaltet, und niemand hätte erfahren, dass es einen Angriff auf die alte *Rimbaud* gegeben hatte, der sofort abgewehrt worden war;

aber so? Auch die da unten standen unter dem Zwang zum Erfolg ihrer Mission.

Luise behielt den Gegner im Auge, der sich etwa eine halbe Seemeile weiter südöstlich sammelte.

Sie gab den Befehl, die Teams Sechs und Sieben hätten sich über die ganze Länge der Back- und Steuerbordseite zu verteilen. Messer und Kneifzangen seien bereitzuhalten.

»Du glaubst also auch, die ziehen das wirklich durch?«, fragte Thomas.

»Sind doch auch Deutsche dabei«, sagte Luise und fügte hinzu, ein Deutscher könne nun mal schlecht erkennen, wann etwas vorbei sei und wann nicht.

»So wie du!«, sagte Thomas.

Luise nickte und gab den nächsten Befehl: »Team Eins: Aussetzen des Schlingerkurses! Volle Kraft voraus!«

»Volle Kraft voraus!«, bestätigte *Sir*.

Sofort wurde die *Rimbaud* schneller. Sie heizte mit allem, was sie hatte, über die See, auch wenn es nicht viel war. Luise fieberte mit, der alte Walfänger möge zum Luftkissenboot mutieren.

Was aber nicht geschah. Fast träge stampfte das schwer beladene Schiff durch die Wellen, musste Luise erkennen und zusehen, wie die Schlauchboote schnell wieder aufholten.

»Hier Team Drei«, sagte der *Baske*: »Könnte einen guten Schuss abgeben. Könnte in etwa einer halben Minute auch blind treffen. Vier minus eins macht drei!«

Sofort sagte Luise: »Keine Schusserlaubnis, wiederholen, Team Drei, keine Schusserlaubnis. Warten auf weitere Befehle.«

»Kein Schuss, schon gut«, sagte der Chefharpunier.

Luise sah zum Bug, wo der *Baske* sich umdrehte und mit dem Zeigefinger an einen imaginären Mützenrand schlug. Er saß hinter seiner Bugkanone und streckte die Beine aus.

»Team Acht meldet: Verminung beendet. Stacheldraht ist verarbeitet. Hier kommt keiner mehr rüber. Die reißen sich die Pfoten auf, wenn sie auch nur daran denken!«

»In Ordnung, Rückzug auf Gefechtsposition, Team Acht, wiederholen«, sagte Luise, ehe Thomas übers gesamte Deck schrie, man solle sich gebückt zurückziehen.

»Verstanden!«, hörte Luise den Teamleiter sagen, ehe er erneut stöhnte: »Gebückter Rückzug aufs Mitteldeck. Warten auf weitere Befehle. Ende.«

Wieder umkreisten die Schlauchboote das Walfangschiff, wobei sich je zwei an Heck und Bug trafen.

Selbständig hatte Team Eins wieder den Schlingerkurs aufgenommen. Luise war froh, einen mitdenkenden Kapitän an Bord zu haben, der sich nicht querstelle, weil ihm das Kommando vorübergehend abgenommen worden sei.

Sie sah einen der *Bunten* das Megaphon einschalten und sagte schnell ins Sprechgerät: »Team Eins, machen Sie doch wieder Bordmusik. Das wird den Gegner schön aus der Fassung bringen.«

»Wir haben sogar etwas Spezielles für *Greenpeace*-Aktivisten dabei«, sagte der Kapitän.

Wenig später hörte Luise einen merkwürdigen Popsong. Sie filterte ein Schlagzeug heraus, zwei Gitarren, auch sang da jemand ein paar Worte, aber das alles war eher als Hintergrundmusik gedacht.

Im Vordergrund war etwas Anderes zu hören, etwas Fremdes; sie brauchte einen Moment, ehe sie Hunderttausende von Walstimmen ausmachte, die zu einem Chor zusammengeschnitten waren. Sie schüttelte den Kopf.

»Das gibt Ärger!«, sagte Thomas lachend.

Luise nickte: »Ist doch gut! – Emotionen verhindern klares Denken.«

»Genau«, sagte Bolek: »Holen wir sie aus der Reserve und gucken, wie klein ihre Eier sind!«

Oleg lachte und fügte hinzu: »Neue Besen kehren gut, aber alte wissen, wo die Ecken sind!«

Luise sah, wie der Anführer der Umweltschützer das Megaphon sinken ließ und zornig herüberblickte. Er drehte sich halb um und gab einen kurzen Befehl.

Auf allen Booten wurden die Planen zurückgeschlagen. Metall reflektierte.

»Es geht los«, sagte Luise. »Fertig machen!«

»Ja«, sagte Thomas: »Endlich!«

»Leute, unterschätzt diese Verwirrten da drüben bitte nicht«, sagte Luise: »Ihre Ziele sind zwar kindisch, aber sie selbst sind es nicht. Achtundsiebzig Prozent von ihnen haben eine militärische oder paramilitärische Ausbildung gemacht. Also: ›Übermut tut selten gut!‹«

»Umso besser! Gegen Kinder kämpft es sich auch immer schwerer als gegen Erwachsene«, sagte Oleg: »Ich erinnere nur an Ghana!«

Bei diesem Landesnamen fiel Luise nicht etwa die Kinderarmee ein, die letztes Jahr um diese Zeit ihr Lager gestürmt hatte, sie dachte vielmehr an Robert Rösch und hatte für ein paar Momente ein eigenartig flaues Gefühl in der Magengegend.

»›Sie leben in einer Gemeinschaft von Zölibatären, geraten ständig hart aneinander und werden folglich, was ihre Gefühle angeht, immer abgestumpfter. Oft scheint es mir undenkbar, dass sie alle Mütter hatten. Für mich sah es aus, als wären sie halb Tier, halb Mensch, eine eigene Rasse, in der es keine Geschlechter gab, als würden sie entweder von der Sonne ausgebrütet wie die Eier der Meeresschildkröte oder als werde ihnen das Leben zumindest auf ähnlich schäbige Weise eingehaucht, als sei ihre ganze Existenz von Brutalität und Bosheit zerfressen, bis sie zuletzt so unschön zu Tode kamen, wie sie gelebt hatten‹«, sagte Thomas, und Oleg fügte hinzu: »Ja, ja, vom großen Jack London, dem besten der Welt!«

»Nicht dem besten«, sagte Thomas: »Nur dem kaputtesten.«

Luise drückte den Mageninhalt mit aller Willenskraft wieder hinunter, ihr war so schlecht, als würde Robert Rösch in diesem Moment nach Hilfe rufen; als wisse sie, dass er sie in diesem Moment brauche. Was war das? Luise konnte es sich nicht erklären. Ihre Hände waren eiskalt, aber das Gesicht glühte. Sie schloss kurz die Augen und zählte die Gegner, die sie getötet hatte. Das half ihr. Sie schluckte noch einmal.

Dann sagte sie: »Vergesst nicht! Keine Toten! Ich wiederhole: keine Toten und keine schweren Verletzungen! Unser Auftraggeber hat das klar ausgedrückt. Wiederholen!«

»Keine Toten!«, sagten die Zwillinge wie aus einem Munde, und Thomas fügte hinzu: »Keine Toten, keine Verletzten. – Obwohl Jackie sehr richtig schrieb: ›Letztlich war dieses Leben doch eine billige und schäbige Sache, und je früher es vorüber war, desto besser. Schluss und aus! So lehnte ich mich über die Reling, starrte sehnsüchtig ins Meer, und die Gewissheit überkam mich, früher oder später selbst tiefer und tiefer hinabsinken zu müssen in die kühlen grünen Abgründe seines Vergessens.‹«

»›Kühle Abgründe‹ ist gut«, sagte Oleg und musterte das Schlauchboot, das von backbord auf den Walfänger zukam: »Ich würde sagen, arschkalt!«

»Arschkalt, arschkalt, von wegen! ›Kühl‹ ist richtig, das hat literarische Gründe«, antwortete Thomas, ehe Luise forderte: »Klappe jetzt, Jungs! Es geht los!«

Die vier Boote kamen von der Seite, und Luise hielt das für den ersten taktischen Fehler des Gegners. Ungehindert stampfte die *Rimbaud* ihren Schlingerkurs in die See.

Zwei Boote ließen sich leicht zurückfallen, die anderen beiden positionierten sich in Bugnähe. Wieder sah Luise das Megaphon an den Lippen eines Bärtigen, der auf Deutsch sagte: »Ergeben Sie sich! Ihnen wird nichts geschehen! Wir müssen die Wale retten!«

Luise aber hob langsam die Hand. Sie richtete das Gewehr aus, stellte auf Einzelfeuer und nahm sich beim Zielen Zeit. Ruhig atmete sie und musterte das Gesicht des Mannes über Kimme und Korn, bis sie ganz gelassen und frei war. Wieder atmete sie ein, hielt die Lungen gefüllt und wanderte mit dem roten Punkt des Zielfernrohres über die anderen Männergesichter zum Außenborder des Bootes. Ein Schuss, und das ganze Ding flog in die Luft! Sie grinste.

Lust hätte sie dazu schon, und was für welche! Doch dann nahm sie den Bug des Schlauchbootes ins Visier und schoss wenig später unterhalb der Wasserlinie ins Plastik.

Die *Bunten* hatten das leise Plong gar nicht bemerkt. Sie hielten Kurs, der Anführer redete weiter, und wahrscheinlich hätten sie endlos weitergeredet, wenn ihnen der Bug nicht so schwer geworden wäre, meinte Luise.

Sollte sie noch einen Schuss setzen? Aber nein, das Anführerboot fiel ja schon zurück.

Sie sah die Unruhe im Gesicht des Gegners, dann Panik. Kommandos wurden über Funk gegeben, sie sah das Schlauchboot sinken, die Männer sprangen in ihren Schwimmwesten von Bord, doch bevor der Anführer sprang, setzte er sich noch schnell hinter das aufgepflanzte Maschinengewehr und gab der *Rimbaud* eine Breitseite oberhalb der Wasserlinie. Die gesamte Backbordseite wurde getroffen, die Walfänger aber hatten Deckung gefunden.

Sekundenlang lagen diese Geräusche in der Luft, die Luise so gut kannte; diese vielen Variationen des metallenen *Plings*.

»Die Heckboote drehen ab!«, sagte Thomas, und Luise sah, dass auch das andere Bugboot zum Wrack gesteuert wurde.

»War es das etwa schon?«, fragte Oleg.

»Das wäre schade«, sagte Bolek: »Ich will auch ein paar Schüsse abgeben, um in Übung zu bleiben.«

Luise stellte das Sprechgerät an und sagte: »Team Eins: Machen Sie eine Durchsage. Die Gegner sollen sich ergeben. Wir werden sie vor ein ordentliches internationales Seegericht stellen. Sie haben unser Wort!«

»Das ist aber nicht unsere Aufgabe! Lassen wir sie, wo sie sind«, sagte Thomas, aber Luise schüttelte den Kopf: »Das ist eine Chance, gute Presse zu bekommen.«

»Achtung, hier spricht der Kapitän des Walfängers *Rimbaud*!«, hörte sie wenig später *Sirs* Stimme über die Außenlautsprecher: »Wir geben Ihnen Gelegenheit, sich zu ergeben. Wir garantieren Ihnen einen fairen Prozess vor dem internationalen Seegericht in Hamburg. – Nutzen Sie diese Chance! Sie erhalten bei uns an Bord eine gute Behandlung!«

»Du willst ihnen die Eier abreißen«, sagte Bolek und grinste: »Schätze, da werden sie etwas dagegen haben.«

»Umso besser!«, sagte Luise: »Wenn sie tatsächlich fast hundert Schiffe vor den Azoren versenken wollen, dann werden wir wenigstens die vier da versenken. Man jagt einen Bären nur, wenn man ihn auch töten will.«

Luise beobachtete, wie die Mannschaften der drei Boote die schwimmenden Kameraden aus der Seenot retteten, und wartete; Warten sei eine Tugend des Kriegers.

Plötzlich aber überkam es sie wieder, und Luise musste erneut heftig schlucken, um sich nicht doch noch zu übergeben. Sie würgte. Was war das nur?

Machte sie einen Fehler? Was für einen? Luise wurde die Ahnung, mit Robert könne etwas Schlimmes geschehen sein, immer deutlicher. Sie versuchte, an Mathilde zu denken, aber auch das half nicht. Im Gegenteil!

Mit ihren Eltern stimme etwas nicht, Luise war sich sicher, und hätte sie jetzt nicht auf dem Brückendach gelegen, sie hätte unmittelbar angerufen. Sah sie Robert vor sich, wie er im Meer versank, ein Handy in der toten Hand? Die Leiche, die Hunderte von Metern sank? Tausende? Luise biss sich auf die Unterlippe, rammte sich die Fingerspitzen in den Schenkel und drückte unerbittlich zu.

Sie musterte den Horizont, suchte weitere Schlauchboote, fand aber keines mehr. Die *Rimbaud* befand sich schon fast im Schatten der hohen und schmalen Felsen von Spitzbergen, deren Enden alle in einer Eis- und Schneeschicht funkelten. Wie Diamanten an der Perlenkette einer Riesin, meinte Luise.

Sie konnte schon die lange und am Ende gekrümmte Pier des Hafens ausmachen, mit bloßem Auge. Dennoch nahm sie den Seestecher hoch und blickte hindurch. Viele Leute standen dort. Sie hielten Transparente hoch! Selbst wenn sie den vier Booten entkämen, könnten sie doch nicht im Hafen festmachen! Luise kniff die Augen zusammen. Fieberhaft überlegte sie, ehe sie sich sicher war. Sie brauchten einige Aktivisten, sie brauchten Geiseln! Sie brauchten ein Pfand, um aus der Falle zu kommen. Ein Faustpfand!

Das Spiel war Ernst geworden. Sie mussten also zum Angriff übergehen, ohne anzugreifen.

Luise biss sich wieder auf die Unterlippe. Sie schmeckte Blut. Das Bild des toten Stiefvaters aber blieb ihr vor Augen. Es war doch zum Verrücktwerden! Unkonzentriert blickte sie sich zu ihren Kameraden um, die zu ihr sahen. Sie schwiegen und warteten.

»Der Einsatz ist gerade erhöht worden«, sagte Luise: »Auf der Pier stehen weitere Aktivisten, um uns das Leben schwerzumachen. Wir haben jetzt keine Wahl mehr.«

»Geiseln?«, fragte Thomas.

»Geiseln«, sagte Luise: »Am besten alle! Diese Idioten lassen uns keine andere Wahl.«

»Wir haben aber nur die Freigabe B Strich sieben«, sagte Oleg: »Angreifen dürfen wir nicht.«

»Dann warten wir, bis sie an Bord sind, um sie zu überrumpeln«, sagte Bolek.

»Du meinst, sie kommen noch?«

»Ja, es sind doch Deutsche darunter«, sagte Luise und musste bei dieser Feststellung selbst lachen.

»Du willst dir also keine Rückendeckung aus der Zentrale holen?«, fragte Thomas.

»Klar. Natürlich. – Später«, sagte Luise und drehte sich wieder nach vorn um.

Sie befahl durchs Sprechgerät: »Team Eins: Fahren Sie weiter den Schlingerkurs, umkreisen Sie dabei die Schlauchboote und nehmen Sie noch nicht Kurs auf den Hafen. Ich wiederhole: Fahren Sie danach auf die offene See zurück, ein paar Minuten lang.«

»Wenn Sie meinen«, sagte *Sir*.

»›Ich hatte auf sonderbare Weise Angst vor dieser Frau, die ich nach achtern geleitete. Und außerdem war ich verlegen. Mir schien es, als begriffe ich zum ersten Mal, was für ein zartes und zerbrechliches Wesen eine Frau doch ist. Und als ich ihren Arm ergriff, um ihr den Niedergang hinabzuhelfen, war ich überrascht, wie schmal und weich er war. Tatsächlich war sie nicht schwächlicher oder graziler als andere Frauen auch, aber sie kam mir so ätherisch und zart vor, dass ich schon fast meinte, ihr Arm würde meinem Griff nicht standhalten. Dies alles sage ich hier ganz frei heraus, um nach langer Entwöhnung meinen ersten Eindruck von Frauen im Allgemeinen und von Maud Brewster im Besonderen wiederzugeben‹«, zitierte Thomas erneut aus dem Gedächtnis.

Luise bemerkte den Halbkreis, den die *Rimbaud* fuhr, und entsicherte das Gewehr.

Sie sagte: »Also Jungs, wir bieten ihnen den Arsch und hoffen, dass sie reinklettern. Dann Schließmuskeln zu und ab nach Hause.«

Die drei Männer lachten aus voller Kehle, und fast liebevoll sahen sie ihre Teamleiterin an.

Luise schaltete das Sprechgerät ein und befahl: »Team Fünf verlässt sofort das Heck und geht geduckt zum Bug. Dort wartet es auf weitere Befehle. – Team Sechs und Team Sieben ziehen sich von der Bughälfte zurück und postieren sich geschützt und versteckt auf Höhe Mittelschiff. Behalten Sie zusammen mit Team Acht das Heck im Auge, gehen Sie aber auf keinen Fall selbständig vor! Warten Sie auf meine Befehle, egal, was passiert!«

Luise beobachtete die Truppenverschiebung zufrieden. Die alten Seebären bemühten sich redlich, gute Soldaten zu sein. Sie erkannte es an, und sie hoffte, es gebe keine Einzelaktionen.

Jedoch war Luise Rösch lange genug im Geschäft, um zu wissen, es gebe immer unplanmäßige Aktionen, dies sei in jedem Krieg so. Sie hoffte nur, es werde nichts Gravierendes sein.

»Team eins«, sagte sie: »Nehmen Sie jetzt mit fünf Knoten Kurs auf die Schlauchboote. Zwanzig Meter vor den Booten verringern Sie auf drei Knoten und drehen gleichfalls ab. Erhöhen Sie das Tempo dann nicht, bieten sie den Geiern da einfach das blanke Heck dar.«

»Was soll das?«, fragte *Sir*: »Bitte um Erklärung!«

Einige Sekunden lang überlegte Luise, ob sie die Walfängermannschaft von der neuen Strategie in Kenntnis setzen solle, unterließ es dann aber. Schließlich sei ein Krieg keine *Schwätzerdemokratie*!

Als sie das Walkie-Talkie wieder abgestellt hatte, sagte

Thomas: »Vergiss aber nicht, dass es nicht wirklich Piraten sind. Die tun nur so, als wenn sie welche wären!«

»Wer im Dreck wühlt, darf nicht überrascht sein, wenn er stinkt!«, sagte sie, ehe sie befahl, das Sprechen einzustellen.

Handeln sei besser als Hoffen; Luise bekreuzigte sich.

Sie sah keine andere Chance, um aus der Falle zu kommen. Sie musste die *Bunten* zwingen, an Bord zu kommen, um sie zu überrumpeln und mit ihnen als Geiseln durch die Reihen derer zu marschieren, die an Land auf sie warteten. Luise Rösch war noch nie gefangen genommen worden, und das sollte sich auch heute nicht ändern. Sie murmelte ein kurzes Gebet: »Geht mit Gott – aber geht!«

Dann sah sie wieder zu ihren Gegnern. Das hatten sich diese Friedensstifter bestimmt einfacher vorgestellt! Luise grinste und dachte: ›Ein Krieg ohne Verletzte und Tote, eine nette Vorstellung ist das. Ein Kreuzzug ohne Schwerter.‹

Die *Rimbaud* fuhr langsam auf die drei Schlauchboote zu, die sich zu einer Linie formierten. Sie lagen dicht nebeneinander. Hinter ihnen stand die Sonne über dem Wasser, so dass Luise trotz des Seestechers nicht in den Mienen lesen konnte.

Sie musterte noch einmal das Deck des Walfängers, fand aber nichts Störendes mehr.

Ihr schien alles gut vorbereitet.

»Erst schießen, wenn sie an Bord sind! Und nur leichte Verletzungen! Wir brauchen sie alle lebendig!«, sagte die Kommandantin. Ihre Untergebenen nickten stumm, ehe sie die halbaufgerauchten Zigaretten ausdrückten.

Die *Greenpeace*-Aktivisten standen auf ihren Booten und beobachteten ihrerseits die Walfänger. Luise zählte dreizehn Leute, alles Männer.

Drei von ihnen hockten hinter den aufgestellten Maschinengewehren, aber es sah Luise nicht so aus, als wären sie entsichert. Die *Rimbaud* kam immer näher, kurz vor den Booten drehte der Walfänger und verharrte einen Moment, ehe er sich langsam entfernte. Mit dem Seestecher behielt Luise den Anführer im Blick. Der Mann hob die linke Hand und drehte sie in der Luft.

Die Schlauchboote folgten dem Schiff, und endlich gaben sie Spiet. Schnell waren sie auf gleicher Höhe, und erneut forderte der Anführer, die Mannschaft der *Rimbaud* solle sich ergeben.

»Ganz dumme Idee!«, sagte Thomas und sah zu Luise, die die Hand hob.

Die drei Boote umkreisten erneut den Walfänger, die Motoren heulten auf, und die *Bunten* riefen Parolen herüber. Luise ignorierte dies, bemerkte aber, wie das gegenseitige Lauern auf einen Fehler des Anderen an den Nerven der Hochseefischer zerrte.

Sie sagte: »Team Drei: Erledigen Sie ein Boot Ihrer Wahl mit einem Schuss ins Plastik. Geben Sie der Besatzung aber Gelegenheit, von Bord zu gehen!«

»Aber immer! Nichts lieber als das!«, sagte der Harpunier durchs Sprechgerät, drehte sich zu Luise um, nickte ihr zu und kroch hinter seine Bugkanone.

Der *Baske* zielte lange, drehte sich dann noch einmal zu Luise um. Sie nickte und sagte ins Sprechgerät: »Freigabe! Ich wiederhole: Freigabe!«

Die Harpune zischte übers Wasser und schlug Sekunden später in die Flanke des Bootes ein. Die *Bunten* schrien, Luise grinste und der Chefharpunier lachte lauthals. Er hielt seinen Leuten die flache Hand hin, sie schlugen alle ein. Als er den Rückwärtsgang des Harpunenmotors in Bewegung setzte, versuchten die *Bunten*, das Stahlseil zu kappen.

Es gelang ihnen aber weder, die Spitze mit den Widerhaken herauszuziehen, noch das Stahlseil mit den Messern durchzuschneiden. Unaufhaltsam wurde das Schlauchboot zum Walfänger gezogen, der sich zu drehen begann.

Das Boot kam seitwärts des Schiffes, die *Bunten* versuchten, Enterhaken zu werfen, die aber von Team Sechs jedes Mal abgezogen wurden.

»Nicht nachlassen, Team Sechs! Treiben Sie den Gegner zum Heck! – Team Drei: Lassen Sie Leine! Das Boot soll zum Heck!«, befahl Luise, und der *Baske* gab ihr sogar eine Bestätigung ihres Befehls. Unaufgefordert.

Die anderen beiden Boote kamen dem an die Leine gelegten zur Hilfe, und Luise stellte erfreut fest, dass sich alle drei Boote am Heck befanden, und gerade wollte sie den Zugriffbefehl geben, als eines der Schlauchboote wendete, über die Wellen fegte und vor dem Bug der *Rimbaud* bremste. Ein halbes Dutzend Enterhaken wurden auf die Reling geschleudert, doch Luise brauchte nicht einmal Abwehrmaßnahmen zu befehlen. Team Eins schlug sofort einen Schlingerkurs ein, während die Männer am Bug die Leinen mit den Haken wieder losschlugen. Einige der Fischer schleuderten die metallenen Seilenden sogar aufs Boot zurück, so dass sie sich in Wurfgeschosse verwandelten. Begeistert jaulten die Männer am Bug und jeder von ihnen wollte einen Enterhaken abbekommen. Unverhohlen grinste Luise, und unverrichteter Dinge musste die Besatzung das Schlauchboot vom Bug wegsteuern.

»Jetzt haben wir sie!«, sagte Thomas: »Jetzt fällt denen nichts mehr ein!«

Luise nickte und befahl allen Teams, die sich an Oberdeck befanden, sich auf die vordere Hälfte zurückzuziehen. Sie sollten dort auf weitere Befehle warten und unter keinen Umständen ins Geschehen eingreifen; egal, was passierte!

»Hier Team Zwei. Soll ich eigentlich um Hilfe ersuchen?«, erklang plötzlich die Stimme des Funkers: »Ich meine, auf dem Radar hab ich viele Kollegen!«

»Negativ! Ich wiederhole«, sagte Luise: »Negativ! Verhalten auch Sie sich ruhig! – Team Eins: Stoppen Sie jetzt das Schiff, binden Sie das Steuerrad fest und gehen Sie in Deckung. Wenn Sie alle Fenster mit Fischkisten verbarrikadiert haben, ziehen Sie sich in die *Rimbaudnische* zurück. Ich wiederhole: Gehen Sie in Deckung und warten Sie ab!«

»Jawohl«, klang *Sirs* Stimme: »Vorsicht ist besser als Nachsicht und kostet nur die Hälfte! Viel Glück, Kommandantin!«

Luise nickte vor sich hin und gab Thomas das Zeichen, sich bereitzuhalten, ehe sie zu den Zwillingen sagte: »Postiert euch neben Thomas, links und rechts. Wenn ich die Freigabe gebe, geht ihr alle runter und macht Gefangene. So viele wie möglich. Fesselt sie und lasst sie nicht an euch heran.«

»Ja!«, sagte Thomas: »Machen wir gern. So, sie beginnen damit, den Stacheldraht durchzuschneiden, sind gar nicht mal so dumm! Sie halten die Köpfe gut unten!«

»Lasst sie machen: ›Immer lasst sie machen!‹«, sagte Luise: »Haltet euch einfach bereit.«

Die drei Männer nickten und legten die Gewehre beiseite. Sie öffneten die Halfter der Pistolen und nahmen die zweischneidigen Kampfmesser in die Hände.

»Zwei Mann an Bord«, zählte Thomas ruhig: »Drei Mann. Fünf Mann. Zuschlag?«

»Negativ!«, sagte Luise.

»Sieben Mann. Neun Mann. Die ersten befinden sich bereits an den Aufbauten. Zehn Mann!«

»Zugriff!« befahl Luise.

Ihre Kameraden erhoben sich, die Zwillinge enterten die

Treppe hinunter, Thomas aber sprang vom Brückendach mit einem einzigen Kampfschrei mitten aufs Fangdeck. Sofort war er von *Bunten* umzingelt, die mit Fäusten auf ihn zukamen.

Vorerst zerschnitt Thomas die Luft vor den Kehlen der Gegner, aber er kam einigen von ihnen immer näher.

Sie wichen zurück, sie sahen sich an, unsicher. Luise sah, wie Thomas sich vorschriftsmäßig vorarbeitete.

Sie sah, wie die Gegner sich mit Blicken verständigten, dann griffen sie alle zusammen Thomas an. Sie konzentrierten sich alle auf seine Arme.

Ein paar Stiche konnte Thomas setzen, einige wenige Schnitte, doch dann unterlag er der Übermacht. Körper des Gegners sah Luise auf ihm liegen, als endlich die Zwillinge auf dem Deck waren. Sie rissen sofort die *Bunten* weg, versetzten ihnen Faustschläge, doch nicht alle wurden sofort ohnmächtig.

Drei Männer sah Luise erst auf den Planken liegen. Sie runzelte die Stirn. Es dauerte ihr zu lange. Drei weitere Männer hielt Thomas mit der Pistole in Schach, während die Zwillinge zwei der Aktivisten mit Plastikbändern fesselten.

Schon waren sie bei den nächsten, drückten ihnen die Knie aufs Kreuz und banden ihnen die Hände zusammen. Zwei der Männer, die Thomas mit der Pistole bedrohte, liefen auf ihn zu, die anderen beiden duckten sich. Die Schüsse gingen ins Leere.

Alle vier waren bei Thomas und schlugen ihn zusammen. Die Zwillinge hatten jetzt fünf Männer gefesselt, drei lagen bewusstlos da, Oleg ging auf den dreizehnten Mann zu, der eine Pistole in der Hand hielt. Oleg lächelte ihn an, schüttelte den Kopf, sagte etwas auf Tschechisch zu ihm, als Bolek plötzlich auf den Mann zusprang und ihm die Waffe aus der Hand schlug.

Sekunden später war auch er gefesselt, aber nun hatten die *Bunten* Thomas als Geisel. Luise fluchte. Genau das hatte unter keinen Umständen passieren sollen!

Langsam zogen sich die vier Männer mit Thomas in der Mitte zur Heckklappe zurück. Unter ihnen befand sich der Anführer, er nahm das Megaphon vor die Lippen und forderte: »Ergeben Sie sich! Wir tun Ihrem Kameraden nichts. Wir wollen nur das Schiff! Ergeben Sie sich jetzt!«

Luise sah, wie die Zwillinge die Bewusstlosen fesselten. Sie zogen alle Gefangenen hinter die Aufbauten.

Luise befahl: »Team Acht: Bewachen Sie die Gefangenen! Keine Misshandlungen!«

Oleg und Bolek gingen backbord und steuerbord der Aufbauten in Deckung und warteten ab. Luise lag auf dem Brückendach und musterte die Lage.

Ungeschützt stand der Gegner mit vier Mann am Heck. Sie hatten den Kameraden in der Mitte. Thomas hatte ein geschwollenes Gesicht. Er kniete, gegen seine Stirn war eine Pistole gerichtet; das alte Verhandlungsmuster.

Sie hörte gar nicht auf das, was der Anführer sagte. Sie stand auf und stieg hinunter. Als sie von der Nocktreppe aufs Heck sprang, gab sie den Zwillingen ein Zeichen, ihr zu folgen.

»Gebt unseren Mann frei!«, sagte sie: »Sonst töten wir euch alle! Wir haben Befehl, das Schiff mit unserem Leben zu verteidigen!«

Langsam ging sie auf den Gegner zu, neben sich hatte sie Oleg und Bolek. Die Zwillinge zogen die Pistolen aus den Halftern, entsicherten sie und hielten sie auf die vier Männer. Luise selbst nahm den Mann ins Visier, der Thomas den Pistolenlauf an den Kopf hielt. Sie schüttelte tadelnd den Kopf.

»Geben Sie unsere Männer frei!«, sagte der Anführer, woraufhin Luise nur den Kopf schüttelte.

Sie ging langsam weiter und sagte: »Geben Sie unseren Mann frei. Begeben Sie sich in Gefangenschaft! Sie haben das Schiff widerrechtlich betreten!«

»Geben Sie unsere Männer frei, dann verschwinden wir wieder. Und lassen Sie abziehen.«

»Nein«, sagte Luise. Sie stand jetzt mit den Zwillingen keinen Meter mehr von der Gruppe entfernt, die sich direkt vor der hochgezogenen Heckklappe befand. Zwei von ihnen überwanden bereits wieder die Reling und sprangen auf die Schlauchboote. Wenig später hörte Luise die Motoren aufheulen. Sie hatte nur noch ein Ziel.

Sie sah, wie Thomas hochgezogen wurde, wie er als menschliches Schild diente. Er zwinkerte ihr zu, und Luise wusste ganz genau, was das hieß.

Thomas war jetzt an der Reling, die letzten zwei *Bunten* kletterten gerade auf die andere Seite, als Thomas dem einen von ihnen mit der Schulter einen Stoß versetzte. Sofort ließ er sich fallen, und Luise traf den Geiselnehmer mit einem Schuss am Oberarm. Schreiend stürzte er in die See, der Anführer sah sie verdutzt an. Er ließ die *Flüstertüte* fallen und war einen Augenblick später vom Deck des Walfängers verschwunden.

Die Zwillinge kümmerten sich um Thomas, während Luise die Flüchtenden im Auge behielt. Ein einziges Schlauchboot preschte davon, die Regenbogenfahne landete im Wasser. Ohne eine Miene zu verziehen, drehte Luise sich um und fragte: »Wie geht es Thomas?«

»Nicht schlimm! Noch alle Zähne drin«, sagte Oleg.

»Bringt ihn unter Deck! Ich kümmere mich um die Gefangenen«, sagte Luise und beobachtete, wie die Zwillinge ihren Stellvertreter zum Außenschott trugen und ihn ins Innere des Schiffes brachten.

Sie ging um die Decksaufbauten herum und sagte zu den Walfängern: »Die Gefahr ist fürs Erste gebannt.«

»Was passiert mit denen hier?«, fragte der *Baske* und deutete auf die Gefangenen.

»Die werden noch gebraucht!«, sagte Luise, während sie auf die neun Angreifer blickte, die nun gefesselt vor ihr lagen. Um die *Bunten* herum hatten sich die zweiunddreißig Hochseefischer versammelt. Sie sahen die *Greenpeace*-Aktivisten neugierig an. Ein paar verhöhnende Sätze fielen, aber Luise schritt nicht ein.

Sie sagte: »Wir brauchen die Leute da, um uns einen Weg durch die Masse ihrer Freunde zu schlagen, die an der Pier auf uns warten. Ich bitte also alle, jetzt nicht in verfrühten Jubel zu verfallen.«

»Clevere Idee!«, sagte der *Baske*: »Sie an Bord zu locken und sie dann als Pfand zu behalten.«

Echte Bewunderung klang in der Stimme des Chefharpuniers mit, und auch die anderen Männer lobten ungeniert. Luise winkte ab.

Sie sagte: »Jetzt werdet mal auf den letzten Metern nicht noch komisch! – Ich bin nur hier, um euren Arsch zu retten. Das mach ich nicht zum Vergnügen!«

»Bis auf einen Arsch!«, sagte der *alte Schmeißer* und sah zu Tommy Rahr. Die halbe Mannschaft johlte auf, und Luise befahl den Fischern schnell, die *Bunten* zum Heck zu bringen und an die Reling zu fesseln.

Sie suchte Tommys Blick, stellte dann aber fest, dass der Junge viel zu beschäftigt war. Auch er hatte sich einen Gefangenen geschnappt und stieß ihn mit ernstem Blick vor sich her. Es war natürlich der mit den breitesten Schultern! Luise seufzte auf und ging zur Brücke, um zurück aufs Dach zu klettern.

Mathilde Rösch lernte ich während eines Lerncamps kennen, das auf einem heruntergekommenen Bauernhof am Ufer der Recknitz abgehalten wurde. Sie haben vielleicht davon gelesen.

Ich weiß noch, dass ich sofort von ihr beeindruckt war. Sie war voller Zweifel, ob sie sich weiter zurückhalten solle oder ob sie ihren Mann, den Hochseefischer Robert Rösch, bitten könne, für immer an Land zu bleiben. Als sie mich um Rat fragte, war ich gerührt, schließlich war ich ein eingefleischter Junggeselle, der gerade seine erste Million mit einem historischen Roman machen wollte; Sie haben vielleicht davon gehört.

Im Lerncamp landete ich, weil ich dachte, ich müsse benachteiligten Kindern helfen, doch als mir die Erfahrung zeigte, wie schön das Leben mit Kindern ist, halfen jene mir, denen ich doch helfen wollte.

Heute bin ich verheiratet und habe Zwillinge, die aber nicht Bolek und Oleg heißen. Ich erzähle nur vormittags, wer das Leben erfindet, kann nicht zeitgleich im Leben stehen. Es muss totenstill im Haus sein. So wie jetzt. Ich sehe von meinem Arbeitszimmer aus auf die Ostsee, auf die See, die uns so viel Leid zugefügt hat, die uns so viele Lügen aufgetischt hat; wie haben sie alle geschluckt, schon immer.

Als ich Mathilde riet, die Bewerbung für ihren Mann abzuschicken, damit er ein Fischfarmer werden konnte, da kämpfte dieser auf der *Saudade* um sein Leben – und verlor. Sie haben es gelesen.

Ich besuchte Mathilde in den folgenden Jahren hin und wieder. So lernte ich auch Luise Rösch kennen, die erste echte Piratenjägerin unserer modernen Zeit, und ihre faszinierende (Liebes-)Geschichte.

Noch nie habe ich zwei so unbeugsame Frauen getroffen. Ich wollte ihre Geschichte unbedingt erzählen und begann damit ja schon in meinem Abwrackroman.

Nun sind alle männlichen Figuren tot, die weiblichen aber haben überlebt.

Eine traurige Vision, denn auch Tommy Rahr, *Doppelbläser*, letzter Auszubildende in der Spezialrichtung Walfang der Berufsschule Glücksburg, ist achtzehnjährig verstorben. Sie werden es noch lesen.

Luise wirft sich heute vor, ihn bei dem Angriff der Walfanggegner, die die *Rimbaud* entern wollten, nicht ausreichend beschützt zu haben.

Es war ein Überraschungsangriff des letzten verbliebenen Schlauchbootes. Es kam aus der Sonne, direkt auf den Bug zu, an dessen Reling *Doppelbläser* allein stand und von zu Hause träumte. Spitzbergen war keine fünfhundert Meter mehr entfernt, *Sir* ließ die Walfanghymne von Walt Whitman über die Lautsprecher erklingen, die ich immer für kitschig gehalten habe. Aber lassen wir den jungen USA, die so stolz auf einen ihrer ersten eigenen Dichter ist, ruhig ihr lyrisches Hollywood:

›O Walfängers Freuden! Ich kreuze wieder meinen alten Kurs. Ich fühle die Bewegung des Schiffes unter mir, ich fühle des Atlantiks Brisen, die mich umfächeln, ich höre den Ruf vom Masttopp herunter: Da – er bläst! / Wieder springe ich auf die Takelung, um mit den anderen zu schauen – wir steigen herab, rasend vor Erregung. / Ich springe ins heruntergelassene Boot, wir rudern hinaus, dorthin, wo unsere Beute liegt, wir nähern uns heimlich und leise, ich sehe die gewaltige Masse, träge, sich räkelnd, / ich sehe den Harpunier sich erheben, ich sehe die Waffe fliegen von seinem kräftigen Arm; o wiederum flüchtig weit draußen im Meer der verwundete Wal, absinkend, windwärts rennend, zieht er mich, / wieder sehe ich ihn aufsteigen zum Atmen, wir rudern wieder nahe, ich sehe einen Speer durch seine Seite getrieben, tief / drinnen, in der Wunde gedreht, wieder ziehen wir uns zurück, ich sehe ihn sinken, sein Leben verlässt ihn schnell, / aufsteigend spritzt er Blut, ich sehe ihn kreisend schwimmen, / näher und näher, geschwind das Wasser durchschneidend – ich sehe ihn sterben, / er macht einen krampfartigen Sprung in des Kreises Mitte, und dann fällt er reglos hin in blutigem Schaum!‹

Das Schlauchboot raste vor der Sonne auf den Walfänger zu, Tommy sah hoch, erschrak, drehte sich um, brüllte, aber niemand hörte ihn. Sie waren alle mit dem Aufklaren beschäftigt, und das Sicherungskommando behielt den rückwärtigen Frontverlauf im Blick; und die Geiseln natürlich.

Luise bemerkte den Angriff erst, als *Doppelbläser* heroisch auf der obersten Sprosse der Reling stand und den heranfliegenden Anker abwehren wollte, den der Anführer der *Greenpeace*-Aktivisten mit Hilfe der schweren Eisenkette geschleudert hatte, um die *Rimbaud* doch noch irgendwie zu stoppen.

Wie genau das passieren sollte, konnte er bei der Anhörung vor dem Seekammergericht in Hamburg nicht weiter ausführen.

Doppelbläser, unerfahren aber mutig, fing den Anker auf, verlor aber den Boden unter den Füßen.

Während der Anker ihn mit sich ins Wasser zog, legte sich die Kette um eines der Beine des Seejungen. Er kam nicht mehr aus dem Wasser, die See behielt ihn, und als man endlich auf diesen Kampf aufmerksam wurde, da sprinteten *Baske* und Luise zeitgleich los. Sie hechteten über die Reling, tauchten ab, Luise bekam den Kopf ihres Geliebten zu fassen, *Baske* zerrte unter Wasser wie wild an der Ankerkette. Er versuchte, sie mitsamt dem Anker hochzustemmen, während Luise *Doppelbläser* hochdrückte, dessen größter Wunsch es war, der letzte Erzähler der aussterbenden Hochseefischerei zu werden. Ihm ist dieses Epos gewidmet.

Die *Greenpeace*-Aktivisten reichten Hände ins Wasser, und als man Tommy endlich an Bord des Schlauchbootes hatte – Luise leitete sofort lebenserhaltende Maßnahmen ein, *Baske* flößte seinem Zimmernachbarn Rum ein und wurde von Luise weggestoßen –, da soll doch wirklich im blauen Licht der Ewigkeit ein Wal aufgetaucht sein und fast eine halbe Stunde lang gesungen haben.

Die Rettung kam damals zu spät, Luise quittierte den Dienst bei der Sicherheitsfirma und schloss sich den *Bunten* an. Heute nennt man sie in Fachkreisen ehrfurchtsvoll *Kapitän Ahab*. Ihr weißer Wal, das sind die Walfangschiffe der Nationen Norwegen, Island, Russland, Japan, die als letzte unserer Art unzivilisiert den Leviathan töten.

In Russland wurde ein hohes Kopfgeld auf Luise ausgesetzt, ich treffe mich mit ihr unter Einsatz meines Lebens, denn eine Welt ohne den Gesang der Wale, das hätte *Doppelbläser* nicht gewollt.

Seine Rede an Luise ist hier in Ausschnitten als sein Erbe noch einmal wiedergegeben: ›Denn auch die Menschen sind die Sprache, mit der der Schöpfer und das Geschöpfte kommunizieren. Eine Sprache, und ist sie noch so lebendig, hat immer den Nachteil, sich selbst nicht zu verstehen. (…) Mit der Poesie verständigen sich Geschöpftes und Schöpfer, aber nicht allein der Mensch ist Träger dieser Poesie. Der Wal ist es auch, der nur singt. Die Libelle und der alte *Stagg* sowieso. Wir alle sind Buchstaben und Laute, würden wir uns alle begreifen, könnten wir Worte und Sätze bilden. (…) Bei den Menschen ist es so, dass vornehmlich Jugendliche sich der Lyrik bedienen, im Alter nutzen wir dann Alltagssprachen. Wir vergessen die Großartigkeit jugendlicher Ideale, die für die Natur und ihren Schöpfer so wesentlich sind. (…) Mir bleibt die Hoffnung, dass nicht nur der Mensch so arrogant ist. Vielleicht heißt es ja auch in den Legenden der Wale, der Libellen und der Riesenmammutbäume, nur sie hätten Gesetzestafeln gefunden. (…) Reden wir mit der Kleinen Königslibelle, die seit neunzehnhundertfünfundsiebzig als ausgestorben galt und im Jahre zweitausendzehn bei Plön in Deutschland wieder aufgetaucht ist. Reden wir mit Leviathan und *Stagg*; lassen wir sie – singen.‹

›Nichts klappt, wie ich es mir vorstelle, aber ich halte wenigstens durch‹ (Christoph Kolumbus); trotz aller Versuche gelang es mir nicht, folgende Information über Muttersöhne einer der Figuren beizugeben. Sie lehnten alle dankend ab.

Ich möchte daher doch zuletzt auf die Melvillesche Technik zurückgreifen und diese Information anfügen, die sonst so verwaist auf meinem riesigen, nierenförmigen, höhenverstellbaren Schreibtisch zurückbleiben würde.

Ihr Verständnis vorausgesetzt und im vollen Bewusstsein, dass der Schöpfer von *Bartleby* und *Moby-Dick* verarmt, verlacht, vereinsamt verstarb:

Von den Rowdys werde der Peter Pan ignoriert, weil er zu wenig Kontra gebe. Von den Chauvies werde er abgelehnt, weil er sensibler als sie selbst sei. Die Paradiesvögel werden von ihm auch nichts halten, weil er nicht in ihre Glitzerwelt passe. Auch die Streber werden ihn nicht zur Kenntnis nehmen, weil ihm Ehrgeiz fehle. Es bleibe also nur die Rauschgiftszene, aber da werde man ihm einfach nicht trauen, weil er sich so wenig offenbare.

Der Pubertierende werde Mädchen wahrnehmen und neue Verhaltensmuster ausprobieren. Aber schnell werde er dabei an seine Grenzen stoßen. Seine Unsicherheit werde ihn zurück zur Mutter treiben, weil sie doch der einzige Mensch sei, dem er vertrauen könne. Einen Vater gebe es ja nicht, der hier helfend einspringen könne. So werde aus dieser Unsicherheit eine Untätigkeit werden. Dieser Junge werde seinen sexuellen Rollenkonflikt aussitzen wollen.

Seine Sexualität werde ihn nicht euphorisieren, sie werde ihn aber auch nicht hemmen. Er werde nur einfach nicht mit ihr fertig werden. Er werde in der Entwicklung stehen bleiben. Sein Reifungsprozess werde sich extrem verlangsamen, weil er weiter am Rockzipfel der Mutter kleben bleibe und weil er kaum ein Mädchen finden werde, das ihn als eine erfahrene Frau leiten könne. Das ihn von der Mutter weglocken, ihm Vertrauen einflößen und sein männliches Ego zum Erblühen bringen könne. Und wenn er viel Glück habe, dann werde ihm irgendein Typ von der Straße raten, eine Hure aufzusuchen. Bei ihr lerne er dann zwar viel über sich, aber eines werde er nicht erleben: Liebe. Er werde die Liebe nicht kennen lernen als Jugendlicher, und so stehe dieser Peter Pan auf dem Weg zum Erwachsenen vor einem riesigen Problem. Mädchen und andere Jungs werden dieses Problem überwinden, aber Peter Pan werde davor zurückschrecken und sitzen bleiben. Er werde sagen: ›Ich möchte lieber nicht!‹

Sicherlich, alle Jugendlichen haben Probleme, wenn sie herausfinden, was es heißt, sexuelle Triebe zu haben. Ein unheimliches aber eben auch erregendes Abenteuer. Und in den letzten Jahrzehnten hat dieser Konflikt zugenommen. An Häufigkeit und Intensität. Sicherlich, Mädchen haben auch große Schwierigkeiten damit, aber gerade Jungs erfahren doch einen Konflikt zwischen Angst und Verlangen, der sie geradezu lähmt. Mädchen können emanzipiert sein, sie haben einen neuen Text in die Hand bekommen, aber dummerweise haben die Jungs noch das alte Drehbuch! Niemand hat ihnen einen neuen Text gegeben! So werden für die Peter Pans unter den Jungs die Gefahren nur noch größer, abgelehnt zu werden. Und Ablehnung ist gerade das, was sie unter allen Umständen vermeiden. Dann lieber gar nichts tun! Heute verfügen Mädchen zwar auch über männliche Verhaltensmuster, aber den Jungen ist nicht gesagt worden, was sie tun sollen, wenn sie weibliches Terrain betreten, um den neuen Mädchen und Frauen Platz in ihrem Gebiet zu geben. Mädchen, die sich selbstbewusst und fordernd geben, verhalten sich konform, Jungs, die sich abwartend und gebend verhalten, werden verschrien und verlacht. Das alles ist zu einseitig, auch Jungs müssen sich emanzipieren von den Erwartungen der Frauen. Gerade dann, wenn es Peter Pans sind. Solche Jungs werden sich immer für Wendys entscheiden, weil die Wendys sie vor den eigenen Konflikten beschützen. Diese Art Mädchen geben jeder Laune Peter Pans nach, sie bemitleiden ihn für seine emotionale Schwäche, obwohl sie enttäuscht über seine Unreife sind, halten sie zu ihm. Sie vermeiden es ängstlich, den Peter Pan wegen seiner Sprunghaftigkeit zur Rede zu stellen, der Sprunghaftigkeit der Gefühle ihnen gegenüber.

Ein Peter Pan weigere sich, die männliche Rolle zu übernehmen, weil er nicht wisse, was auf ihn zukommt. Das Problem auf seinem Wege werde er als Ende einer Sackgasse begreifen, in der er bleiben werde. So falle er für die Gesellschaft aus, falls nicht eine Frau von der anderen Seite mühsam über das Problem hinwegklettere, das doch eigentlich seines sei.

Man könne keine Menschen ändern, schon gar nicht könne eine Frau einen Mann ändern, er sei eben kein Junge mehr, auch wenn ein Peter Pan das von sich selbst ja glaube.

Ein Peter Pan spiele als ewiger Junge einen Mann, der einen Jungen spiele, und so beiße der Hund sich fortwährend selbst in den Schwanz: ›Geh nicht in den Wald, wenn du Angst vor Wölfen hast.‹

Auch wenn die Fischer der *Saudade* das südfranzösische Geheimnis um die Kostbarkeit der Kurznasenseefledermaushaut mit ins Grab genommen haben, selbst der portugiesische Reeder kannte es nicht, denn wie sich herausstellte, verkauften die Seeleute diese Haut schwarz und nahmen ihr Geheimnis also mit in ihr nasses Grab, bin ich in meiner Funktion als Schriftsteller oft gefragt worden, wie uns diese Haut denn retten könne?

Ehrlich, ich weiß nur, es ist die letzte Haut, die es überhaupt noch kann.

Diese Haut wird die Menschheit vor dem Untergang bewahren, wir wissen nur noch nicht wie.

Darum sollten wir besser alle Fische beschützen, selbst die hässlichsten und faulsten.

Wenn sich Mitstreiter fänden, könnten wir eine Stiftung gründen: ›Verein der hässlichen Tiere und Pflanzen e.V.‹

Sind Sie interessiert, Gründungsmitglied zu werden, so schreiben Sie eine kurze Nachricht an: Volker Harry Altwasser, c/o Verlag Matthes & Seitz Berlin, Göhrener Straße 7, D-10437 Berlin.

Verwendete Bücher (ungeordnet)

Paare, Passanten. / Besucher. / Grashalme. / Beowulf. / Tender Bar. / Schiffe gehen gelegentlich unter. / Weiße Wasser. / Der Atlantik schweigt nicht. / Die Frau in den Dünen. / Seemann, Tod und Teufel. / Salzwasser. / Insel 34. / Meeresrand. / Kielwasser. / Bolek und Lolek am Orinoko. / Über dem Kliff. / Unmittelbare Unwirklichkeit. / Hundert Jahre Einsamkeit. / Selim oder Die Gabe der Rede. / Maigret am Treffen der Neufundlandfahrer. / Nagaoka. / Arnes Nachlass. / Pragmatismus. / Emmanuelle oder Der Garten der Liebe. / Emmanuelle oder Die Schule der Liebe. / Emmanuelle oder Die Liebe zur Kunst. / Was braucht mein Sohn. / Männerängste in der Literatur. / Vatersöhne. / Geburt einer Mutter. / Muttersöhne töten leichter. / Was sagt der Tiger? / Bushido. / Kalevala. / Der letzte Pirat der britischen Krone. / Himmelbesen über weiße Hunde. / Terror auf See. / Die praktische Knotenfibel. / Bartleby. / Knoten. / Ein Rostocker Hochseefischer erzählt. / Aus dem Bordbuch des Christoph Kolumbus. / Schiffbruch mit Zuschauer. / Piratinnen! Das Meer gehört uns! / Meeresfische. / Katastrophen auf See. / Auf Kollisionskurs. / Der Untergang der Essex. / Trawler. / Der alte Mann und das Meer. / Gran Sol. / Moby-Dick. / Der Atem des Meeres. / Elpenor. / Die letzte Heuer. / Hochseefischer. / Fänger und Gefangene. / Der Seewolf. / Auf hoher See. (Bildband.) / Kontinent der Wale. (Langgedicht.) / Inseln. Eine Faszination. / Das Peter-Pan-Syndrom. / Warum Söhne ihre Väter brauchen. / MannsBilder. Von Männern. / Bullshit Nights. / Rimbaud – Die späten Verse. / Sehnsucht nach dem Vater. / Letztes Schweigen. / Hinterm Horizont. (Reportagen über das Meer.) / Runge in seiner Zeit. (Katalog.) / Elf Arten der Einsamkeit. / Geliebte Lügner. / Die Ersten und die Letzten. / Männer ohne Frauen. / Der Sieger geht leer aus.

Verwendete Zeitungsartikel (ungeordnet)

Astreine Detektive. Wie Hamburger Holzforscher Betrügern auf die Schliche kommen. / Lied der Hochseefischer. / »Wir wollen einfach nur Geld.« Sie sind die Schrecken am Horn von Afrika. / Das ist die perfekte Welle. / 17jähriger segelt einmal um die Welt. / Kapitän verlangt Sicherheitsräume. / Seebären mit langen Haaren und Make-up. Frauen an Bord sind immer noch Minderheit. / Ein stinknormales Sterben. / Die Knoten sterben langsam aus. / Walfang in Deutschland in den dreißiger Jahren. / Fische aus dem Rinderstall. Landwirte stellen um auf Fischzucht. / Zukunft Aquakultur. Die Ozeane sind überfischt, die Ausbeutung an Wildfang stagniert. / 11,2 Millionen für Fischwirtschaft. / Intensivierung der Aquakultur schafft gravierende Probleme. / Wie sterben Fische? / Gammelfisch in Rostock. 300 Tonnen verdorbene Lachsforelle wollte eine norwegische Firma auf den Markt bringen. / Männersachen. Über Adams Söhne und die Probleme mit ihrer Rolle in der Gesellschaft. / Der Geschmack von Freiheit und Mündigkeit. Eine Antwort auf die Frage: Was ist eine gute Religion? / Piraten mit Hightechwaffen vor Afrikas Küste. Marine machtlos gegen Angriffe. / Studie: Seeleute fühlen sich wie Gefangene an Bord. / Luxus-Yacht von Piraten gekapert. Überfall auf französisches Segelschiff. / Die Schrecken der Meere. / Gekaperte Luxus-Yacht: Paris setzt auf Verhandlungen mit den Kidnappern. / Tanker gekapert: Piraten schwimmen im Öl. / Hier entert die deutsche Marine ein Piratenboot. / Angriff auf See: Indische Fregatte versenkt Piraten. Die Lage am Horn von Afrika eskaliert. /»Mecklenburg-Vorpommern« schlägt Piraten in die Flucht. / Warum Ausgrenzung weh tut. Im Gehirn sind Körperpein und Seelenqual eins. / Weiterentwickelte Wasserkanone soll Piraten auf Distanz halten. / Segler nach 17 Stunden aus gekenterter Yacht gerettet. / Toter Pirat mit 153 000 Dollar Lösegeld angespült. / Deutsche Marinesoldaten überwältigen Piraten. Soldaten der Fregatte »Karlsruhe« schützten ein ägyptisches Handelsschiff. / Sprachlos vor Entsetzen: Der Umgang mit dem seelischen Beben. / Wandern und Bergsteigen von Hütte zu Hütte. / Zwischen Ammer und Lech. / Der Seekrieg gegen die Piraten beginnt. Die Marine steht vor der ersten Kampfmission ihrer Geschichte. / Gesellenstücke 2008: 616 259 Ausbildungsverträge abgeschlossen, 305 in der Seeschifffahrt. / Enorm viel Kapital auf den Meeren. / Mit 17 die Welt umsegelt. / Lilli Marleen. (Liedtext der Bordhymne der Fregatte »Bremen«.) / Vaterlose Mäuse leben länger. / Walfänger rammt erneut Schiff von Tierschützern. / Rätsel in der Tiefe. Neues von ›Atlantik‹. / Experten warnen vor Kollaps bei Fischbestand. / Umweltbundesamt: Großteil der Fangflotte stilllegen. / Israel stürmt Hilfs-Flotte: 19 Tote. / Kleine Königslibelle taucht wieder auf. / Hilfe für Opfer von Missbrauch. Landtagsgrüne fordern bessere Angebote speziell für Buben.

Weiteres verwendetes Material (ungeordnet)
Diverse Bücher und Artikel aus den Beständen der Bibliotheken Berlin-Moabit, Greifswald, Leipzig und Rostock, wo ich zeitweise wohnte. Eine Rekonstruktion war nicht mehr möglich.

Die Herkunft der Gedichte »Kastrieren«, »Der kleine Sklave« und »Ans Meer« konnte nicht mehr ermittelt werden, da sie nur als Kopien vorliegen. Ein Hoch auf die Verfasser!

Dank (ungeordnet)

Ohne die niedersächsische Stipendienstätte in Schreyahn wäre dieses erste deutschsprachige Hochseeepos niemals fertig geworden. Ein Hoch auf Christiane und Axel Kahrs und die Gemeinde in Lüchow-Dannenberg!

Neunzehnhundertachtundneunzig hatte ich zum ersten Mal die Idee zu diesem Werk, im Jahre zweitausendzehn schloss ich die endgültige Fassung ab, wobei die anderen zwei Variationen über das gleiche Thema parallel verfasst wurden: Die Rahmenhandlung aus ›Letzte Haut‹ und der Roman ›Letztes Schweigen‹, Sie werden das Thema schnell herausfinden können. Wem Roberts Vergangenheit hier zu kurz gekommen ist, dem sei ›Letztes Schweigen‹ empfohlen, als Robert noch Volker hieß.

Ich schrieb diese drei Variationen auf ein Thema mit der Erzählhaltung des Pragmatikers, die heute wenig verbreitet ist: Inszeniere das Böse, um an das Gute im Menschen zu appellieren.

In diesen zwölf Jahren der Flucht und der Suche waren mir viele Kollegen wichtige Gesprächspartner. Ein (ungeordnetes) Hoch auf eure starken Nerven:

Anke Stelling, Robby Dannenberg, Paula Schneider, Juli Zeh, Kristof Magnusson, Claudia Klischat, Axel Schöpp, Beatrix Haustein, Steffen Popp, Clemens Meyer, Patricia Schwan, Stefan Müller, Jörg Menke-Peitzmeyer, Sebastian Unger, Franziska Gerstenberg, Stefan Finke, Tobias Hülswitt, Burkhard Spinnen, Katja Lange-Müller, Hans-Ulrich Treichel, Thomas Hürlimann, Christiane und Axel Kahrs, Katja Oskamp, Josef Haslinger, Sebastian Guggolz, Dagmar Leupold, Ilma Rakusa, Ursula Krechel, Herta Müller, Harald Hartung, Hans Michael Speier, Ricarda Junge, Georg Klein, Jörg Jacob, Markus Orths, Andreas Rötzer, Günter Grass, Klaus Modick, Björn Kuhligk, Jan

Christophersen, Mareike Krügel, Wolfgang Gabler, Konrad Reich, Ferdinand Schmatz, Jörg Feßmann, Jan Volker Röhnert, Hans-Gerd Koch, Marion Poschmann, Achim Stegmüller, Tilman Rammstedt, Jens Sparschuh, Karin Graf, Olaf Petersenn, Björn Kern, Antje Strubel, Julia Schoch, Thomas Lang, Ron Winkler, Lucy Fricke, Marianne Freidig, Sarah Weight, Matthias Senkel, Thomas Hettche, Meike Feßmann und Hans-Jürgen Schumacher.

Zurück bleibt der Aberglaube des Seemanns – denn Aberglaube ist noch immer die sympathischste Ausrede für Leerfang –, erscheint dieses Werk doch im dreizehnten Jahr seiner Fertigstellung. Klopf auf Holz, spuck gegen den Wind über die Schulter: Gib alles.

Inhalt

Erste Auflage Berlin 2011

© 2011 MSB Matthes & Seitz Berlin
  Verlagsgesellschaft mbH
  Göhrener Str. 7, 10437 Berlin
  info@matthes-seitz-berlin.de

Umschlaggestaltung: Falk Nordmann, Berlin
Druck und Bindung: Friedrich Pustet, Regensburg

ISBN 978-3-88221-554-0

www.matthes-seitz-berlin.de

Volker Altwasser bei Matthes & Seitz Berlin

Letzte Haut
Roman

Die unwahrscheinliche und doch wahre Geschichte eines SS-Richters, dessen Auftrag es war, die Korruption in den Konzentrationslagern zu bekämpfen. Ein detailliert recherchierter und fesselnder historischer Roman. Drastisch und temporeich erzählt Altwasser vom schuldhaften Kampf gegen das Böse im Bösen.

18 Monate untersucht der SS-Ermittlungsrichter und Polizeibeamte Dr. Schmelz 1943/44 die Verhältnisse im KZ Buchenwald. Ausgerüstet mit einem personengebundenen Geleitbrief hat er freie Einsicht in alle Bereiche des Lagers. Noch im Winter 1944 wird der Kommandant des Konzentrationslagers, Karl Koch, in einem Geheimprozess wegen Wehrkraftzersetzung, Unterschlagung und Mord zum Tode verurteilt. Schmelz überführt mit Koch einen Mann, der sich mit Himmler duzt. Dies gelingt dem Juristen mit dem besten Diplom seines Jahrgangs, weil er nach hartem Ringen mit sich selbst zum Mörder an zwei sowjetischen Kriegsgefangenen wird: Er beweist mit dem »Prinzip der Ausschließlichkeit« persönlich motivierte Morde – mit Mord.

»Der rühmenswerte Versuch, die Geschichte nicht mit denen verstummen zu lassen, die sie erlebt haben«

Süddeutsche Zeitung

Volker Altwasser bei Matthes & Seitz Berlin

Letztes Schweigen
Abwrackroman

Die Geschichte eines gedemütigten, vernachlässigten, ungeliebten Jungen, der Kraft seiner eigenartigen Phantasie einen Weg aus der Trostlosigkeit findet und doch der ewige Außenseiter bleiben wird. Mangelnde Liebe, ständig wechselnde Stiefväter, die irgendwann immer als schwere Alkoholiker, als »Säufersäue«, enden – allem zu Trotz entrinnt der Junge der Sprachlosigkeit und erfindet sich neu.

Humorvoll und doch voll Bitterkeit erzählt Volker Altwasser diese Geschichte von einer schweren und einsamen Kindheit, die geprägt ist von den Lügen, Illusionen und Abgründen einer überforderten alleinerziehenden Mutter. Einfühlsam und schonungslos offen berichtet er in einer Sprache, die dem Leiden abgerungen scheint, von einem tragischen Schicksal, das den Leser nicht unberührt lässt.

»Volker Harry Altwassers kruder ›Abwrackroman‹ beeindruckt durch poetische Intensität und Kühnheit. Altwasser will viel, er wagt viel, er sucht und findet Ausdrucksformen für das Unerhörte, von dem er erzählen will. Volker Harry Altwasser hat die Kühnheit, die Inständigkeit und das poetische Vermögen, uns noch länger zu beeindrucken.«

Süddeutsche Zeitung